普通高等教育"十二五"规划教材

U0643316

燃烧理论与技术

李永华　编
冉景煜　主审

中国电力出版社
CHINA ELECTRIC POWER PRESS

内 容 提 要

本书为普通高等教育"十二五"规划教材，根据高等学校热能工程领域人才培养要求进行编写。

本书是在传统燃烧理论的基础上，结合燃煤电站燃烧技术的实际应用情况编写而成的。主要内容分为两大部分：第一部分介绍燃烧基础理论，包括化学动力学、着火、火焰传播、紊流燃烧、液体燃料和固体燃料燃烧及污染生成机理等内容；第二部分介绍燃煤电站所应用的高效低污染燃烧技术，包括燃烧特性研究、稳燃及强化燃烧技术、污染控制技术、燃烧诊断技术和燃烧优化研究等内容。

本书可作为高等学校热能与动力工程专业的本科生和研究生教材，也可作为燃煤电站运行人员的培训教材，还可供从事锅炉设计、制造和运行工作的工程技术人员参考。

图书在版编目（CIP）数据

燃烧理论与技术/李永华编 . —北京：中国电力出版社，2011.8（2019.7重印）

普通高等教育"十二五"规划教材

ISBN 978 - 7 - 5123 - 2026 - 0

Ⅰ.①燃…　Ⅱ.①李…　Ⅲ.①燃烧理论－高等学校－教材 ②燃烧技术－高等学校－教材　Ⅳ.①O643.2 ②TK16

中国版本图书馆 CIP 数据核字（2011）第 163630 号

中国电力出版社出版、发行

（北京市东城区北京站西街 19 号　100005　http：//www.cepp.sgcc.com.cn）

北京九州迅驰传媒文化有限公司印刷

各地新华书店经售

*

2011 年 8 月第一版　2019 年 7 月北京第四次印刷

787 毫米×1092 毫米　16 开本　18.25 印张　443 千字

定价 **48.00** 元

前　言

　　节能减排已经成为我国的基本国策。我国以燃煤发电为主,燃烧理论与技术是燃煤发电机组节能减排的主要依据。作者长期从事燃烧理论与技术的教学工作,本书参考了国内外燃烧领域的理论著作,结合燃煤电站锅炉的实际情况,充分汲取了教学中的经验,在讲义的基础上编写完成。

　　华北电力大学是我国电力行业进行电站锅炉技术研究和开发的重要基地,也是为电力行业培养高级技术人才的重要基地之一,在煤与生物质的燃烧、燃烧过程数值模拟、锅炉节能技术的开发等方面进行了深入的研究,取得了大量的研究成果;同时本书中很多材料来自于国内外近期的科学研究成果与论文,这些新技术、新成果在本书中都有所体现。

　　本书的主要特点是:在燃烧理论基础上,展现电站锅炉燃烧的新技术和实用性,突出电站锅炉的节能减排技术;结合燃煤电站锅炉的实际情况,详细介绍了燃烧的基础理论和实用的燃烧技术等。

　　本书由华北电力大学李永华教授编写。书中大量引用了华北电力大学同事们的研究资料,参考了大量国内外同行发表的相关论著,在此,向他们表示衷心的感谢!

　　本书由重庆大学冉景煜教授主审。主审老师提出了许多宝贵的意见,在此表示衷心的感谢!

　　作者长期工作在教学和科研的第一线,对本书的编写尽了很大努力,但由于水平有限,疏漏之处在所难免,敬请读者批评指正。

作　者

2011 年 6 月

目　　录

第一章 概 述

第一节 燃烧科学的发展及其应用

一、燃烧科学发展简史

燃烧是物质剧烈氧化而发光、发热的现象,这种现象也称为着火。燃烧也可定义为一种带有剧烈放热化学反应的流动现象。它包括了流动、传热传质、化学反应,以及它们之间的相互作用。固体、液体、气体燃料(煤,非金属如碳、硅、硼,金属如钨、钾、钠、镁、钛、钼,固体推进剂,石油产品,天然气等)的氧化和类氧化反应(氮化、氯化、分解反应,如联氨分解为氮和氢等)中,有基态和激发态的自由基、原子、电子及离子出现,并伴有光辐射现象者,都可以称为"燃烧"。

燃烧的应用及其发展具有悠久的历史。人类发现燃烧现象,用燃烧的方式利用热能已经有数十万年的历史,火是人类最早征服的自然力。早在远古时期,"燧人氏"发明的钻木取火为人类带来温暖和光明,使人类结束了茹毛饮血的原始生活,创造了最初的文明。在周口店的北京人遗址上,已发现用火的痕迹,说明那时候北京人已经知道利用火,当时的燃料都是草木类生物质。因此恩格斯在《自然辩证法》中指出:"只是人类学会了摩擦取火之后,人才第一次使某种无生命的自然力为自己服务。"

燃烧的历史,也就是人类进步的历史。燃烧的应用在古中国遥遥领先于欧洲。50 万年前,周口店北京人开始用火;早在新石器时代的仰韶文化时期,中国人便开始用窑炉烧制陶器;公元前 1000 年开始利用煤,公元 200 年开始利用石油,公元 808 年发明火药;宋代则出现了喷气发动机的雏形——用燃烧产物推动的走马灯;战国时期的齐国将军田单曾经用火牛阵破燕,最早把燃烧技术用于军事领域。

欧洲的燃烧技术应用后来居上。17 世纪在英国出现了第一次工业革命,其标志就是蒸汽机的产生。20 世纪 40 年代航空航天技术的发展、20 世纪 70 年代的能源危机,促进了燃烧科学的形成与发展。人类对燃烧的长期认识和经验积累,其结果便是推动人类的物质文明不断进步。

人类在利用火的过程中,也开始了对火的认识。人类早期是以神话的方式来表达对燃烧的认识,如古希腊神话中火是从天上偷来的,我国"燧人氏"发明的钻木取火等。但直至17 世纪末以前,燃烧科学发展缓慢,人们对燃烧现象的本质几乎一无所知。

17 世纪末,德国的施塔尔提出了燃素论,想解释燃烧现象,虽然后来证明这是唯心的,是完全错误的,但这是让燃烧成为一门科学的最早的努力。按照燃素论,一切物质之所以能燃烧,是因为其中含有被称为"燃素"的物质。当燃素释放到空气中时就引起了燃烧,燃素释放程度越强,就越容易产生高热、强光和火焰。物质易燃或不易燃,区别在于其含有燃素的多少。这一理论看似对燃烧现象有了解释,但并没有对燃素的本质是什么,为什么物质燃烧后质量会增加,为什么燃烧会使空气体积减少等问题作出解答。1772 年 11 月 1 日,法国科学家拉瓦锡发表了关于燃烧的第一篇论文,其要点是燃烧所引起的质量增加,是由于可燃物质同空气中的一部分物质化合的结果，认为燃烧是一种化合现象。当时拉瓦锡还没有完全研究清楚空气中这部分物质是什么物质。1774 年，普里斯特利发现了氧，并且与拉瓦锡有了接触。1777 年，拉瓦锡在实验中证明，这种物质在空气中的比例为 1/5，并命名这一物质为"氧"（原意为酸之源）。这样，拉瓦锡就建立了燃烧的基本学说，即燃烧是物质的氧化。这也是燃烧理论的萌芽。

19 世纪，由于热力学和热化学的发展，燃烧过程开始被作为热力学平衡体系来研究，考察其初态和终态。这是燃烧理论的静态特性研究，阐明了燃烧过程的热力学特性，如燃烧反应热、绝热燃烧温度、着火温度、燃烧产物平衡组分等。20 世纪 30 年代，美国化学家刘易斯和苏联化学家谢苗诺夫等人将化学动力学的机理引入燃烧的研究，形成了燃烧的动态理论，提出了火焰传播的概念。20 世纪 40～50 年代，在发展喷气推进技术的过程中，形成了独立的学科——燃烧学。

第二次世界大战以后，燃烧理论的研究与应用主要沿着两个不同的方向发展。一个方向是研究在严格控制的反应条件下强化燃烧，主要为发展火箭和太空技术服务，美国、苏联、英国、法国，以及我国在这方面取得了巨大的研究成果。另一个方向是围绕常规燃烧方式，为提高燃烧效率、降低污染进行的研究，如电站锅炉的燃烧技术的开发。在常规燃烧技术方面，从 20 世纪 40 年代后期开始，在大约 30 年的时间内，主要在英国的两个国立研究院——英国煤炭利用研究院（BCURA）和英国钢铁研究院（BISRA），以及美国一些研究机构和公司的参与下得到了迅速的发展，建立了这一领域的理论骨架，取得了重要的研究成果。现阶段，随着我国电力事业的飞速发展，电站锅炉燃烧技术的研究中心已转移到中国。

20 世纪 50～60 年代，美籍德国人宇航学家冯·卡门和我国力学家钱学森提出用连续介质力学来研究燃烧过程，建立了化学流体力学或称为反应流体力学。20 世纪 70 年代初，大型电子计算机出现，英国帝国理工学院教授斯帕尔丁等人建立了燃烧的数学模拟方法和数值计算方法，形成了计算燃烧学。近 30 年来，英、美、法、德、苏、波、日等国，以及我国相继开展了燃烧过程数值模拟的研究工作，开发了大量的商用计算软件，能够对大型电站锅炉、燃气轮机燃烧室、内燃机、火箭发动机、弹膛等装置中的三维、非定常、多相、紊流、有化学反应的实际燃烧过程进行数值模拟，给出热物理参数的分布及其变化，预测装置的燃烧性能及污染排放水平。

燃烧在促进人类文明进步的同时，其燃烧产物的污染和火灾的发生，也给人类带来了极大的伤害。现在燃烧科学的发展，也伴随着污染控制技术和火灾防止技术的发展。污染控制技术主要是低氮燃烧技术、燃烧脱硫技术和低碳技术。

现在，随着激光测量技术等精密测量技术的发展，可以对燃烧过程进行精密测量，更深入全面地研究燃烧过程和机理，使燃烧学在深度和广度上都有了飞速发展。

针对电站锅炉，如何高效低污染地控制燃烧过程，是燃烧科学的重要研究方向。

二、燃烧科学的研究与应用

现代社会的动力来源，主要来自于化石燃料的燃烧，其应用遍及各个领域，如火力发电厂的锅炉、工业用蒸汽、各种交通工具的发动机等，都是以固体、液体和气体燃料的燃烧产生的热能作为动力的。

现代燃烧技术涉及的范围很广。在各种能源动力、工业锅炉、航空发动机、航天火箭发动机等方面，燃烧技术的发展日新月异。现代燃烧技术的发展又促进了燃烧科学与燃烧数值模拟理论的进一步发展。

世界上化石燃料中煤占主要部分，煤的燃烧理论与技术研究受到燃烧学界的广泛关注。煤的层燃、煤粉制备、煤粉燃烧，以及循环流化床燃烧技术都在不断改进，煤粉燃烧数值模拟也得到很大的发展。在工程技术中广泛应用的各种钢铁冶金炉、有色金属冶金炉、轧钢加热炉、铸造用炉、热处理炉、化工炉、建材工业炉，以及废弃物焚烧炉等，其燃烧技术千变万化。交通领域和各种工程中使用的内燃机，也在不断进行高效低污染改进。航空及发电应用的燃气轮机经历了一代又一代的更替，航天领域也开发了各种液体和固体推进剂的发动机。

火在促进人类文明进步的同时，也给人类带来了灾难。世界上每年都要发生各种情况的火灾，例如森林火灾、建筑物火灾、各种工业火灾和爆炸等，造成了无法估量的生命和财产损失。预防和减少火灾，给燃烧科学研究者提出了新的要求。例如要研究火焰沿各种材料的传播规律、爆燃、多孔介质中的燃烧等。除了研究火灾的起因、火灾的发展规律外，还要研究火势的控制、阻燃原理和阻燃材料、火灾探测和高效灭火技术、火灾的烟气控制技术等。

此外，燃烧对环境产生了污染。燃烧过程的产物 SO_x、NO_x、CO、残余烃类、重金属、有毒物质、烟尘粒子等有害物质，以及燃烧噪声，严重危害人类健康，CO_2 对环境的影响日益严重。因此，研究清洁燃烧技术，控制污染排放，成为目前全世界的中心课题。这就要求研究燃烧过程中污染物的生成及控制技术，如脱硫、脱硝以及 CO_2 的治理技术，另外还需要研究垃圾物的高效低污染燃烧技术。

目前，燃烧科学正从一门传统的经验科学成为一门系统的，涉及热力学、流体力学、物理学、化学动力学、传热传质学的，以数学为基础的综合理论学科。重点在于研究燃料和氧化剂进行激烈化学反应的发热发光的物理化学过程及其组织。

燃烧科学的研究可分为两个方面。一方面是燃烧理论方面的研究，主要以燃烧过程涉及的基本过程为研究对象，如燃烧反应的动力学机理，燃料的着火、灭火，火焰传播及稳定，层流和紊流燃烧，预混火焰和扩散火焰燃烧，催化燃烧，液滴燃烧，碳粒燃烧，煤的热解和燃烧，燃烧产物的生成和控制等。

另一方面是燃烧技术研究，主要是应用燃烧理论的研究结果来解决工程技术中的各种实际问题。如燃烧技术的改进，燃烧过程的组织，新的燃烧方法的建立，提高燃烧效率，降低污染排放，拓宽燃料利用范围，燃烧过程的控制等。

由于燃烧过程的复杂性，使燃烧科学的研究方法具有多样性。总体来说，燃烧科学发展的最重要形式是理论的更替，而理论的更替正是科学实践的结果。与一般科学的研究方法一样，燃烧科学的研究是实验研究和理论总结的结合。实验研究、先进测量技术应用、燃烧理论总结，这是目前燃烧科学研究的基本方法。燃烧科学的研究，虽以实验研究为主，但理论和数学模型方法显得越来越重要。

随着科技的进步，燃烧科学也要不断发展。当代社会对燃烧科学提出了更高的要求。

首先是航空航天技术要求燃烧不断强化和趋于更高的能量水平，这就是高能或高温、高压（超临界）、高速（超声速）、强旋流、强紊流和脉动（脉冲爆震）等条件下的燃烧。近年来受到国际上很大重视的超声速燃烧和脉冲爆震燃烧就是这种趋势的反映。

其次是解决能源利用领域的问题，要求高效率，节省燃料，以及燃料替代问题。例如烧汽油的发动机改烧乙醇汽油、天然气等，烧轻油的航空发动机改烧重质燃料，烧油的锅炉改烧水煤浆等，烧优质煤的锅炉改烧劣质煤等。

另外，燃烧的污染控制越来越重要，如何实现燃煤电站锅炉的污染"零"排放，是今后的研究重点。

随着航天技术和信息技术的发展，研究微重力和微尺度条件下的燃烧，成为国际上燃烧技术研究的新课题。电磁场下的燃烧一直引起很多研究者的关注。

21 世纪国际研究热点是 3 个"O"，即信息科学（INFO）、生物科学（BIO）和纳米科学（NANO）。因此未来燃烧科学的研究应该和这些科学结合起来。例如生物燃烧学，利用燃烧规律研究生命现象，探讨生命起源、疾病的起因与防治；纳米尺度下的燃烧，涉及纳米材料制备等。这些问题有待于进一步研究。

燃烧科学的应用及其广泛，涉及人类生活、工业生产、国防等各个领域。因此，需要培养出一批有志于为燃烧科学的发展和燃烧技术的应用做出持续努力的科学家和工程技术人员。

第二节　我国燃煤发电概况

一、能源结构

在已知各种能源资源中，煤炭资源最为丰富。根据第 15 届世界能源会议提供的资料，俄罗斯、美国以及我国是世界三大煤炭国家，它们占世界总量的 57.4%。按 1994 年全世界煤炭消耗量 44.67 亿 t 计算，煤炭可开采的年限为 233 年，而我国仅为 92 年。事实上，我国的煤储藏量被低估了。截至 2007 年底，全国煤炭保有探明资源储量为 11 800 亿 t，可开采 200 年以上。在消费高速增长的带动下，全球煤炭产量也呈逐年递增趋势，2007 年全球煤炭生产总量已经由 1997 年的 2295.8 百万吨油当量跃升为 3135.6 百万吨油当量，其中我国煤炭产量为 1289.6 万吨油当量，占全球煤炭产量的比例为 41.1%，位居第一。2007 年我国各行业煤炭消费量达 258 641.4 万 t，如表 1-1 所示。2010 年我国煤炭产量为 32 亿 t，进口煤炭 1.5 亿 t。

表 1-1　　　　　　　　1990～2007 年我国主要年份分行业煤炭消费量　　　　　　单位：万 t

行　业	1990 年	1995 年	2000 年	2005 年	2006 年	2007 年
农、林、牧、渔、水利业	2095.2	1856.7	1647.7	2315.2	2309.6	2337.8
工业	81 090.9	117 570.7	119 300.7	202 609.1	225 539.4	245 272.5
建筑业	437.6	439.8	536.8	603.6	582.0	565.3
交通运输、仓储、邮政业	2160.9	1315.1	1132.2	815.3	724.8	685.5
批发、零售业、住宿、餐饮业	1058.3	977.4	814.6	874.4	891.5	868.3
其他行业	1980.4	1986.7	661.0	765.9	782.9	811.4
生活消费	16 699.7	13 530.1	7907.2	8739.0	8386.3	8100.6
消费量合计	105 523.0	137 676.5	132 000.0	216 722.5	239 216.5	258 641.4

我国煤炭资源丰富，储量仅次于美国和俄罗斯，2010 年全国新增煤炭储量 430.6 亿 t。我国煤炭储量约占世界总储量的 13.5%。相比之下，我国的石油和天然气的储量仅分别占世界总储量的 1.3% 和 1.1%。"富煤贫油"的资源禀赋决定了我国的能源消费结构以煤炭为

主。2007 年世界一次能源消费构成中，煤炭占 28.5%，石油占 35.5%，天然气占 23.7%，核电、水电、风电占 12.4%。反观我国的一次能源消费构成，煤炭则占 76.6%，石油占 11.3%，天然气占 3.9%，核电、水电、风电占 8.2%，相比之下，石油、天然气在我国能源消费中所占比例较低。2007 年世界和我国能源消费结构对比如图 1-1 所示。到 2020 年，煤炭在我国一次能源消费结构中仍将占到 60%左右。

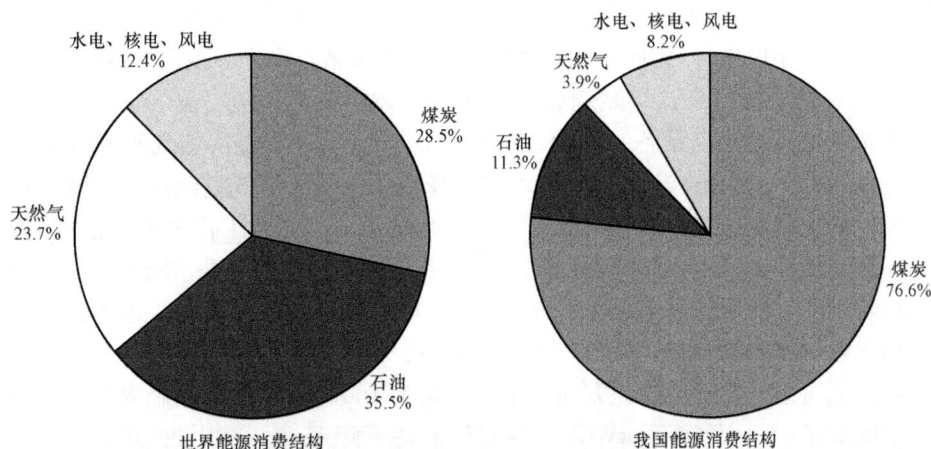

图 1-1　2007 年世界和我国能源消费结构对比

电是最重要的二次能源，现代生活已经离不开电。现在主要的发电方式有火力发电、水力发电、核能发电、新能源发电（太阳能、风能、生物质能、海洋能、小水电等）。截至 2010 年 12 月，全国电力装机容量为 9.6219 亿 kW，同比增长 10.1%。其中火电 7.0663 亿 kW，占 73.4%；水电 2.134 亿 kW，占 22.2%；风电 3107 万 kW；核电 1082 万 kW。2010 年全国发电量 42280.15 亿 kW·h，同比增长 13.8%。其中火电占 80.76%，水电占 16.23%，核电占 1.82%，风电占 1.18%。供电煤耗 335g/kW·h，同比下降 7g/kW·h。电网输电线损 6.49%，同比降低 0.91%。由于经济的增长，2011 年 1～2 月的发电量同比增长 11.7%，火电发电量同比增长 9.1%，水电增长 32.9%。从这些数据看出，我国的发电是以燃煤发电为主的。

在世界上，以 2005 年为例，全世界总发电量 18.18 万亿 kW·h，其中美国 4 万亿 kW·h，我国 2.47 万亿 kW·h，日本 1.1 万亿 kW·h，俄罗斯 9520 亿 kW·h，印度 6000 亿 kW·h。2005 年在装机容量方面，美国 9.8 亿 kW（51% 为燃煤发电），日本 2.6 亿 kW。预计到 2020 年，美国装机为 11 亿 kW，我国装机可达 16 亿 kW。我国煤电比例为 80%，印度为 78%，美国、德国为 51%。供电煤耗方面，日本 290g/kW·h，韩国 300g/kW·h，意大利 303g/kW·h，美国 360g/kW·h，澳大利亚 370g/kW·h。

尽管燃煤会产生污染，但我国主要依靠燃煤发电，是由我国的基本国情决定的。我国的能源储备特征是"富煤贫油少气"，这就决定了煤炭是我们的主要一次能源。现在，我国已进入了"重化工业主导型"经济发展阶段，经济的发展决定了能源需求的同步增长，这就决定了在较长时期内煤炭在我国一次能源消费结构中占主导地位的格局将长期保持不变。经济要发展，电力也要发展，一般电力弹性系数大于 1，也就是经济增长 10%，电力增长要大于 10%。按照现在的规模，电力增长 10%，就需要增加装机容量约 9000 万 kW，相当于每年投产5座三峡电站，或50座大亚湾核电站，这个容量只依靠水电、核电等是很难实现的。水电资源分布不均，且受季节影响很大，丰水期和枯水期的发电量差别很大，建设周期很长；太阳能、风能的不确定性，对电网影响很大；生物质能比较分散，难以大型化；核电建设周期长，一般为 $5\sim7$ 年，我国的核电技术还需要发展，核燃料不足，核废料处理也是难题。相比较下，燃煤发电机组投资少，目前为 4000 元/kW（水电为 7000 元/kW，生物质发电为 7000 元/kW，风电为 6500 元/kW，核电约 10 000 元/kW，太阳能为 75 000 元/kW），建设周期短（在2年以内）。因此，我国现阶段的基本国情，决定了现在要以燃煤发电为主。

煤电的缺点是环境污染，煤燃烧会产生灰渣固体污染物、SO_2 和 NO_x 等气体污染物。现代燃煤电站采用高效除尘设备，除尘效率可达 99.9%；采用湿法烟气脱硫技术，脱硫效率可达 $95\%\sim99\%$；采用低 NO_x 燃烧技术和选择性催化还原烟气脱硝技术，脱硝效率可达 $90\%\sim95\%$，最大限度地减少污染物的排放。除此以外，国家制订了电力工业节能减排发展规划，主要措施是"上大压小"、节能调度。《国务院批转发展改革委、能源办关于加快关停小火电机组若干意见的通知》（国发〔2007〕2号）指出了"上大压小"是指将新建电源项目与关停小火电机组挂钩，在建设大容量、高参数、低消耗、少排放机组的同时，相对应关停一部分小火电机组。在降低能耗方面，单机容量为 100 万 kW 的超超临界机组的供电煤耗为 $270\sim290g/kW\cdot h$，比 60 万 kW 超临界机组能耗下降 15.3%，比 30 万 kW 机组能耗下降 18.7%。60 万 kW 的超超临界机组的设计供电煤耗为 290g/kW·h 左右，接近单机 100 万 kW 的机组。建设大容量高参数机组，是节能减排的措施之一。2008 年《节能发电调度办法》已在广东、贵州、四川、江苏、河南等省试点。实行节能发电调度，使高效、节能、环保机组的优越性能够体现出来，将使高能耗、高污染的小火电机组逐渐被淘汰出局。随着技术的进步，燃煤发电的污染将会越来越小，逐渐实现污染接近"零"排放。由于燃煤机组脱硫装置的大力建设，我国 SO_2 排放自 2007 年以来持续下降，到 2009 年已经提前一年实现了"十一五"减排 10% 的目标。

我国火电是"北煤南运"和"负荷中心发电"的产业格局。大体量、大跨度、超负荷的电煤运输，一旦遭遇自然灾害等不可控因素，电煤供给就会失去保障，电力供应体系就会变得十分脆弱。另外，我国 1993 年进行煤炭价格部分市场化改革，国家为了确保电价稳定，设定了国有大型电厂的电煤价格，从而形成了"计划煤"与"市场煤"之间的价格双轨制，这也造成了多年来的煤电矛盾。2003 年电力体制改革，厂网分开后，国家逐渐放开了发电用煤价格。2006 年，国家又取消了对重点电煤合同的政府指导价，让电煤价格完全由市场调节。随着煤炭价格的上涨，煤炭企业与电力企业的矛盾愈演愈烈。国家有关部门制定了多种措施，解决煤电矛盾。

（1）大力建设特高压输电线路，实现空中输煤，缓解电煤运输矛盾，同时可以降低线损；建设铁路客运专线，现有的铁路可以增大电煤运输能力。

（2）实行煤电联动，电价上调以抵消电力企业的亏损；增大进口煤量，平抑国内煤价。2005 年开始实行的煤电联动政策规定，以不少于 6 个月为一个煤电价格联动周期，若周期内平均煤价较前一个周期变化幅度达到或超过 5%，便将相应调整电价。但作为上游重要能源的电力，其价格一旦上调极有可能导致生产成本提高，加剧通货膨胀，因此煤电联动政策的实施受到经济发展的限制。

（3）煤电联营或煤电一体化措施，可以缓解煤电矛盾。电力企业兼并重组煤矿，实现煤电一体化经营；煤炭企业建设坑口电站，实现煤电一体化。

（4）电力企业节能减排，以技术进步来降低煤炭的消耗。"十一五"期间，通过各项措施，火电企业的效率不断提高，供电煤耗从 2006 年的 367g/kW·h 降低到 2010 年的 335g/kW·h，相当于 2010 年节约了 1.4 亿 t 标煤。电网输电线损由 2006 年的 6.87% 降为 2010 年的 6.49%，相当于 2010 年再节约了 600 万 t 标煤。

因此，我国现阶段电力发展的方向是：以大型高效机组为重点优化发展煤电，在保护生态基础上有序开发水电，积极发展核电，加快发展风能、太阳能、生物质能等可再生能源发电。在相当长的一段时间里，在环境保护的前提下，大力发展高效低污染的燃煤发电机组，这就是有中国特色的燃煤发电发展之路。

二、煤粉的高效燃烧

2010 年我国煤炭产量为 32 亿 t，燃煤电站消耗煤炭 16 亿 t。虽然我国的煤炭等资源消耗量很大，但由于人口多，我国的人均能源消耗量仍然很小，只占世界平均人均能源消费水平的 1/3。加上我国的能源利用率低，我国仍然是能源匮乏国，对外依存度很高。

和发达国家相比，我国的能源利用水平仍然非常落后。我国的能源利用率仅为 33% 左右，而欧盟为 40%，美国为 51%，日本高达 75%。也就是说，我们浪费了能源产量的一半。

能源利用率低的原因是多方面的。例如，我国的主要工业产品能量单耗比国外高 40%，单位产值能耗是发达国家的 3～4 倍。其中冶金吨钢耗标准煤 1000kg，比国外先进水平高 300～400kg；化肥吨合成氨耗标准煤 1300kg，比国外高出一倍；工业锅炉和窑炉比国外先进水平多耗煤 20%；还有每生产 1 美元产值的能耗，我国比印度高 1.65 倍，比美国高 2.16 倍，比巴西高 3.82 倍，比法国高 4.98 倍。

在锅炉效率和发电效率方面，我国也存在较大的差距。例如，我国现有 40 多万台燃煤工业锅炉，其平均热效率不超过 60%，消耗每年煤产量的 1/3。13 万多台燃煤工业窑炉的平均热效率仅 20%～30%，每年消耗 15% 的煤产量。民用炉灶的热效率更低。电站锅炉的平均热效率可达 90% 以上，但电力标准煤耗约为 335g/kW·h，比国外先进水平高 30～40g。

我国在用电方面的浪费也比较严重。据世界银行最新统计，发展中国家使用的电力比其应该消耗的电力多 20%，也就是说，无论是生产用电还是生活用电的浪费都是非常严重的，节约用电迫在眉睫。例如，上海曾经对有关单位进行调查，仅风机水泵两项年耗电量就占整个工业用电的 40%，经对这些设备进行改造，年节电 11.3%；电动机是一种量大面广的设备，采用变频调速、设备匹配和节电器等先进技术后，可节电 15%～30%；至于新型的节能照明光源，光效高、寿命长，与白炽灯相比可节电 80%。可见节电是十分有成效的。

以上情况表明，我国虽是能源大国，但人均消费量不高，且能源利用率低，浪费很大，节能的潜力也很大。节能减排已经成为我国的基本国策。经过不断努力，我国的能源节约效果显著。1980～2005 年，我国能源消费以年均 5.6% 的增长支撑了国民经济年均 9.8% 的增长。按 2005 年不变价格计算，万元国内生产总值能源消耗由 1980 年的 3.39t 标准煤下降到 2005 年的 1.22t 标准煤，年均节能率 3.9%，扭转了近年来单位国内生产总值能源消耗上升的势头。能源加工、转换、储运和终端利用综合效率为 33%，比 1980 年提高了 8 个百分点。单位产品能耗明显下降，其中钢、水泥、大型合成氨等产品的综合能耗及供电煤耗与国际先进水平的差距不断缩小。

在取得以上成绩的情况下，2005 年，国家"十一五"规划提出了到 2010 年，单位 GDP 能耗要比 2005 年降低 20％左右，主要污染物排放总量减少 10％左右的约束性指标。2009 年 11 月，国务院常务会议提出 2020 年，单位 GDP 的 CO_2 排放比 2005 年下降 40％～45％，并作为约束性指标纳入国民经济和社会发展中长期规划。据国务院办公厅 2009 年 7 月公布的数据显示，经过近 3 年的艰苦努力，到 2008 年底，单位 GDP 的能耗比 2005 年下降了 10.01％，化学需氧量（水体污染的主要指标）的排放量比 2005 年下降了 6.61％，SO_2 的排放总量下降了 8.95％。全国主要污染物的减排已基本实现时间过半、完成任务过半，节能减排取得了重大进展。

为推进节能减排工作，有数据显示，在 2006～2008 年的 3 年，全国共淘汰小火电机组 3421 万 kW，落后炼铁产能 6059 万 t、炼钢产能 4347 万 t、水泥产能 1.4 亿 t，大量减少了温室气体排放。2009 年与 2005 年相比，电力行业 300MW 以上火电机组占火电装机容量的比重由 47％上升到了 69％；钢铁行业 1 千 m^3 以上大型高炉的比重由 21％上升到了 34％；电解铝行业大型机配产量的比重由 80％上升到了 90％；建材行业新型材料比重由 56.4％上升到了 72.2％。

重点行业主要产品单位能耗均有较大幅度的下降。2009 年与 2005 年相比，火电的供电能耗下降了 8.11％，即由 2005 年的 370g 下降到了 340g；生产每吨钢综合能耗下降了 11.4％，即每吨钢消耗的标准煤由 694kg 下降到了 615kg；水泥综合能耗下降了 16.77％，乙烯综合能耗下降了 16.77％，合成胺综合能耗下降了 7.96％，电解铝综合能耗下降了 10.06％。根据环保重点城市空气质量检测，2009 年，好于二级标准 292 天以上城市的比例由 2005 年的 69.4％上升到了 95.6％。

"十一五"前 4 年通过节能提高能效，少消耗了 4.9 亿 t 的标准煤，减少 CO_2 排放 11.3 亿 t，赢得了国际社会的广泛赞誉，也树立了我们负责任大国的形象。这些成效的取得是在经济增速大幅度超出预期和应对国际金融危机的情况下取得的，成绩来之不易。"十一五"的前 4 年，全国单位 GDP 能耗累计下降了 15.61％，主要污染物排放总量减少 10％以上。到 2010 年底，完成了"十一五"的节能减排指标。2006～2010 年，我国能源消费总量从 24.6 亿 t 标煤增长到 32.5 亿 t 标煤，年均增长 7.2％，而我国国民经济年均增速为 11.2％。

同时，我国还大力发展新能源，2010 年太阳能光伏发电达到 24 万 kW，太阳能利用面积为 2.6 亿 m^2，居世界第一位；水电和风电装机容量分居世界第一、第四位，核电装机容量提高到 1082 万 kW，在建 2000 万 kW。2010 年 9 月 20 日，我国电力装机 9 亿 kW 标志性机组——岭澳核电站二期工程一号 108 万 kW 压水堆核电机组投入商业运行。

到 2010 年底，我国农村沼气年产量达 130 多亿 m^3，减少 CO_2 排放 5000 多万 t，替代 1800 万 t 标煤，生产有机沼肥近 4 亿 t，每年为农民增收节支 400 多亿元。按照国家规划，到 2020 年沼气生产能力将达到 440 亿 m^3。

此外，我国已成为世界上人工造林最多的国家，森林覆盖率由 1980 年代初期的 12％提高到目前的 18.2％。

为了进一步推动节能减排工作，国家制订了"十二五"规划，提出中国非化石能源占一次能源消费比重提高到 11.4％，单位 GDP 能耗和 CO_2 排放分别降低 16％和 17％，主要污染物排放总量减少 8％～10％，森林蓄积量增加 6 亿 m^3，森林覆盖率提高到 21.66％。《电力工业"十二五"规划研究报告》中也提出通过发展非化石能源、降低供电煤耗和线损等途径，与 2010 年相比，2015 年电力工业每年应节约标煤 2.64 亿 t，减排 CO_2 6.55 亿 t，减排 SO_2 565 万 t，减排 NO_x 248 万 t；与 2015 年相比，2020 年电力工业每年应节约标煤 2.73 亿 t，减排 CO_2 6.76 亿 t，减排 SO_2 584 万 t，减排 NO_x 256 万 t。为实现 2020 年我国非化石能源在一次能源消费中比重达到 15% 左右和单位 GDP CO_2 排放量比 2005 年下降 40%～45% 的目标作出应有贡献。

从电站锅炉的角度来看，节能减排主要体现为实现煤粉的高效燃烧，因此，提高煤粉的燃烧效率是相当重要的。

煤粉的高效燃烧往往与火焰稳定紧密联系在一起。因为煤粉燃烧时不发生事故就是最大的节约。在煤粉的高效燃烧和火焰稳定方面，国内外近年来进行了较深入的研究并获得较多的成果，这些成果可归纳为以下三个方面。

1. 强化煤粉气流的传热传质

据试验分析和计算，煤粉颗粒以高温烟气回流加热方式，从初始温度加热至着火的时间比辐射加热方式快 23 倍，而且煤粉越细加热的时间越短，着火和燃烧的时间越快，可以达到高效燃烧和火焰稳定的目的。

从燃烧器的特点看，旋流燃烧器的着火性能要好于直流燃烧器。其原因是旋流燃烧器的气流结构有回流区，强化了煤粉气流的热量和质量交换，有利于煤粉的着火和燃烧。因此，采用一定措施使直流燃烧器的气流也产生回流区，是强化燃烧的主要原理。具体的技术措施如钝体燃烧器、火焰稳定船型燃烧器、大速差射流燃烧器等，就是该原理的应用。

回流区稳定强化燃烧，经过大量的实践验证，效果明显。但在强化燃烧的同时，也为 NO_x 的生成提供了条件。因此，现代锅炉已很少单独采用回流技术，而是和低 NO_x 燃烧技术结合使用，以达到高效低污染的目的。

2. 强化煤粉的高浓度聚集

大量试验研究和计算结果表明，如果对煤粉气流进行适当的浓缩，在高浓度煤粉集聚区域内，将产生以下的效果：煤粉的着火温度降低 250～300℃（烟煤）或 400～450℃（无烟煤），着火时间缩短 1/2，火焰温度提高 300～350℃，着火距离缩短 100～400mm，火焰传播速度加快，煤粉气流的着火热减少 55%，NO_x 的排放量直线下降。适当的煤粉浓缩使煤粉较快地着火燃烧且火焰稳定，达到了高效燃烧的目的。实现煤粉浓缩的具体技术如下：

（1）弯管离心流使煤粉浓缩。如日本的 PM 和 PAX 燃烧器，美国的 WR 燃烧器，我国的水平浓淡燃烧器等。

（2）旋风分离使煤粉浓缩。如 W 型火焰锅炉旋风分离器，四角布置旋风子水平浓缩燃烧器等。

（3）叶片惯性流使煤粉浓缩。如叶片连续可调燃烧器，平面叶栅或圆形百叶窗燃烧器和管内旋流子分离浓缩等。

（4）非对称体撞击使煤粉浓缩。如在弯管或直管内加入撞击块（导向块），以及使用分隔板维持浓淡分离的燃烧器等。

3. 强化燃烧的初始阶段

煤粉高效燃烧和火焰稳定的关键是燃烧的初始阶段。有研究表明，当煤粉刚喷入炉内 0.15s 时，挥发分析出已超过 80%，固定碳烧掉 60%；在 0.2s 时，煤粉已烧去 80%，而剩下的 20％的煤需要 4 倍时间才能烧完。也就是说，如果煤粉在炉内逗留时间为 1s，那么燃烧的初始阶段用 20％的时间烧去煤粉的 80％，而剩下的 80％时间只烧掉煤粉的 20％，可见强化燃烧过程的初始阶段是至关重要的。具体的技术措施如下：

（1）有限空间内使煤粉快速加热甚至着火。如旋流或直流预燃室、稳燃腔燃烧器等。少油点火技术也是预燃室的应用。

（2）强化火焰根部的热量交换和质量交换。如大速度差等组合射流、波纹形钝体、船形体和犁形驻涡燃烧器等。

（3）强化气固两相流扰动。如扁平射流、交叉射流、逆向射流燃烧器，加强火焰根部的扰动。

以上为对于电站锅炉煤粉燃烧稳定和强化的"三强原理"，即强化煤粉气流的传热传质、强化煤粉燃烧的初始阶段和强化煤粉高浓度的聚集。

三、煤粉的低污染燃烧

煤中的有害物质在燃烧过程中会散发出来。煤燃烧产生的污染物有固体灰颗粒、烟气、重金属及噪声等。灰颗粒主要采用高效除尘技术进行处理，目前主要研究气体污染物的生成机理，开发相应的污染控制技术。气体污染物主要是 SO_x、NO_x，CO_2 和重金属的控制还处于研究阶段。

SO_x 是由煤中可燃硫（元素分析硫）燃烧生成的，主要成分是 SO_2。可燃硫易燃，活化能约 $20\sim100kJ/mol$，和煤的活化能差不多。在碳完全燃烧的条件下，硫也就完全燃烧了，燃烧反应机理较简单。因此在燃烧过程中，没有方法不让 SO_2 产生。其控制的措施主要是燃烧前脱硫和燃烧后脱硫。虽然循环流化床锅炉炉内脱硫称为燃烧脱硫，但其实质是在燃烧过程中用 CaO 吸收固定烟气中的 SO_2，而不是减少硫的燃烧份额而不让其产生 SO_2。在碳能完全燃烧的前提下，改变燃烧条件，不能减少 SO_x，以及灰、CO_2、重金属等污染物的生成量。

NO_x 的生成和燃烧条件关系很大，不同的燃烧参数，其生成量会发生变化。因此，改变燃烧条件，可以降低 NO_x 的形成。NO_x 是煤燃烧中唯一可以通过改进燃烧技术而减少的污染物。要控制 NO_x 的排放，要从其生成机理入手。

从燃烧原理出发，根据 NO_x 生成机理，控制 NO_x 生成的理论依据是降低火焰温度，降低燃烧区域氧浓度。根据这个原理，各研究机构开发了大量的低 NO_x 燃烧技术，总结起来可以分成 3 类，即改进燃烧运行参数、燃烧空气分级技术和燃料分级再燃还原技术。

四、煤粉燃烧的新发展

煤粉燃烧目前存在的问题仍然是低效高污染。尽管采用了各种新技术，如回流技术、浓淡燃烧技术等，其结果仍不能令人满意。不断寻求高效低污染燃烧技术，是今后的研究重点。

1. 催化燃烧

催化是当代化学中的重要分支学科之一，金属的和非金属的催化剂能够加速煤的化学反应速度，有些工业废弃物也能起到催化剂的作用，使煤粉火焰稳定并提高燃烧效率。催化的优点是降低了反应的活化能，促进挥发分的气相着火和焦炭的固相着火，提高扩散燃烧速度。

2. 脉动燃烧

这项技术始于 20 世纪初，首先成功地用于导弹上，后来用于加热、采暖，20 世纪 80 年代用于块煤，使燃烧效率高达 98.5%，而且 CO 和 NO_x 大幅度降低。最近用于研究煤粉燃烧，已建立起较好的煤粉燃烧的物理模型和数学模型。实践证明，脉动燃烧会大大降低飞灰含碳量，气流振荡时紊流强度大大增强，使传热过程增强，受热面除灰更干净，但主要问题是噪声和振动严重。

3. 高温燃烧

一般预热空气温度为 300～450℃，最近提出高达 1267℃的预热空气温度燃烧。该技术的优点是火焰稳定，燃烧效率提高，NO_x 排放降低，目前已有大量气体和液体燃料的试验结果，可以探索用于煤粉的高效低污染燃烧。

4. CO_2 循环燃烧

CO_2 是一种温室气体，它对大气环境和全球变暖有相当大的影响。为了减少 CO_2 的污染，可从烟气中进行分离，但分离设备复杂，成本高。目前的发展趋势是，先将空气中的 N_2 分离得到高浓度的 O_2，再和锅炉尾部再循环烟气（约 95% 的 CO_2）混合后作为一次风携带煤粉送入炉膛，还有大部分 O_2 与其余的 CO_2 混合后作为二次风使燃料继续燃尽，这就是 O_2/CO_2 和煤粉的再循环燃烧。实验证明，在 O_2/CO_2 的环境下，NO_x 的生成量由于 N_2 的炉前分离而大大减少；在液化处理以 CO_2 为主的烟气时，SO_2 同时也被液化回收。这种循环燃烧方式具有向大气零排放的最大特点。

5. 煤和生物质混烧

欧盟国家和日本等国近年来研究了煤和稻草、木材加工废料等生物质的混烧，探索降低 SO_x、NO_x 等污染的途径。我国也在大力发展该技术。

随着技术的进步，煤粉的零污染排放技术会逐步开发并广泛应用，使能源利用领域出现新的革命。

第二章 化学热力学与化学动力学

化学热力学是将燃烧作为热力学系统，考察其初始和最终热力学状态，研究燃烧的静态特性。化学热力学的主要内容包括：①根据热力学第一定律，分析化学能转变为热能的能量变化，这里主要确定化学反应的热效应；②根据热力学第二定律分析化学平衡条件及平衡时系统的状态。

有些化学反应进行得快，有些又进行得很慢。当温度升高时，多数化学反应的速度加快。化学动力学就是解释这些现象的基本理论。化学动力学是化学学科的一个组成部分，它定量研究化学反应进行的速率及其影响因素，并用反应机理来解释由实验得出的动力学定律，研究燃烧的动态特性。

化学动力学研究的基本任务也有两个：第一个任务是确定各种化学反应速度以及各种因素（浓度、温度等）对反应速率的影响，从而提供合适的反应条件，使反应按人们所希望的速度进行；第二个任务是研究各种化学反应机理，即研究从反应物过渡到生成物所经历的途径。大量实验表明，反应速率的快慢主要取决于化学反应的内在机理，而其外界因素（如温度、压力等）都是通过影响或改变反应机理起作用的。因此，研究反应机理，揭示化学反应速率的本质，能使人们更自觉地去控制化学反应。

第一节 化学热力学

燃烧系统计算所必需的最基本参数是其平衡燃烧产物的温度和成分。如果反应放出的全部热量完全用于提高燃烧产物的温度，则这个温度就称为绝热燃烧温度。由于绝热燃烧温度和燃气成分在燃烧研究中处于重要的地位，所以化学热力学对于燃烧研究也非常重要。

一、生成热、反应热和燃烧热

所有的化学反应都伴随着能量的吸收和释放，而能量通常是以热量的形式出现的。

如果忽略有化学反应的流动系统中动能和势能的变化，同时除流动功以外没有其他形式的功交换，则加入系统的热量 Q 应等于该系统焓的增加 ΔH，即

$$Q = \Delta H \tag{2-1}$$

当反应系统在等温条件下进行某一化学反应过程时，除膨胀功外，不做其他功，此时系统吸收或释放的热量称为该反应的热效应。对已知某化学反应来说，通常所谓热效应如不特别注明，都是指等压条件下的热效应。当反应在 101.325kPa、298K（25℃）条件下进行，此时的反应热效应称为标准热效应，用 ΔH_{298}^{0} 表示，上标"0"表示标准压力，下标"298"表示标准温度 298K。在压力 101.325kPa，温度 TK 条件下的生成热表示为 ΔH_{T}^{0}。根据热力学惯例，吸热为正值，放热为负值。对于系统来讲，只有加入（正值）或排出（负值）热量，才能保证系统的温度稳定。

1. 生成热

标准生成热定义为：由最稳定的单质物质化合成标准状态下 1mol 物质的反应热，以

$\Delta h_{f,298}^{0}$ 表示，单位为 kJ/mol。

一些物质的标准生成热见表 2-1。很明显，稳定单质的生成热都等于零。

表 2-1 一些物质的标准生成热（1atm，25℃）

名 称	分子式	状 态	生成热（kJ/mol）
一氧化碳	CO	气	−110.54
二氧化碳	CO_2	气	−393.51
甲烷	CH_4	气	−74.85
乙烷	C_2H_6	气	−84.68
乙炔	C_2H_2	气	226.90
乙烯	C_2H_4	气	52.55
苯	C_6H_6	气	82.93
苯	C_6H_6	液	48.04
辛烷	C_8H_{18}	气	−208.45
正辛烷	C_8H_{18}	液	−249.95
氧化钙	CaO	晶体	−635.13
碳酸钙	$CaCO_3$	晶体	−1211.27
氧	O_2	气	0
氮	N_2	气	0
碳（石墨）	C	晶体	0
碳（钻石）	C	晶体	1.88
水	H_2O	气	−241.84
水	H_2O	液	−285.85
丙烷	C_3H_8	气	−103.85
正丁烷	C_4H_{10}	气	−124.73
异丁烷	C_4H_{10}	气	−131.59
正戊烷	C_5H_{12}	气	−146.44
正己烷	C_6H_{14}	气	−167.19
正庚烷	C_7H_{16}	气	−187.82
丙烯	C_3H_6	气	20.42
甲醛	CH_2O	气	−113.80
乙醛	C_2H_4O	气	−166.36
甲醇	CH_3OH	液	−238.57
乙醇	C_2H_6O	液	−277.65
甲酸	CH_2O_3	液	−409.20
醋酸	$C_2H_4O_2$	液	−487.02
乙二酸	$C_2H_2O_4$	固	−826.76
四氯化碳	CCl_4	液	−139.33
氨	NH_3	气	−41.02*
溴化氢	HBr	气	−35.98*
碘化氢	HI	气	25.10*

* 标准温度为 18℃。

例如，氢 H_2 与碘 I_2 反应的化学方程式可写为

$$1/2 \ H_2(g) + 1/2 \ I_2(s) = HI(g)；\Delta h_{f,291}^0 = 25.10 kJ/mol$$

这里氢 H_2 和碘 I_2 是稳定的单质，故 $\Delta h_{f,291}^0 = 25.10 kJ/mol$ 是 HI 的标准生成热。符号 g 表示气态，s 表示固态，l 表示液态。

但下列化学方程式：

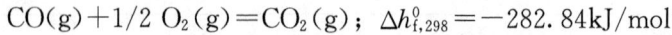

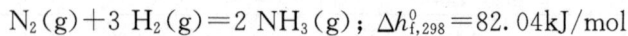

$$CO(g) + 1/2 \ O_2(g) = CO_2(g)；\Delta h_{f,298}^0 = -282.84 kJ/mol$$

$$N_2(g) + 3 \ H_2(g) = 2 \ NH_3(g)；\Delta h_{f,298}^0 = 82.04 kJ/mol$$

由于 CO 是化合物，不是稳定单质，故 $\Delta h_{f,298}^0 = -282.84 kJ/mol$ 不是 CO_2 的标准生成热；N_2 和 H_2 虽是稳定的单质，但生成物为 2mol 的 NH_3，故 $\Delta h_{f,298}^0 = 82.04 kJ/mol$ 也不是 NH_3 的生成热。

因为有机化合物大部分不能从稳定单质生成，因此表 2-1 中的有机化合物的生成热并不是直接测定的，而是通过计算得到的。

2. 反应热

在等温等压条件下，反应物形成生成物时吸收或释放的热量称为反应热，以 Δh_r 表示，其值等于生成物焓的总和与反应物焓的总和之差。在标准状态下的反应热称为标准反应热，以 $\Delta h_{r,298}^0$ 表示，由式（2-2）计算，单位为 kJ，即

$$\Delta h_{r,298}^0 = \sum_{i=f} M_i \Delta h_{f,298i}^0 - \sum_{j=r} M_j \Delta h_{f,298j}^0 \tag{2-2}$$

式中：M_i、M_j 分别表示生成物、反应物的摩尔数；$\Delta h_{f,298i}^0$、$\Delta h_{f,298j}^0$ 分别表示生成物、反应物的标准生成热。

例如以下化学反应：

$$C(s) + O_2(g) = CO_2(g)$$

该反应的标准反应热可由式（2-2）求得，即

$$\Delta h_{r,298}^0 = M_{CO_2} \Delta h_{f,298CO_2}^0 - (M_C \Delta h_{f,298C}^0 + M_{O_2} \Delta h_{f,298O_2}^0)$$
$$= 1 \times (-393.51) - (1 \times 0 + 1 \times 0)$$
$$= -393.51 \ (kJ)$$

上式也意味着，如果反应物是稳定单质，生成物为 1mol 的化合物时，该式的反应热在数值上就等于该化合物的生成热。

对任意给定压力和温度的反应热的计算，也可以按以上方法确定。对理想气体，焓值不取决于压力，反应热也与压力无关，而只随温度变化。在任意压力和温度下，反应热 Δh_r 应等于系统从反应物转变成生成物时焓的减少。

Δh_r 随温度的变化可由式（2-3）给出，即

$$\frac{d\Delta h_r}{dT} = \sum_{i=f} M_i c_{pi} - \sum_{j=r} M_j c_{pj} \tag{2-3}$$

这个结果说明，反应热随温度的变化速率等于反应物和生成物的等压比热容差。式（2-3）即为反应热随温度变化的基尔霍夫定律。如果要求两个温度间的反应热的变化，可以积分式（2-3）。

如果已知标准反应热 $\Delta h_{r,298}^0$，则可计算出任何温度下的反应热 Δh_r。

3. 燃烧热

1mol 的燃料和氧化剂在等温等压条件下完全燃烧释放的热量称为燃烧热，以 Δh_c 表示。

标准状态时的燃烧热称为标准燃烧热，以 $\Delta h_{c,298}^0$ 表示，单位为 kJ/mol。

表 2-2 所示为某些燃料在等温等压条件下的标准燃烧热，完全燃烧产物为 $H_2O(l)$、$CO_2(g)$ 和 $N_2(g)$。需要注意的是，这里的 H_2O 为液态，而不是气态。由表 2-1 看出，$H_2O(l)$ 的生成热和 $H_2O(g)$ 的生成热是不同的，即

$$H_2O(l) \rightarrow H_2O(g)；\Delta h_{f,298}^0 = 44.01 \text{kJ/mol}$$

这里 $\Delta h_{f,298}^0$ 为 1mol 水的汽化潜热。表 2-2 列出的燃烧热，在工程上称为高位热值。

燃烧热也可以根据燃烧反应式，按照式（2-2）进行计算。

表 2-2　某些燃料的燃烧热 [101.325kPa，25℃，产物为 $H_2O(l)$、$CO_2(g)$ 和 $N_2(g)$]

名　称	分子式	状态	燃烧热（kJ/mol）
碳（石墨）	C	固	−392.88
氢	H_2	气	−285.77
一氧化碳	CO	气	−282.84
甲烷	CH_4	气	−881.99
乙烷	C_2H_6	气	−1541.39
丙烷	C_3H_8	气	−2201.61
丁烷	C_4H_{10}	液	−2870.64
戊烷	C_5H_{12}	液	−3486.95
庚烷	C_7H_{16}	液	−4811.18
辛烷	C_8H_{18}	液	−5450.50
十二烷	$C_{12}H_{26}$	液	−8132.43
十六烷	$C_{16}H_{34}$	液	−10 707.27
乙烯	C_2H_4	气	−1411.26
乙醇	C_2H_5OH	液	−1370.94
甲醇	CH_3OH	液	−712.95
苯	C_6H_6	液	−3273.14
环庚烷	C_7H_{14}	液	−4549.26
环戊烷	C_5H_{10}	液	−3278.59
醋酸	$C_2H_4O_2$	液	−876.13
苯酸	$C_7H_6O_2$	固	−3226.7
乙基醋酸盐	$C_4H_8O_2$	液	−2246.39
萘	$C_{10}H_8$	固	−5155.94
蔗糖	$C_{12}H_{22}O_{11}$	固	5646.73
茨酮	$C_{10}H_{16}O$	固	−5903.62
甲苯	C_7H_8	液	−3908.69
一甲苯	C_8H_9	液	−4567.67
氨基甲酸乙酯	$C_5H_7NO_2$	固	−1661.88
苯乙烯	C_6H_8	液	−4381.09

4. 热化学定律

在工程实际中常常会遇到有些难以控制和难以测定其热效应的反应,通过热化学定律可以用间接方法把它计算出来,这样就不必每个反应都要通过做试验来确定其热效应。

(1) 拉瓦锡—拉普拉斯定律。该定律指出,化合物的分解热,等于它的生成热,而符号相反。

根据该定律,我们能够按相反的次序来写热化学方程式,从而可以根据化合物的生成热来确定化合物的分解热。

(2) 盖斯定律。1840 年,俄国化学家盖斯在大量实验的基础上指出,不管化学反应是一步完成,还是分几步完成,该反应的热效应相同。换言之,反应的热效应只与起始状态和终了状态有关,与反应的途径无关。这就是盖斯定律。

该定律表示热化学方程式可以用代数方法做加减。

为了求出反应的热效应,可以借助于某些辅助反应,至于反应究竟是否按照中间途径进行可不必考虑。但是由于每一个实验数据都有一定的误差,所以应尽量避免引入不必要的辅助反应。

二、绝热燃烧温度、自由能和平衡常数

1. 绝热燃烧温度

某一等压、绝热燃烧系统,燃烧反应放出的全部热量完全用于提高燃烧产物的温度,则这个温度就叫绝热燃烧温度,以 T_f 表示。该温度取决于系统初始温度、压力和反应物成分。

通常用标准反应热来进行 T_f 的计算。为了便于计算,绝热燃烧温度也以 298K 为起点,则有

$$\Delta h_{r,298}^0 = -\sum_{i=f} \int_{298}^{T_f} M_i c_{pi} \, dT \tag{2-4}$$

其中标准反应热可按式(2-2)计算。

如果式(2-4)中燃烧产物各组分摩尔数 M_i 已知,则解该方程便可求出绝热燃烧温度 T_f。对于燃烧产物温度低于 1250K 的反应系统,由于燃烧产物 CO_2、H_2O、N_2 和 O_2 等是正常的稳定物质,因而它们的摩尔数可以根据简单的质量平衡计算出来。然而大多数燃烧系统所达到的温度明显地高于 1250K,这时就会出现上述稳定物质的离解。由于离解反应吸热很多,因此少量的离解将会显著地降低火焰温度。根据化学平衡原则,燃烧产物的组成极大地取决于最终温度。可以看出,在有离解的情况下,燃烧产物的确定变得更加复杂,式(2-4)中的 M_i 及 T_f 同样都是未知数。为了求解该方程,必须借助于化学平衡的概念。

2. 热力学平衡与自由能

燃烧化学反应系统一般是非孤立系统,通常必须同时考虑环境熵变。因此,在判别其变化过程的方向和平衡条件时,不能简单地用熵函数判别,而需要引入新的热力学函数,利用系统函数值的变化来判别自发变化的方向,无需考虑环境的变化。这就是亥姆霍兹(Helmoholtz)自由能和吉布斯(Gibbs)自由能,分别定义为

$$F = U - TS \tag{2-5}$$

$$G = H - TS \tag{2-6}$$

式中:F 为亥姆霍兹自由能,J;U 为热力学能,J;T 为热力学温度,K;S 为熵,J/K;H 为焓,J;G 为吉布斯自由能,J。

由于 U、T、S、H 为状态参数,故 F、G 也是状态参数。根据状态参数的特性就可判别过程变化的方向和平衡条件。

（1）熵判别。对孤立系统或绝热系统有

$$dS \geqslant 0 \tag{2-7}$$

在孤立系统中，如果发生了不可逆变化，则必定是自发的，自发变化的方向是熵增的方向。当系统达到平衡状态之后，如果有任何自发过程发生，必定是可逆的。此时，$dS=0$。由于孤立系统的热力学能 U、体积 V 不变，所以熵判据也可写为

$$(dS)_{U,V} \geqslant 0 \tag{2-8}$$

（2）亥姆霍兹自由能判据。在定温、定容、不做其他功的条件下，对系统任其自燃，则发生变化总是朝着亥姆霍兹自由能减少的方向进行，直到系统达到平衡状态。其判据可写为

$$(dF)_{T,V} \leqslant 0 \tag{2-9}$$

（3）吉布斯自由能判据。在定温、定压、不做其他功的条件下，对系统任其自燃，则发生变化总是朝着吉布斯自由能减少的方向进行，直到系统达到平衡状态。其判据可写为

$$(dG)_{T,p} \leqslant 0 \tag{2-10}$$

吉布斯自由能与压力和温度的关系可推导为

$$\left(\frac{\partial G}{\partial T}\right)_p = -\Delta S = \frac{\Delta G - \Delta H}{T} \tag{2-11}$$

式（2-11）称为吉布斯—亥姆霍兹方程。

吉布斯自由能可作为化学反应的平衡和自发性的判据。根据标准摩尔反应，吉布斯自由能还可以计算出化学反应的平衡常数。因此，确定标准摩尔反应吉布斯自由能很重要。但是由于无法知道各种物质的吉布斯自由能绝对值，因此选定某种状态作为标准而取其相对值。

一般规定，在 101.325kPa、25℃条件下，稳定单质的吉布斯自由能为零。由稳定单质生成 1mol 化合物时的吉布斯自由能，称为该化合物的标准摩尔生成吉布斯自由能，以 $\Delta G^0_{f,298}$ 表示，单位为 kJ/mol。

对某一反应系统，可用类似于标准反应热的定义方法，定义标准反应吉布斯自由能 $\Delta G^0_{r,298}$ 为

$$\Delta G^0_{r,298} = \sum_{i=f} M_i \Delta G^0_{f,298i} - \sum_{j=r} M_j \Delta G^0_{f,298j} \tag{2-12}$$

系统的标准反应吉布斯自由能单位为 kJ，$\Delta G^0_{r,298}$ 的"正"值表示必须向系统输入功，"负"值表示反应能自发进行，并在反应过程中对环境做出净功。反应处于化学平衡状态时，反应自由能为零。

3. 标准平衡常数

根据反应物的相态，化学反应可分为均相反应（气相与气相反应）和多相反应（多种相态物质的反应）。现以气相均相反应为例来说明平衡常数的概念，有如下反应：

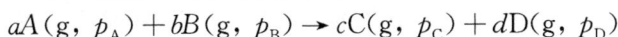

$$aA(g, p_A) + bB(g, p_B) \rightarrow cC(g, p_C) + dD(g, p_D)$$

在定温条件下，吉布斯自由能与压力的关系式为

$$\Delta G = nRT \ln \frac{p}{p_0} \tag{2-13}$$

可得

$$\Delta G^0_{r,298} = -RT \ln \frac{(p_C)^c (p_D)^d}{(p_A)^a (p_B)^b} = -RT \ln K_p \tag{2-14}$$

式中：K_p 为以分压力表示的标准平衡常数。

将式（2-14）变形，有

$$\ln K_p = -\frac{\Delta G_{r, 298}^0}{RT} \qquad (2-15)$$

式（2-14）称为范特霍夫方程，它给出了标准平衡常数与温度的关系。

第二节 化学反应速率

一、浓度及其表示方法

单位体积中所含某物质的量即为该物质的浓度。物质的量可以用不同的单位来表示，故浓度也有不同的表示方法。

1. 分子浓度 n_i

分子浓度指单位体积内含某物质的分子数，即

$$n_i = N_i/V \quad (m^{-3}) \qquad (2-16)$$

式中：N_i 为某物质的分子数目；V 为体积。

2. 摩尔浓度 c_i

摩尔浓度指单位体积内所含某物质的摩尔数，即

$$c_i = M_i/V = N_i/(N_0 V) \quad (mol/m^3) \qquad (2-17)$$

式中：M_i 为某物质的摩尔数；N_0 为阿伏加德罗（Avogadro）常数，$N_0 = 6.022\,1367 \times 10^{23} mol^{-1}$。

摩尔浓度与分子浓度的关系为

$$c_i = n_i/N_0 \qquad (2-18)$$

3. 质量浓度 ρ_i

质量浓度指单位体积内所含某物质的质量，也称为密度，即

$$\rho_i = G_i/V \quad (kg/m^3) \qquad (2-19)$$

式中：G_i 为某物质的质量。

质量浓度与摩尔浓度的关系为

$$\rho_i = m_i c_i \qquad (2-20)$$

式中：m_i 为某物质的分子量。

4. 摩尔相对浓度 x_i

摩尔相对浓度指某物质的摩尔数（或分子数）与同一体积内总摩尔数（或分子数）的比值，即

$$x_i = N_i/N_t = n_i/n_t = M_i/M_t \qquad (2-21)$$

式中：N_t 为容积中总分子数；n_t 为总分子浓度；M_t 为容积中总摩尔数。

5. 质量相对浓度 f_i

质量相对浓度指某物质的质量与同一容积内总质量之比，即

$$f_i = G_i/G_z = \rho_i/\rho \qquad (2-22)$$

式中：G_z 为混合物的质量；ρ 为混合物的密度。

二、化学反应速率

1. 定义

化学反应速率指单位时间内反应物浓度的减少（或生成物浓度的增加）。一般常用符号

w 来表示。

采用不同的浓度单位，化学反应速率可分别表示为

$$w_n = \pm \, \mathrm{d}n/\mathrm{d}t \quad (\mathrm{m}^{-3} \cdot \mathrm{s}^{-1}) \tag{2-23}$$

$$w_c = \pm \, \mathrm{d}c/\mathrm{d}t \quad [\mathrm{mol}/(\mathrm{m}^3 \cdot \mathrm{s})] \tag{2-24}$$

$$w_\rho = \pm \, \mathrm{d}\rho/\mathrm{d}t \quad [\mathrm{kg}/(\mathrm{m}^3 \cdot \mathrm{s})] \tag{2-25}$$

2. 质量作用定律

化学反应速率与各反应物质的浓度、温度、压力和物理化学性质等有关。质量作用定律说明了在一定温度下化学反应速率与物质浓度的关系。

质量作用定律表述为当温度不变时，某化学反应的反应速率与该瞬间各反应物浓度的乘积成正比。如果该反应按化学反应方程式的关系进一步完成，则每种反应物浓度的方次等于化学方程式中反应物化学计量数。例如下列化学反应：

$$a\mathrm{A} + b\mathrm{B} \rightarrow e\mathrm{E} + f\mathrm{F}$$

则质量作用定律可表示为

$$w = kc_\mathrm{A}^a c_\mathrm{B}^b \tag{2-26}$$

式中：k 为反应速率常数，它与反应物的浓度无关。

$n = a + b$ 称为该反应的反应级数。

当各反应物的浓度等于 1 时，则反应速率常数 k 在数值上等于化学反应速率，所以 k 也称为比速率。不同的反应有不同的反应速率常数，它的大小直接反映了速率的快慢和反应的难易，并取决于反应温度和反应物的物理化学性质。

在应用质量作用定律时应注意：要正确地判断反应物浓度对反应速率影响的程度，必须由实验方法来测定反应物浓度的方次，以及由实验了解化学反应的机理。所以在明确了该化学反应的真实过程，并能写出反映反应过程的动力学方程式后，才能应用质量作用定律来判断该反应中浓度对反应速率的影响。

应该指出，除了一步完成的简单化学反应以外，还有复杂反应。在复杂反应中，所形成的最终产物是由几步反应所完成的，故而化学反应方程式并非表示整个化学反应的真实过程，所以无法用质量作用定律直接按照该化学反应方程式来判断其反应物浓度对反应速率的影响关系，必须通过实验来求得。

在电站锅炉燃烧技术中可采用炉膛容积热负荷，即单位时间内和单位体积内燃烧的燃料所释放出的热量，来表示燃烧反应速度。

对于多相燃烧，如煤粉燃烧，反应在煤粉颗粒表面进行，反应速度取决于燃料表面区域的氧浓度和燃料的表面积。

第二节　影响化学反应速率的因素

影响化学反应速率的因素主要有系统压力、反应物浓度、温度和活化能等。

一、反应系统压力对化学反应速率的影响

对于一个恒温反应，反应物质的浓度 c 与摩尔相对浓度 x 之间存在如下关系：

$$c_i = x_i p/(RT) \tag{2-27}$$

代入质量作用定律式可得

$$w = k\left(\frac{p}{RT}\right)^n x_A^a x_B^b \tag{2-28}$$

式中：$n = a + b$ 为反应级数；x_A、x_B 为反应物 A、B 的相对浓度。

由于 $x_A + x_B = 1$，因此 $x_A = 1 - x_B$，代入式（2-29）可得

$$w = k\left(\frac{p}{RT}\right)^n x_A^a (1 - x_A)^b \tag{2-29}$$

该式表明了在恒温反应的条件下，反应速率与压力的 n 次方成正比，即

$$w \propto p^n \tag{2-30}$$

化学反应级数 n 可以通过以下方法确定。

对式（2-29）取对数，可得

$$\ln w = n \ln p + \ln\left[k \frac{x_A^a (1 - x_A)^b}{(RT)^n}\right] \tag{2-31}$$

在恒温条件下，测定反应速率和系统压力，绘制 $\ln w$-$\ln p$ 的关系图，斜率即为反应级数 n，如图 2-1 所示。

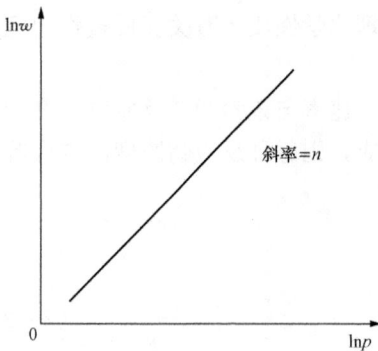

图 2-1 $\ln w$-$\ln p$ 关系图

上述压力与反应速度的关系只对简单的一步反应有效，对链式反应不适用。

二、反应物浓度对化学反应速率的影响

为讨论方便，假定化学反应为双分子反应，则式（2-29）可写为

$$w = k\left(\frac{p}{RT}\right)^2 x_A (1 - x_A) \tag{2-32}$$

在其他条件不变的情况下，最大反应速率与浓度的关系为 $dw/dx_A = 0$，则最大反应速率对应的反应物相对浓度为

$$x_A = x_B = 0.5$$

图 2-2 所示为化学反应速率 w 与相对浓度 x_A 的关系曲线，该曲线表明化学反应速率随反应物的浓度而变化。在一定范围内，化学反应速率随反应物的浓度升高而增大，反应物质浓度过大或过小都将使反应速率下降。

这是因为燃烧反应属于双分子反应，只有当两个分子发生碰撞时，反应才能发生。浓度越大，即分子数目越多，分子间发生碰撞的几率越大，反应也就越快。当然，反应物浓度也不是越高越好，当燃料浓度过高时，则氧相对不足，燃烧不充分。只有当燃料与氧达到化学当量比时，即反应物相对浓度等于 0.5 时，燃烧速度才最快。

当反应物质中混合有惰性物质时，会降低反应物的浓度，使得反应速率下降。但最大反应速率仍发生在 $x_A = x_B = 0.5$ 处。

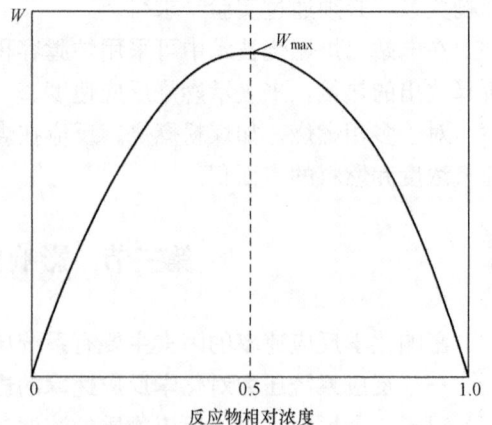

图 2-2 化学反应速率与反应物相对浓度的关系

三、温度对化学反应速率的影响

温度是影响化学反应速率的重要因素之一，它主要影响反应速率常数 k 值。

根据范特霍夫（Van't Hoff）规则，反应温度每升高 $10℃$，反应速率大约增加 $2\sim4$ 倍。这是一个近似的经验规则，对于不需要精确的数据或者缺少完整数据的情况，尚不失为一种估计温度对反应速率常数影响的方法。

在范特霍夫方程基础上，阿累尼乌斯（Arrhenius）通过大量实验与理论研究，揭示了反应速率常数与温度之间的关系式

$$\frac{\mathrm{d}(\ln k)}{\mathrm{d}T} = \frac{E}{RT^2} \tag{2-33}$$

式中：E 为反应活化能，是反应物的物性参数，单位为 $\mathrm{kJ/mol}$。

假如 E 不随温度变化，将式（2-33）积分，可得

$$\ln k = -\frac{E}{RT} + \ln k_0 \tag{2-34}$$

也可以写为

$$k = k_0 \mathrm{e}^{-\frac{E}{RT}} \tag{2-35}$$

式中：k_0 为频率因子，与温度无关，由实验确定；R 为通用气体常数；T 为系统温度。

由式（2-35）可知，燃烧速度随温度升高而升高，并呈指数关系。例如温度升高 $100K$，则燃烧速度随之增加 $2^{10}\sim4^{10}$ 倍。

式（2-33）～式（2-35）都称为阿累尼乌斯公式。按照式（2-34）以 $\ln k$—$1/T$ 作图，可得到一条直线，直线的斜率为 $-E/R$，由此可求出物质的活化能 E，如图 2-3 所示。

应该指出的是，并非所有的化学反应都遵循此规律，有些化学反应的反应速率是随温度的升高而降低

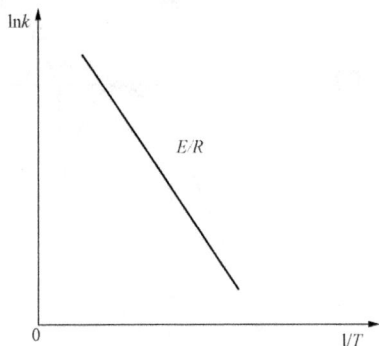

图 2-3 $\ln k$—$1/T$ 关系图

的，如图 2-4 所示。一般的化学反应如图 2-4（a）所示，少数如图 2-4（b）～图 2-4（d）所示，例如酶反应如图 2-4（b）所示，某些碳氢化合物的氧化如图 2-4（c）所示，合成 NO_2 如图 2-4（d）所示。

四、活化能的影响

在阿累尼乌斯公式中，活化能 E 的数值对反应速率的影响很大，E 越小，反应速率越大。阿累尼乌斯在解释上述经验公式时首先提出了活化能的概念。分子相互作用的首要条件是它们必须相互碰撞，显然并不是每次碰撞都是有效的，因为分子彼此碰撞的次数很多。如果每次碰撞都是有效的，则一切气体反应都将瞬时完成。但实际上只有少数能量较大的分子碰撞才能有效。要使普通分子（即具有平均能量的分子）变为活化分子（即能量超出一定值的分子）所需的最小能量就称为活化能。活化能也可定义为使化学反应得以进行所需要吸收的最低能量。由定义可知，活化能表示吸收外界能量的大小，数值越大，表示燃料越难燃烧。活化能如图 2-5 所示。

由图 2-5 可知，要使反应物 A 反应生成燃烧产物 G，必须首先吸收能量 E_1，达到活化

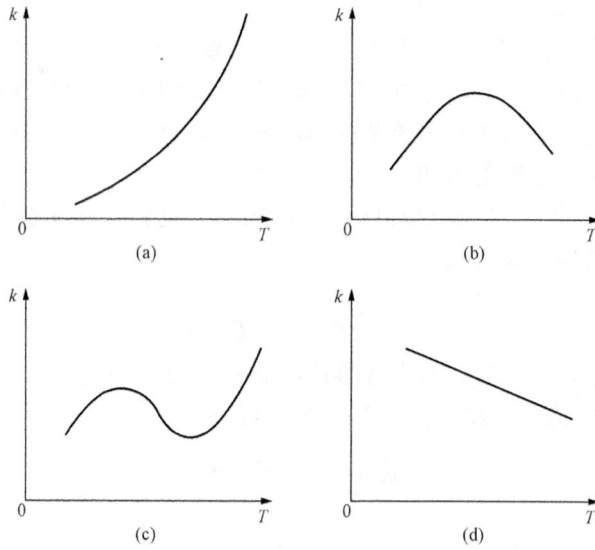

图 2-4 反应速率常数与温度间的关系

(a) 一般化学反应；(b) 酶反应；(c) 某些碳氢化合物的氧化；(d) 合成 NO_2 反应

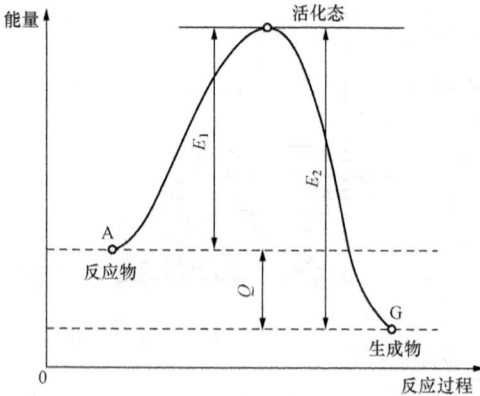

图 2-5 活化能

状态，然后进行燃烧反应，变成产物 G，同时放出热量 E_2。扣除吸收的热量 E_1，Q 为燃烧反应的净放热量，也就是燃料的发热量。

阿累尼乌斯对活化能的解释只有对基元反应才有明确的物理意义，而绝大多数反应都是非基元反应。因此，对复杂反应，直接由实验数据按阿累尼乌斯得到的活化能只是表观活化能，它实际上是组成该复杂反应的各基元反应活化能的代数和。

一般化学反应的活化能均为 $42\sim420kJ/mol$，其中大多数为 $60\sim250kJ/mol$。活化能小于 $42kJ/mol$ 的反应，由于反应速度很快，一般实验方法已难以测定。活化能大于 $420kJ/mol$ 的反应，由于反应速度极慢，可以认为不发生化学反应。

从阿累尼乌斯公式可以看出，活化能 E 的大小既反映了反应进行的难易程度（活化能 E 越小，反应越容易），同时也反映了温度对反应速率常数的影响的大小。E 值较大时，温度升高，k 值的增大就很显著；反之，就不显著。例如有两个化学反应，一个反应的活化能为 $83.68kJ/mol$，另一个为 $167.36kJ/mol$，当温度由 $500K$ 增加到 $1000K$ 时，若不计频率因子的变化，则活化能低的反应速率增加了 4×10^4 倍，活化能高的反应速率增加了 3×10^8 倍。这一结果说明，对于两个活化能不同的反应，当温度增加时，活化能较高的反应速率增加的倍数比活化能较低的反应速率增加的倍数大。换句话说，即温度升高有利于活化能较大的反应。对于一个给定的反应，例如活化能为 $83.68kJ/mol$，温度从 $500K$ 升高到 $1000K$，升温 $500K$，其反应速率增加 4×10^4 倍，如果温度从 $1000K$ 升高到 $1500K$，同样升温 $500K$，此时反应速度增加 25 倍。这一结果说明，对于一个给定的反应来说，在低温范围内反应速率随温度的变化更敏感。

从影响燃烧的因素可知，要强化煤的燃烧，提高燃烧效率，可以提高煤粉浓度、压力和温度。在电站锅炉技术中，煤粉炉采用微负压燃烧，可从浓度和温度两方面入手，提高燃烧效率。如浓淡燃烧技术、热风送粉等都是从这个原理出发的。

第四节　链　反　应

阿累尼乌斯定律在分子运动理论基础上，建立了化学反应速率关系式。但是化学反应的种类很多，特别是燃烧过程的化学反应，都是复杂的化学反应，无法用阿累尼乌斯定律和分子运动理论来解释。比如有些化学反应即使在低温条件下，其化学反应速率也会自动加速而引起着火燃烧；有些反应在常温下也能达到极大的化学反应速率，比如爆炸。因此，不得不寻求化学动力学的新理论来解释这些现象。链反应就是其中之一。

链反应也称链锁反应。其特点是不论用什么方法，只要使反应开始，它便能相继产生一系列的连续反应，使反应不断发展。在这些反应过程中始终包括有自由原子或自由基，这些原子或自由基统称链载体，只要链载体不消失，反应就一定能进行下去。链载体的存在及其作用是链反应的特征所在。很多重要的工艺过程如石油热裂解、碳氢化合物氧化燃烧等都与链反应有关。

链反应由三个基本步骤组成，即链的产生、链的传递和链的终止。

链反应分两大类，即不分支链反应和分支链反应。前者在链的发展过程中不产生分支链，后者将产生分支链。

一、不分支链反应

现以 H_2 和 Br_2 反应为例说明不分支链反应的机理。H_2 和 Br_2 的化学反应方程式为

$$H_2 + Br_2 \longrightarrow 2HBr$$

经实验测得该反应的表现活化能为 167kJ/mol，实验中还测到了 H 和 Br 自由原子。该反应为复杂反应，其反应速率方程式如下：

$$\frac{dc_{HBr}}{dt} = \frac{k' c_{H_2} c_{Br_2}^{1/2}}{1 + k'' c_{HBr}/c_{Br_2}} \tag{2-36}$$

有下列反应历程：

链的产生　　　　　　　　　$Br_2 + M \rightarrow 2Br + M$

链的传递　　　　　　　　　$Br + H_2 \rightarrow H + HBr$

　　　　　　　　　　　　　$H + Br_2 \rightarrow Br + HBr$

　　　　　　　　　　　　　$H + HBr \rightarrow H_2 + Br$

链的终止　　　　　　　　　$Br + Br + M \rightarrow Br_2 + M$

上述反应步骤简要说明如下：

（1）链的产生。由反应物分子生成最初链载体的过程称为链的产生。这是一个比较困难的过程，因为断裂分子中的化学键需要一定的能量。通常可以用加热、光照射、加入引发剂等方法使之形成自由基或自由原子。这里，Br_2 分子是通过与惰性分子 M 相碰撞而获得足够的振动而离解，称为热离解。

（2）链的传递。自由基或自由原子与分子相互作用的交替过程称为链的传递。由此可见，Br 与 H 两个自由原子交替地进行着生成 HBr 的反应，这里自由原子及自由基即链载体，起着链的传递作用，犹如链条上的各个链环，周期性地重复进行。

（3）链的终止。自由原子或自由基如果与容器壁面碰撞而形成稳定的分子，或者两个自由基与第三个惰性分子相撞后失去能量而成为稳定分子，则链中断，称为链的终止。

总的来说，本例的链反应在条件适宜时可以形成很长的链。因为在反应中链载体的数目始终没有增加，故称为不分支链反应或直链反应。

链反应机理是否正确需要加以验证。首先必须按照上面的反应机理求算反应速率方程式，并考察它是否与实验相等；其次要根据基元反应的活化能来计算总反应的表观活化能，看所得的数值是否和实验值一致；最后，如果实验中还有其他现象出现，则还需考察所提供的反应机理能否解释这些现象。

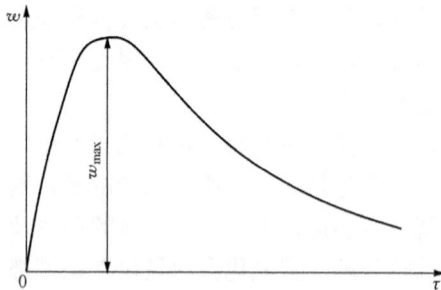

根据不分支链反应的特点，可以作出反应速率与时间之间的关系曲线，如图 2-6 所示。该曲线表示，在一定温度工况下，在达到可能的最大值之前，反应速率的增加是与反应物原子浓度在反应初期的增加有关的；反应速率达到最大值以后，由于反应物质浓度的降低，使链反应的速率逐渐降低。

图 2-6 不分支链反应速率与时间的关系

二、分支链反应

分支链反应是在等温条件下，基元反应产生的链载体的数目比消失的数目多，链的发展过程呈现分支发射状。在一定条件下，链载体的浓度及生成物的反应速率会趋于无穷大，发生爆炸反应。下面以 H_2 燃烧为例，来说明分支链反应的过程。

氢和氧反应的方程式为 $\qquad H_2 + O_2 \longrightarrow 2H_2O$

实际上，氢和氧的化合过程要复杂得多。

链的产生 $\qquad H_2 + O_2 \longrightarrow 2OH$

$\qquad H_2 + M \longrightarrow 2H + M$

链的传递 $\qquad OH + H_2 \longrightarrow H_2O + H$

分支 $\qquad H + O_2 \longrightarrow OH + O$

$\qquad O + H_2 \longrightarrow OH + H$

$\qquad OH + H_2 \longrightarrow H_2O + H$

链的终止 $\qquad H + H \longrightarrow H_2$

$\qquad H + OH \longrightarrow H_2O$

$\qquad O + O \longrightarrow O_2$

总的反应式为

$$H + 3H_2 + O_2 \longrightarrow 3H + 2H_2O$$

可见，在氢与氧的燃烧反应过程中，链传递的每一个循环，一个氢原子可转变为三个氢原子。因此，如果链载体的产生速率超过销毁速率，则反应速率会很快地增加而引起爆炸。这就是分支链反应。

在该分支链反应中，反应产物的形成速率与链载体——氢原子的浓度成正比。在反应开始阶段，氢原子的初始浓度很低，产物的形成速率很不显著。只有在经过一定的时间之后，由于分支链反应的传递过程，氢原子浓度不断增加，这样反应速率才得以自动加速直到最大的数值。以后由于反应物的浓度不断降低，当氢原子的销毁速率超过产生速率，以及氧分子浓度消耗到一定程度以后，反应速率开始下降。图 2-7 所示即为一定温度工况下氢燃烧的反应速率和时间的关系曲线。图中 τ_{res} 称为分支链反应的感应期。在这段时间内，反应速率很不显著，难以观察到。w_{res} 表示一个很小但能观察到的反应速率。在经过感应期后，反应才自动加速到最大速率值 w_{max}。

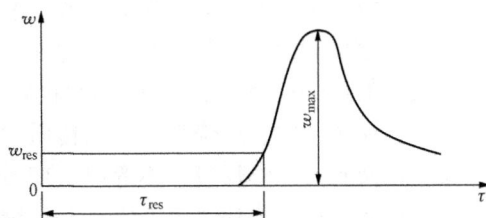

图 2-7 分支链反应速率与时间的关系

与氢燃烧反应相比，多数碳氢化合物的燃烧反应进行得比较缓慢，因为碳氢化合物的燃烧是一种退化的分支链反应，即新的链环要依靠中间生成物分子的分解才能发生，其动力学机理尚在研究中。

第三章 燃烧流体力学

在工业设备中，燃料要首先送入燃烧室才能进行燃烧。在燃烧过程中，燃料要和空气充分混合才能燃烧完全，这都涉及流体力学。要提高设备的燃烧效率、可靠性和经济性，需要对燃烧设备的燃烧流体力学问题进行深入研究。燃烧流体力学是一门交叉学科，它与物理学、化学、流体力学、燃烧学、传热传质学、数值计算方法、测试技术，以及锅炉原理等学科交叉，涉及具有化学反应、不等温、变质量、变直径的复杂气固多相紊流流动过程，同时又和燃烧设备结构有密切关系。本章介绍燃烧流体力学的基本内容。

第一节 燃烧紊流流动的输运方程

一、黏性流动基本方程组（纳维－斯托克斯方程组）

1883 年，雷诺首先发现了黏性流体运动存在着两种不同物理本质的流动状态，即层流和紊流。

由流体力学的试验得知，当雷诺数 $Re \geqslant 2300$ 时，管道内气流流动工况将由层流过渡到紊流。在燃烧技术的实践中，由于燃烧设备的尺寸较大，形状较复杂，气流速度较高，加上燃料燃烧等化学反应的影响，因此炉内气流一般都处于燃烧紊流工况。紊流运动的内部结构虽然十分复杂，但它仍遵循连续介质的一般动力学定律，即质量守恒定律、动量守恒定律和能量守恒定律。紊流中任何物理量虽然都随时间和空间而变化，但是任一瞬间的运动仍然符合连续介质流动的特性，即流场中任一空间点上的流动参数满足黏性流体流动的纳维-斯托克斯（N-S）方程组。下面介绍用张量形式表示的 N-S 方程组。

（1）连续性方程。计算式为

$$\frac{\partial \rho}{\partial t} + \frac{\partial}{\partial x_j}(\rho v_j) = 0 \tag{3-1}$$

在直角坐标系中，$\frac{\partial}{\partial x_j}(\rho v_j)$ 可写成下列分量形式，即

$$\frac{\partial}{\partial x}(\rho u) + \frac{\partial}{\partial y}(\rho v) + \frac{\partial}{\partial z}(\rho w) \tag{3-1a}$$

式（3-1）表示进入单位体积的净流率等于密度的增加率。

（2）动量方程。计算式为

$$\frac{\partial}{\partial t}(\rho v) + \frac{\partial}{\partial x_j}(\rho v_j v_i) = -\frac{\partial \sigma_{ij}}{\partial x_j} + S_{v_i} \tag{3-2}$$

式中：

$$\sigma_{ij} = p\delta_{ij} - \mu\left(\frac{\partial v_i}{\partial x_j} + \frac{\partial v_j}{\partial x_i}\right) + \frac{2}{3}\mu\frac{\partial v_i}{\partial x_j}\delta_{ij}$$

而克罗内克尔函数 δ_{ij} 为

$$\delta_{ij} = \begin{cases} 0, & i \neq j \\ 1, & i = j \end{cases}$$

式（3-2）中，S_{v_i} 项包括体积力与阻力在 i 方向的分量。动量方程表示单位体积的 i 方向动量的增加率，等于 i 方向动量进入此单位体积的净流率加上作用于该单位体积的净体积力。

（3）化学组分方程。计算式为

$$\frac{\partial}{\partial t}(\rho m_a) + \frac{\partial}{\partial x_j}(\rho v_j m_a) = \frac{\partial}{\partial x_j}\left(\Gamma_a \frac{\partial m_a}{\partial x_j}\right) + R_a \qquad (3-3)$$

式中：R_a 为包括化学反应引起的产生（或消耗）率及颗粒反应产生的质量源。

化学组分 a 的质量分数 m_a 的定义式为

$$m_a = \frac{\rho_a}{\rho} = \frac{\rho_a}{\sum\limits_a \rho_a} \qquad (3-4)$$

而 Γ_a 则表示化学组分 a 的交换系数，即

$$\Gamma_a = \rho D_a \qquad (3-5)$$

式中：D_a 为化学组分 a 的扩散系数。

式（3-3）表明，化学组分 a 的质量增加率等于组分 a 进入单位体积的净流率加上单位体积中由于化学反应引起的产生（或消耗）率。

（4）能量方程。计算式为

$$\frac{\partial}{\partial t}(\rho \widetilde{H} - p) + \frac{\partial}{\partial x_j}(\rho v_j \widetilde{H}) = \frac{\partial}{\partial x_j}\left(\Gamma_h \frac{\partial \widetilde{H}}{\partial x_j} + \sum_a \Gamma_a Q_a \frac{\partial m_a}{\partial x_j}\right) + Q_h \qquad (3-6)$$

$$H = h + p/\rho \qquad \widetilde{H} = H + v \cdot v/2$$

式中：h 为焓；H 为滞止焓；Q_a 为组分 a 的反应热；$\widetilde{H}$ 为包括动能的总焓；Q_h 为包括剪切功流入的净速率和反应所产生和吸收的热能、辐射能、电能等。

式（3-6）表示，内能加动能的增加率等于滞止焓以对流与扩散两种方式流入单位体积内的净速率，再加上源项 Q_h。

式（3-6）中的 Γ_h 表示热交换系数，其定义为

$$\Gamma_h = \frac{\lambda}{c_p} \qquad (3-7)$$

式中：c_p 为定压比热。

而普朗特数 Pr 则可写为

$$Pr = \frac{c_p \mu}{\lambda} = \frac{\mu}{\Gamma_h} \qquad (3-8)$$

式中：μ 为动力黏度。

（5）状态方程。计算式为

$$\rho = \rho(p, T) \qquad (3-9)$$

对于理想气体，当温度变化范围不大时有

$$p = \rho R T \qquad (3-10)$$

式中：R 为理想气体常数。

在上述各方程中，未知量为 v_i（或 u、v、w）、p、ρ、$\widetilde{H}$（或 T）和 m_a 共七个，而方程数也是七个，所以该方程组是封闭的。纳维-斯托克斯方程组描述任一瞬间流体运动特性，因此它既适用于层流运动，同时也适用于紊流运动。由于紊流运动的特性标尺均很小，在求方程的数值解时必须将求解区域划分成许多网格，目前计算机的储存量和计算时间还无法计

算，因此必须从其他方面寻求描述紊流运动的方法。

二、紊流运动时均方程组（雷诺方程组）

运用紊流运动中常用的时间平均方法，把 N-S 方程组中任一瞬时物理量用平均量和脉动量之和的形式来表示，再对整个方程组进行时间平均运算，即可得紊流运动的时均方程组（即雷诺方程组）。

（1）时均连续性方程。计算式为

$$\frac{\partial \overline{\rho}}{\partial t} + \frac{\partial}{\partial x_j}(\overline{\rho}\,\overline{v_j} + \overline{\rho' v_j'}) = 0 \tag{3-11}$$

（2）时均动量方程。计算式为

$$\frac{\partial}{\partial t}(\overline{\rho}\,\overline{v_i} + \overline{\rho' v_i'}) + \frac{\partial}{\partial x_j}(\overline{\rho}\,\overline{v_i}\,\overline{v_j} + \overline{\rho}\,\overline{v_i' v_j'} + \overline{v_i}\,\overline{\rho' v_j'} + \overline{v_j}\,\overline{\rho' v_i'} + \overline{\rho' v_i' v_j'}) = -\frac{\partial \sigma_{ij}}{\partial x_j} + \overline{S_{v_i}} \tag{3-12}$$

式中：$\sigma_{ij} = \overline{p}\delta_{ij} - \overline{\mu}\left(\frac{\partial \overline{v_i}}{\partial x_j} + \frac{\partial \overline{v_j}}{\partial x_i}\right) + \frac{2}{3}\overline{\mu}\,\frac{\partial \overline{v_i}}{\partial x_j}\delta_{ij} + \frac{2}{3}\overline{\mu'\,\frac{\partial v_i}{\partial x_j}\delta_{ij}} - \overline{\mu'\left(\frac{\partial v_i}{\partial x_j} + \frac{\partial v_j}{\partial x_i}\right)}$

（3）时均化学组分方程。计算式为

$$\frac{\partial}{\partial t}(\overline{\rho}\,\overline{m_a} + \overline{\rho' m_a'}) + \frac{\partial}{\partial x_j}(\overline{\rho}\,\overline{v_i}\,\overline{m_a} + \overline{\rho}\,\overline{v_i' m_a'} + \overline{v_i}\,\overline{\rho' m_a'} + \overline{m_a}\,\overline{\rho' v_i'} + \overline{\rho' v_i' m_a'})$$

$$= -\frac{\partial}{\partial x_j}\left(\Gamma_a\,\frac{\partial \overline{m_a}}{\partial x_j}\right) + \overline{R_a} \tag{3-13}$$

（4）时均能量方程。计算式为

$$\frac{\partial}{\partial t}\left(\overline{\rho}\,\widetilde{\overline{H}} - \overline{p} + \overline{\rho'\,\widetilde{H}'}\right) + \frac{\partial}{\partial x_j}\left(\overline{\rho}\,\overline{v_i}\,\widetilde{\overline{H}} + \overline{\rho}\,\overline{v_i'\,\widetilde{H}'} + \overline{v_i}\,\overline{\rho'\,\widetilde{H}'} + \widetilde{\overline{H}}\,\overline{\rho' v_i'} + \overline{\rho' v_i'\,\widetilde{H}'}\right)$$

$$= \frac{\partial}{\partial x_j}\left(\Gamma_h\,\frac{\partial \widetilde{\overline{H}}}{\partial x_j} + \sum_a \Gamma_a\,\widetilde{\overline{H}}\,\frac{\partial \overline{m_a}}{\partial x_j}\right) + \overline{S_h} \tag{3-14}$$

如果以 ϕ 表示任何标量参数，则上述诸方程均可写成下列通用形式，即

$$\frac{\partial}{\partial t}(\overline{\rho}\,\overline{\phi} + \overline{\rho'\phi'}) + \frac{\partial}{\partial x_j}(\overline{\rho}\,\overline{v_i}\,\overline{\phi} + \overline{\rho}\,\overline{v_i'\phi'} + \overline{v_i}\,\overline{\rho'\phi'} + \overline{\phi}\,\overline{\rho' v_i'} + \overline{\rho' v_i'\phi'})$$

$$= -\frac{\partial}{\partial x_j}\left(\Gamma_\phi\,\frac{\partial \overline{\phi}}{\partial x_j}\right) + \overline{S_\phi} \tag{3-15}$$

从式（3-15）中可以看到，当采用时间平均方法后，时平均方程中将出现一些新的未知关联项，即 $\overline{\rho' v_j'}$、$\overline{\rho' v_j'\phi'}$、$\overline{\rho' v_i' v_j'}$ 与 $\overline{\rho'\phi'}$，以及三阶关联项 $\overline{\rho' v_j'\phi'}$，因此在求解这一方程组时，首先必须对这些关联项进行确定或加以模化。一般来说，模化过程可近似忽略所有涉及密度脉动的项和所有三阶关联项，即取 $\overline{\rho' v_j'} = \overline{\rho'\phi'} = 0$，$\overline{\rho' v_j'\phi'} = 0$，这样所剩下的关联式只有 $\overline{\rho v_j'\phi'}$ 和 $\overline{\rho v_i' v_j'}$，称为雷诺应力项，它们的数值模化将在以后的燃烧数值模拟章节中介绍。

第二节　直流燃烧器空气动力特性

一、自由射流原理

（一）等温自由射流

1. 等温自由射流的特点

在燃烧技术中，由燃烧器喷射到炉膛空间中的气流可作为自由射流来处理。所谓自由射

流就是指气流射入一个相当大的空间，气流不受固体边界的限制，可在这个大空间自由扩散。该空间亦充满着物理性质一定的介质。该介质可以是流动的，也可以是静止的。

假定气流沿 x 轴的正方向自喷嘴流出，初速度为 u_0。在射流进入空间后，由于微团的不规则运动，特别是微团的横向脉动速度引起和周围介质的动量交换，并带动周围介质流动，使射流的质量增加、宽度变大，但射流的速度却逐渐衰减，并一直影响到射流的中心轴线上。根据图 3-1 所示的速度分布，可发现自由射流有如下几个主要特性。

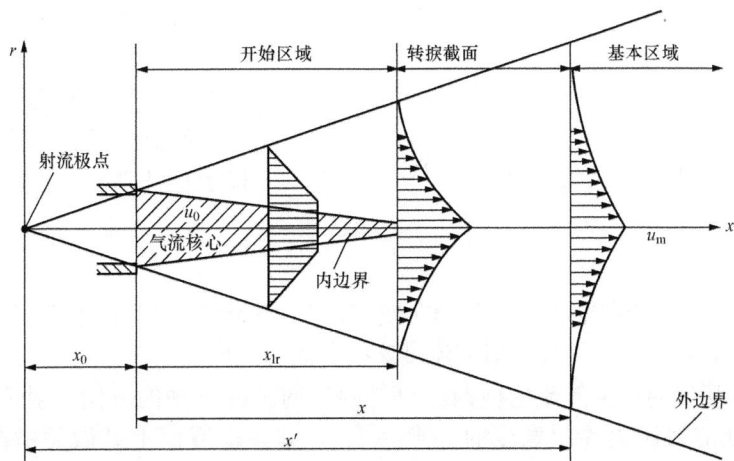

图 3-1　自由射流的速度分布

（1）转捩截面。在离喷嘴出口一定距离以后，未经扰动而保持初速 u_0 的区域消失的横截面称为转捩截面。转捩截面距喷嘴出口的距离约为喷嘴直径的 $4\sim5$ 倍，喷出射流的紊流强度越大，此距离越短。

（2）开始区域和基本区域。喷嘴出口与转捩截面之间的区域称为开始区域，而转捩截面以后的区域称为基本区域。

（3）气流核心。在开始区域中，气流具有初始速度 u_0 的部分称为气流核心。

（4）边界层。位于气流核心外面。自由边界层中，在与流动垂直的方向上发生动量交换与质量交换。

（5）射流极点。射流外边界的交点称为射流极点。

若把自由射流基本区域中各截面上的轴向速度分布表示在 $u/u_m - y/y_{0.5}$ 的无因次坐标上（这里 u_m 表示该截面上射流在 x 轴线上的速度，$y_{0.5}$ 表示该截面上速度为 $0.5u_m$ 的点与 x 轴之间的距离），则得如图 3-2 所示的速度无因次值分布。

由图 3-2 可知，在基本区域中自由射流各截面上的轴向速度分布是相似的，并且可用比较简单而通用的关系式来描述。通常用的有下列几种经验关联式，即

$$\frac{u}{u_m} = \left[1 - \left(\frac{y}{y_{0.5}}\right)^{3/2}\right]^2 \tag{3-16}$$

$$\frac{u}{u_m} = \exp\left[-k\left(\frac{y}{x}\right)^2\right] \tag{3-17}$$

$$\frac{u}{u_m} = 0.5\left(1 + \cos\frac{\pi y}{2x\tan\alpha_u}\right) \tag{3-18}$$

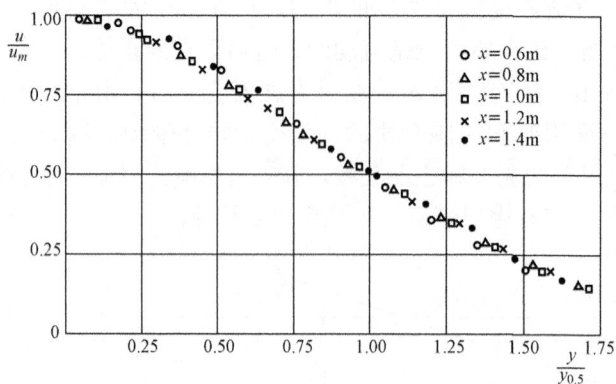

图 3-2　自由射流基本区域中各截面无因次速度分布

式中：y 为横截面上任一点到轴线之间的垂直距离；x 为横截面距喷嘴出口的轴向距离；k 为实验常数，其值为 82～96；α_u 为射流半角，其值约为 4.85°。

2. 圆形自由射流的半经验理论

由实验可知，自由射流中的压力改变是不大的，可认为射流中的压力等于周围空间介质的压力。所以在射流的任何一个截面上，总动量 p 保持不变，其数学表达式为

$$p = \int_0^m u \mathrm{d}q_m = \mathrm{const}（常量） \tag{3-19}$$

式中：u 表示射流任一横截面上某点的轴向速度；$\mathrm{d}q_m$ 表示单位时间内流过该横截面上某微元横截面的射流质量流量；m 表示射流流过该横截面的总质量。

自圆形喷嘴喷出的自由射流的横截面也是圆形的。设 x 轴的方向与射流方向一致且距离射流极点 x' 处的射流边界层宽度的一半为 R_{rp}，则该横截面上某微元横截面积 $\mathrm{d}A$（见图 3-1）为

$$\mathrm{d}A = 2\pi r \mathrm{d}r \tag{3-20}$$

而流过 $\mathrm{d}A$ 的射流质量流量 $\mathrm{d}q_m$ 为

$$\mathrm{d}q_m = \rho u 2\pi r \mathrm{d}r \tag{3-21}$$

圆形喷口出口处的初始动量为

$$p_0 = \pi \rho_0 u_0^2 R_0^2 \tag{3-22}$$

式中：R_0 为喷嘴的半径；u_0 为喷嘴出口处射流的初始速度；设气体为不可压缩流体，即 $\rho = \rho_0 =$ 常数。

将式（3-20）～式（3-22）代入式（3-19）可得

$$2\int_0^{R_{\mathrm{rp}}} \left(\frac{u}{u_0}\right)^2 \frac{r}{R_0} \frac{\mathrm{d}r}{R_0} = 1 \tag{3-23}$$

令 $\dfrac{r}{R_0} = \dfrac{r}{R_{\mathrm{rp}}} \dfrac{R_{\mathrm{rp}}}{R_0} = \eta \dfrac{R_{\mathrm{rp}}}{R_0}$；$\dfrac{u}{u_0} = \dfrac{u}{u_m} \dfrac{u_m}{u_0}$。代入式（3-23）可得

$$2\int_0^1 \left(\frac{u}{u_m} \frac{u_m}{u_0}\right)^2 \eta \left(\frac{R_{\mathrm{rp}}}{R_0}\right)^2 \mathrm{d}\eta = 1 \tag{3-24}$$

式中的 $\dfrac{R_{\mathrm{rp}}}{R_0}$ 和 $\dfrac{u_m}{u_0}$ 只取决于该截面到极点的距离，与该射流截面上的位置无关，故式（3-24）可改写为

$$2\left(\frac{u_m}{u_0}\right)^2 \left(\frac{R_{\mathrm{rp}}}{R_0}\right)^2 \int_0^1 \left(\frac{u}{u_m}\right)^2 \eta \mathrm{d}\eta = 1 \tag{3-25}$$

由于无因次速度分布是相似的，对圆形射流来说，$\displaystyle\int_0^1 \left(\frac{u}{u_m}\right)^2 \eta \mathrm{d}\eta = 0.0464$，因此最终结

果为

$$\frac{R_{\text{тp}}}{R_0} = 3.3 \frac{u_0}{u_m} \qquad (3 - 26)$$

式（3-26）给出了圆形自由射流某一截面上的边界层宽度与该截面轴心线上的中心速度之间的关系。在转掠截面上，$u_m = u_0$，故有

$$\left(\frac{R_{\text{тp}}}{R_0} \right)_{\text{tr}} = 3.3 \qquad (3 - 27)$$

另外，流过任一横截面的气体质量流量为

$$q_m = \int_0^{R_{\text{тp}}} \rho u \cdot 2\pi r \mathrm{d}r \qquad (3 - 28)$$

初始流量为 $q_{m0} = \pi R_0^2 \rho u_0$，则由同样方法可得射流卷吸量为

$$\frac{q_m}{q_{m0}} = 2.13 \frac{u_0}{u_m} \qquad (3 - 29)$$

同样，在转掠截面上，$u_m = u_0$，故有

$$\left(\frac{q_m}{q_{m0}} \right)_{\text{tr}} = 2.13 \qquad (3 - 30)$$

定义某一截面上的质量流量 q_m 和该截面面积 A 之比称为射流在该截面上的平均速度 u_{a}，即

$$u_{\text{a}} = \frac{q_m}{\rho A} \qquad (3 - 31)$$

用相同的方法可得在某一截面上的平均速度和该截面上的最大速度（即射流轴心线上的速度 u_m）之间的关系式为

$$u_{\text{a}} = 0.2 u_m \qquad (3 - 32)$$

以上所列公式说明射流在任一截面上的特性都和该截面的中心速度 u_m 有关。由于射流中心速度 u_m 在基本区域内是沿着 x 轴方向改变的，为了计算出射流任一截面的边界层宽度、流量及平均速度，就必须求出中心速度 u_m 与距离 x 的关系。

其经验公式为

$$\frac{u_m}{u_0} = \frac{0.96}{\dfrac{ax}{R_0} + 0.29} \qquad (3 - 33)$$

式中：实验常数 a 的取值范围为 $0.07 \sim 0.08$。

最后要指出的是，以上所列各种关系式仅适用于圆形自由射流的基本区域。

3. 出口紊流度对自由射流的影响

从燃烧器喷出的射流都是紊流射流。由于燃烧器的设计和加工各不相同，因而射流喷出时具有不同的起始紊流度，将导致射流喷出后扩散和衰减规律有较大的差异。图 3-3 所示为不同初始紊流度的等温射流和不等温射流的相对动压头沿射流轴线的变化规律。图中，$\rho_m u_m^2$ 为不同距离处射流轴心的动压头，$\rho_0 u_0^2$ 为射流出口的动压头。曲线 3 为根据式（3-33）计算所得的射流衰减规律；曲线 1 是在喷嘴前装了细的网格，使其喷出的紊流度降低至如图 3-3 中右上方所示的 1.8% 时射流的衰减规律；曲线 2 所示的射流由普通管道喷出，其喷出时横断面速度场服从管道紊流流动的 1/7 次方分布规律，相应的紊流度为 3.05%；曲线 4

为收缩喷嘴喷出的射流，其紊流度为 2.8%；曲线 5 为在喷嘴喷出前装置了紊流强化器的射流，喷出的起始紊流度达 4.8%；曲线 6、7 是不等温射流，曲线 6 为 1200K 高温射流喷入空间介质中，两者的相对密度为 3.6；曲线 7 为 4000K 的高温射流喷入空间介质，两者的相对密度高达 14。由于高温射流具有较大的温度梯度和速度梯度，因而气流的紊流脉动水平将明显提高，亦即有较高的紊流度。

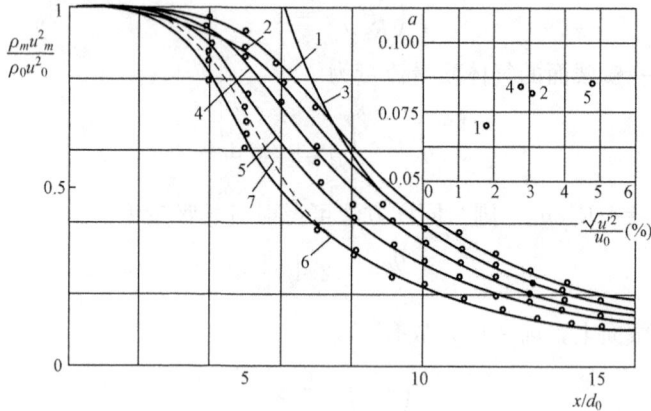

图 3-3　不同初始紊流度对动压头的衰减规律

从图 3-3 的试验曲线可以明显发现，随着喷出射流的起始紊流度的增大，紊流射流的初始段缩短，射流卷吸量增大，轴心速度的衰减变快，亦即射流实验常数 a 相应增大。目前的试验尚不足以得出实验常数 a 和起始紊流度的直接关系，在工程计算中可根据喷嘴的情况估计其紊流度。对起始紊流度较高的燃烧器喷嘴，应选取较高的 a 值。通常工程粗糙管道内喷出的射流，其起始紊流度可达 7%～10%。

4. 出口速度场对自由射流的影响

在射流理论中，为了研究方便，往往假定射流以恒等不变的直角方波形速度分布喷出，如图 3-4（a）所示，因而推导出一系列的近似计算公式。但实际的直流燃烧器喷嘴所喷出射流的出口速度场往往不是方波形的，最常见的是如图 3-4（b）所示的 1/7 次方速度分布，即

$$\frac{u_0}{u_{0m}} = \left(1 - \frac{r}{R_0}\right)^{1/7} \tag{3-34}$$

比较这两种不同的出口速度场对自由射流的影响，发现在射流初始段两者有显著差别。在图 3-5 中，右边（a）是以方波喷出的射流离喷嘴不同距离处的横截面上轴向速度分布的试验曲线，左边（b）则是以 1/7 次方速度分布喷出时的情况。

从图中可以清楚地发现，以 1/7 次方速度分布喷出的射流比方波射流要衰减得快，初始段长度也较小，即射流实验常数 a 值较大。因此，研究燃烧射流时，应密切注意射流喷出时速度分布的影响。

（二）不等温自由射流

在燃烧技术中，经常会碰到射流的温度和周围介质温度不同的情况，这种自由射流称为不等温自由射流。

实验指出，在不等温自由射流中，其温度差 $\Delta T = T - T_\infty$（式中 T 为射流某点的温度，

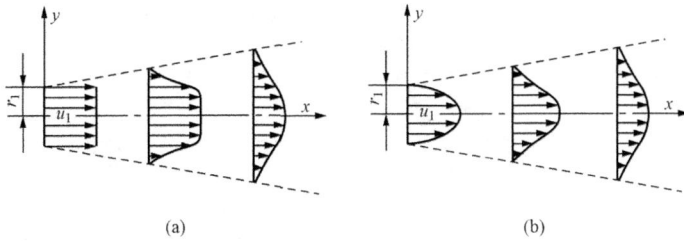

图 3-4 喷嘴出口速度场

（a）直角方波形；（b）1/7 次方形

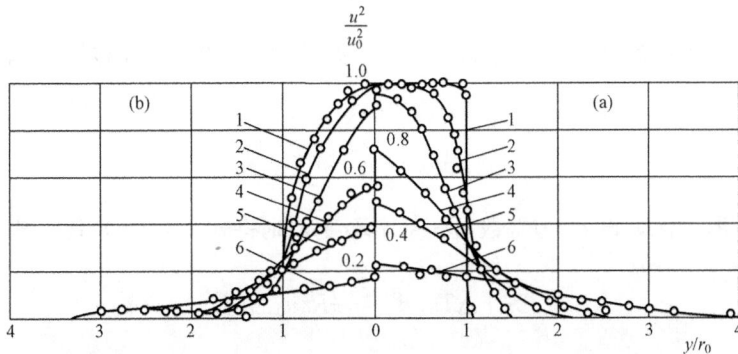

图 3-5 出口速度场对自由射流速度分布及衰减的影响

T_∞ 为周围介质的温度）的分布和速度分布相似，即存在着温度转捩截面、温度开始区域、温度基本区域、温度核心区域和温度边界层。

当与周围介质温度不等的自由射流在介质中扩散时，由于气流的横向紊流脉动，在与周围介质不断的进行物质质量交换和动量交换的过程中，射流必然和周围介质有热量交换。假如射流的温度低于周围介质的温度，则射流被逐渐加热；假如射流的温度高于周围介质的温度，则射流被逐渐冷却。由此可见，在不等温自由射流中的热交换过程也是一种紊流转移，因此自由射流速度场的相似性也会引起不等温自由射流温度场分布的相似性。由于空气紊流的普朗特数 $Pr = \dfrac{v_t}{a_t} \approx 0.7 \sim 0.8$（$v_t$ 为紊流运动黏度，a_t 为紊流导温系数），因此不等温自由射流的温度分布和速度分布是不重合的，温度分布比速度分布要宽些。图 3-6 所示为不等温射流在 $x/d = 20$ 截面处无因次温度分布和速度分布的实验结果。另外，经过研究可知，温度分布和浓度分布规律很接近，几乎具有相同的形状，而速度衰减却比前两者快些。

总的来说，在自由射流中，速度、温度和浓度分布是比较相似的，可用与雷诺数无关的普遍无因次规律来表示，这种特性称为自由射流的自模性。

根据泰勒紊流理论，无因次温度 $\dfrac{\Delta T}{\Delta T_m}$ 与无因次速度 $\dfrac{u}{u_m}$ 之间存在着下列关系，即

$$\frac{\Delta T}{\Delta T_m} = \frac{T - T_\infty}{T_m - T_\infty} = \sqrt{\frac{u}{u_m}} \tag{3-35}$$

按射流的温度差值计算射流的热焓时，由于周围空间介质的温度差等于零，因此它被射流吸入的热焓也等于零，这样通过射流任一横截面的全部流体的热焓，应等于同一时间间隔

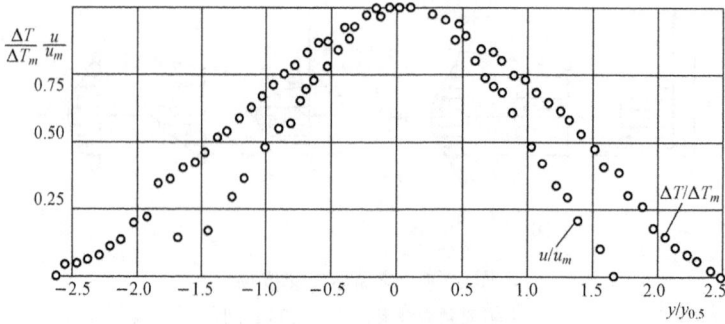

图 3-6　不等温自由射流无因次温度分布和速度分布（$x/d=20$）

内由喷嘴喷出的初始质量流体所具有的热焓。按温度值计算的不等温射流热焓不变定律可写成下列关系，即

$$\int_0^m c_p \Delta T \mathrm{d} q_m = \text{const（常量）} \tag{3-36}$$

对圆形不等温射流，设 c_p 为常数且 ρ 基本不变，则将式（3-21）代入式（3-36）得

$$2\pi \int_0^{R_{rp}} \Delta T u r \mathrm{d} r = \pi R_0^2 u_0 \Delta T_0 \tag{3-37}$$

最后可得不等温自由射流某截面中心温度差的衰减规律经验公式为

$$\frac{\Delta T_m}{\Delta T_0} = \frac{T_m - T_\infty}{T_0 - T_\infty} = \frac{0.7}{\dfrac{ax}{R_0} + 0.29} \tag{3-38}$$

式中：实验常数 $a = 0.07 \sim 0.08$；x 为某截面到喷嘴的距离。

二、气固多相射流的流动特性

由于颗粒相的存在，使多相射流的流动特性变得更为复杂。目前由于理论上和试验技术上的困难，即使对最简单的多相自由射流研究得也很不够，更不用说工程中使用的复杂形式的多相射流了。为了能对多相射流的流动特性有一个初步了解，根据目前已有的关于多相射流流动特性的试验数据，把多相射流按其浓度的大小分成低浓度多相射流和较高浓度的多相射流两种情况予以讨论。

1. 低浓度多相射流

当射流中固体颗粒的尺寸足够小，并且浓度也不大时，可称为低浓度细颗粒多相射流。最简单的处理方法是把低浓度多相射流看作具有较高密度 ρ_m 的多相射流喷入较低密度 ρ_g 的空气中，即假定：

（1）喷嘴出口处及沿射流射程内，颗粒速度和气流速度近似相等。

（2）颗粒相在射流中所占的容积很小，可略去不计。

（3）颗粒相的存在只是改变了射流的密度，多相射流的密度 ρ_m 可以用颗粒的质量浓度 C 来修正。即：

$$\rho_m = \rho_g (1 + C) \tag{3-39}$$

根据上述假定，低浓度细颗粒多相射流可近似采用有关不同成分组成的射流的公式计算。

另外，阿勃拉莫维奇曾建议在颗粒浓度较小时，多相射流横截面无因次速度分布和浓度分布可近似地采用单相空气射流的通用形式来表示，即：

$$\frac{u_g}{u_{gm}} = (1 - \eta^{3/2})^2 \tag{3-40}$$

$$\frac{C}{C_m} = 1 - \eta^{3/2} \tag{3-41}$$

试验表明，当颗粒的浓度 $C = 8 \times 10^{-7} \sim 4 \times 10^{-6}$ m³（固）/m³（气）、颗粒平均直径 $d_p = 15 \sim 20 \mu m$、喷出速度 $u_0 = 20 \sim 100$ m/s 时，其多相射流中气相速度分布和纯空气射流近似相同，符合式（3-40）的规律。

2. 较高浓度的多相射流

当射流中的颗粒是较粗的分散相，并且浓度又较大时，可称为较高浓度的多相射流。大多数煤粉射流或工程气固多相射流均属较高浓度多相射流。此时，由于气固相之间将存在明显的滑移速度，再用低浓度多相射流的处理方法显然是不行的。较高浓度的多相射流具有下列几方面的特点。

（1）喷嘴出口处颗粒相和气相的相对速度。在喷嘴出口处，颗粒的速度可能有如下三种不同的情况：

1）当颗粒在喷嘴出口前的管道内已有足够的加速段，或颗粒足够细时，此时出口处的颗粒速度和气相的速度十分接近，可近似认为两者是相等的，即 $u_{p0} = u_{g0} - u_t$（u_t 为终端沉降速度）。

2）当颗粒在管内加速段还不够长时，喷嘴出口处颗粒速度要低于气流速度，即 $u_{p0} \leqslant u_{g0}$。例如，当管径为 25mm、加速段为 2500mm 时，对不同颗粒度的石英砂的实验表明，在喷出气流速度 $u_{g0} = 28$ m/s 时，石英砂颗粒的速度只有 $u_{p0} = 20 \sim 22$ m/s，即为气流速度的 70%～80%。必须注意的是，在很多工程气固多相射流中，由于不可能有很长的加速段，故 $u_{p0} \leqslant u_{g0}$ 的情况普遍存在，这给理论研究带来了一定的困难。

3）当射流喷嘴前有截面扩大的管道或渐扩喷嘴时，射流出口处颗粒的速度将会大于气流速度。此时由于颗粒惯性的带动，使得气流加速，同时阻力的影响又使颗粒速度衰减加快。

（2）多相射流的速度衰减。由于颗粒的存在和颗粒所具有的惯性作用，使多相射流中气相速度沿射流轴向的衰减比单相射流时有所变慢，从而增加了多相射流的射程。在颗粒自径相同的情况下，随颗粒质量浓度的增加，气相中心速度的衰减将更加缓慢；而在相同的质量浓度情况下，随着颗粒直径的减小，气相中心速度的衰减也将变慢。试验结果还表明，颗粒相中心速度的衰减比气相速度衰减得慢。这是固体颗粒惯性大造成的。尽管喷嘴出口处颗粒速度通常低于气流速度，由于颗粒具有较大的惯性，因此在射流衰减过程中，颗粒相速度终将大于气流速度。颗粒越粗，浓度越大，其差别就越大。随着多相射流的进一步发展，颗粒的初始惯性逐渐消失，颗粒和气流的速度又将逐渐接近。在颗粒平均直径为 $79 \sim 207 \mu m$、质量浓度为 0.2～0.66 的常用多相射流范围内，颗粒平均直径越大，惯性也越大，其速度就越不易衰减。

（3）多相射流的速度分布和浓度分布。煤粉沿射流横截面的分布对燃料的着火、燃烧及炉内结渣等影响较大。当射流中有固体颗粒时，喷嘴喷出的气流仍基本服从 1/7 次方速度分布规律，但颗粒速度分布比较均匀。

多相射流的气相速度分布比单相射流窄一些，即气固多相射流的扩散率比单相射流的扩散率小，并且随着颗粒浓度或颗粒度的增加，扩散率减小的趋势更明显。固相速度分布则和气相相反，其分布相对比较均匀。由于颗粒的惯性较大，径向扩散率比气相的小，因此使其浓度的分布维持在很窄的范围内，通常比气相射流的宽度小 2～3 倍，颗粒的直径及颗粒的浓度均对颗粒相的扩散有较大的影响。颗粒浓度越大，多相射流的外边界就越窄。

（4）多相射流的紊流特性。射流的紊流特性在很大的程度上决定了射流的形状、热量交换和质量交换过程。试验研究表明，在射流边界层上有着强烈的紊流混合和紊流脉动，使被射流所卷吸的周围静止介质产生运动，但在射流核心区内则保持较平稳的流动，气流的紊流强度和管内流动相差不远。在射流的核心区内，沿横向及纵向分布的紊流参数均不为常量，而是由核心中间向核心边界逐渐增长，并随着射流的发展，紊流强度不断升高的。在边界层内，平均速度不断降低，脉动速度却不断增加，其最大值约位于与出口喷嘴直径相等的环形截面上。试验证明，在边界层内，射流紊流强度的最大值比核心区约高 3 倍。射流的开始区域和基本区域内，无因次脉动速度和紊流强度基本是自模化的。

对于气固多相射流来说，由于固体颗粒的密度比气流密度大得多，颗粒具有较大的惯性，因此在射流中颗粒的紊流脉动必定落后于气流的紊流脉动，当颗粒的直径大于某一临界值后就基本上不随气流脉动。相反，气流由于要曳引颗粒脉动，就要多耗费一部分脉动能量，因而使气流的脉动速度和强度减弱，即多相射流中气相的紊流强度比单相射流要低。单相射流的脉动速度及紊流脉动动能比多相射流中气相脉动来得强烈，而颗粒相的脉动速度和脉动动能则明显地低于气相。颗粒越大和浓度越高，颗粒相的脉动速度比气相脉动速度低得越多，即表明颗粒的存在削弱了紊流脉动的水平。颗粒沿径向的脉动速度大大小于气相。

（5）多相射流中颗粒的紊流扩散。气固多相射流中颗粒紊流扩散的施密特数 Sc_p 为

$$Sc_p = \nu_t / D_p \tag{3-42}$$

式中：ν_t 为气体的紊流动力黏度；D_p 是由于紊流引起的颗粒扩散系数。

对气固多相射流而言，$Sc_p \gg 1$，即颗粒紊流扩散比速度扩散慢。另外 Sc_p 数和颗粒的直径以及颗粒的质量浓度等因素有关。试验表明，小颗粒的紊流 Sc_p 数接近于 1，即颗粒扩散系数和紊流射流中动量扩散系数相接近。对大颗粒来说，其扩散速率将明显小于小颗粒的，故 Sc_p 数将增大。当颗粒直径一定时，随着颗粒浓度的增加，颗粒扩散系数将降低，因而 Sc_p 数增大。

三、平行射流组的流动特性

在燃烧装置中，往往使用的不是一只燃烧器，而是一组燃烧器，其最基本的空气动力结构就是一组相互平行的自由射流所组成的射流组。可以预料，由于射流间的相互混合和影响，使射流组中每一个射流和单个的自由射流的流动规律有较大的差异。特别是当射流组中两个相邻射流在离喷嘴一定距离处汇合以后，由于相互的混合作用，使速度场起了较大的变化。因此，射流组的流动过程是很复杂的，虽然一些研究者在这方面作过初步的研究，但仍是不全面的，尚需进一步加以研究。

设有一射流组（见图 3-7），其中各射流均处于同一平面，宽度为 $2b_0$，喷嘴的截面积和出口速度均相同，两相邻射流中心距均为 $2B_0$。

对平行射流组来说，其起始段的定义仍然是在轴心保持初始速度 u_0 的距离。对于基本

段则比较难以划分，一般认为两相邻射流汇合的截面即为基本段开始截面（如图 3-7 中的 A-A 截面），这样在起始段和基本段之间存在有一过渡段。实验表明，射流组的流动特性和各喷嘴间的相对距离 B_0/b_0 关系极大，在两射流相交之前，它们基本上是独立的。相交的位置和 B_0/b_0 的大小有关。当 B_0/b_0 足够小时，相交可在射流起始段内；而当 B_0/b_0 足够大时，相交可在起始段之后发生。

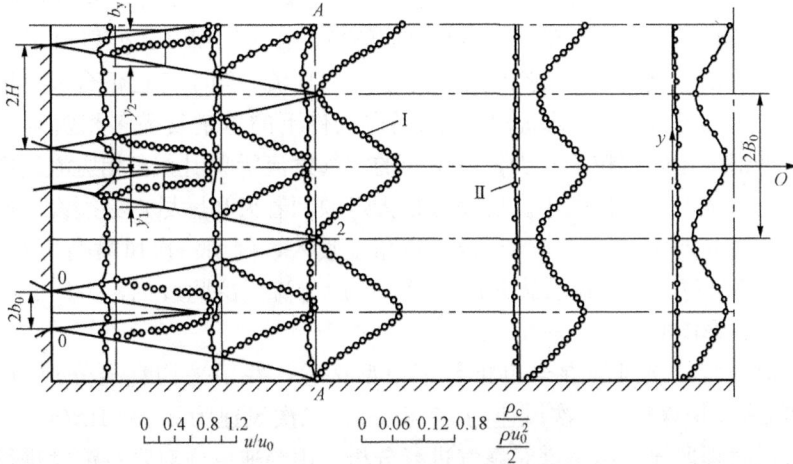

图 3-7 平行射流组的流动特性

伊久莫夫等人以一列矩形喷嘴射流进行了试验研究，其试验范围为：喷嘴宽度 $2b_0 = 11.0 \sim 24.0\text{mm}$，喷嘴相对高度 $h_0/b_0 = 2.5 \sim 10.0$，喷嘴之间相对节距 $B_0/b_0 = 3.5 \sim 15.0$，喷嘴个数 3～5 个，喷出速度 $u_0 = 15 \sim 50\text{m/s}$。实验结果表明：

（1）在起始段内，速度分布和自由射流一样，在射流边界层内是自模化的。即

$$\frac{u_0 - u}{u_0} = (1 - \eta^{3/2})^2 \tag{3-43}$$

式中：$\eta = \dfrac{y_2 - y_0}{b}$；$y_2$ 为由喷嘴边缘引出的水平线的坐标；b 为边界层混合区的宽度。

（2）在基本段内，喷嘴中心线处的速度仍为最大值 u_m，位于喷嘴间的速度为最小值 u_2。如果把基本段总结成适当的无因次参数，可以发现，无因次速度仍可服从自由射流的速度分布公式，即

$$\frac{u - u_2}{u_m - u_2} = \left[1 - \left(\frac{\overline{y}}{2.27} \right)^{3/2} \right]^2 \tag{3-44}$$

式中：$\overline{y} = y/y_{0.5}$。

（3）平行射流组沿轴向衰减的规律是比较复杂的，对于不同的 B_0/b_0 及 h_0/b_0 值，有不同的规律。

（4）由于在射流组之间有限空间内的卷吸作用，平行射流组的外边界比自由射流膨胀得更宽些。射流之间相对距离 B_0/b_0 越小，射流外边界膨胀得也越大。

（5）平行射流组紊流强度最高的区域是在射流组之间的边界层处，该处的紊流强度比射流核心区大几倍，这是因为该处速度梯度变化最大。在 $x/b > 6$ 以后，紊流强度逐步变得较为均匀（b 代表喷嘴宽度）。

四、煤粉射流组的流动特性

在四角切向布置的燃烧器中，每角的一、二次风是交替排列的。一次风为煤粉多相射流，二次风为空气射流。该组射流的流动特性就决定了燃料的着火和燃烧过程。根据布鲁斯迪林斯等人所做的多相射流组的试验，分析基本流动特性。

布鲁斯迪林斯等人的试验用三个直径为 52mm 的圆喷嘴，喷嘴之间的距离为 160mm。中间为空气射流，以 40m/s 速度喷出，两边为载粉射流，以 20m/s 平均速度喷出，粉粒是 $88\sim105\mu m$ 的金钢砂（相当于 $172\sim180\mu m$ 的煤粉）。在离喷嘴 1m 处射流组水平、垂直截面上速度分布试验结果显示，此时空气已汇合成一股射流。当空气已汇合成一股射流时，旁边两个煤粉射流仍然分开着。把试验数据和同样条件下的单个喷嘴多相射流的数据进行比较，发现两个外部射流的颗粒只有少量被中间的空气射流所吸引。多相射流组中空气很快地相互混合，而煤粉浓度却变化极小。要使煤粉火炬顺利着火和燃尽，必须设法使二次风穿透至煤粉射流核心，亦即使一、二次风形成一定角度喷入，例如一次风喷嘴角度为 16°，这样在离喷嘴 1m 处两组射流的粉粒已彼此混合形成一股射流。由此可见，一、二次风的交角对多相射流组的结构影响是十分显著的。

梅莫特曾对一、二次风的混合也进行了模型试验，并用平均直径分别为 18、38.6 和 47.3μm 的砂粒来模拟煤粉。一次风速为 30.5m/s，二次风速为 38～61m/s。一次风中引入氩气，沿一次风射程取样，用色谱对氩气进行分析，用等速取样对颗粒浓度进行测量，作为一、二次风混合程度的示踪。结果表明，无论一、二次风的交角是 0°或 30°，速度的衰减都比煤粉颗粒浓度的衰减快得多，因此在进行锅炉试验时，不能完全根据速度场来判断煤粉在炉内的分布及射程。其次，一、二次风交角增大至 30°时，煤粉和二次风的混合加速，浓度衰减较快，即二次风更易穿透至一次风中。当一、二次风平行喷出时，二次风速越高，一次风气流核心缩得越短，但粉粒浓度变化却不大。只有一、二次风的交角为 30°时，粉粒浓度的起始段才明显缩短，即此时随着二次风速的增加，煤粉颗粒和二次风的混合显著加强。当煤粉颗粒变粗时，其规律类似。目前关于多相射流组流动特性的试验数据还很缺乏，将有待今后进一步研究。

第三节　旋流燃烧器空气动力特性

一、旋转气流特性

1. 旋转气流的速度场

旋转气流的速度矢量分布见图 3-8，此时旋流强度 $\Omega=2.07$。由图可见，在不同的横截面上，旋转气流的切向速度和径向速度的合速度 $\dfrac{\sqrt{v^2+w^2}}{u}$ 沿射程不断衰减。当 $x/d_0 \geqslant 10$ 时，旋转速度基本消失，即射流已不旋转。

不同旋流强度下旋转气流的轴向速度分量和旋转速度分量的实验表明，对较低的旋流强度 Ω 来说，从 $x/d_0 > 4$ 以后，轴向速度分布具有相似性。但对 $\Omega > 0.6$ 的旋转气流来说，其轴向速度已不存在相似性了。从切向速度 w 的径向分布可知，从 $x/d_0 > 2$ 以后，在所有的旋流强度下都存在相似性。在 $r/(x+a) < 0.1$ 时，切向速度几乎是线性的，即相当于固体的旋转规律；而当 $r/(x+a) > 0.1$ 以后，相当于自由旋涡流动。

旋转射流的流动区域与直流射流是不同的,其最大的特点是射流内部有一个反向的回流区。旋转射流不但从射流外侧卷吸周围介质,而且还从内部回流区卷吸介质。在燃烧过性中,从内、外回流区卷吸的烟气对着火的稳定性起着十分重要的作用。

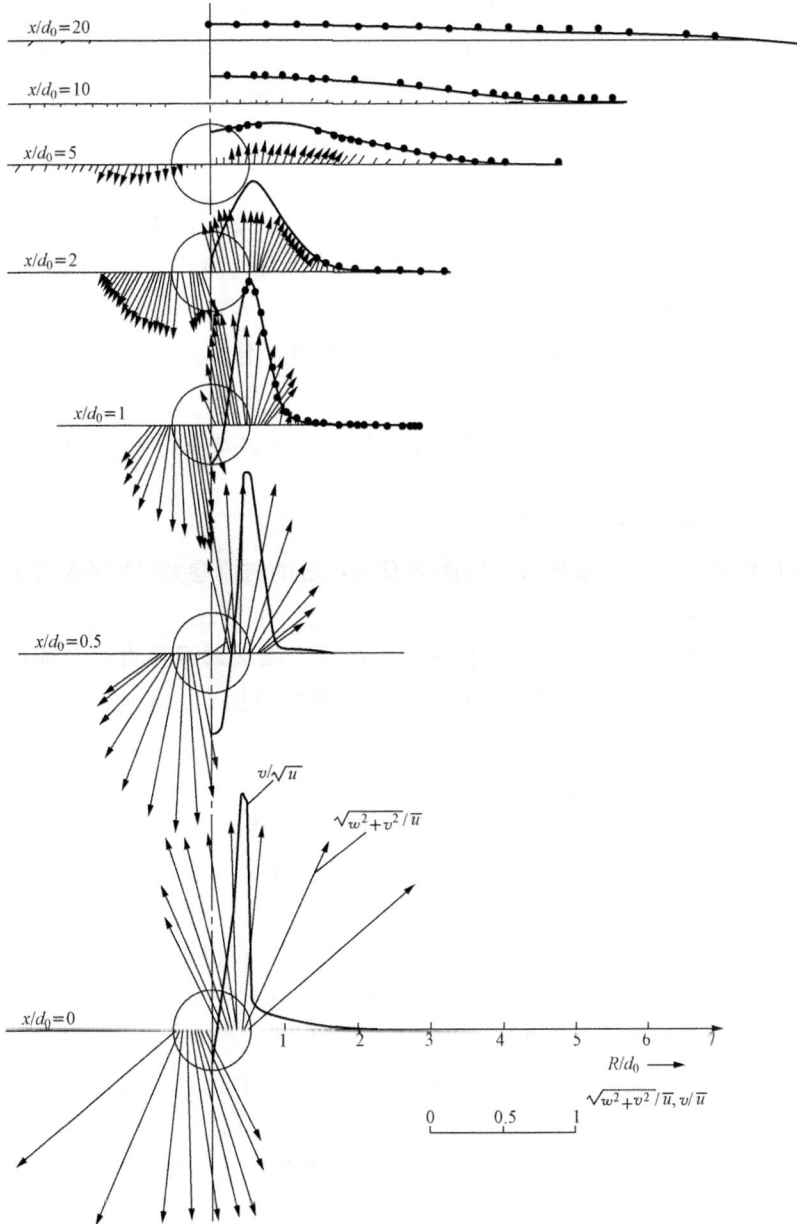

图 3-8 旋转气流旋转速度矢量图（$\Omega=2.07$）

2. 旋流强度对速度分布的影响

气流的旋转与射流最大速度、离喷嘴的距离 x 等有关。距喷嘴越远,射流最大速度急剧下降,当旋流强度增加时,这种衰减速度加快。轴向、切向和径向最大速度分量沿射流射程衰减的实验结果表明,轴向速度 u 和径向速度 v 按 x^{-1} 的规律衰减,而切向速度 w 则按

x^{-2} 的规律衰减。

3. 旋转射流的射程

旋流强度增加时，不同方向局部最大速度均增加，但火炬射程却衰减很快。例如在 $x/d_0=20$ 处，当 $\Omega=1.33$ 时，轴向最大速度已衰减至 $0.08\ \bar{u}$，但对 $\Omega=0.45$ 的射流，则只衰减至 $0.2\ \bar{u}$。这表明旋流强度降低为原来的 1/3 时，在 $x/d_0=20$ 截面上轴向最大速度增加了 2.5 倍之多。如果和直流自由射流相比，旋转射流的轴向速度衰减要快得多，因此可用改变旋流强度的办法来调节火炬射程。

4. 旋转射流的回流区

(1) 中心旋涡回流区长度 x_r/d_0 随着 Ω 的增大而不断变长。实验表明，当 $\Omega=1.4$ 时，x_r/d_0 达 2.0 左右，即中心回流区长度等于旋流燃烧器出口直径 d_0 的 2 倍。随着 Ω 的进一步增大，x_r/d_0 增长速度将略有减小。

(2) 中心旋涡回流区宽度随旋流强度 Ω 的增大而相应增大。

(3) 中心旋涡回流区的回流量随旋流强度的变化实验发现，旋流强度稍有增加，中心旋涡回流区的回流量却增大很多。但最大回流量的位置和旋流强度 Ω 的大小无关，均位于 $x/d_0=0.5$ 处。

5. 旋转射流的总卷吸量

中心回流区结束后，随着旋转火炬的向前发展，总的射流卷吸量仍不断增加，旋流强度的增加大大强化了射流的卷吸能力。

在通常的旋流强度下，回流区相对长度 $x/d_0 \leqslant 5$，旋转射流比直流射流的卷吸量大得多。在 $x/d_0 \leqslant 5$ 时，随着旋流强度的增加，射流卷吸量增加十分迅速。当 $x/d_0 > 5$ 时，旋转射流卷吸量增加速度减慢。

二、炉内多个平行旋转射流相互作用的流动特性

大型电站锅炉所用的旋流燃烧器通常由多个旋流燃烧器对称组合而成，在炉内形成复杂的多个组合的、互相平行的旋转射流。由于其对称性，可用一对旋转射流在炉内相互作用的空气动力特性为例加以分析。炉内相邻两旋流燃烧器的旋转方向可以是相同的，也可以是相反的（见图 3-9），在燃烧器附近，它们是比较对称的，故可以用叠加法处理。

实验研究的结果表明，平行旋转射流组的流动可分为具有三个不同特征的区域。第一个区域是从旋流器截面开始到 $x/d_0=1.5\sim2.0$ 的截面处。在这个区域中，两个旋转射流都保持各自的特性，几乎是独立存在的，其合成的速度场由各自的速度来决定。第二个区域由 $x/d_0 > 2$ 截面开始，大约延伸到 $x/d_0=3.0$ 截面。在这个区域中，两股射流开始并在一起作为一个复合射流而扩展。第三个区域是在 $x/d_0 > 3.0$ 截面以后，复合射流具有自由旋转射流的特性。

下面通过分析平行旋转射流组出口附近的轴向、切向和径向速度的分布情况来了解两个反向旋转射流的相互影响。

1. 轴向速度的分布

旋流燃烧器出口附近轴向速度的分布情况表明，最大轴向速度的径向位置很接近射流的边界和燃烧器的外壁。沿射流长度方向的最大轴向速度位置几乎没有什么变化。试验表明，最大轴向速度随旋流强度的增加而增大。

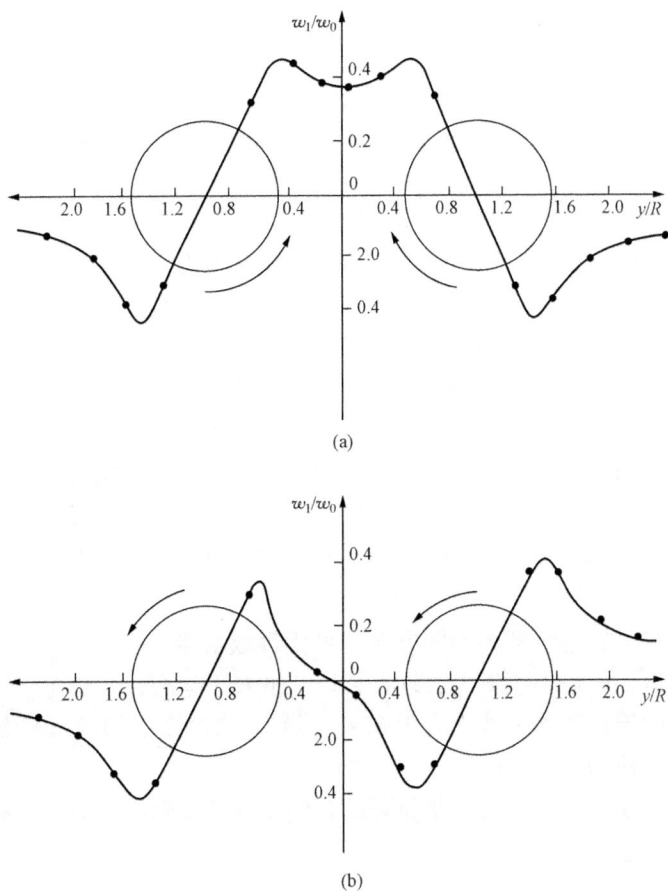

(a)

(b)

图 3-9　旋转射流组的相互作用

（a）反向旋转；（b）同向旋转

2. 切向速度的分布

反向旋转射流的切向速度分布情况表明，两个反向旋转射流的切向速度最大值都在燃烧器出口壁面附近，而内部区域几乎是线性的（即拟固体旋转规律），外部区域符合于自由旋涡运动。研究表明，两个平行旋转射流切向速度的合成场可以简化成两个理想旋涡的叠加。

3. 径向速度分布

燃烧器出口处显示了最大的离心作用。射流的旋流强度越大，则其离心力作用越强。两反向旋转射流的径向速度分布表明，在射流边界附近离心力是最大的，因此在燃烧器外壁附近。在 $0.6r_0$（r_0 为旋流燃烧器出口半径）以外的区域，径向速度的方向都是沿射流轴线指向外部的；但在 $0.6r_0$ 以内的区域，径向速度的方向却朝着射流轴线。

4. 混合特性的分布

两股反向旋转平行射流在燃烧器出口附近的温度场测量数据表明，当两股被加热的反向旋转平行射流喷入冷炉燃烧室时，和炉内冷空气强烈混合，将形成独特的温度场分布。在旋流作用下，中心回流区卷吸了部分周围低温空气，温度场在轴心附近成凹坑状，直到 $x/d_0 >$ 1.5 后凹坑才逐渐消失，这和轴向速度的分布是类似的。在 $x/d_0 \geqslant 3$ 后，轴向速度分布较平坦，与自由射流相近，此时温度场分布也逐渐平坦。尽管两旋流燃烧器间的喷距为 $3d$，但

在离燃烧器 $x/d_0 \geq 1$ 处两股旋转射流已开始相互作用，直至 $x/d_0 \approx 3$ 时才基本相互作用完毕。

炉内空气动力场在各旋流燃烧器喷出的火炬相互作用下构成了各种复杂流动图形，如对冲、相间对冲、同层间同向旋转或反向旋转等。大型锅炉的燃烧器布置都由上述的典型方案组合而成，情况十分复杂。从典型组合情况可知，火炬旋转方向对炉内空气动力场的影响是很大的。相邻燃烧器反向且相向旋转能使高温烟气向下从两侧和后墙上升；相邻燃烧器反向且背向旋转则使高温烟气上升，火焰中心上移，过热汽温会升高。各旋转射流的旋转方向如果组合得好，不但可以改善燃料的着火和燃尽，而且也可以控制火焰中心，控制炉膛出口烟气温度，甚至可以作为过热汽温的一种调节手段。

有研究者提出了换向燃烧器的设想，即在运行中将某些旋流燃烧器改换旋转射流方向，以达到在煤种或负荷变动时调节过热汽温的目的。由于蜗壳式或切向叶片式换向旋流燃烧器结构上比较复杂，目前还仅限于燃气炉或燃油炉上采用。由实验结果可以得出：

（1）改变火焰旋转方向对燃烧及炉内空气动力结构影响较大，并能使过热汽温升高或降低 $14 \sim 94℃$。凡使旋转火炬从向下改成向上旋转，都能使过热汽温有不同程度的升高，反之亦然。

（2）运行中变更个别燃烧器的旋转方向，可代替减温器。

（3）换向燃烧后，因炉内组织更合理，可以在低氧下运行。

（4）汽温调节的滞后时间一般不大于 $60s$，旋转方向改变后的动态响应时间为 $12min$。

（5）锅炉负荷可能增加 $15\% \sim 20\%$。

最后应该指出，换向燃烧的效果是显著的，但是在燃烧器结构方面还存在许多问题，有待今后进一步研究改进。

第四章　着　火　理　论

　　燃烧过程一般可分为两个阶段：第一个阶段称为着火阶段，第二个阶段即为着火后的燃尽阶段。在第一阶段中，燃料和氧化剂进行缓慢的氧化作用，氧化反应所释放的热量只是提高可燃混合物的温度和累积活化分子，并没有形成火焰。在第二阶段中，反应进行得很快，并发出强烈的光和热，形成火焰。

　　许多燃烧装置要求在很苛刻的条件下使燃料着火，例如要求在高速、低温下，使难着火的燃料着火等。但有时却要防止发生着火燃烧，或在发生燃烧后要求尽快熄灭，例如消防灭火就是如此。所以着火理论是燃烧理论的重要组成部分。

第一节　着火机理和着火方式

一、着火机理

　　根据人们对实际着火过程的研究，认为目前存在的着火机理主要有以下两种。

　　1. 热着火机理

　　热着火是在利用外部能源加热（例如电火花、电阻丝、热的器壁和压缩等）的条件下，使反应混合物（可燃剂及氧化剂）达到一定的温度，在该温度下反应混合物化学反应所放出的热量大于它向环境的散热，从而使反应混合物的温度进一步升高，温度的升高又进一步导致化学反应速率和放热速率的加快，这样无限地循环，最终导致全面的燃烧反应。

　　实际上，在有的情况下，温度的升高、化学反应的加速是十分迅速和突然的。例如我们日常生活中的煤气灶点火，只要煤气一遇到明火就瞬时着火。再如一定浓度（5%～15%）的甲烷气体与空气的混合物在一定的条件下，遇到明火时便会着火并转为不可控制的快速反应，也就是通常讲的爆炸。

　　对于一个放热反应，如果在严格的绝热条件下，只要反应物的量足够，则它都能发展为着火，也就是所谓的自燃。也就是说只有反应物消耗殆尽，才能使这种自加热反应不会发展到着火的程度。还有另外一种情况，虽然没有外部的热源，也没有严格的绝热条件，但它符合这样的条件，即在该状态时，由于它自身的热分解（或氧化或混合物的相互反应等）所放出的热量大于该情况下它向外界的散热，此时只要反应物的量足够，也会发展成为着火（或爆炸）。

　　2. 链着火机理

　　如果进行的反应是链式反应，且链式反应中自由基的生成速率大于自由基的消耗速率（即分支链式反应），则其反应速度不断加快，此时反应在定温条件下也会导致着火（或爆炸）。例如 H_2 和 O_2 的化合反应，它满足了分支链式反应的条件，只要反应一旦开始它就会着火，如果满足一定的浓度条件，还会发生爆炸。属于这样类型的反应还有甲烷、乙烯、乙炔等在空气中的氧化反应。

二、着火方式

研究表明,着火方式也有两类:即自燃着火和强迫着火。

1. 自燃着火（热自燃）

自燃着火是可燃物在不需要施加外界能量的条件下而自动着火的现象。它是由于反应物在非人为状态下自发地进行分解（或氧化等）反应,反应时放出一定的热量,并且反应放热大于散热,造成了热积累,使得反应温度进一步升高。由化学动力学知识可知,一般反应速度与温度呈指数关系,也即反应时的放热速度也与反应温度呈指数关系,而热损失速度只是温度的简单线性函数。因此对于可燃物的放热化学反应,只要反应热生成速度大于散失速度,则反应的最终结果必然是在整个区域内不需要任何外界能量的条件下着火,这时燃烧反应就自发进行下去。

自然界发生自燃的情况非常多。例如 2010 年夏天,我国各地温度屡创新高,汽车自燃事故频发。重庆晚报 2010 年 8 月 1 日报道:"由于连晴高温,汽车自燃进入高发期,市消防总队 119 指挥中心统计,最近 3 天,我市车辆自燃的火警数量接近 20 起"。俄罗斯 2010 年夏季出现罕见高温和干旱天气,首都莫斯科 7 月 29 日气温创历史新高,达到 39℃。从 7 月 30 日起,俄境内森林火灾形势更加严峻,起火点超过 7000 个,2.1 万人参与灭火。根据 8 月 9 日的数据,森林大火目前已导致 53 人死亡,2000 余栋房屋被烧毁,3000 多人无家可归。有部分森林大火由自燃引起。

2. 强迫着火（点燃）

强迫着火是可燃混合物从外界获得能量（如电火花、灼热质点、烟火药剂的火焰等）而产生着火的现象,也称为点燃。这时的燃烧是首先由靠近点火源引发并传播到可燃混合物的其他部分。因此可以认为强迫着火是外界能源加热下火焰的局部点燃,然后再进行火焰传播的过程。

强迫着火在工农业生产、交通运输及航天航空技术等领域中的应用也很广泛。例如电站锅炉的点火、航天工业中运载火箭及军事技术中火箭的点火就属于强迫着火;汽油发动机的汽油—空气混合物的电火花点火、日常生活中煤气炉的点火等都属于强迫着火。

自燃着火与强迫着火从着火方式和着火条件上来讲是不一样的。首先,自燃着火是可燃物在瞬间整体着火,而强迫着火首先是局部点着火,然后再扩散传播成整体着火。另外,自燃着火一般不需要特别施加外界能量,而强迫着火则必须要外界能量的激发才能着火。

第二节 热自燃理论

一、着火条件

所谓着火,可以理解为混合可燃物自动的反应比加速、升温以致引起空间某部或在某时间出现火焰的现象。若给着火条件下一个定义,即为如果在一定的初始条件（闭口系统）或边界条件（闭口系统）之下,由于化学反应的剧烈加速,使反应系统在某个瞬间或空间的某部分达到高温反应状态（即燃烧状态）,那么,实现这个过渡的初始条件或边界条件就称为"着火条件"。着火条件不是一个简单的初温条件,而是化学动力参数和流体力学参数的综合函数。

燃烧反应是放热的氧化反应,反应放热的结果,使可燃混合物的温度升高,而它反过来又促进反应加速，因而化学反应放热的速率及其放热量是促进着火的有利因素。但另一方面，存在着阻碍着火的不利因素——散热。经验告诉我们，在寒冷而风大的露天环境中，不易点燃可燃物质，而在风小的地方就容易点燃，这就是由于两种情况下的散热条件不同。着火、熄火就是反应放热因素和散热因素相互作用的结果。如果在某一系统中反应放热占优势，则着火容易发生（或熄火不易发生）。反之，则着火不易，熄火容易，这就是着火、熄火的本质，也可以称为着火的条件。

二、谢苗诺夫热自燃理论

热自燃理论的基本思想是由范特霍夫首先提出的，他认为当反应系统与周围环境的热平衡被破坏时，就会发生着火。莱·查特莱进一步提出，当放热曲线和散热曲线相切时就会着火。最后，完整的热力着火数学描述由谢苗诺夫提出，形成了谢苗诺夫热自燃理论。

要实现稳定的热着火，需要满足两个热力条件：①系统处于热平衡状态，即放热量 Q_1 等于散热量 Q_2；②放热量随系统温度的变化率大于散热量的变化率，即 $dQ_1/dT \geqslant dQ_2/dT$，表示放热曲线在散热曲线上方。

为了简化计算，谢苗诺夫采用零维模型，即整个容器内参数均匀，充满了可燃气的混合物。对于该系统，则有以下关系式，即燃气燃烧放热量为

$$Q_1 = k_0 e^{-\frac{E}{RT}} c_0^n V Q_r \tag{4-1}$$

系统散热量为

$$Q_2 = \alpha S(T - T_b) \tag{4-2}$$

式中：c_0 为反应物质的量的浓度；V 为容器容积；Q_r 为单位燃料燃烧放热量；α 为散热系数；S 为容器表面积；T_b 为容器壁温。

放热量与系统温度 T 成指数关系，散热量与温度 T 成直线关系。热量与温度关系如图 4-1 所示。不同情况下，系统可能出现不能燃烧的缓慢氧化状态、着火或熄火状态、正常燃烧状态。

当环境温度低（T_{b1}）时，即图 4-1 中曲线 Q_1 和 Q_{2a} 组合。点 1 为稳定的平衡态。系统处于点 1 左边时，$Q_1 > Q_{2a}$，系统会升高温度到达点 1；在右边时，$Q_1 < Q_{2a}$，系统会降温回到点 1。由于此时系统温度低，处于缓慢氧化状态，不能进行燃烧，此时不满足着火条件②。

当环境温度升高至 T_{b2} 时，在不同的散热条件下，可能出现不同的燃烧状态。对曲线 Q_1 和 Q_{2b} 组合，点 2 为不稳定的平衡态。系统处在点 2 左边时，$Q_1 > Q_{2b}$，系统会升高温度到达点 2；在右边时，$Q_1 > Q_{2b}$，系统会继续升温

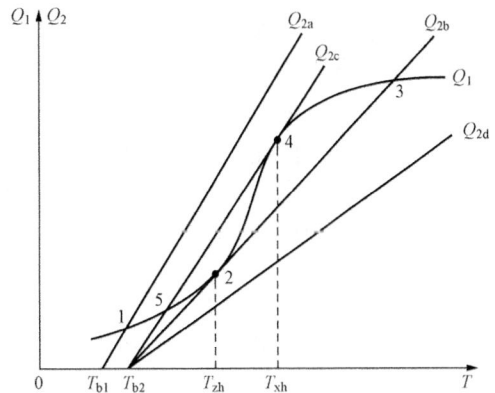

图 4-1　热力着火曲线
1—缓慢氧化状态；2—着火点；3—高温燃烧状态；
4—熄火点；5—氧化状态

到达点 3，进行高温燃烧。此时满足着火条件②。点 2 就称为着火点，其对应的系统温度 T_{zh} 称为燃料的着火温度。锅炉的正常运行就属于这种情况。如果散热条件改变，如由高负荷运行转为低负荷运行，水冷壁的冷却条件加强，散热系数 α 增大，散热曲线斜率增加，即

曲线 Q_1 和 Q_{2c} 组合。在降负荷的过程中，燃料量减少，系统温度会降低，即由点 3 的高温燃烧状态逐渐变为点 4 的燃烧状态。负荷低到一定程度就到达点 4，点 4 为不稳定平衡态。点 4 右边，$Q_1 < Q_{2c}$，系统会降温回到点 4；在点 4 左边，$Q_1 < Q_{2c}$，系统会降温到达点 5，变成不能燃烧的氧化状态。此时点 4 为熄火点，对应的系统温度 T_{xh} 为熄火温度。熄火温度总高于着火温度。如散热强度减小，如在锅炉燃烧器区域敷设卫燃带，即曲线 Q_1 和 Q_{2d} 组合。在这种情况下，放热量总大于散热量，系统温度会不断提高，这样会导致更高温度的强烈燃烧。敷设卫燃带，是稳定低挥发分难燃煤着火的有力措施之一。

着火温度和熄火温度不是物性参数，会随热力条件的变化而变化。各种实验方法所测得的着火温度值的出入很大，过分强调着火温度意义不大，着火温度只表示了着火的临界条件。如褐煤堆，如果通风不良，接近于绝热状态，孕育时间长，着火温度可为大气环境温度。当然，着火温度的概念使着火过程的物理模型大大简化，对于燃烧理论研究有重要意义。

图 4-1 中 2 点其实是着火的临界点。在第 2 点处可写出方程为

$$Q_1 = Q_2 \qquad \mathrm{d}Q_1/\mathrm{d}T = \mathrm{d}Q_2/\mathrm{d}T$$

将式（4-1）和式（4-2）代入上式并相除，可得

$$\frac{RT_{zh}^2}{E} = T_{zh} - T_{b2} \tag{4-3}$$

解此方程，取小根值，可得

$$T_{zh} = \frac{E}{2R} - \frac{E}{2R}\left(1 - \frac{4RT_{b2}}{E}\right)^{1/2} \tag{4-4}$$

一般 T_{b2} 为 500～1000K，E 为 40～400kJ/mol，所以 RT_{b2}/E 很小。将式（4-4）按二项式展开，舍弃高次项，近似可得

$$T_{zh} \approx T_{b2} + \frac{RT_{b2}^2}{E} \tag{4-5}$$

通过测量壁温，就可以知道着火温度，以判断是否可以发生自燃着火。

三、着火界限

无论是均相气体燃料或固体燃料，当周围介质温度 T_0 达到一定值后，即出现热自燃着火，其临界自燃条件如上所述的第 2 点临界方程，此时的系统温度即为自燃温度。但试验也表明，在一定的炉内压力 p_0 下，可燃混合物的浓度变化时，其自燃温度也不相同。例如设可燃混合物中氧化剂 A 与燃料 B 是二级反应，根据式（4-1）～式（4-3）则有

$$VQ_r c_A c_B k_0 e^{-E/(RT_{zh})} = \alpha S \frac{RT_{zh}^2}{E} \tag{4-6}$$

式中：c_A、c_B 表示物质 A、B 的浓度。

根据理想气体状态方程，A、B 的分压力为

$$p_A = c_A R T_{zh} = x_A p_0, \quad p_B = p_0 - p_A = c_B R T_{zh} \tag{4-7}$$

式中：x_A 为物质 A 的摩尔分数。将式（4-7）代入式（4-6）得

$$\frac{p_0^2}{T_{zh}^4} = \left(\frac{\alpha S R^3}{QV k_0 x_A^2 E}\right) e^{\frac{E}{RT_{zh}}} \tag{4-8}$$

取对数可得

$$\ln\frac{p_0}{T_{zh}^2} = \frac{1}{2}\ln\left(\frac{\alpha S R^3}{QV k_0 x_A^2 E}\right) + \frac{E}{2RT_{zh}} \tag{4-9}$$

式（4-9）称为谢苗诺夫方程。

如果谢苗诺夫方程中的 α、S、Q、V、x_A 均已知，则在 p_0-T_{zh} 平面图上就可作出谢苗诺夫方程的曲线图，如图 4-2 所示。曲线把图片分成两个区域，即自燃区和非自燃区。对于一定组成的可燃混合气，在一定的压力 p_1 和散热条件 $\alpha S/V$ 下，当外界温度达到曲线上相应点 1 时的温度 T_{01} 值时才能发生自燃，否则不可能自燃而只能长期处于低温氧化状态。同理，对于一定的温度，若其压力未能达到临界值，亦不可能发生自燃。所以，对于简单热力反应来说，要在压力很低时达到着火要求，就必须要有很高的温度，反之亦然。这些分析与结论都已为实验结果所证实。

当散热条件变化时，如散热增强，即 $\alpha S/V$ 增大，则曲线向右上方移动，自燃区域缩小，自燃会不容易发生。

对于谢苗诺夫方程，还可以固定压力 p，作 T-x_A 着火浓度界限图，固定温度 T 作 p-x_A 着火浓度界限图，如图 4-3 和图 4-4 所示。这些曲线统称为着火浓度界限（或自燃界限和范围）。一般来说，这些图线都呈 U 形，U 形区内为着火区，U 形区外为不着火区。

从这些图线的分析中可得出一个很有实际意义的结论，即从着火来说，在一定的温度（或压力）下，并非所有混合气体组成都能引起着火，而存在着一个着火浓度界限。着火浓度的上限统指含燃料量较多的混合气组成，即一般统称为富

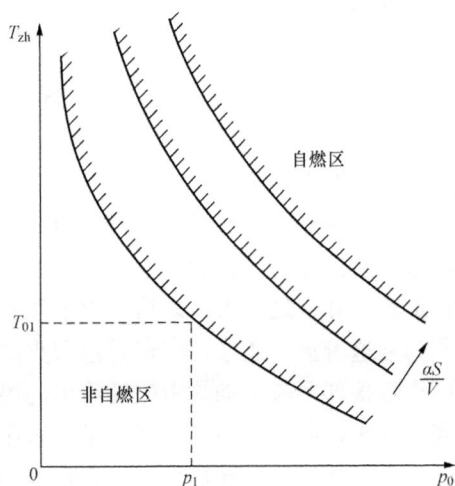

图 4-2　着火温度与压力的关系

燃料极限；而下限则指含燃料量较少的混合气组成，即所谓贫燃料极限（或富空气极限）。凡是可燃混合气中燃料含量高于给定温度（或压力）下的着火浓度上限或低于着火浓度下限的情况，都不可能引起自燃，只能处于不同程度的缓慢氧化状态。

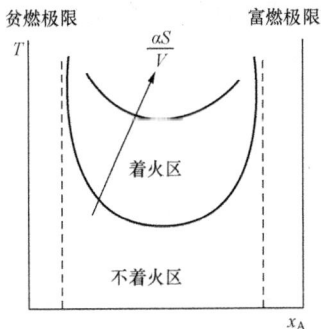

图 4-3　定压时着火界限

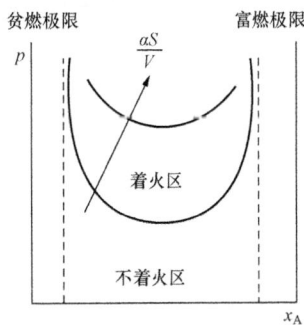

图 4-4　定温时着火界限

随着温度（或压力）的降低，着火浓度的上、下界限逐渐彼此靠近，即着火浓度范围变窄。因此当温度（或压力）降低到某一数值以后，着火浓度界限就会消失，此时，对混合气的任何组成来说都不可能引起着火。所以对于每一种可燃混合气，在给定的散热条件（$\alpha S/V$）

下就存在着这样一个极限的温度（或压力），低于这一极限温度（或压力）的话，混合气的任何组成都无法着火。这一最小的极限着火温度（或压力）对低压燃烧，特别是对喷气发动机的高空燃烧具有特别重要的意义。

从图 4-3 和图 4-4 的图线上还可看出一点，即当温度或压力高于某一数值后，着火浓度界限实际上已没有多大的变化，故此时混合气的组成对着火的影响就不大了。

此外，着火浓度界限还随着散热程度（$\alpha S/V$）的增大而缩小，如图 4-3 和图 4-4 所示。

综上所述，为了使可燃混合物易于迅速着火，不论是提高温度或压力（或两种都提高）都是有效的。

第三节　强 迫 着 火 理 论

一、强迫着火条件

在讨论热自燃着火时，当可燃混合物自身放热曲线和向外界散热曲线相切时，热自燃着火现象就会出现。但在燃烧技术中，为了加速和稳定着火，往往由外界对局部的可燃混合物进行加热，并使之着火。之后，火焰便自发传播到整个可燃混合物中，这种使燃料着火的方法称为强迫着火。通常，实现强迫着火的方法有：组织良好的炉内空气动力结构，使高温烟气向火炬根部回流来加热由喷嘴喷出的燃料；采用炉拱、卫燃带或其他炽热物体，保证炉内有高温水平，向火炬根部辐射热量；采用附加的重油或其他的点火火炬，或应用电火花点火等。可见，强迫着火和热自燃着火在本质上并没有差别，都是因为热量引起的，只不过热量来源不同，强迫着火要求在可燃物某部分容积中首先进行高速的化学反应。高速化学反应的原因也是由于可燃物被加热至一定温度后，燃料放热量大于其向周围散热量而产生的自动加速效应，其后，由局部着火源的火焰开始向其他可燃物扩散。因此，强迫着火不但与点火源的特性有关，而且与火焰传播的特性有关。

下面我们讨论可燃物是如何强迫着火的。设有一个炽热的点火物体（可以理解成炽热的燃烧稳定器，或高温回流烟气等），放在充满可燃物的容器中，其强迫着火过程如图 4-5 所示。

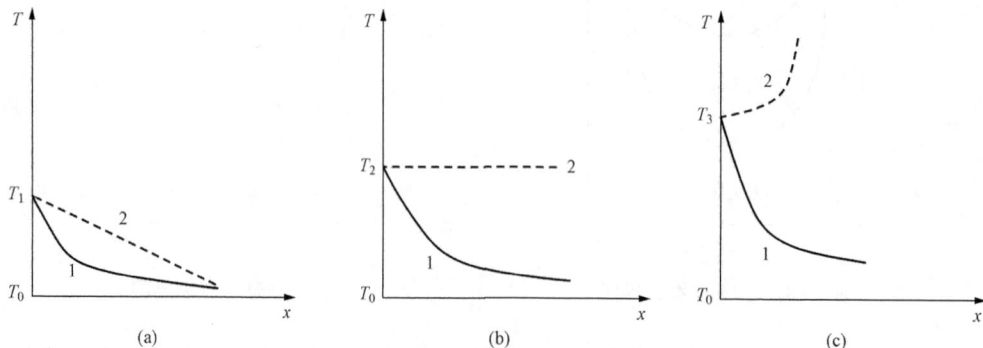

图 4-5　强迫着火过程
(a) 低温氧化状态；(b) 临界状态；(c) 着火状态

在图 4-5（a）中，炽热体附近的可燃物受到加热，当炽热物体的温度为 T_1 时，如果其周围是惰性气体，则按照传热规律在气体中温度按曲线 1 变化。如果在炽热体周围充满了可燃物，那么在曲线 1 的基础上应加上可燃物化学反应的热效应，使温度提高至曲线 2。由曲线 2 的温度分布可知，越远离炽热物体，温度越低，因此可燃物只能处于低温氧化状态而不能着火。

在图 4-5（b）中，当把炽热物体温度提高至 T_2 时，惰性气体的温度分布为曲线 1。对于可燃物来说，由于在 T_2 温度下，炽热体附近的可燃物进行较剧烈的化学反应，所放出的热量向周围扩散，使可燃物温度下降的趋势得以制止，使温度水平提高到和曲线 2 一样。这时处于着火的临界状态，温度 T_2 一般称为临界点燃温度。

在图 4-5（c）中，再稍微提高炽热温度至 T_3，则炽热物体周围可燃物的放热量大于其散热量，着火过程不可避免地出现。在离开炽热体后，可燃物因着火使温度不断提高，如曲线 2 所示。

由此可见，要实现强迫着火的临界条件为在炽热物体附近可燃物的温度梯度等于零，即

$$\frac{\mathrm{d}T}{\mathrm{d}x}\bigg|_{x=0} = 0 \qquad\qquad (4-10)$$

点燃后，有

$$\frac{\mathrm{d}T}{\mathrm{d}x}\bigg|_{x=0} > 0$$

但试验往往发现，临界的点燃温度 T_2 通常比热自燃着火理论所求出的临界着火温度 T_{zh} 高几百摄氏度。亦即如果把炽热物体温度提高至 T_{zh}，可燃物仍然不能点燃，此时在炽热体附近的可燃物会着火，但这局部火焰不能传播到整个可燃物内。原因如下：

（1）没有满足条件式（4-10），此时虽然 $T_1 > T_{zh}$，但远离炽热体后温度即迅速下降，如图 4-5（a）所示。

（2）由于化学反应作用，使壁面附近的可燃物浓度降低到很小的数值，以致火焰不能再往外传播。可见要实现强迫着火，其临界点燃温度必须比燃料热自燃着火温度高很多。

点燃温度和热自燃着火温度一样并不是一个物理常数。例如点火源或高温烟气回流量过小，传给可燃物的热量较小，因此要求较高的点燃温度才能着火；反之，如果高温烟气的温度不变，当喷燃器设计不佳，使得烟气回流卷吸量过小时，燃料不可能被点着。

应该指出的是，在可燃混合气体中存在有温度梯度的同时还伴有组分浓度的梯度。在紧靠炽热物体的表面处，反应物浓度最低，而产物的浓度最高；而在远离物体的表面区域，产物浓度为零，反应物的浓度为初始值 c_0。由于浓度梯度的结果，燃烧产物离开炽热物体表面向外部扩散，而反应物则向炽热物体表面扩散，以新鲜的反应物补充已被消耗的可燃混合气。因此，严格来说，处理强迫着火问题时就要考虑组分扩散的影响。例如一块灼热的木炭置于可燃混合气体中并不一定能引起可燃混合气体着火，因为在其表面附近的温度有利于提高反应速度，而其浓度梯度却对着火不利，甚至可造成不能着火或火焰不能持续传播。

二、强迫着火的热理论

假定用来点火的某一炽热平板物体具有不变的温度 T_z，当具有初始温度 T_0 的可燃物流过此炽热体附近时，根据上述强迫点火过程叙述可知，由于传热及化学反应作用，使炽热物体附近的可燃物温度不断上升。可以设想，如果在炽热体附近某一层厚度为 l 的可燃物质由

于炽热物体的加热作用使得化学反应产生的热量 q_1 大于从该层可燃物往外散失的热量 q_2，那么在这瞬间以后，该层内可燃物反应的进行将不再与炽热物体的加热有关。即此时尽管把炽热物体撤走，该层内可燃物仍能独立进行高速的化学反应，使火焰扩展到整个可燃物中。这样，临界的着火条件为

$$q_1 = q_2 \quad q_1 = -\lambda \left(\frac{\mathrm{d}T}{\mathrm{d}x}\right)_l \quad q_2 = \alpha(T_l - T_0) \tag{4-11}$$

$\left(\dfrac{\mathrm{d}T}{\mathrm{d}x}\right)_l$ 表示在 l 层可燃物厚度内的温度梯度，q_1 意味着在该层内由于化学反应作用而能够向周围可燃物传递出的热量。由于 l 层处在炽热物体边界附近，故可应用分子导热的形式，负号是因为朝可燃物传热方向的温度梯度是负的，从该层内传递出的热量，主要通过对流被转移带走。当由 l 层内所能传递出的热量等于或大于由该层往周围可燃物散失的热量时，在 l 层内的火焰便能不断地传播下去。

接下来分析如何确定 q_1 的值。在炽热体附近的边界层内，可以应用有化学反应的一元导热微分方程式，即

$$\lambda \frac{\mathrm{d}^2 T}{\mathrm{d}x^2} + Q k_0 f(c) \mathrm{e}^{-\frac{E}{RT}} = 0 \tag{4-12}$$

式中：Q 为燃料的反应热；λ 为导热系数。

解之可得

$$q_1 = \sqrt{2\lambda Q \int_{T_l}^{T_z} k_0 f(c) \mathrm{e}^{-\frac{E}{RT}} \mathrm{d}T} \tag{4-13}$$

式中：T_l 为研究的 l 层可燃物温度。

将式（4-13）代入式（4-11），再由传热学的努谢尔特准则 $Nu = \alpha L/\lambda$，可得

$$\frac{Nu}{L} = \sqrt{\frac{2k_0 f(c)QR}{\lambda E} \frac{T_z^2}{(T_z - T_0)^2} \mathrm{e}^{-\frac{E}{RT_z}}} \tag{4-14}$$

式（4-14）是经过一系列近似以后而得到的强迫点燃温度 T_z 的计算式，由此就可解出强燃温度。一般的强迫点燃温度要比热自燃高出数百摄氏度，可达 1000℃ 以上，而一般的可燃混合气体的热自燃温度一般为 200~600℃。

式（4-14）另一方面的重要意义是给出了平板定性尺寸 L 与强迫点燃温度 T_z 的关系，对于其他非平板类炽热物体也可导出类似式的计算式。由式（4-14）不难看出，当平板尺寸（长度 L）减小时，式（4-14）左端增加，因而解出的强燃温度要高，则强燃过程就困难，反之则相反。如果实际的强燃过程炽热平板很长且其温度又较高，则式（4-14）实质是表征着点火距离与炽热平板温度的关系。

当炽热点火过程中的某些参量一定时，如可燃混气成分、压力及气流速度、导热系数一定时，理论和实践都表明，炽热平板的温度与其点火距离成指数关系，即随着着火温度的下降，点火距离呈指数增加。同时我们还可得出这样的结论，即在混合可燃气的成分、压力、平板温度 T_z 及导热系数 λ 等一定时，混合气体的着火距离与燃气流速成正比。

三、常用点燃方法

在工程上较为常用的点火方法大致有以下几类。

1. 炽热物体点火

常用金属板、柱、丝或球等作为电阻，通以电流使其炽热；也有用热辐射加热耐火砖或

陶瓷棒等，形成各种炽热物体，在可燃混合物中进行点火。

2. 电火花或电弧点火

利用两电极空隙间放电产生火花，使这部分混合可燃物温度升高，产生着火。这种方式大都用于流速较低、易燃的混合物中，如一般的汽油发动机。它比较简单易行，但由于能量比较小，故其使用范围有一定限制。对于温度较低、流速（或流量）较大且不易燃的混合可燃物，直接用电火花来点燃是不可靠的，甚至是不可能的，比如电站锅炉的煤粉气流。这时可先利用它点燃一小股易燃气流，如先点燃油气流，然后再借以点燃高速大流量的气流。对于煤质好的情况，也可以使用等离子体点火。

关于电火花点火的机理目前有两种观点：一种是着火的热理论，它是把电火花看作为一外加的高温热源，由于它的存在，使靠近它的局部混合可燃物温度升高（由于导热和对流作用），以至达到着火临界工况而被点燃，然后再借火焰的传播使整个容器内混合可燃物着火燃烧；另一种则是着火的电理论，它认为混合可燃物着火是由于靠近火花部分的气体被电离，形成活化中心，提供了产生链式反应的条件，链式反应的结果，使混合可燃物着火燃烧。实验表明，以上两种机理并不矛盾，是同时存在的。一般来说，在低压力时电离的作用是主要的，但当压力提高后，尤其是高于 $50 \sim 100 \text{mmHg}$ 后，则主要是热的作用。

3. 火焰点火

所谓火焰点火，就是先用其他方法将燃烧室中易燃的混合可燃物点燃，形成一股稳定的火焰，并以它作为热源去点燃较难着火的混合可燃物（例如温度较低、流速较大的煤粉气流）。在工程燃烧设备中，如锅炉、燃气轮机燃烧室中，这是一种比较常用的点火方法。它的最大优点在于具有较大的点火能量。目前常用的技术是少油点火。

综上所述，不论是采用哪一种点火方法，其基本原理都是使混合可燃物局部受到外来的热作用而使之着火燃烧。

第四节 煤 的 着 火 理 论

煤的着火是很复杂的，目前还没有恰当的模型来描述。人们采用各种不同的实验手段，也得到不同的煤着火的判据。有上述的谢苗诺夫判据；范特霍夫绝热判据，即 $dT/dt = 0$；质量消耗突变判据，即燃烧速度突增，燃烧开始；燃料浓度判据，即达到可燃物浓度极限；壁面温度超温判据，即燃烧强，则放热强；闪光判据，即光学检验，出现燃烧；以及其他判据，如爆燃、压力突升等。

一、煤的着火模式

对于煤的着火模式，早期认为，煤的着火先在气相发生。煤加热释放的挥发分先着火，即均相着火，迅速燃尽，然后是碳粒的着火燃烧。后来霍华德的研究表明，均相着火并不全部适用于煤的着火，煤也存在非均相着火。如何着火，取决于颗粒表面加热和挥发分释放速率的相对大小。不同条件下，煤可能出现均相、非均相和联合着火模式。低加热速率下（小于 10K/s），小颗粒（小于 $100 \mu\text{m}$）以非均相着火方式着火，而大颗粒（大于 $100 \mu\text{m}$）则以均相方式着火。随着加热速率的提高，它们均向联合着火模式转变。直到加热速率达到 10^3K/s 以上时，联合着火模式成为唯一可能的着火方式。

二、动力与扩散燃烧

用谢苗诺夫热着火理论分析煤着火过程，可得到煤燃烧的控制因素。下面以纯碳粒子为例进行讨论。

在一定温度下，氧与碳表面发生化学反应。设反应为一级，不考虑碳内部毛细孔反应，碳表面氧浓度为 C_f，环境氧浓度为 C_0，则燃烧速度 w 即氧的消耗速度为

$$w = kC_f = k_0 e^{-\frac{E}{RT}} C_f \qquad (4-15)$$

由于燃烧的消耗，碳表面氧浓度低于环境氧浓度，导致氧向碳表面扩散，其扩散的速度为 g，则有

$$g = \alpha_{ks}(C_0 - C_f) \qquad (4-16)$$

式中：α_{ks} 为扩散系数。

当燃烧反应稳定时，参数处于平衡状态，扩散到碳表面的氧量等于燃烧消耗掉的氧量，即 $w=g$。这样由式（4-15）和式（4-16）可得

$$w = \frac{C_0}{\frac{1}{k} + \frac{1}{\alpha_{ks}}} \qquad (4-17)$$

燃烧速度 w 与温度的关系如图 4-6 所示，碳的燃烧可分为以下三种工况。

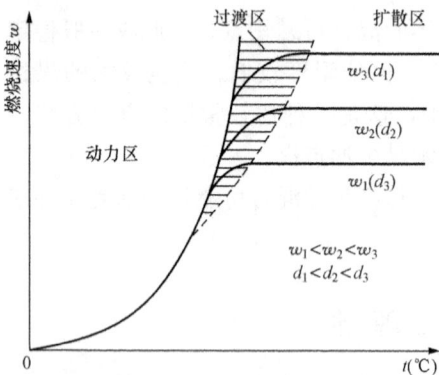

图 4-6　碳燃烧工况示意图

1. 动力燃烧工况（化学动力控制区）

动力燃烧发生在低温区域，如图 4-6 所示的动力区。碳表面化学反应速度远小于氧气向表面的扩散速度，氧气供应充分，足够反应所需。燃烧速度取决于化学反应速度，反应处于动力控制区，氧气多，可忽略扩散系数 α_{ks} 对燃烧速度 w 的影响。则式（4-17）可简化为 $w=kC_0$。此时氧的扩散对反应没有影响，提高温度是强化燃烧的有效办法。锅炉的点火启动就是这样的状态，要采用各种手段，提高点火初期的炉膛温度。

2. 扩散燃烧工况（扩散控制区）

扩散燃烧发生在高温区域，如图 4-6 所示的扩散区。温度增加，k 急剧增大，耗氧量急剧增加，消耗掉扩散来的氧气，还处于"待料"状态，燃烧速度取决于扩散，反应处于扩散控制区，可忽略 k 对燃烧速度 w 的影响。此时式（4-17）可简化为 $w=\alpha_{ks}C_0$。此时温度对反应没有影响，提高氧的扩散是强化燃烧的唯一方办法。在燃烧技术中，提高风速，减少碳颗粒尺寸，加强混合，是强化扩散的常用措施。煤燃烧过程中，如果系统温度超过 2500℃，则处于扩散控制区。电站锅炉炉内温度达不到这样的温度，所以锅炉中不会出现燃烧速度与温度无关的现象。图 4-7 所示为实测无烟煤颗粒燃烧速度，在 1600℃时仍处于过渡燃烧工况。

3. 过渡燃烧工况

如图 4-6 所示的阴影区域。在过渡燃烧区，温度和扩散都对燃烧速度有影响，k 和 α_{ks} 差不多，都不能忽略。此时燃烧受化学反应和扩散阻力的控制。提高温度和强化扩散，都可以提高燃烧速度。锅炉的正常燃烧工况属于过渡燃烧工况，提高炉膛温度和强化煤和空气的

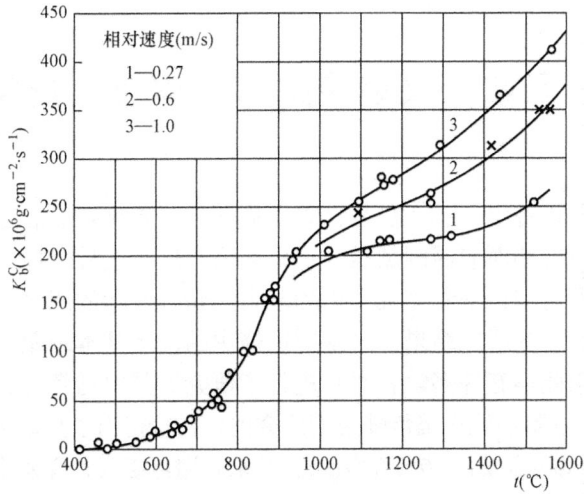

图 4-7 无烟煤燃烧速度实验

混合，都可以强化燃烧。实际工业应用中也是从这个原理出发，开发合适的强化燃烧技术。

三、影响煤着火的因素

理论分析表明，影响煤着火的因素主要有煤种、粒径、气流速度、加热条件、氧浓度、初始温度等。

在煤质特性中，活化能低的煤易着火；着火温度随挥发分增加而降低，易着火；灰分对着火温度没有明显的影响。

煤颗粒存在临界着火直径。在锅炉炉内燃烧过程中，煤粒开始由冷态直接吹入炉膛，高温烟气对煤粒进行强烈的传热，颗粒越小，越易着火燃烧。但到了燃烧后期，颗粒温度高于烟气温度，如果颗粒过小，则散热加快，氧浓度也低，煤粉颗粒很易熄火，造成燃烧不完全。

煤粉气流有最佳流动速度，使着火最容易。流速过低，烟气的对流传热量少，流速过高，散热加强。烟气温度越高，煤粉着火越容易。对均相着火，着火温度随氧浓度增加而升高，着火变难；对非均相着火，着火温度随氧浓度增加而下降，着火较易。煤粉气流初始温度越高，着火越容易。

对于电站锅炉，锅炉结构和运行参数也影响煤粉着火。如炉膛热负荷高、配风方式合理、燃烧器参数最佳、锅炉负荷高等，都使着火更容易。在实际应用中，应采取合理措施，强化煤粉颗粒的着火，以提高燃烧效率。

第五章　火焰传播与气体燃料燃烧

在许多实际的燃烧设备中，燃烧总是首先由局部地方着火，然后逐渐传播到周围其他地方。燃烧之所以能够由局部而向周围发展，正是因为火焰有这种传播特性。层流燃烧虽是比较简单的燃烧问题，但它却包含着燃烧理论的基本问题。实际的燃烧虽然都是紊流燃烧，但是有关层流火焰传播的一些研究结果，对阐明燃烧中的许多基本现象，特别是反应动力学规律有着重要的意义，因此早有许多学者对它进行了研究。其中马兰特、利·恰特利耶、丹尼尔和米海尔松等是最早从事层流火焰传播速度研究的，初步得出了火焰传播速度正比于化学反应速率的平方根以及导温系数的平方根的结果。后来，谢苗诺夫、泽尔多维奇、弗朗克·卡门涅茨基、赫特林等学者对火焰传播理论作了进一步的研究，而冯·卡门、董道义、斯帕尔丁等学者完善了这一理论。本章将着重分析层流火焰传播理论，然后将这些概念推广到更具有实际意义的紊流火焰中去，最后简要介绍紊流火焰传播的有关概念和特征。

燃料燃烧过程中，火焰的稳定性与火焰传播速度关系极大。电厂燃烧系统的安全运行也与火焰传播速度关系密切。例如，煤粉管道中某一处着火后，火焰迅速蔓延、扩散，导致制粉系统着火或爆炸。了解火焰传播的知识，有助于掌握燃烧过程的调整要领，对稳定着火和防止爆燃极为重要。

第一节　火焰传播的基本概念

一、火焰传播

以气体燃料燃烧为例，介绍火焰传播的基本概念。假设在一管道容器中充满了均匀的可燃混合气，用电火花或其他加热方式在混合气的某一局部，例如在管子开口处加热而使气体燃料着火，并形成火焰。此后依靠导热的作用将能量输送给火焰邻近的冷混合气层，使混合气温度升高而引起化学反应，并形成新的火焰。这样，一层一层的新鲜混合气依次着火，也即薄薄的化学反应区开始由点燃的地方以一定速度向未燃混合气均匀地传播。它使已燃区与未燃区之间形成了明显的分界线，我们称这薄薄的化学反应发光区为火焰前沿（或称为火焰锋面）。事实上这一层的厚度相对于系统的特性尺寸来说是极薄的，因此可把它看成几何面，如图5-1所示。

火焰传播，指当可燃混合物在某一区域被点燃后，火焰从这个区域以一定速度往其他区域传播开去的现象。该速度称为火焰传播速度。

火焰传播速度，指燃料燃烧的火焰锋面在法线方向上的移动速度。

火焰在管道中传播，由于管壁的摩擦，管道轴心线上的传播速度要比近管壁处大。黏性

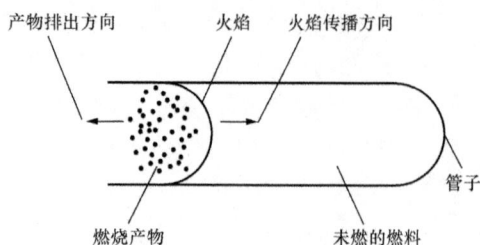

图5-1　火焰传播示意图

使火焰面略呈抛物线的形状，而不是完全对称的火焰锥。浮力的作用又使抛物面变形。同时由于散热，管壁对火焰还有淬熄作用，当管径太小时，将不能维持火焰传播。

二、火焰传播的形式

如果在静止的可燃混合气某处发生了化学反应，则随着时间的进展，此反应将在混合气中传播。根据反应机理的不同，稳定的火焰传播可划分为正常传播（或称为缓燃）和爆燃两种形式。

火焰正常传播是依靠导热和分子扩散使未燃混合气温度升高，并进入反应区而引起化学反应，从而使燃烧波不断向未燃混合气中推进。这样传播形式的速度一般不大于 $1\sim3m/s$。正常传播是稳定的，在一定的物理、化学条件下（例如温度、压力、浓度、混合比等），其传播速度是一个不变的常数。图 5-1 中从管子开口端点燃可燃混合气，火焰向内传播即为正常传播。而爆燃传播不是通过传热和传质发生的，它是依靠激波的压缩作用使未燃混合气的温度不断升高而引起化学反应，从而使燃烧波不断向未燃混合气中推进。这种形式的传播速度很快，可达 $1000\sim4000m/s$，这与正常火焰传播速度形成了明显的对照，其传播过程也是稳定的。如图 5-1 所示，从管子的封闭端点燃可燃混合气，则会发生爆燃。正常传播和爆燃之间会有过渡区，属于不稳定的传播形式。

根据燃料气流的流动类型，火焰正常传播又可分为层流火焰传播和紊流火焰传播两种形式。当可燃混合物处于静止状态或层流运动状态时，例如在一个直径一定的管子里，可燃混和气着火部分向未燃部分导热和扩散活性粒子，火焰锋面不断向未燃部分推进，使其完成着火过程，这称为层流火焰传播。这时管径的大小，主要通过管壁的散热，对火焰传播有较大的影响。层流火焰传播速度，取决于可燃混合物的物理化学性质。

当火焰传播过程中可燃混合气处于紊流状态时，热量和活性粒子的传输就会大大加速，因而加快了火焰的传播，称为紊流火焰传播。紊流火焰传播速度不仅与可燃混合气体的物理化学性质有关，还与气流的湍动程度有关。

层流火焰传播为缓慢燃烧火焰传播，依靠导热或扩散使未燃气体混合物温度升高，火焰逐层依次向未燃部分传播。层流火焰传播速度很低，一般为 $20\sim100cm/s$。

紊流火焰传播速度较快，在 $200cm/s$ 以上。一般工业技术的燃烧都属于紊流火焰传播。

电站煤粉锅炉炉膛内的火焰传播，正常情况下为缓慢燃烧的紊流火焰传播。可燃物在某一局部区域着火后，火焰从这个区域向前移动，逐步传播和扩散出去。火焰传播速度约为 $1\sim3m/s$。如果燃烧工况不好，比如燃烧不完全，会有可燃物质在炉膛内聚集，当未燃混合物数量增多到某一浓度时，绝热压缩将逐渐增强，缓慢的火焰传播过程就可能自动加速，转变为爆炸性燃烧。炉膛出现爆燃烧时，火焰传播速度极快，可达 $1000\sim3000m/s$，温度极高，达 $6000℃$，压力极大，达 $2.0265MPa$（20.67 个大气压）。爆燃是由于可燃物质以很高的速度燃烧，燃烧生成热来不及散失，使炉内温度迅速升高，高温烟气绝热膨胀，产生压力波，使未燃混和物绝热压缩，火焰传播速度迅速提高，产生爆炸燃烧。爆燃会造成严重事故，应该避免这种现象在锅炉运行中出现。

第二节　层流火焰传播

一、层流火焰传播机理

大量实验表明，层流火焰结构大体如图 5-2 所示。假设火焰为平面，其表面与管子轴

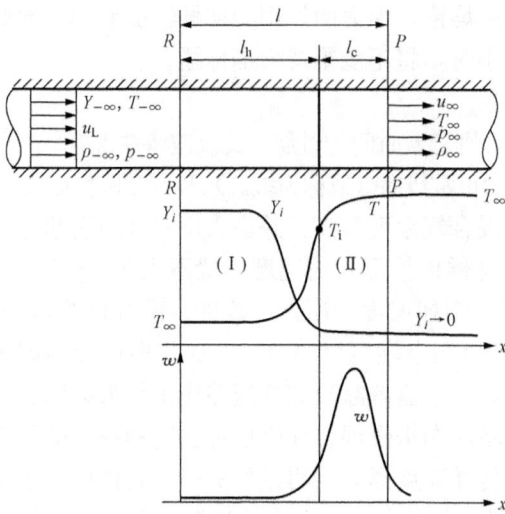

图 5-2　层流火焰结构示意图

线垂直。为方便起见，假定火焰前沿驻定不动，而混合气体以层流火焰传播速度 u_L 流入管内，初始参数浓度为 $Y_{-\infty}$，温度为 $T_{-\infty}$，密度为 $\rho_{-\infty}$，压力为 $p_{-\infty}$，化学反应速率为 w。

实验证明火焰前沿的宽度在一般情况下是很薄的，在图 5-2 中把它放大了，它的边界由 R 到 P。这一薄层有以下特点：

（1）在火焰前沿厚度的很大一部分，如图 5-2 中的（Ⅰ）区，化学反应速率很小，这部分前沿的厚度称为混合气的预热区，以 l_h 表示。而化学反应主要集中在很窄的区域（Ⅱ）中进行，厚度为 l_c，称为化学反应区。这一特点是由于阿累尼乌斯准则数 Ar 较大决定的。Ar 是活化能与火焰温度（也可以是其他特征温度）之比，是衡量活化能大小的一个无量纲准则数。当 Ar 很大时，则由于反应速率与温度呈指数关系，这时反应主要发生在高温侧附近，而在温度较低的区域化学反应不明显。对于一般燃料来说，阿累尼乌斯准则数比较大，$Ar=5\sim10$。

（2）由于火焰前沿的厚度很小，但温度和浓度的变化却很大，因而在火焰前沿中出现了很大的浓度梯度及温度梯度。这就引起了火焰中强烈的热传导和物质扩散。出此可见，在火焰中分子的迁移不仅是由于强迫对流的作用，而且还是由于扩散的作用。热量的迁移不仅靠对流，也有导热。因此，预混可燃气的燃烧不仅受化学动力控制，而见还受扩散作用的控制。

根据以上分析，可以对火焰传播的机理作这样的解释，即火焰前沿在预混气中的移动，主要是由于反应区放出的热量不断向新鲜混合气中传递，及新鲜混合气不断向反应区中扩散的结果。

二、层流火焰传播速度

根据以上假设，层流火焰传播的基本方程可简化如下：

连续方程为

$$\rho u = \rho_\infty u_\infty = \rho_\infty u_L = m \tag{5-1}$$

动量方程为

$$p \approx 常数 \tag{5-2}$$

能量方程为

$$\rho u c_p \frac{\mathrm{d}T}{\mathrm{d}x} = \frac{\mathrm{d}}{\mathrm{d}x}\left(\lambda \frac{\mathrm{d}T}{\mathrm{d}x}\right) + w_i Q_i \tag{5-3}$$

扩散方程为

$$\rho u \frac{\mathrm{d}Y_i}{\mathrm{d}x} = \frac{\mathrm{d}}{\mathrm{d}x}\left(\rho D \frac{\mathrm{d}Y_i}{\mathrm{d}x}\right) - w_i \tag{5-4}$$

式中：w_i、Q_i 分别为 i 组分的反应速率、反应热。

由式（5-1）和式（5-3）可得

$$\rho_\infty u_L c_p \frac{\mathrm{d}T}{\mathrm{d}x} = \frac{\mathrm{d}}{\mathrm{d}x}\left(\lambda \frac{\mathrm{d}T}{\mathrm{d}x}\right) + w_i Q_i \qquad (5-5)$$

式 (5-5) 称为层流火焰传播方程。

解该方程组需要边界条件。马兰特、利·恰特利耶和丹尼尔等人是最早从事火焰传播理论研究的，并提出了一些理论。虽然这些理论是非常粗糙的，甚至在物理概念上是不确切的，不能作定量计算用，但其物理模型相当简单，能够从定性上揭示某些主要因素对火焰传播速度的影响。下面简要地介绍一下他们解层流火焰传播方程的思想及主要结果。其物理模型如图 5-3 所示。可燃气初始温度为 T_∞，着火温度为 T_i，燃烧完成温度即理论燃烧温度为 T_m。外区即为预热区，内区为燃烧区。该图是把图 5-2 所示的火焰前沿区域放大后的示意图。

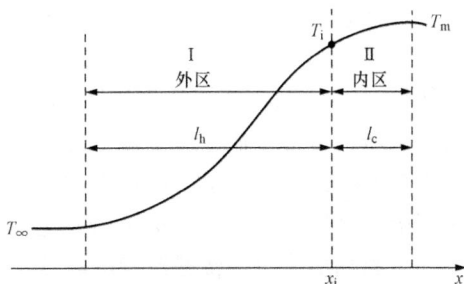

图 5-3　马兰特和利·恰特利耶火焰
前沿温度分布模型
Ⅰ—预热区；Ⅱ—反应区

他们的主要思想是，若由Ⅱ区导出之热量能使未燃混合气的温度上升至着火温度 T_i，则火焰就能保持稳定的传播。并设反应区中温度分布为线性分布，即

$$\frac{\mathrm{d}T}{\mathrm{d}x} = \frac{T_m - T_i}{l_c} \qquad (5-6)$$

因此热平衡方程式为

$$G c_p (T_i - T_\infty) = F\lambda \frac{T_m - T_i}{l_c} \qquad (5-7)$$

式中：G 为质量流量；F 为管道横截面积。

因为

$$G = \rho F u = F\rho_\infty u_L \qquad (5-8)$$

因此有

$$\rho_\infty u_L (T_i - T_\infty) = \lambda \frac{T_m - T_i}{l_c} \qquad (5-9)$$

由式 (5-9) 可得

$$u_L = \frac{\lambda}{\rho_\infty c_p} \frac{T_m - T_i}{T_i - T_\infty} \frac{1}{l_c} = a \frac{T_m - T_i}{T_i - T_\infty} \frac{1}{l_c} \qquad (5-10)$$

式中：$a = \dfrac{\lambda}{\rho_\infty c_p}$，表示气体的热扩散率，或称为导温系数。

火焰前沿的反应区厚度 l_c 是未知数，取

$$l_c = u_L \tau_c = u_L \frac{\rho_\infty Y_{i\infty}}{w_{i\infty}} \qquad (5-11)$$

式中：τ_c 是化学反应特征时间。

根据化学反应速率的理论，有

$$w_{i\infty} \propto Y_{i\infty} p^n \exp\left(-\frac{E}{RT_m}\right) \qquad (5-12)$$

将式 (5-11) 和式 (5-12) 代入式 (5-10) 可得

$$u_{\mathrm{L}} \propto \sqrt{a\left(\frac{T_{\mathrm{m}} - T_{\mathrm{i}}}{T_{\mathrm{i}} - T_{\infty}}\right) p^{n-1} \exp\left(-\frac{E}{RT_{\mathrm{m}}}\right)} \tag{5-13}$$

由此可见，马兰特和利·恰特利耶最先得出了火焰传播速度与热扩散率及化学反应速率的乘积的平方根成正比的重要结论，即火焰传播过程既受扩散过程控制，又受化学动力因素的控制，这是一个十分重要的结论。后来的精确理论和许多实验结果都说明了这个结论。因此，他们的物理模型虽很简单，但其主要结论是正确的。

一般火焰正常传播速度的数量级是 $1\sim100\mathrm{cm/s}$，火焰锋面厚度很小，不到 1mm。可燃混合气的层流火焰传播速度可以用实验方法来测定。例如，在肥皂泡中充以可燃气体混合物，然后用电火花点燃，火焰面就开始传播，这时用高速摄影机连续摄下火焰锋面位置，就可测出火焰的正常传播速度。本生灯也可用来测定火焰传播速度。

火焰传播速度与化学反应速率的平方根成比例。因为火焰传播速度较易测定，因此常常采用测定火焰传播速度的方法来研究化学反应速率的变化规律。

三、影响层流火焰传播速度的因素

1. 热扩散率

由式（5-13）可知，热扩散率（导温系数）a 增大时，火焰传播速度加大。例如，氢是热扩散率最大的气体，热扩散率要比其他气体大 6 倍左右，含氢的气体燃料和空气混合后火焰传播速度就很大。

2. 压力

压力对火焰传播速度的影响，在燃烧技术中是值得研究的一个问题。燃气轮机、内燃机等的燃烧室是在较高压力下进行燃烧过程的。我国高原地区大气压力仅约 700mbar，高原地区锅炉燃烧过程也涉及压力对火焰传播速度的影响。

由式（5-13）可知，火焰传播速度与压力 p 的 $n-1$ 次方的平方根成正比，但热扩散率与压力成反比。综合起来，火焰传播速度与压力有如下关系，即

$$u_{\mathrm{L}} \propto p^{\frac{n}{2}-1} \tag{5-14}$$

一般燃烧反应的反应级数 n 为 $1\sim2$，例如汽油在空气中的燃烧，其总反应级数为 $1.5\sim2$。也就是说随压力升高，一般燃烧反应的火焰传播速度会略降，但流过火焰面的可燃混合气质量流量却是增加的，因此在同样大小的火焰锋面内每单位时间内燃烧的燃料量将增加，即化学反应速率会增大，火焰传播速度也会相应增大。

刘易斯根据实验结果分析，假设火焰传播速度 u_{L} 与压力具有下列关系，即

$$u_{\mathrm{L}} \propto p^m \tag{5-15}$$

式中：m 为刘易斯压力指数。

对于各种不同碳氢化合物的可燃混合气，m 值可由图 5-4 给出。

从图 5-4 中可看出，当火焰传播速度较低，即 $u_{\mathrm{L}} < 50\mathrm{cm}$ 时，因 $m < 0$，所以随着压

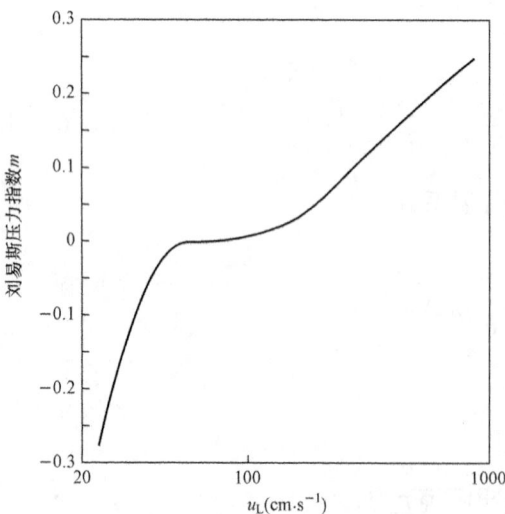

图 5-4　刘易斯压力指数与火焰传播速度的关系

力下降，火焰传播速度增大；当 $50 < u_L < 100 cm/s$ 时，因 $m = 0$，故火焰传播速度与压力无关；而当 $u_L > 100 cm/s$ 时，因 $m > 0$，则火焰传播速度随着压力增大而增大。

3. 初始温度

温度对火焰传播速度影响很大。初始温度 T_∞ 升高，理论燃烧温度 T_m 也会升高，这样火焰传播速度会随温度呈指数增大。因此，如果将气体预先加热后再送入燃烧室，则火焰传播速度能得以提高。如果将气体混合物预先加热到着火温度 T_i，则火焰传播速度在上述的理论上应趋向于无限大。

初始温度对火焰传播速度的影响可由图 5-5 表示。图 5-6 所示为由 Dugger 等人对三种混合物进行的一系列实验所揭示的初始温度与火焰传播速度的关系示意图。

4. 理论燃烧温度

理论燃烧温度 T_m 升高，火焰传播速度会随温度呈指数增大。如果在燃烧室中的燃烧温度 T_m 越低，则火焰正常传播速度越小。这是由于燃烧区内放出的热量不足以去加热未燃的可燃混合物，在 $T_m = T_i$ 的条件下，火焰正常传播速度等于 0。

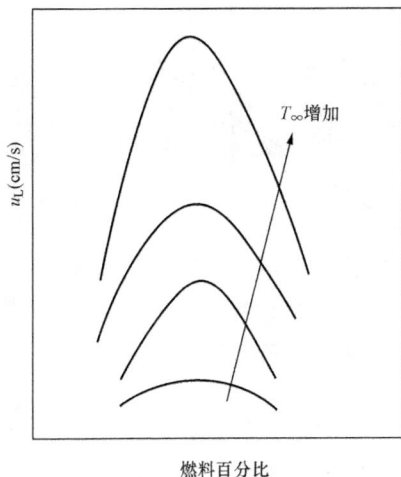

图 5-5　初温对火焰传播速度的影响

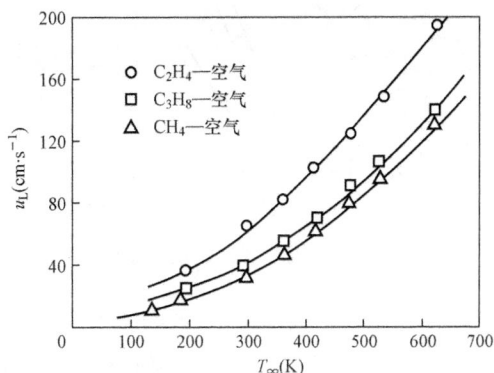

图 5-6　初温对不同燃料火焰传播速度的影响

图 5-7 所示为几种可燃混合物的火焰传播速度 u_L 与火焰燃烧温度 T_m 的关系。可见 T_m 对 u_L 的影响是很大的，可以说 u_L 的大小主要取决于 T_m。当 T_m 超过 2500K 时，实践证明，这时火焰温度的影响已经不符合热力学理论了。因为在高温下，离解反应易于进行，从而使自由基的浓度大大增加。作为链载体的自由基的扩散，既促进了化学反应，又增强了火焰传播。而且，基团原子量之和越小的自由基扩散越容易，因而对火焰传播的影响也越大。许多实际火焰的数据都证明，H 原子浓度的增加对增大火焰传播速度的作用十分显著。例如加水蒸气或加氢的 CO/O_2 火焰的传播速度要比一般的 CO/O_2 火焰的传播速度快得多，就是自由基 H 和 OH 扩散的结果。火焰中自由内基浓度比同样温度下未反应的燃料或氧化剂中的自由基浓度要高得多。图 5-8 所示为混合物中 H 原子浓度对各种可燃物火焰传播速度的影响。

5. 过量空气系数

可燃混合物中燃料的浓稀程度，可由过量空气系数 α 来表征。理论燃烧温度 T_m 在 $\alpha = 1$

时最高。当 α 离开 1 无论增大或减小时，T_m 都要降低，因为 $\alpha>1$ 时空气过量。而 $\alpha<1$ 时燃料过量。过量的物质不能燃烧，不能放出热量，反而在升温时要吸收热量，因此火焰的正常传播速度在 $\alpha=1$ 时最大。实验表明，最大火焰传播速度 u_{Lmax} 发生在含可燃物浓度稍浓，即比化学当量的比例稍大的混合物中（即 $\alpha<1$）。这一现象至今尚未有令人满意的解释。一般认为可能的原因有：最高燃烧温度也是偏向富燃烧区的；在燃料比较富裕的情况下，火焰中自由基 H、OH 等浓度较大，链锁反应的链断裂率较小，因而反应速度较快。实验表明，碳氢化合物 u_{Lmax} 的值发生在 $\alpha=0.96$ 处，且该 α 值不随压力与温度改变。

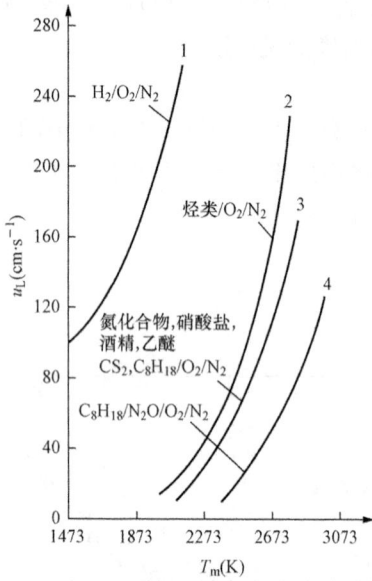

图 5-7　燃烧温度对传播速度的影响

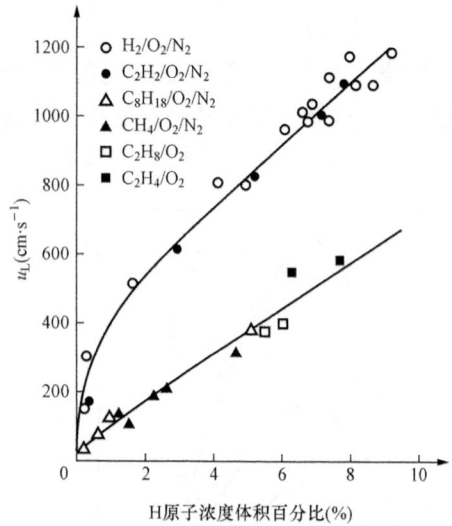

图 5-8　混合气中 H 原子浓度对传播速度的影响

图 5-9 所示为不同燃料在不同过量空气系数下的正常火焰传播速度的试验值。图中所示结果证实了以上结论，对于任何燃料都存在一个最大的火焰传播速度 u_{Lmax}。

当可燃混合物中各成分对应的过量空气系数 α 离开 1 而增大或减小时，如图 5-9 所示，火焰的正常传播速度都要降低。当 α 过大或过小，也就是燃料太淡（或称为过贫）或太浓（或称为过富）时，火焰根本不能传播。其原因可解释为火焰不可避免地要向四周环境散失

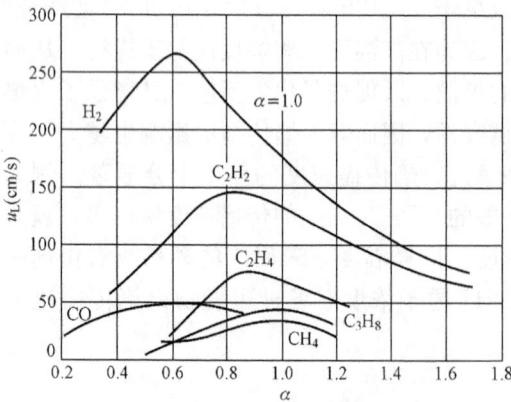

图 5-9　过量空气系数对火焰传播速度的影响

一些热量。当混合物的理论燃烧温度很高时，这种散热可以忽略不计，因而火焰锋面可以达到理论燃烧温度。当燃料过浓或过淡时燃烧产热太少，再遭受这种散热，则火焰锋面的实际燃烧温度就会更低，火焰锋面内的燃烧化学反应就难以维持，结果这种混合物中火焰就根本不能传播。

火焰传播能够存在的浓度范围称为火焰传播界限（或称火焰传播范围）。可燃物在混合物中的浓度低于某值而使正常传播速度为零的浓度值称为下限；高于某值而使正常

速度为零的浓度值称为上限。

　　由实验可知，对于各种不同的可燃气体混合物，其浓度接近于上限或下限时，火焰的正常传播速度都约为 $0.03 \sim 0.008 m/s$。火焰的正常传播速度更小的燃烧情况还没有发现过，故认为正常速度低于 $0.03 \sim 0.008 m/s$ 的燃烧是不可能的。这是由于燃烧区向外界的热量损失，使燃烧区的温度降低到不足以促进化学反应，故即使在容器的一处依靠外界的热源来点火时，其火焰仍不能传播到整个容器。待外界的点火热源移走后，火焰即自行熄灭。

　　表 5 - 1 所示为几种可燃气体在与空气混合时的火焰传播浓度极限及火焰传播速度的数值。

表 5 - 1　　　　几种气体在与空气混合时的火焰传播浓度极限（在 0.1MPa、20℃时）

气　体	浓度下限（%）	浓度上限（%）	最高火焰传播速度		$\alpha = 1$ 时的传播速度（m/s）
			所处浓度（%）	速度（m/s）	
氢 H_2	6.5	65.2	42	2.67	1.6
一氧化碳 CO	16.3	70.9	43	0.42	0.3
甲烷 CH_4	6.3	11.9	10.5	0.37	0.28
乙炔 C_2H_2	3.5	52.3	10	1.35	1.0
乙烯 C_2H_4	4.0	14.0	7	0.63	0.5

　　从上面的讨论还可以推想到，如果火焰锥面向四周环境的散热比较强烈而不能忽略，那么火焰传播速度将降低一些。如有外来热源对火焰锋面前的可燃混合物加热，那么火焰传播速度将增大一些。

　　在邻近容器壁面只有数毫米之内的地方，壁面的散热作用十分强烈，以致火焰不能传播，这段距离称为淬熄距离。同样，在很细的管子里，壁面散热十分强烈，以致火焰也不能传播，这时的管径称为临界直径。

　　如果火焰锋面不是平面而是凸出的曲面，这时火焰锋面凸出暴露在低温的可燃混合物之中，几面受到冷却，火焰锋面温度将降低，所以火焰传播速度也要降低一些；反之，如果火焰锋面是凹进去的曲面，那么火焰锋面对其前面的低温可燃混合物形成钳形包围，几面导热的结果使可燃混合物升温加快，结果火焰传播速度将增大一些。

第三节　紊流火焰传播

　　层流火焰具有很薄的火焰锋面，层流火焰传播速度只和可燃混合气体的物理化学性质有关等，这些是讨论紊流燃烧现象和进行理论分析的基础。实验证明，紊流火焰传播受可燃混气湍动的强烈影响。

一、紊流火焰传播机理

　　紊流火焰的反应区要比层流火焰锋面厚得多，已不能看作是一个几何面。观察到的火焰面是混乱的、毛刷状的，还经常伴有噪声和脉动。但为了更容易地分析紊流火焰传播，仍然可以借用层流火焰锋面的概念，在火焰和未燃气体的分界，近似认为存在一个几何面，也称为火焰锋面。

实际燃烧设备中的气流一般都处于紊流状态。实验证明，紊流火焰的传播速度 u_T 要比层流时大得多，可超过 200cm/s，而层流火焰传播速度 u_L 一般不超过 100cm/s。为了在理论上定量地建立紊流火焰传播速度、燃烧强度、湍动程度，以及混合物物理化学性质之间的关系，必须了解紊流火焰结构和机理。

在紊流火焰中，如同在紊流的流体中一样，有许多大小不同的微团在不规则地运动。如果这些微团的平均尺寸小于可燃混合气体在层流下的火焰锋面厚度，就称之为小尺度的紊流火焰；反之，称为大尺度的紊流火焰。这两种类型的紊流火焰结构如图 5-10 所示。

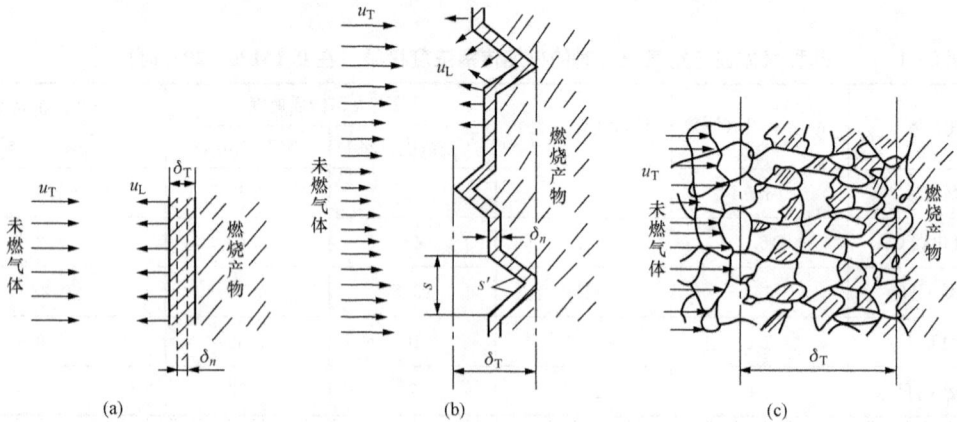

图 5-10　紊流火焰示意图
(a) 小尺度紊流火焰；(b) 大尺度弱紊流火焰；(c) 大尺度强紊流火焰

从图中可以看出，对于小尺度的紊流火焰，还能保持较规则的火焰锋面，其燃烧区的厚度只是略大于层流火焰锋面厚度。对于大尺度的湍流，根据紊流强度的不同，又可分为大尺度弱紊流和大尺度强紊流。将微团的脉动速度 w' 与层流火焰传播速度 u_L 比较，如果 $w' > u_L$，则称为大尺度强紊流火焰；反之，称为大尺度弱紊流火焰。对于大尺度弱紊流火焰，由于微团脉动速度小于层流火焰传播速度，则微团不能冲破火焰锋面，但由于微团尺寸大于层流火焰锋面厚度，所以火焰锋面受到扭曲，如图 5-10 (b) 所示。而在强湍动的情况下，由于微团尺寸和脉动速度均大于层流火焰传播速度，故此时不存在连续的火焰锋面，如图 5-10 (c) 所示。

紊流火焰，无论是火焰结构，还是传播机理，都与层流火焰有很大的不同。特别是火焰传播速度比层流时大得多。这主要由于以下原因：

(1) 紊流脉动使火焰变形，从而使火焰表面积增加，但是曲面上的法向燃烧速度仍保持为层流火焰传播速度 u_L，如图 5-10 (b) 所示。

(2) 紊流脉动增加了热量和活性粒子的传递速度，这时，具有特定反应速率的反应区在起作用，因此增大了垂直于火焰表面的法向实际燃烧速度。

(3) 紊流脉动加快了已燃气体和未燃气体的混合，使火焰本质上成为较均匀混合的反应物，而均相反应速率则取决于在混合过程中产生的已燃气体与未燃气体的比例。

二、紊流火焰传播速度

紊流火焰的研究工作是由德国的邓克尔（1940）和苏联的谢尔金（1943）开始的。他们区别了小尺度和大尺度的高强度及低强度紊流，建立了紊流火焰的皱折表面理论。紊流火焰的表面理论在其发展的过程中，虽经不断地完善，使之能越来越好地符合实验结果，但也有大量的实际现象不能用表面理论解释，因而萨曼菲尔德和谢京科夫建立了容积燃烧理论，用来代替表面理论。

1. 紊流火焰的表面理论

在 $2300 \leqslant Re \leqslant 6000$ 范围内，紊流为小尺度的。小尺度紊流只是增强了物质的输运特性，从而使热量和活性粒子的传输加速，而在其他方面则没有什么影响。根据层流火焰传播理论可知

$$u_L \propto \sqrt{a} \tag{5-16}$$

式中：a 为可燃混气的热扩散率。

紊流使热量和活性粒子的传输增加，使可燃混合气体的导温系数增加到 a_T，仿照式 (5-16)，则紊流火焰传播速度 u_T 有以下关系，即

$$u_T \propto \sqrt{a_T} \tag{5-17}$$

对于给定的可燃混合气体，有

$$u_T / u_L = \sqrt{a_T} / \sqrt{a} \tag{5-18}$$

对于管内流动，一般认为

$$a_T / a \propto Re \tag{5-19}$$

故有

$$u_T / u_L \propto \sqrt{Re} \tag{5-20}$$

在 $2300 \leqslant Re \leqslant 6000$ 时，有研究者给出以下关系式，即

$$u_T / u_L \approx 0.1 \sqrt{Re} \tag{5-21}$$

式 (5-21) 表明，u_T 不仅和表征混气物理化学参数影响的 u_L 有关，而且和湍动因素有关。当微团脉动增加时，a_T 增加，因而 u_T 增大。

一般情况下，层流火焰锋面厚度约在 1mm 以下，只有内径为几毫米的管道内的紊流微团尺寸才会小于此值，这在工程上并不多见。实际工程中常为 $Re > 6000$，而且湍流尺度常大于 1mm，因此工程火焰一般不能用上述分析进行解释。

对于大尺度弱湍动的火焰，由于 $w' < u_L$，微团尺寸大于火焰锋面厚度，火焰锋面发生扭曲，但可认为微元面上的法向火焰传播速度仍为层流火焰传播速度 u_L。实验时如以整体的紊流火焰面积 S 来整理得出紊流火焰传播速度 u_T，而实际的被紊流微团扭曲了的火焰锋面面积为 S'，则稳定情况下应有如下关系，即

$$u_T S = u_L S'$$

即

$$u_T = u_L S' / S \tag{5-22}$$

根据式 (5-22)，只要求出 S'/S，就可以得到 u_T。根据谢尔金的假定，可以把紊流燃烧区中所有火焰曲面折算成锥形面积，如图 5-11 所示。

由图 5-11 可知，假定正方形锥体底面边长为 l，锥的高度为 h，则锥的底面积为 l^2，侧面积为

$$4 \times (1/2) \sqrt{(l/2)^2 + h^2}$$

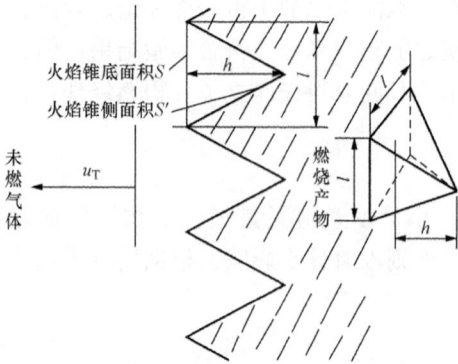

图 5-11 大尺度紊流火焰物理模型

则

$$\frac{S'}{S} = \frac{4(l/2)\sqrt{(l/2)^2 + h^2}}{l^2} = \sqrt{1 + \left(\frac{h}{l/2}\right)^2} \tag{5-23}$$

按照假想的模型，锥体的高度 h 相当于初始尺寸为 l 的微团，在燃尽时间 τ 内，以脉动速度 w' 所迁移的距离为

$$h \approx w'\tau \tag{5-24}$$

而燃烧从微团外表面向内推进的速度为 u_L，故其燃尽时间为

$$\tau \approx (l/2)/u_L \tag{5-25}$$

代入式 (5-24) 可得

$$h \approx w'l/(2u_L) \tag{5-26}$$

将式 (5-26) 代入式 (5-22) 可得

$$u_T \approx u_L \sqrt{1 + \left(\frac{w'}{u_L}\right)^2} \tag{5-27}$$

在大尺度弱湍动下，$w' < u_L$，式 (5-27) 根号部分可按泰勒级数展开，略去高次项后可得

$$u_T \approx u_L \left[1 + \frac{1}{2}\left(\frac{w'}{u_L}\right)^2\right] \tag{5-28}$$

实际的紊流火焰，既不符合小尺度条件，也不符合大尺度条件，因为微团尺度的分布范围是很广的。所以，后来又有许多学者根据实验对邓克尔和谢尔金的表面理论进行了补充和修正。

卡洛维兹等人在邓克尔和谢尔金的扭曲的层流火焰的基础上，考虑了紊流引起火焰传播速度的增加，运用紊流迁移距离的概念，给出下列计算公式。

大尺度弱湍动为

$$u_T \approx u_L + w' \tag{5-29}$$

大尺度强湍动为

$$u_T \approx u_L + \sqrt{2w'u_L} \tag{5-30}$$

2. 紊流火焰的容积理论

紊流火焰表面燃烧理论的实质是：当燃烧表面扩大时，其燃烧反应速度比可燃气体和燃烧产物的混合速度快得多，即火焰折皱到那里，燃烧就到那里，这在紊流微团尺度不大、脉动速度较低时是较切合实际的。当脉动速度较高时，以致在一个微团的燃烧时间内，该微团已经受了多次脉动而被撕破分裂成多个新的微团，则表面理论就不符合实际，萨曼菲尔德和谢京科夫建立了容积燃烧理论来代替表面理论。

容积理论认为，在大尺度强湍动下燃烧的气体微团中，并不存在把未燃气体和已燃气体或燃烧产物截然分开的正常火焰锋面，燃烧反应也不是仅仅发生在火焰锋面厚度之内。在每个湍动的微团内部，一方面在进行不同成分和温度的物质的迅速混合，另一方面也在进行快慢程度不同的反应。有的微团达到了着火条件就整体燃烧，而另外未达到着火条件的微团，在其脉动的过程中，或者在已燃部分的影响下达到着火条件而燃烧，或者消失而与其他部分混合形成新的微团。容积理论还假定，不仅不同的微团的脉动速度不同，即使同一个微团内部的各个部分，其脉动速度也是不同的。由于速度不同，各部分的迁移距离也不相同，所以火焰不能保持连续的、薄层的火焰锋面。每当未燃的微团进入高温产物，或其某些部分发生燃烧时，就会迅速和其他部分混合。每隔一定的平均周期，不同的气团就会因互相渗透混合而形成新的气体微团。新的微团内部各部分也各有其均匀的成分、温度和速度。各个微团进行程度不同的容积反应，达到着火条件的微团即开始着火燃烧。

要了解这种火焰的传播速度与混气物理化学性质及湍动程度的关系，就必须了解微团的尺寸，以及微团中各部分的脉动速度分布，这是相当困难的。苏联学者谢京科夫在不同的湍动强度和 u_L 下，针对微团内几种可能的湍动速度分布，作了紊流火焰传播的数值计算，得出了一定温度和压力下的定性关系，即

$$u_T \propto w'^{2/3} u_L^{1/2} \tag{5-31}$$

这与由直接实验测得的紊流火焰传播速度的变化规律相近。紊流火焰传播的这些物理模型还不够成熟，还有待进一步试验的验证和补充。不少试验资料证明，紊流火焰传播速度 u_T 往往比气流脉动速度 w' 大很多倍，如果认为紊流火焰锋面的移动主要取决于气流向前的脉动速度，那么 u_T 比 w' 大几倍就不容易解释了。因此有研究者分别提出了设想，即燃烧过程会使气流更加紊流化，这就是火焰自紊流化的理论。原来在紊流火焰锋面中，由于温度急剧升高，气流膨胀，可燃物浓度降低，这些都导致在火焰锋面内产生很大的速度、温度及浓度梯度。脉动速度是与其平均参数的梯度成正比的，因此在火焰锋面内脉动速度大为增加，使得 u_T 比火焰前沿的气流脉动速度大得多。但目前存在的几种计算火焰自湍化方案还处于发展阶段，要求得真正的紊流火焰传播速度，主要还需借助于大量的试验研究。

三、影响紊流火焰传播速度的因素

紊流火焰传播主要受紊流流动的影响。许多学者研究了流动雷诺数 Re 对火焰传播速度的影响，图 5-12 所示为在不同的 Re 下对本生灯火焰进行测量的结果。由图可见，随着 Re 的增加，紊流火焰传播速度和层流火焰传播速度的比值开始迅速增大，以后逐渐增长。达姆科勒发现，当 $Re<2300$ 时，火焰传播速度与 Re 无关；当 $2300 \leqslant Re \leqslant 6000$ 时，火焰传播速度与 Re 的平方根成正比；当 $Re>6000$ 时，火焰传播速度与 Re 成正比。显然，$Re<2300$ 为层流状态，层流火焰传播速度与 Re 无关；而当 $Re \geqslant 2300$ 时，火焰已处于紊流的影响之下，因而测得

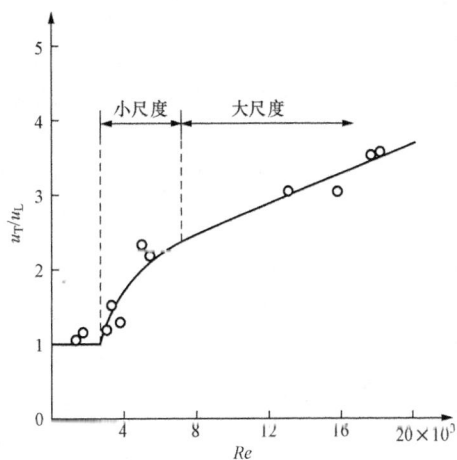

图 5-12　Re 数对紊流火焰传播速度的影响

的紊流火焰传播速度与几何尺寸及流量有关。在另外的实验中，威廉斯和博林杰采用乙炔、乙烯和丙烷，燃烧器直径由 6mm 变化到 30mm，他们对这些烃类燃料的紊流和层流火焰传播速度进行比较的结果见图 5-13。

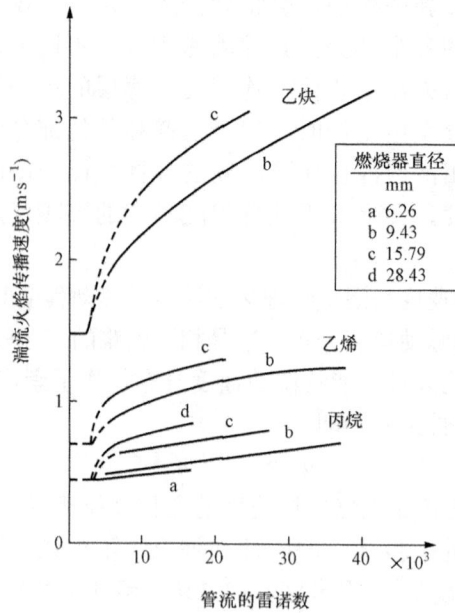

图 5-13 烃类燃料紊流和层流火焰传播速度的比较

第四节 气体燃料层流燃烧

气体燃料作为燃料的重要组成部分，其利用一直受到人们的普遍重视。有关燃烧的许多基本理论，如前面所提到的一些，都是建立在气体燃料燃烧实验研究的基础上的。相对于其他燃料，特别是固体燃料，使用气体燃料具有一系列的优点。例如，气体燃料的输送比较方便，燃烧设备也较为简单，自动控制较容易，燃烧产物中有害物质含量较少，有利于保护环境。这对提高产品质量和人民生活水平都有好处。因此，气体燃料的开发和利用，具有广阔的前景。目前，国内外投产了许多燃气—蒸汽联合循环发电机组，并进一步研发更大功率的燃气机组，就是充分利用气体燃料的例子。

气体燃料通常是不同气体的混合物，其中含有可燃成分，如碳氢化合物、H_2 和 CO 等。也含有一些不可燃气体，如 N_2、CO_2 等。有的可燃气体混合物中还混有一些其他微量成分，如水蒸气、O_2、NH_3、H_2S、灰尘等杂质。一般来说，杂质的含量决定了某类气体燃料的优劣，杂质越多，其燃烧后释放出的热量越少。

常用的气体燃料有天然气、石油伴生气、炼焦煤气、油制气、液化石油气等。在目前的锅炉设备中，已广泛采用火炬燃烧方法来燃烧气体燃料。

在火炬燃烧中，火焰的形状与燃烧器结构类型、可燃气体和空气混合程度，以及燃烧器工作的空气动力结构有着密切的关系。

当可燃气体混合物从燃烧器出口流出而着火时，所产生的火焰形状是圆锥形的。在稳定燃烧的条件下，在圆锥体表面上的火焰传播速度等于气流的速度，这样火焰即静止不动。

火焰的形状及其长短对于一定燃烧器类型来说，取决于可燃气体与空气在燃烧器中的混合方式，图 5-14 所示为可燃气体与空气在燃烧器内三种不同混合方式的火焰的形状。

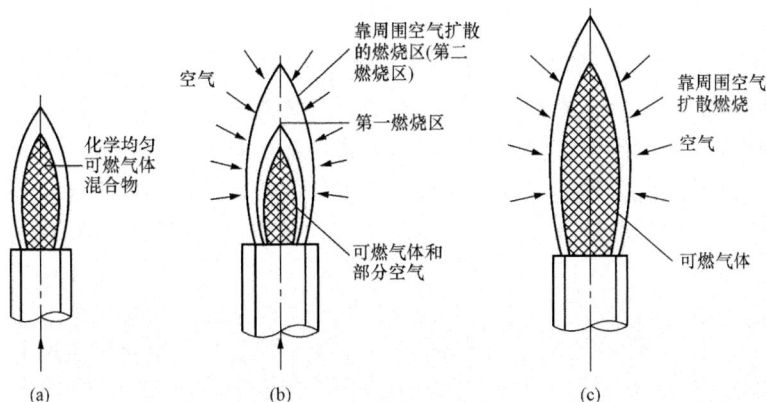

图 5 - 14 可燃气体与空气不同混合方式的火焰形状

(a) 预混火焰；(b) 部分预混火焰；(c) 扩散火焰

第一种为预混火焰，如图 5 - 14（a）所示。可燃气体通过燃烧器喷口喷入炉膛，如果燃料进入炉膛前先和燃烧所需的全部空气预先混合好，这种火焰就称为预混火焰，也称动力燃烧火焰，属于动力控制燃烧。预混火焰的燃烧温度高，燃烧强烈、完全，无黑烟，火焰呈淡蓝色，燃烧过程短。火焰中呈氧化性气氛，但易回火、脱火，稳定性较差。

第二种为扩散火焰，如图 5 - 14（c）所示。如果燃料不和空气混和，进入炉膛后再混合，这种火焰则称为扩散火焰，燃烧所需空气由周围空间的空气扩散供应，属于扩散控制燃烧。扩散火焰的燃烧温度低，燃烧不强烈、不完全，冒黑烟，火焰呈明亮的黄色，燃烧过程长，即火焰最长。火焰中呈还原性气氛。但其不会回火，也不易脱火，燃烧稳定。

第三种为部分预混火焰，如图 5 - 14（b）所示。如果燃料和部分空气混合后进入炉膛，这种火焰称为部分预混火焰，有内外两个火焰锋面。内火焰由预混的部分空气和部分燃料燃烧形成，外火焰由剩余燃料和外部扩散进来的空气燃烧形成。部分预混火焰也属于扩散控制燃烧，其特点介于预混火焰和扩散火焰之间。

在锅炉设备中广泛采用扩散燃烧，保证火焰稳定，并且往往利用人工扰动和涡流的方法来加速可燃物和空气的混合过程，强化燃烧。

一、可燃预混气的动力燃烧

在层流运动工况下，化学均匀的可燃气体混合物的火焰形状（即动力火炬的形状）如图 5 - 15 所示，可作如下的分析。

预先将可燃气体燃料及空气均匀混合后的可燃气体混合物送入燃烧器内，并且在可燃气体混合物中的空气含量足以保证可燃气体燃料的完全燃烧。可燃气体混合物在燃烧器的管内作层流运动，这时在管内任一截面上混合物的流动速度 w 分布规律为

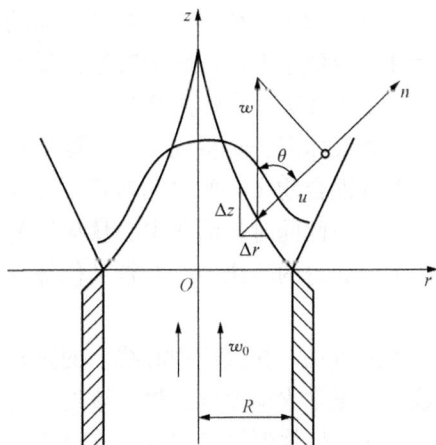

图 5 - 15 动力燃烧火焰形状

$$w = w_0 \left(1 - \frac{r^2}{R^2}\right) \tag{5-32}$$

式中：w 为在某一横截面上任意点的混合物流速，m/s；r 为该点离开管子中心线的距离，m；R 为管子的半径，m；w_0 为管子中心线上的混合物流速，m/s，并且 $w_0 = 2\overline{w}$。

当可燃气体混合物流出燃烧器的出口时，将作层流的自由扩张，即为层流自由射流，则在燃烧器出口处以外的混合物的速度将不再按抛物线的规律来分布。米海立松认为在燃烧器出口处以外，靠近管壁处的混合物流速并不等于零，并建议采用如下的速度分布规律，即

$$w = w_0 \left(1 - \frac{r^2}{R^2}\right) + w_R \tag{5-33}$$

在管壁处 $r = R$，混合物的流速 $w = w_R$，说明靠近管壁处的混合物流速并不等于零，而具有某一速度值 w_R。

在分析时，假定火焰锋面为一数学表面，在该表面上可燃气体混合物从初始状态突然过渡到剧烈燃烧，并在该表面上完成其燃烧过程。所以在火焰锋面表面之前，亦即火焰表面内的核心中，可认为混合物是在等温条件下流动。

可得到层流火焰传播速度 u_L 与坐标 z 的如下关系式，即

$$z = \frac{1}{u_L}\left[(w_0 + w_R)(R - r) - \frac{w_0}{3}\left(R - \frac{r^2}{R^2}\right)\right] \tag{5-34}$$

按式（5-34）来进行火焰形状计算时，在 $\dfrac{\overline{w}}{u_L} > 5$ 的情况下，其计算误差不会超过 2.5%，故对大部分实际情况来说，式（5-34）可认为是满意的。

式（5-34）可用来计算火焰长度 L_B。由于假定火焰锋面为一数学表面，所以火焰长度 L_B 即为火炬中心线上（$r = 0$）z 的数值，即

$$L_B = |z|_{r=0} = \left(\frac{2}{3}w_0 + w_R\right)\frac{R}{u_L} \tag{5-35}$$

由式（5-35）可知，可燃气体混合物的流速及燃烧器管径越大，则火焰长度 L_B 越长；相反，可燃气体混合物的火焰传播速度越大，则火焰长度越短。

由以上的计算结果来看，火焰锥体的顶部是尖角的，这是由于在计算过程中，假定了火焰锋面移动的火焰传播速度在其表面的各处都是相同的，实际上在火焰锥体的顶部，其火焰传播速度数值最大。可认为其原因如下：

（1）在实际的火焰燃烧过程中，其火焰锋面不可能为一数学表面，所以在火焰锥体的内部，可燃气体混合物得到一定程度的预热。这样在喷管中心线上流动的混合物的预热程度较其他部分混合物高，所以在喷管中心线上应具有最大的火焰传播速度。

（2）与此同时，活化中心从火焰的反应区向火焰锥体的内部进行扩散，这样在喷管中心轴线上所获得的活化中心亦较其他部分为多，所以促使在中心轴线上的正常火焰传播速度为最大。

由此可见，在火焰中心线上的正常传播速度最大，当该处的火焰锋面达到稳定不动时，则该处的正常火焰速度必然与该处的混合物流速相同。

在靠近燃烧器管壁附近的气流速度最小，由于在该处向外界的散热量多，其正常火焰传播速度必然降低，得以维持该处火焰锋面的稳定，而不致缩到喷管以内去，这样，火焰锥体的母线在靠近燃烧器管壁附近就变成水平的趋势。

　　由实验可知，在紊流工况下，化学均匀可燃气体混合物的火焰形状差不多也是圆锥体形的，对于可燃气体混合物在紊流工况下火焰核心的长度也可用和式（5-35）相近的形式来表示，即

$$L_B^T = \frac{\overline{w_R}}{u_T} \tag{5-36}$$

式中：$\overline{w_R}$表示紊流工况下的平均气流速度，m/s。

　　当气流速度 w 增加时，其火焰紊流传播速度 u_T 也成比例增加，则由式（5-36）可知，火焰核心的长度则可能增加很少。

二、可燃气体的扩散燃烧

　　将气体燃料及空气分别由燃烧器送入炉膛内进行燃烧的火焰称为扩散火焰。这时气体燃料燃烧时所需的空气将从火焰的外界依靠扩散的方式来供给，故火焰的形状和火焰的表面积大小不再取决于火焰传播的速度，而是取决于气体燃料和空气之间的混合速度。对于不同的气流流动工况，其混合过程也不同：在层流工况下，混合过程是纯粹依靠分子热运动的分子扩散；而在紊流工况下，混合过程主要依靠微团扰动的紊流扩散。

　　扩散形式的火焰也可以在气体燃料和部分空气均匀混合后由燃烧器送入炉膛内进行燃烧而形成，其完全燃烧所不足的空气则从火焰的外界依靠扩散来供给。一般将预先和气体燃料混合好的那部分空气称为一次风，而将由外界扩散入火焰的那部分空气称为二次风。

　　对于气体燃料和空气分别由燃烧器送入炉膛内进行燃烧的扩散火焰形状和大小作如下的分析。

　　如图5-16所示，气体可燃物及空气分别在管径为 R_1 的内管和管径为 R_2 的外管中作层流流动，内、外管系同心。这样管径为 R_2 的外管一方面可视为供给空气的"炉膛"，另一方面则限制了火焰向外扩散。为便于计算和分析，作如下的假定：

　　（1）气体可燃物及空气为定型流动。

　　（2）气体可燃物及空气的流速相同，都为 w，单位是m/s。

　　（3）由于在燃烧区域中的化学反应速度很大，故燃烧速度只取决于空气和气体可燃物之间的扩散速度。

　　（4）同样，由于火焰锋面的宽度很薄，可假定为一数学表面，因而火焰锋面将空气及气体可燃物分开，在火焰锋面中，过量空气系数 $\alpha=1$。

　　（5）在计算过程中不考虑气体由于受热而膨胀，以及燃烧产物的渗入。

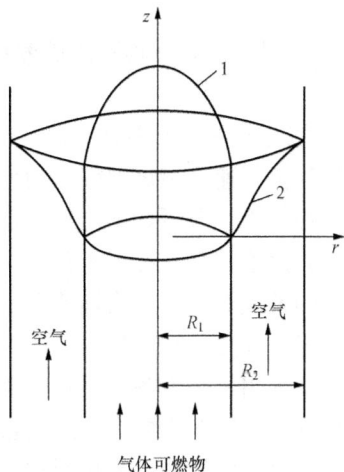

图 5-16　扩散燃烧火焰形状
1—空气过量时；2—可燃气体过量时

　　为了避免气流在横截面上产生对流现象，将燃烧器垂直放置。空气和气体可燃物最先接触是在内管的边缘，故内管边缘为火焰的开始处。

　　可得火焰长度关系式为

$$L_B \propto \frac{wR_2^2}{D} \tag{5-37}$$

式中：D 为分子扩散系数，m^2/s。

对于扩散火焰，当气流流动速度 w 增加、燃烧器半径增大（系平方关系）时，火焰长度增加；当分子扩散系数 D 增加时，火焰长度减短。

对于层流工况来讲，假定 $D \approx v$，v 表示运动黏性系数。则

$$\frac{L_B}{R_2} \propto Re \qquad (5-38)$$

可见火焰长度与喷口尺寸的比值与 Re 成正比，这只适合于层流工况。

对于圆截面燃烧器，空气和气体可燃物在单位时间内的流量与 wR_2^2 成正比，故由式（5-37）可知

$$L_B \propto \frac{Q}{D} \qquad (5-39)$$

式中：Q 为表示在单位时间内空气和气体可燃物的流量，m^3/s。

对于矩形喷口，气体流量正比于 wR_2，则火焰长度关系式为

$$L_B \propto \frac{QR_2}{D} \qquad (5-40)$$

式中：R_2 为燃烧器喷口的宽度，m。

对于紊流流动工况下，扩散燃烧时的火焰长度公式也与式（5-37）类似，只不过将式（5-37）中的分子扩散系数换成平均紊流扩散系数 D_T，即紊流工况下扩散燃烧的火焰长度为

$$L_B^T \propto \frac{wR_2^2}{D_T} \qquad (5-41)$$

式（5-41）中，平均紊流扩散系数 D_T 与 Re 数有关，即

$$D_T = 9 \times 10^{-3} pRe^{0.84} \qquad (5-42)$$

由式（5-41）及式（5-42）可知，在紊流流动工况下，扩散燃烧的火焰核心的长度同样随气体流速及燃烧器管径的增加而增加，但其增加的程度将比层流工况下小。

综合以上分析，不论气体的流动工况为层流或为紊流，在化学非均匀的扩散燃烧过程中，其火焰的性质在很大程度上取决于气体的空气动力特性和混合过程的物理因素，而火焰核心的长度基本上与火焰传播的正常速度无关。

三、火焰稳定原理

工程用燃烧设备一般希望燃料和氧化剂保持稳定的化学反应和释放热量，以便于控制和工程利用。因此常要求燃烧设备中的火焰保持稳定，火焰锋面稳定在一定的位置，即应使送入燃烧室中的燃料和氧化剂在一定的位置开始着火，然后按要求发生剧烈的燃烧反应，并在一定位置燃尽和离开燃烧室，以保证燃烧设备的安全经济运行。

如果燃料已经着火，但由于火焰不能稳定，火焰锋面被气体越吹越远，这样必然导致熄灭。要保证火焰锋面稳定在某一位置的必要条件是：可燃物向前流动的速度等于火焰锋面可燃物火焰传播的速度，这两个速度方向相反，大小相等，因而火焰锋面就静止在某一位置上。

一般以本生灯的燃烧过程来分析火焰稳定的原理。

设有某一定成分的可燃物自本生灯喷嘴喷出后形成类似于自由射流的流动工况，在喷嘴边缘和周围介质之间形成了边界层区域，此时火焰传播速度 u_L 和流动速度 w 之间的分布如图 5-17 所示。

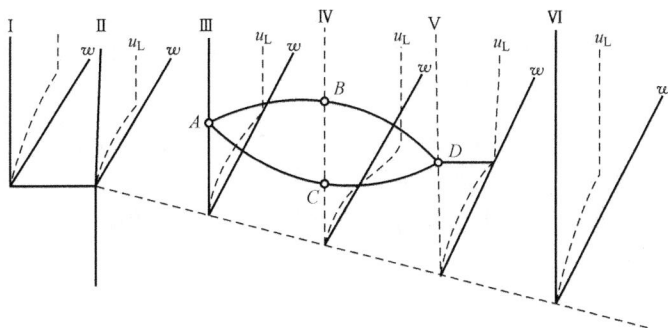

图 5-17　火焰速度分布

在喷嘴内部，火焰是不可能稳定的。在靠近喷嘴壁面处，散热较强，使可燃物温度降低。由试验得知，正常火焰法线传播速度 u_L 近似与温度平方成正比，故此时在壁面附近经常会出现 $u_L < w$ 的条件。当可燃物喷离喷嘴后，由于没有金属壁面的作用，散热损失显著减少，u_L 升高，在Ⅲ截面出现某一点 A，在点 A 实现了条件 $u_L = w$。由于散热进一步减少，u_L 继续提高，使得在Ⅳ截面因 u_L 大于 w 而出现了大量的反应产物，冲淡了可燃物的浓度，因而使燃烧的火焰传播速度 u_L 又减小了。故在Ⅴ截面上 u_L 和 w 曲线又重新出现一个交点 D。在Ⅵ截面上交点不再存在，之后火焰就难以驻定。可见在 $ABDCA$ 范围内存在着燃烧的火焰传播速度大于可燃物流动速度的条件，即存在使火焰往 A 点运动的条件。当由于种种原因使得某瞬间气流速度大于 u_L 时，火焰锋面便被带到 $ABDCA$ 范围内。在此处，因 $u_L > w$，使得火焰锋面回复到 A 点，故此时可把 A 点看成是不动的点火源，A 点的位置与流体动力参数及可燃物特性等条件有关。

当可燃混合物的流量不断增大时，各截面上气体流速不断增大，而火焰传播速度的分布是不变的。最后在本生灯出口的气体流场中再也找不到一个传播速度等于流速的地方，各处的流速都大于火焰传播速度，火焰锋面也无法找到一个可以固定的地方。这样就不可能建立点火环，可燃气体也无法着火，这就是脱火。

当气体流量不断减少时，各截面上的流速的分布都减小，而火焰传播速度保持不变。最后在本生灯出口的气体流场中也无法找到一个传播速度等于流速的地方，各处流速都小于火焰传播速度，最后就烧到本生灯里面去了，这就是回火。

图 5-18 所示为煤气本生灯的特性示意图。横坐标是一级空气所对应的过量空气系数 α_{1k}，纵坐标是可燃气体与空气的混合物在本生灯出口的流速 w。当 α_{1k} 处于接近于 1 的某一范围内时，混合物流速过高则脱火，过低则回火。脱火的极限是区域 2 的边界，回火的极限是区域 1 的边界。只有在这两根边界线之间，燃气火焰才是稳定的。由此可见，当 $\alpha_{1k} \approx 1$ 时，火焰的稳定区域不宽；尤其当 $\alpha_{1k} > 1$ 时稳定区域

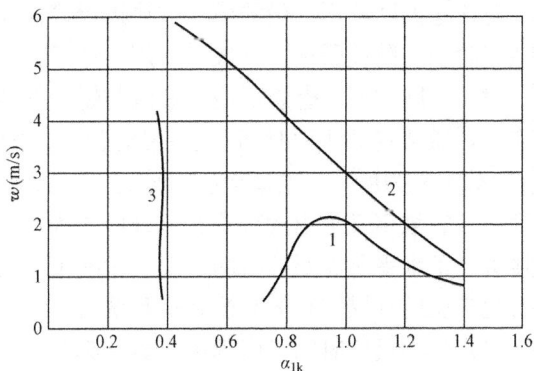

图 5-18　煤气本生灯的特性
1—回火区；2—脱火区；3—火焰明亮呈黄色；
α_{1k}——一次风过量空气系数；w—流速

更加狭窄。

当 α_{1k} 取值稍低，大致为 $0.4\sim0.7$ 时，混合物中的火焰传播速度已经较低，而且本生灯的喷管壁有淬熄作用，本生灯里已经无法回火，所以在 α_{1k} 较小的地方不存在回火区域。同时，脱火区的边界也相应升高，因为在 $\alpha_{1k}<1$ 的时候不容易脱火。这样在 $\alpha_{1k}\approx0.4\sim0.7$ 的范围内煤气火焰的稳定区域比较宽阔，运行比较可靠。

以上的讨论是对简单的层流火焰进行的，对于工程上经常使用的紊流火焰，情况比较复杂，但基本原理和上述讨论相类似。

第五节 气体燃料紊流燃烧

工程燃烧设备一般容量较大，燃料消耗量多，因此燃料气流流速较高，实际燃烧过程基本都属于紊流燃烧过程。对于紊流火焰传播速度，前面章节已经进行了讨论。但求出了紊流火焰传播速度，并没有解决紊流燃烧的全部问题，求解紊流燃烧现象，重要的是求解反应平均量的分布和平均热效应（热流），需要通过紊流燃烧模型来处理平均化学反应速率。平均化学反应速率不仅受到紊流混合的影响，也受到分子输运和化学反应动力学的影响。至今，尚没有普遍适用的紊流燃烧模型可供使用。目前的紊流燃烧研究，以理论模型研究为主。

在研究紊流火焰过程中发展起来的理论方法，可以分为两类：一类为经典的紊流火焰传播理论，包括皱折层流火焰的表面燃烧理论与微扩散的容积燃烧理论；另一类是紊流燃烧模型方法，是以计算紊流燃烧速率为目标的紊流扩散燃烧和预混燃烧的物理模型，包括最新发展的几率分布函数的输运方程模型和 ESCIMO 紊流燃烧理论。第一类理论模型在讨论紊流火焰传播速度时已进行了介绍，本节主要介绍第二类紊流燃烧模型。

一、紊流燃烧时均反应速率与混合分数模型

1. 时均反应速率

如前所述，对于简单的一步化学反应，反应速率可由阿累尼乌斯公式表示。此公式对于层流火焰是适用的。然而，当流动变为紊流后，温度、反应物浓度都将随时间和空间而脉动，此时，阿累尼乌斯公式只是描述了反应速率的瞬时值。与解决紊流问题一样，可以对反应速率取时间平均，也会出现二阶和三阶的脉动关联项。由于这些关联项的值很难直接测量，对这些关联项用一般的模型方法进行模拟是不可能的，也是无法检验其正确性的。对于这些二阶和三阶关联项，一般是采用一些近似的模型方法来求解。

对于不同类型的燃烧反应，紊流与燃烧的相互作用具有不同的特性，一般为了研究其相互作用，通常定义两种时间尺度并通过比较这两种时间尺度来描述。一种是反应时间尺度 t_r，它被定义为所关心的反应物组分完全反应达到平衡值时所需的时间；另一种是紊流时间尺度 t_T，它被定义为由大旋涡紊流破碎成为小尺度旋涡的混合时间即反应发生之前混合进行到接近分子水平所需要的时间。反应时间尺度是反应物完全反应成为产物所需要的时间。处理有化学反应（燃烧）的紊流燃烧系统可以通过对比这两个时间尺度间的关系来表征。

（1）化学反应时间尺度远大于紊流时间尺度。此时，化学反应时间尺度 t_r 比紊流时间尺度 t_T 大得多，也就是说化学反应相对于局部紊流的变化是非常慢的。此时，当紊流脉动相对较小时，那么紊流脉动对反应速率的影响可以忽略。此时，时均反应速率为

$$\overline{w} = k_0 \,\overline{C_1 C_2}\exp(-E/\overline{RT}) \tag{5-43}$$

平均反应速率对温度脉动是非常敏感的，即使反应速率很小，如果存在明显的温度脉动，则时均反应率与式（5-43）所给出的结果是不同的。在这种情况下化学反应时间尺度t_r比紊流时间尺度t_T大得多，因此，反应物混合相对很快，而反应进行相对很慢。因为脉动通常是由反应程度不同的各种各样的旋涡所产生的，而且因为火焰限制了脉动的产生，可以认为化学性质脉动在此类火焰中将是相对小的。

因此，仅在这种非常局限情况下，时均反应速率可以用平均变量计算出来的反应速率来表示。这种方法在过去无法模拟关联项时常被使用，但这仅在有限的几种情况下是有效的。对于反应速率足够慢的某些非均相反应，就属于这一种类型。

（2）化学反应时间尺度远小于紊流时间尺度。这种类型的火焰在燃烧过程中是常见的，即称为快速反应。从总体来说，化学反应是快的，可以认为处于局部瞬态平衡。在这类火焰中，紊流混合过程是控制反应速率的过程，反应在反应物混合的瞬间即达到平衡。对于这些情况，可以用守恒量或叫混合分数来判别某处的"混合程度"。这种守恒量是局部瞬态当量比的一种度量，并且在瞬态守恒量和瞬态化学性质之间（例如组分、温度和密度）存在着唯一的函数关系。

一般地，局部紊流脉动的统计是由守恒量的统计学表征的，最容易的是用混合分数的概率密度函数（PDF）加以关联。将化学性质对PDF积分，并适当加入纯燃料或空气流的间歇就可以适当地计算紊流对化学反应的影响。这类火焰模型已获得较好的解决。而且对反应速率很快的可以用平衡化学的假定而使问题得到简化。当不能用平衡化学假定时，只要反应速率足够快，这种方法依然得到了很好的使用。

（3）化学反应时间尺度约等于紊流时间尺度。此种情形被称为有限速率反应，化学动力学与紊流脉动两者必须被结合起来考虑。应该说这是在化学反应中常见的情形。这类化学反应是最复杂且是研究最缺乏的，对于这种类型的燃烧情况需要进一步研究。

2. 守恒量和混合分数

一般地，满足能量、质量、动量和组分守恒的微分方程称为守恒方程。在数学上，满足无源守恒方程的因变量通常被称为守恒量。守恒量的概念在紊流燃烧研究中十分重要。

考察如图5-19所示的理想化的燃烧室。燃料fu和氧化剂ox分别以质量流率f和（$1-f$）流入，混合物M以质量流率1流出。则在此过程中，任何一个无源、无汇的外延变量φ均满足关系式，即

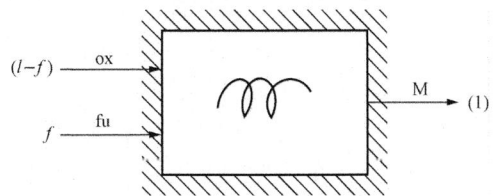

图5-19　两股流体混合过程示意图

$$f\varphi_{fu} + (1-f)\varphi_{ox} = \varphi_M \tag{5-44}$$

或

$$f = \frac{\varphi_M - \varphi_{ox}}{\varphi_{fu} - \varphi_{ox}} \tag{5-45}$$

式中：φ为守恒量。

在燃烧过程中，燃料、氧化剂和燃烧产物都参与了化学反应，因而它们的质量分数不是守恒量，定义组合变量f，即

$$f = m_{fu} - m_{ox}/A \tag{5-46}$$

式中：m为质量分数；A为完全燃烧1kg燃料在理论上所需的氧化剂的质量，简称燃料和氧

化剂的化学当量比。

显然，A 只与燃料和氧化剂的种类有关，而与它们的配比和状态无关。

可以导出组合变量 f 遵守的方程为

$$\rho \frac{\mathrm{d}f}{\mathrm{d}t} = \mathrm{div}(\Gamma_h \mathrm{grad}f) \tag{5-47}$$

这是一个无源方程，组合变量 f 通常被称为混合分数，是一个守恒量。解无源方程比解有源方程要方便而简单。这样，在简单化学反应系统中为确定各组分浓度分布，如果是快速反应，燃料和氧化剂在空间任何一个点都不共存，求解过程可以进一步简化，只需求解一个关于组合变量 f 的方程就可得到各个组分的浓度分布。

混合分数 f 有以下特点：

（1）混合分数 f 是守恒量。

（2）f 的取值范围是 $0\sim1$，即 $0\leqslant f\leqslant1$，空间任一点的 f 值与两股流体在该点的混合比例相关，若在某点未发生混合，则 $f=0$ 或 $f=1$。

（3）f 不同于燃料和氧化剂的混合质量配比，f 除了与燃料和氧化剂的局部浓度有关之外，还与进口条件有关。

（4）f 不同于反应质量比 A，它不仅与燃料和氧化剂的种类有关，而且还受初始浓度的影响。

二、紊流扩散火焰的 $k\text{-}\varepsilon\text{-}g$ 模型

层流扩散火焰的特点是化学反应速率大大超过燃料和氧化剂之间混合的速率。实验表明，在分析紊流火焰时，仅考虑紊流的输运特性是不够的，必须考虑紊流的脉动特性对火焰的影响。在实验中，还发现燃料和氧化剂在局部可以共存，这一点却与快速反应模型相矛盾。而紊流脉动的特征很好地解决了这一矛盾，即快速反应假设是对燃料和氧化物的瞬时值而言的，而实验测量得到的是一定时间内的平均值。也就是说它们的瞬时值不共存而平均值共存的现象是紊流燃烧的特点，正是紊流脉动导致某一局部上燃料和氧化剂出现在不同瞬间。因此，考虑这种脉动特性是正确分析紊流火焰的基础，在建立紊流燃烧模型过程中，必须能够把混合过程的控制作用和紊流脉动的影响有机地统一起来。

所谓概率密度函数（又称概率分布函数），是一个用于描述紊流燃烧系统中的因变量。在紊流流场中，所有的量都可以看成是一种随机量，是无规则的脉动量。对随机量，要给出它在空间任一点的瞬时值是困难的。随着对紊流本质的认识，人们正在逐步认识这种随机过程中的某些确定性信息。我们关心的是某个量的平均值为多少，取得某个值的可能性有多大，即给出它取某个值的概率。

无量纲混合分数的概率密度函数被定义为：$P(f)\mathrm{d}f = f(t)$ 处于 $(f, f+\mathrm{d}f)$ 范围内的那段时间间隔 t 的时间分数，即概率。其中 $P(f)$ 称为瞬态混合分数 f 的概率分布密度 PDF。它是空间任何一点由于 f 随时间脉动而形成的混合物分数的统计分布。

斯帕尔丁提出并发展了紊流扩散火焰的 $k\text{-}\varepsilon\text{-}g$ 模型，其要点如下

（1）用 $k\text{-}\varepsilon$ 双方程模型模拟紊流输运。

（2）采用简单化学反应系统和快速反应假定。

（3）建立以 g 为因变量的控制方程。

（4）假设混合分数 f 的概率密度分布函数 $P(f)$，解微分方程。

（5）求燃料及氧的质量分数。

（6）求滞止焓。

该模型的关键是如何求解 $P(f)$，目前的方法有三种，即：

（1）从对紊流脉动的认识出发，人为地指定一种 $P(f)$。

（2）建立、模化并求解以 $P(f)$ 为因变量的微分方程，即 PDF 模型。

（3）根据 ESCIMO 理论计算出 $P(f)$。

三、紊流预混火焰模型

层流预混火焰以 u_L 的传播速度向未燃气体传播，其数值只与可燃气体的物理化学性质有关。而紊流火焰传播速度 u_T 则不仅是物理化学性质的函数，而且还与流动状态有关，此时，火焰锋面强烈脉动，无法观察到单一连续的火焰锋面，燃烧是在一定的空间进行的，形成"容积燃烧"的状况。

紊流的时均反应速率可以通过对二阶、三阶的关联项进行模拟，从而使方程组封闭。但由于涉及紊流和化学反应的相互作用，需要同时考虑紊流混合、分子输运及化学动力学三方面的因素，因此寻找一个通用的、把局部参数联系起来的公式是十分困难的。

为了求解紊流燃烧问题，另一个方法是分析影响时均速度的主要因素，提出时均速度的简化表达式，将计算结果与实验数据对比，并不断改进，提出新的模型。这就是斯帕尔丁（Spalding）等人发展紊流燃烧模型的基本思路。

1. 旋涡破碎模型（EBU）

最简单的紊流预混火焰模型就是斯帕尔丁提出的旋涡破碎模型（eddy-break-up model），简称 EBU 模型。它的基本思想是：把紊流燃烧区考虑成未燃气团和已燃气团的混合物，化学反应在这两种微团的交界面上发生，认为化学反应速率取决于未燃气团在紊流作用下破碎成更小的微团，破碎速率与紊流脉动动能的衰减速度成正比。

旋涡破碎模型给出的计算二维边界层问题紊流燃烧速率的公式为

$$\overline{w_T} = -C_E \rho m_{fu} \left| \frac{\partial \overline{u}}{\partial y} \right| \tag{5-48}$$

式中：C_E 为常数。

有研究者采用旋涡破碎模型对二维紊流预混回流燃烧作了数值计算，计算结果表明冷态和燃烧情况下回流区的位置大致相同，但回流区大小和强度不同。回流区内的燃烧引起混合气膨胀，这表现为点火初期回流区尺寸迅速增大及自由空间中回流燃烧区尺寸的增加。随着燃烧在回流区外的发展，回流区外围的气体膨胀，压力升高，致使回流燃烧区又受到挤压，尺寸下降，回流燃烧区内的最大回流速度比冷态时大近 2 倍，紊流功能增加 3~4 倍。

2. 拉切滑模型

旋涡破碎模型在关于流动对燃烧速度的控制作用方面，给出了简单的计算公式，并为紊流燃烧过程的数值模拟开辟了道路。但该模型未能考虑分子输运和化学动力学因素的作用，因此它只适用于高紊流预混燃烧过程。

为了进一步体现分子扩散和化学反应动力学因素的作用，斯帕尔丁于 1976 年提出了所谓的"拉切滑"模型（Stretch-Cut-And-Slide Model）。它同样是把紊流燃烧区考虑成充满未燃气团和已燃气团，这些气团在紊流作用下受到拉伸和切割的作用，重新组合，不均匀性尺度下降。在未燃气团和已燃气团的界面上存在着连续的火焰面，它以层流火焰传播速度向未燃部分传播。

该模型导出的二维紊流预混燃烧的速率公式为

$$\overline{w_{\mathrm{T}}} = -\frac{(m_{\mathrm{fu,\,u}} - m_{\mathrm{fu,\,b}})\rho\left|\dfrac{\partial \overline{u}}{\partial y} + \dfrac{\partial \overline{v}}{\partial x}\right|}{\ln\left(1 + \delta_{\mathrm{u}}\left|\dfrac{\partial \overline{u}}{\partial y} + \dfrac{\partial \overline{v}}{\partial x}\right| / u_{\mathrm{L}}\right)} \tag{5-49}$$

式中：δ 为流体层厚度；下标 u 和 b 分别表示未燃气团和已燃气团。

该模型考虑了流动（u, v）和分子输运（u_{L}）的相互作用，充分体现了层流火焰传播速度 u_{L} 对紊流燃烧速率起着相当重要的作用。可见正确地计算 u_{L} 是正确运用拉切滑模型的关键之一。旋涡破碎模型是该模型的简化。

四、概率密度函数输运方程模型

前面已经引入了概率密度函数的概念，描述紊流问题时，用 PDF 的方法有其突出的优点，对变密度的流动，化学反应及压力梯度等都不需要进行模化。前面介绍的 PDF 是人为假定的，明显带有很大的随意性。

随着燃烧过程的实验研究和对紊流问题的深入了解，人们开始意识到因变量的概率分布形式是不同的，即使在同一个紊流场内，在不同区域，各个因变量的概率分布函数也不同。概率分布函数 PDF 本身也是一个受输运方程控制的因变量。有研究者先导出了速度的联合 PDF 的输运方程，后来陆续有人导出了各组分标量的联合 PDF 的输运方程。其突出的优点是处理非线性化学反应十分方便。

单变量的概率密度函数输运方程为

$$\overline{\rho}\frac{D}{Dt}\overline{P(\varphi)} = -\frac{\partial}{\partial x_i}\overline{\rho}\,\overline{P(\varphi)u_i} - \frac{\partial}{\partial\varphi}\left[\overline{P(\varphi)S(\varphi)} + \frac{\partial}{\partial\varphi}\overline{\rho}\,\overline{P(\varphi)\Gamma\left(\frac{\partial\varphi}{\partial x_j}\right)^2}\right] \tag{5-50}$$

有研究者曾用上述方法对二维管道火焰稳定器后面的紊流预混火焰进行了计算，计算结果与实验符合较好。还有人用 PDF 和 EBU 模型分别计算的结果进行比较，结果表明这两种方法的计算结果大体相同。因为 PDF 输运方程复杂，计算量大，因此 EBU 模型付出的计算时间和存储量要小得多。

有研究者还提出了建立双变量（混合分数 f 和反应度 τ）的联合概率分布函数的输运方程。此方程更为复杂，需要更大规模的计算机存储量，因此一般的有限差分方法就不适用。为了克服这一困难，采用 Monte-Carlo 法来解多维的 PDF 方程，此方法的优点是只要求计算机具有中等的存储量，但其计算速度却较慢，计算时间随 PDF 的标量维数增加而线性增多。目前，对各关联项的物理意义、模化方法及模型结果的可检验性等方面的探索将是该方法发展的关键所在。

五、ESCIMO 紊流燃烧理论

斯帕尔丁与合作者在发展了旋涡破碎模型和拉切滑模型的基础上，继续对紊流燃烧进行物理描述，抛开对精确的输运方程的无谓的推导和模化的追求，发展了所谓的 ESCIMO 紊流燃烧模型。

ESCIMO 各字母的含义如下：

E 为 Engulfment，表示卷吞，大尺度紊流作用下，一种流体被另一流体卷吞的过程。

S 为 Stretching，表示拉伸，叠在一起的流体层在拉伸作用下长度增加，厚度减小。

C 为 Coherence，表示黏附，卷吞后不分离，黏在一起，拉伸和燃烧过程不分离。

　　I 为 Interdiffusion 和 Interaction，表示相互扩散和化学反应，拉伸过程中的内部及边界的扩散和化学反应。

　　MO 为 Moving observer，表示运动观察系，坐标取在流体层上，与流体一起运动的观察坐标系，便于描述相互的扩散和化学反应。

　　ESCIMO 方法是欧拉方法和拉格朗日方法的结合，在更广范围内定量估计紊流、化学动力学和分子输运对燃烧速率的影响。

六、紊流燃烧火焰稳定方法

　　现代大型燃烧设备，燃烧器出口气流速度很高，雷诺数 Re 很大，这时脱火成为要解决的主要问题。工程上较为常用的紊流火焰稳定方法有以下几种。

　　1. 用小型点火火焰稳定主火焰

　　可在流速较高的预混可燃主气流附近放置一个流速较低的稳定的小型点火火焰（也称值班火焰），使主气流受到小火焰不间断的点燃，只要小火焰的点火能量足够，就可以使主气流连续着火而形成大的气流速度高的稳定的主火焰。这是航空喷气发动机燃烧室中常用的火焰稳定方法。

　　2. 回流区稳定火焰

　　一般可用钝体产生回流区，钝体是不良流线体。在大雷诺数 Re 下流体绕流过钝体时，在钝体的某个位置会使流体边界层脱离开钝体，从而在下游挨着钝体的背面形成一个回流区。燃烧预混可燃气体时，常见的钝体及所形成的回流区和温度场如图 5-20 所示。在钝体后部的回流区是火焰后部高温烟气在负压作用下向前流动形成的，这股高温烟气携带的热量是主气流稳定的点火热量来源，同时主气流外侧也卷吸高温烟气，这样内外加热，保证了燃料气流的稳定着火。

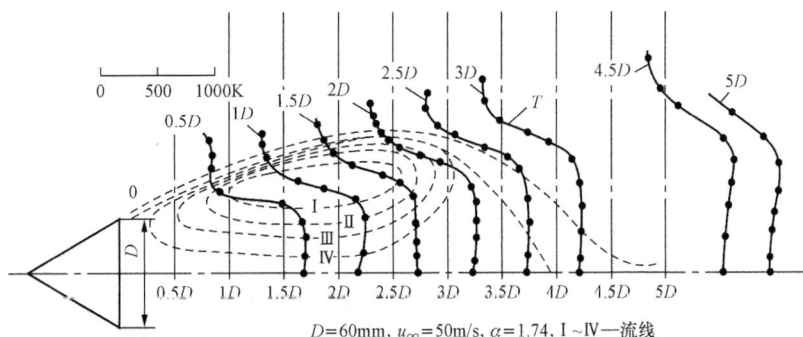

图 5-20　常见钝体及回流区温度场

　　类似于钝体产生回流区的火焰稳定方法，燃料气流还可以采用多孔板形成回流区，使火焰稳定。还可以采用射流喷入突然扩大的燃烧室，使在射流外侧形成回流区；或使射流刚喷入燃烧室中就急剧拐弯，在拐弯处形成回流区；或采用反吹射流、旋转射流等方法产生回流区，以提高紊流可燃气流的火焰稳定性。

　　3. 扩散燃烧稳定火焰

　　如果使燃料气体和空气在喷入燃烧室之前在燃烧器里全部或部分预先混合好，是能省掉在燃烧室中混合所需的时间和空间的，因而可以减小燃烧器尺寸。但是在工程实用中常希望有较大的燃烧释热率，喷口尺寸常做得不是很小，流速也不能太低，以免预混可燃气体发生回火而影响设备和人身的安全。因此，不少气体燃料燃烧器常把燃料气体由单独的喷口射出，在进入燃烧室后再一边和周围的空气进行相互扩散混合一边进行燃烧，这种方法称为扩放燃烧。由于燃料气体在射出喷口以前不和氧化剂预先混合，因此从根本上杜绝了回火的可能性，而且也降低了因偶然不慎导致喷口中的气流速度而引起回火和气体燃料管道系统爆炸的危险。又由于可燃气体扩散射流边界层中各处燃料和氧化剂的混合程度和组分是不同的，射流边界层中总有某些局部地区的组分接近于化学计量比，而使此处化学反应速率和火焰传播速度最快，形成有利于着火的区域，成为火焰根部开始稳定的位置，使扩散火焰在一般情况下比同样流速和 Re 下的预混可燃气流的火焰不易被吹熄，而预混可燃气流的火焰只有在化学计量比下（$\alpha=1$）才有最大的吹熄速度。扩散火焰由于不会发生回火，又相对不易被吹灭，因而一般情况下扩散燃烧火焰比预混燃烧火焰容易保持稳定，所以工程上较少采用燃料和空气完全预混的燃烧方法。

此外，其他提高燃烧速度的方法，都能提高火焰的稳定性。稳定火焰的根本原理是提高火焰传播速度，使之与气流速度相匹配。虽然燃烧速度和火焰传播速度是两个概念，但是它们是关联的，都能表示燃烧的快慢程度。

第六章 液体燃料燃烧

在电力工业、国防、交通等动力部门的燃烧设备中，有很大部分是采用液体燃料为能源的。例如，航空发动机、汽车发动机以油为燃料；有些电站锅炉、工业锅炉以柴油、重油为燃料；绝大部分燃煤电站锅炉，点火启动也用燃油辅助燃烧。研究液体燃料燃烧理论对设计、改进及使用液体燃料的燃烧设备有指导作用。

第一节 液体燃料燃烧特性

一、燃烧方式

液体燃料的燃烧方式可分为两类，一类为预蒸发型，另一类为喷雾型。

预蒸发型的燃烧方式是使燃料进入燃烧室之前蒸发为油蒸汽，以不同比例与空气混合后进入燃烧室中燃烧。例如，汽油机装有汽化器，燃气轮机的燃烧室装有蒸发管，这些设备可以使燃油蒸发成为油蒸汽。这种燃烧方式与均相气体燃料燃烧的原理相同，可以用与空气以不同比例混合的气体着火、灭火，以及火焰传播特性来描述。一般轻质油可以该方式燃烧。

喷雾型燃烧方式在液体燃料燃烧技术中用得较多，即把液体燃料通过喷雾器雾化成一股由微小油滴（约 $50\sim200\mu m$）组成的雾化气流，在雾化的油滴周围存在空气，当雾化气流在燃烧室被加热时，油滴边蒸发、边混合、边燃烧。因液体燃料的沸点比着火温度低，故不会直接在液滴表面形成燃烧的火焰，而是蒸发的油蒸汽离开油滴表面扩散并和空气混合燃烧，故燃烧的火焰锋面离液滴表面有一定距离。一般重质油采用这种燃烧方式，电站锅炉燃油多采用重质油。

二、重油燃烧过程

重油油滴的燃烧特点既不同于轻油，又有别于煤粉，而是介于这两者之间，因此过程比较复杂。

当重油油滴进入高温炉膛空间后，油滴被烟气加热。当油滴温度未达到重油的沸腾温度时，蒸发出来的重油蒸汽主要靠浓度差进行扩散，即服从费克定律。油滴被加热到沸腾温度后、重油蒸汽压力开始超过四周气压，则液滴的蒸发速度主要取决于对油滴蒸发热的补充，取决于对流换热过程。如果包围油滴四周的燃料蒸汽已着火，则蒸发速度由于热交换的加速而加快。由此可见，一般的蒸发过程中，油滴表面的温度，一般不会大于油滴的沸腾温度，因而油滴所吸收的热量主要耗于汽化潜热，所以蒸发出来的重油蒸汽温度也不高。由于重油蒸汽包围着油滴，高温烟气对油滴的加热热量首先被外围低温蒸汽吸收，只有部分热量到达液滴表面，因而使油滴的热交换减慢。计算表明，在同样的炉膛温度水平下，由于重油蒸汽的吸热阻碍，使得烟气与油滴表面的热交换比无阻碍时降低了3倍多。因此设法加强烟气与油滴的热交换，如提高风速，就能提高油滴的蒸发速度。蒸发出来的油汽在足够高的温度下燃烧，但这并非是纯气体化学反应，因为油蒸汽会进行热分解，在一定条件下，分解成固体炭黑。因此，可能同时进行气—气、气—固两相反应，若氧气不足或温度不够高，炭黑未燃完而被带走，则形成黑烟。一般炭黑的直径只有 $0.01\sim0.2\mu m$，即比油滴小几万倍至几千倍，由于重油是由复杂的多组分碳氢化合物组成，一般轻的碳氢化合物（含碳原子数较少）具有较低的沸点。故油滴被加热时，表面上较轻的碳氢化合物即蒸发，表面维持着相应于沸点的较低温度，因而重碳氢化合物未能被蒸发出。而在油滴内部的轻碳氢化合物，不断向浓度较低的油滴表面扩散，以补充其蒸发力。当低沸点的碳氢化合物蒸发得差不多时，油滴温度升高，使较重的碳氢化合物进行蒸发。过程不断继续下去，最后油滴变成焦炭和残渣余核，其重量为油滴的 $15\%\sim30\%$，直径为油滴的 $40\%\sim100\%$，有时甚至膨胀增大，这是重油燃烧的一般过程。但在重油火焰中，由于空气动力和换热条件都十分复杂，因此并不是每颗重油滴都要经过上述燃烧过程。上述过程只是作为典型油滴进行分析。可见，油滴燃烧所需时间主要由两段组成，即重油油滴蒸发产生的油汽燃烧所需时间，及其焦炭核燃烧所需时间。根据油滴的扩散燃烧理论，油滴蒸发和燃烧时间主要取决于油滴的表面积大小，即和油滴的直径成正比。

总之，重油一般以旋转气流喷入炉膛，首先经过吸热蒸发，蒸发出的油蒸汽与空气混合，在回流区及外侧烟气加热下形成气态均相燃烧。重油中的少部分重碳氢化合物在高温下热分解，形成焦炭和残渣余核，最后是焦炭的燃尽过程。重油燃烧过程如图 6-1 所示。

对一般油滴直径为 $200\mu m$ 的重油，通常单个油滴的燃烧时间约为 0.2s，比油滴在炉膛内停留时间（约 2s）短得多。但由于氧浓度、温度、风速、紊流等多种复杂因素影响重油燃烧，存在着参数分布不均匀现象，故重油仍存在燃烧不完全热损失，需要采取措施来减少这些热损失。

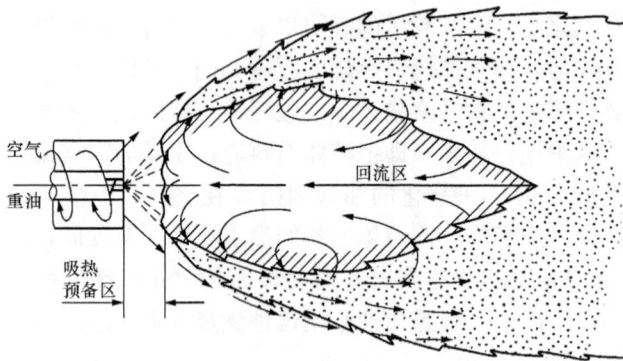

图 6-1　重油旋转气流燃烧过程

（图中标注：空气、重油、吸热预备区、回流区）

三、强化液体燃料燃烧的措施

1. 强化液体燃料的蒸发过程

液体燃料燃烧的特点为液体先蒸发成油蒸汽，油气体与空气混合后才能燃烧。为加速液体燃料燃烧，必须先加速其蒸发过程，即在一定加热温度下尽量增大蒸发的表面。因此，必须维持燃烧室较高的温度，并改善雾化设备的雾化质量，使雾化液滴细而均匀。

2. 强化液体燃料与空气的混合过程

为加速已蒸发的燃料气体尽快着火和燃烧，必须使燃料蒸汽与空气迅速混合，这需要增强空气与燃料蒸汽之间的对流和紊流扩散。为使燃烧器出口的雾化气流容易着火，还要应用旋转气流，以便在中心形成回流区，使高温的热烟气回流至火焰根部加热雾化气流，使之着火、燃烧，这由调风器通过合理的配风来实现。一般将送入调风器的空气分成两部分。一部分从喷嘴附近送入，首先与雾化气流混合，称为一次风；另一部分离喷嘴稍远处送入，称为二次风。配风是否合理以及调风器的结构会直接影响液体燃料燃烧的完全程度。调风器一般采用圆形双通道结构。有一种称为平流式的调风器，由于结构简单、阻力小和便于自动控制等优点，在燃油配风中用得比较广泛。另一种为文丘里管式结构，喷嘴置于中心位置，喷嘴外围为旋流叶片组成的稳燃器，一次风通过该旋流叶片后形成回流区。稳燃器外部为环形直流通道，通过二次风，以使液体燃料在着火后继续获得燃烧所需的空气。

3. 防止或减少液体燃料化学热分解（热裂解）

碳氢燃料在高温下缺氧会进行化学热分解或热裂解。一般可分解成轻质碳氢化合物、重质碳氢化合物和自由碳，其中，轻质碳氢化合物易着火，而重质碳氢化合物和自由碳不易着火和燃尽。

由实验知，液体燃料在 600℃以下进行热分解时，碳氢化合物呈对称分解，分解为轻质碳氢化合物和自由碳；在高于 650℃时，呈不对称分解，除分解成轻质碳氢化合物和炭黑外，还有重质碳氢化合物，温度越高则热分解速度越快。对此，在组织液体燃料的燃烧过程中应当注意。工程上一般采取下列措施防止或减轻高温下燃料油的热分解。

（1）以一定空气量从喷嘴周围送入，防止火焰根部高温、缺氧而产生热分解。

（2）使雾化气流出口区域的温度适当降低，即使产生热分解也能形成对称的分解产物——轻质碳氢化合物。

（3）使雾化的液滴尽量细，达到迅速蒸发和扩散混合，避免高温缺氧区的扩大。

第二节　液体燃料雾化理论

液体燃料的雾化是液体燃料喷雾燃烧过程的第一步。液体燃料雾化能增加燃料的比表面积、加速燃料的蒸发气化和有利于燃料与空气的混合，从而保证燃料迅速而完全地燃烧。因此雾化质量的好坏对液体燃料的燃烧过程起着决定性作用。在雾化过程中一方面要保证液体燃料的雾化质量，也就是保证液体燃料都雾化成十分细的液滴，另一方面要使液体燃料和空气形成十分均匀的混合物。雾化质量好是燃烧组织好的基本条件。油是通过雾化喷嘴喷入炉内并雾化成细雾的。

一、雾化原理

雾化过程就是把液体燃料破碎成细小液滴群的过程。雾化过程是极为复杂的物理过程，它与流体的紊流扩散、液滴穿越气体介质时所受到的空气阻力等因素有关。研究表明，液体燃料射流与周围空气间的相对速度，以及雾化喷嘴前后的压差是影响雾化过程的重要参数。压差越大、相对速度越大，雾化过程进行得越快，液滴群的尺寸也就越细。雾化过程是通过液体的破碎来实现的。根据雾化理论，雾化过程可分为以下几个阶段：液体首先由喷嘴流出形成液体柱或液膜；由于液体射流本身的初始紊流以及周围空气对射流的作用（脉动、摩擦等），使液体表面产生波动、皱褶，并最终分离为液体碎片或细丝，然后在表面张力的作用下，液体碎片或细丝收缩成球形液滴；最后在气体动力作用下，大液滴进一步碎裂成小液滴。

从液体燃料分离出液滴是雾化的第一步，液滴分离的基本原理是：高速流动的液体表面在空气阻力的作用下不断变形，表面不断增大，直到它变得不稳定而破碎，其过程如图 6-2 所示。

液滴从液体产生的过程依赖于液体在雾化喷嘴中的流动性质（层流或紊流）、给液体加入能量的途径、液体的物理性质，以及周围空气的性质等。喷嘴形式不同，液滴分离的机理

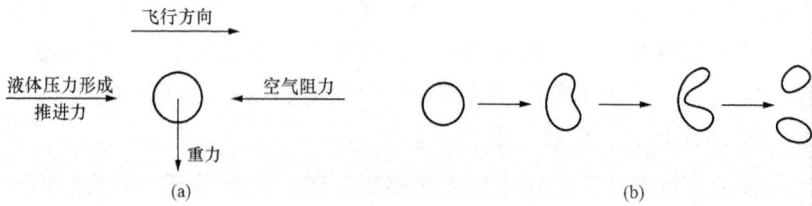

图 6 - 2 液滴的破碎过程

(a) 受力情况；(b) 破碎过程

也不同。压力式喷嘴是利用喷嘴进出口压差实现液滴从液体射流中分离的；旋转式喷嘴是利用喷嘴进出口压差和旋转离心力使液膜失稳而分离出液滴的；气动式喷嘴则利用空气和蒸汽做雾化介质而使液滴从液体燃料中分离。

液滴在气体介质中飞行时将受到外力和内力这两种力的作用。外力由液体压力形成的向前推动力、空气的阻力和液滴本身的重力组成。一般因液滴质量较小，重力往往可以忽略不计。内力有内摩擦力（宏观的表现就是黏度）和表面张力，这两种力都将液滴维持原状。当液滴较大且飞行较快时，外力大于内力，液滴发生变形。因外力沿液滴周围分布是不均匀的，故变形首先从液滴被压扁开始，这样液滴就有可能被分离成小液滴。如果分离出来的小液滴所受到的力仍然是外力大于内力，则还可以继续分离下去。随着分离过程的进行，液滴直径不断减小，质量和表面积也不断减小，这就意味着外力不断减小而表面张力不断增大，最后内外力达到平衡时雾化过程就停止了。

液滴的变形和破碎的程度取决于作用在液滴上的外力和形成液滴的液体表面张力之间的比值，此值常用维泊（Weber）数（或称破碎准则）来表示。其定义为

$$We = \frac{\text{作用于液滴表面的外力}}{\text{液滴内力}} \approx \frac{\rho_g \Delta u^2}{\sigma/d_1} = \frac{\rho_g d_1 \Delta u^2}{\sigma} \tag{6 - 1}$$

式中：ρ_g 为气体密度，kg/m^3；Δu 为气液之间的相对速度，m/s；σ 为液体表面张力，N/m；d_1 为液滴直径，m。

实验表明，We 增大，液滴碎裂的可能性增加。对于油滴，当 $We > 14$ 时，油滴变形严重，以致碎裂。式（6 - 1）表明，燃烧室中的压力增高、相对速度增加，以及液体的表面张力减小，均对雾化过程有利。

根据雾化原理可以看出，在工程中强化液体燃料雾化的主要方法如下：

（1）提高液体燃料的喷射压力，压力越高，雾化得越细。

（2）降低液体燃料的表面张力与黏度，如提高燃油温度可降低燃油的黏度与表面张力，使雾化更好。

（3）提高液滴与空气的相对速度，使液体燃料高速喷射出，而且增强液体本身的紊流扰动也可提高雾化效果。

二、雾化方式和喷嘴

按照油的雾化机理，工程上油的雾化方式分为压力式、旋转式和气动式等，前两种又称为机械式雾化，如图 6 - 3 所示。

1. 压力式雾化喷嘴

压力式雾化喷嘴又称为离心式机械雾化器，它可以用在航空喷气发动机、燃气轮机、柴

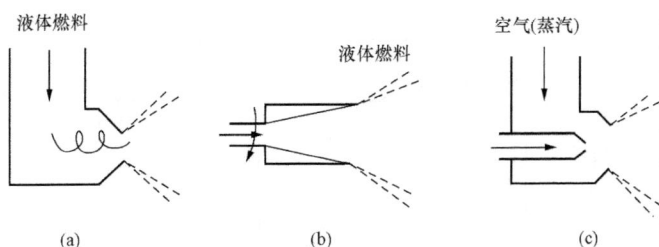

图 6-3 雾化方式示意图

(a) 压力式；(b) 旋转式；(c) 气动式

油机，以及锅炉和工业窑炉上。根据使用的对象、容量及其他具体情况，这种喷嘴可以采用不同的结构形式和压力范围，如表 6-1 所示，但其工作原理是相同的。

表 6-1　　　　　　　　　　　　压力式雾化喷嘴的压力范围

使用对象	锅炉、工业炉	燃气轮机	柴油机	航空发动机
压力范围（MPa）	2～3.5	5～8	15～30	100

压力式雾化喷嘴的工作原理是：液体燃料在一定压力差作用下沿切向孔（或槽）进入喷嘴旋流室，在其中产生高速旋转获得旋转动量，这个旋转动量可以保持到喷嘴出口。当燃油喷射出喷口时，壁面约束突然消失，于是在离心力的作用下射流迅速扩展，从而雾化成许多小液滴。离心喷嘴与旋转空气射流相配合，可以获得良好的混合效果，因此在工程上广泛应用。

应用最广泛的是简单机械雾化喷嘴，它没有回油系统，调节流量只能改变油压，故调节范围有限，但它的结构及系统比较简单。喷嘴的主要结构见图 6-4，由主要部件雾化片、旋流片（切向挡）和分流片组成。经油泵升压后的燃油先进入分流片的各个孔，由各小孔汇合到对应的环形槽道内，再经旋流片的切向槽，使油流出切向槽后在旋流室形成高速旋转，最后近入雾化片，从喷孔射出并雾化成细滴群。为加工方便，也有将旋流片与雾化片合并成一体的。

除离心式简单机械喷嘴外还有一种为离心式机械回油喷嘴，除分流片上有回油孔外其他结构与简单式喷嘴相同。回油孔开设在分流片中心或中心附近环形圈内的称为内回油喷嘴，这种回油喷嘴使用也较普遍。回油孔开设在中心的又称为集中大孔回油喷嘴，回油孔分散地开设在中心附近环形圈内的又称分散小孔回油喷嘴。开设回油孔的环形圈离分流片中心较远的称为外回油喷嘴。虽然回油喷嘴的结构及系统较为复杂，但喷油量的调节范围较大，较易调节负荷。

2. 旋转杯式雾化喷嘴

压力油流通过空心轴进入喷嘴头部高速旋转的转杯内，其转速约为 3000～6000r/min，高速旋转产生的离心力，使油流从转杯内壁向出口四周的切线方向甩出，因速度较高使油膜被空气雾化成细滴。转杯周围由鼓风机将一次空气喷射出，一次空气既可促进油流的雾化，也可供油滴燃烧。由于该空气的喷出靠近喷嘴，故又能防止火焰根部高温缺氧造成的油热分解。旋转杯式喷嘴的结构如图 6-5 所示。

旋转式雾化喷嘴的特点是：结构比较简单；雾化特性良好，平均粒度较细，一般为 40～50μm，均匀度好；流量密度分布均匀，喷雾锥角大（60°～80°）；火焰粗短，而且是旋转射流，有利于炉内传热与燃烧；对燃料和炉型适应性好。缺点是噪声和振动大。

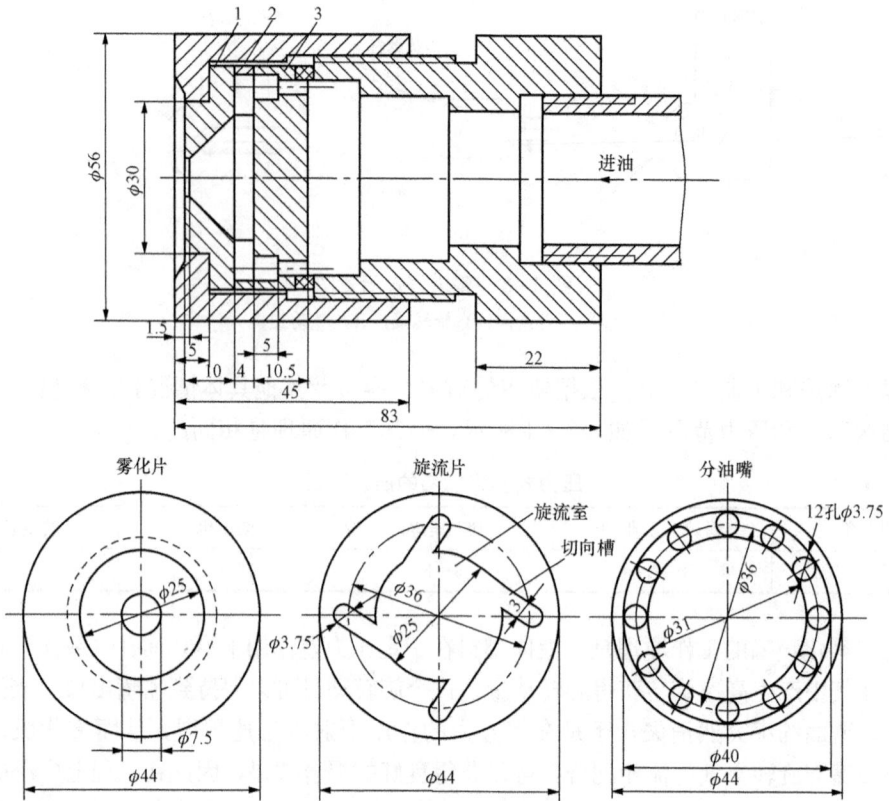

图 6-4　简单机械雾化喷嘴

1—雾化片；2—旋流片；3—分油嘴（分流片）

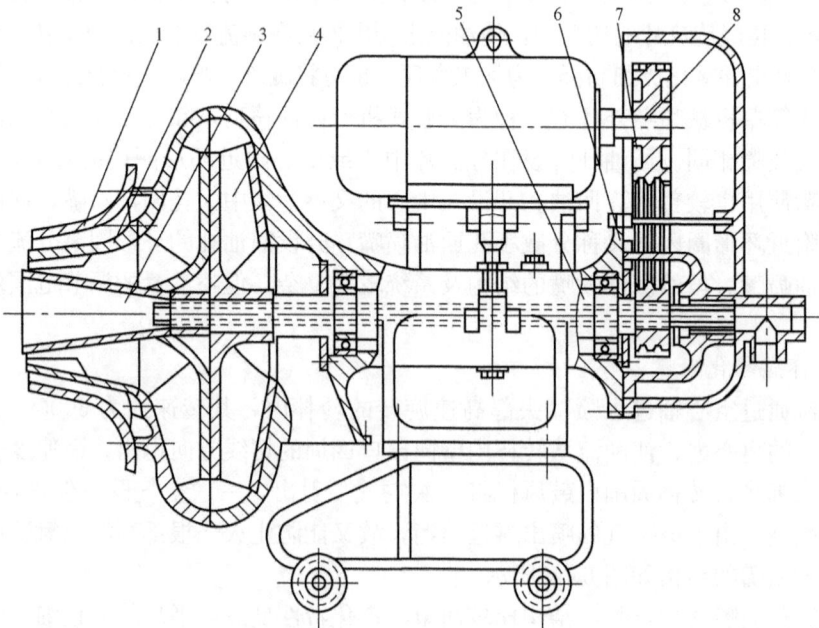

图 6-5　旋转杯式雾化喷嘴

1—二次风喷口；2——次风喷口；3—旋转杯；4—风机；5—转轴；6—进油管；7—进油体；8—电动机

3. 气动式雾化喷嘴

气动式雾化喷嘴又称介质式雾化喷嘴。它利用压缩空气或高压蒸汽为雾化介质，将其压力转化为高速气流，使液体喷散成雾状气流。

采用蒸汽为介质的雾化喷嘴又分为纯蒸汽雾化和蒸汽—机械（压力）综合雾化两类喷嘴。纯蒸汽雾化的供油压力较低，甚至只需用高位油箱的压头即可，这种喷嘴常用在小型工业锅炉上；蒸汽—机械喷嘴则在电站锅炉上使用较多，其油压、汽压接近，约为 $0.5\sim 2.0MPa$，它依靠油流和蒸汽具有的能量将燃油破碎成油滴，故要求的油压可以比机械雾化喷嘴低，汽耗率也较低。对于蒸汽—机械雾化喷嘴，蒸汽流经切向槽和旋流室产生旋转，当喷油量大时主要依靠机械雾化，喷油量小时则主要依靠蒸汽雾化，从而可以扩大喷油量的调节范围。电站锅炉上常采用的一种喷嘴称为 Y 型喷嘴（蒸汽—机械喷嘴），如图 6-6 所示。由于这种喷嘴的喷油量大，汽耗率低，噪声小，所以广泛用于大型锅炉上。

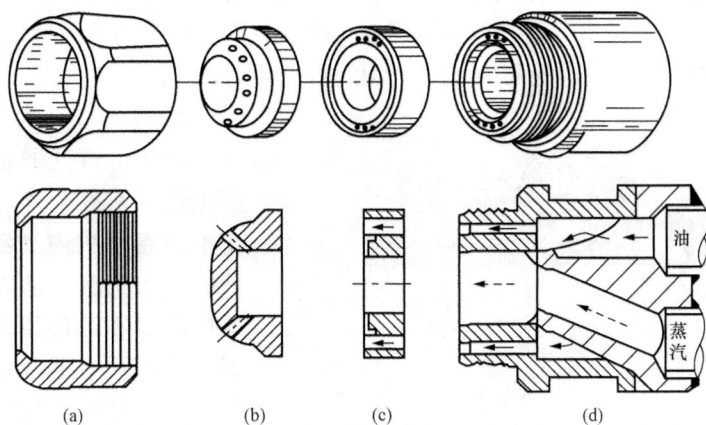

图 6-6　Y 型蒸汽—机械雾化喷嘴
（a）喷嘴螺帽；（b）雾化板；（c）后板；（d）喷嘴本体

三、雾化性能参数

一般可用一些特性参数来表征喷嘴的雾化性能。即雾化气流（或称雾化锥）中液滴群的雾化细度、雾化气流的扩张角度（雾化角）、雾化气流的流量密度分布、射程及流量等。其中雾化细度、雾化角和流量密度分布较常用。

1. 雾化细度

雾化气流中液滴大小各不相同，液滴直径越小则总表面积越大，蒸发、混合及燃烧速度也就越快。例如，$1cm^3$ 球形液滴的表面积仅为 $4.83cm^2$，如把它分成 10^7 个相同直径的小液滴，其表面积会增加到 $1200cm^2$，约增加 250 倍。采用离心式机械喷嘴雾化的油滴直径在 $5\sim 500\mu m$，而多数在 $150\mu m$ 左右；蒸汽—机械雾化的油滴直径多数在 $100\mu m$ 左右。雾化的油滴不仅要求平均滴径小，也要求滴径尽量均匀，因此要研究雾化锥中液滴大小的分布状态。液滴分布常用质量百分数表示，设总质量为 $g(g)$ 的液滴群中，直径大于 x（单位为 μm）的液滴质量为 $g_x(g)$，则直径大于 x 的液滴质量分数 R_x 为

$$R_x = \frac{g_x}{g} \times 100\% \tag{6-2}$$

为了用一个平均滴径数表示雾化颗粒的分布情况，常用平均当量直径表示，一般有下列

两种表示方法。

（1）质量平均当量直径 d_m。计算式为

$$d_m = \frac{\sum m_i d_i}{\sum m_i} \qquad (6-3)$$

式中：m_i 为具有直径为 d_i 的液滴质量；$\sum m_i$ 为液滴的总质量。

（2）索太尔平均当量直径 d_{smd}。计算式为

$$d_{smd} = \frac{\sum n_i d_i^3}{\sum n_i d_i^2} \qquad (6-4)$$

式中：n_i 为具有直径为 d_i 的液滴数；$\sum n_i$ 为液滴的总滴数。

由式（6-4）可知，$1/d_{smd}$ 如正比于单位体积液滴燃料经过雾化后所获得液滴的总表面积，故 d_{smd} 越小，则表明雾化后液滴的表面积越大。索太尔平均当量直径 d_{smd} 的概念可以这样理解，即相当于一个实际雾化气流与一个假想雾化气流的雾化液体质量、液滴总表面积都相同，而假想雾化气流是由等直径的液滴组成，故假想雾化气流与实际雾化气流有相等的索太尔平均当量直径 d_{smd}，且假想雾化锥中液滴的直径即为 d_{smd}。

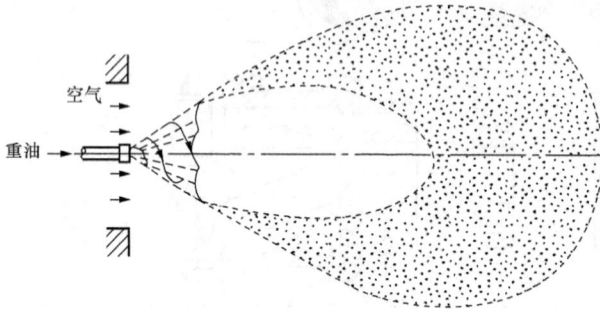

图 6-7　雾化锥示意图

2. 雾化角

喷嘴出口处的燃料细油滴组成雾化锥（见图 6-7），喷出的雾化气流不断卷吸炉内高温气体并形成扩展的气流边界。从雾化气流根部至喷口出口不远的距离内雾化气流呈圆锥形，圆锥尾部由于动能的消失及中心压力的降低使扩展渐渐减小，故雾化锥并非正圆锥形。雾化锥的扩展与喷嘴结构有关，也对合理的配风有影响。度量雾化锥扩张的程度常用雾化角表示。因雾化锥不是正圆锥形，故只能用拍摄照片后作图求得雾化角的大小。雾化角有不同的表示方法（见图 6-8），有出口雾化角和条件雾化角之分。

（1）出口雾化角。在喷嘴出口处作雾化锥外边界的切线，切线的夹角即为出口雾化角 α，可用 α 或 2α 表示其大小。

（2）条件雾化角。以喷口中心为圆心，距离 x 为半径（一般 x 取 200mm）作弧，与边界线得两交点，连接喷口中心与两边界线交点的连线，两连线间的夹角称为条件雾化角，可用 α_x 或 $2\alpha_x$ 表示。显然 $\alpha_x < \alpha$，其差值可达 20°以上。条件雾化角随半径的取值不同而不同，是有条件性的，比较雾化角时应使条件相同。由于条件雾化角能反映油雾的运动方向，且便于测量，故在试验时常采用条件雾化角来表示或比较不同工况的雾化角。

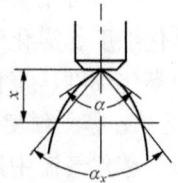

图 6-8　雾化角

3. 流量密度

单位时间内通过垂直于油雾速度方向的单位面积上的燃油流量 q_v 称为流量密度，其单位为 $cm^3/(cm^2 \cdot s)$。机械雾化喷嘴的流量密度分布呈马鞍形（见图 6-9），其调风器也应采用旋流式，使配风的分布也呈马鞍形。蒸汽（或空气）喷嘴的流量密度分布为抛物线型，喷

孔轴心线上流量密度最大（见图 6-10），配风分布也应与其对应，以达到低过量空气系数下燃烧完全。测定冷态下的流量密度分布，可以判断喷嘴结构与工艺是否符合要求。

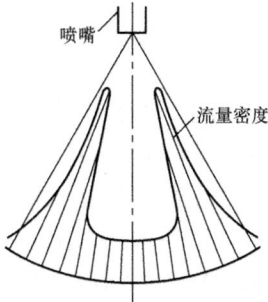

图 6-9　机械雾化流量密度分布　　　　　图 6-10　介质雾化流量密度分布

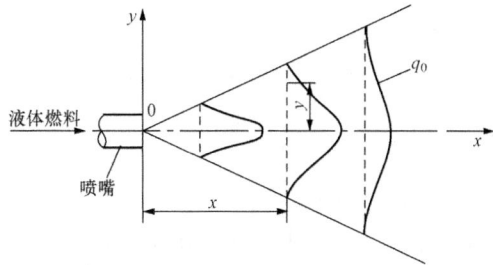

四、燃油设备对配风的要求

为保证燃料油燃烧得好，除喷嘴应具有良好的雾化性能外还需得到合理的配风。对配风的原理及配风器（也称通风器）应提出以下一些基本要求，从而设计出合理的配风器结构。

（1）为防止燃料油在高温下热裂解，必须在火焰根部送入一部分空气，称为一次风。这股风一般在油气着火前已和空气混合，通常经过旋流叶片并在出口处产生旋转气流。由于旋转射流的扩张角较大，故也难以按需要将燃料油送入火焰根部，因此在油配风器的中心管内通入部分空气，称中心风。送入火焰根部的一次风与中心风量约占总风量的 15%～30%，这股风量太大会影响回流区，从而影响着火和燃烧过程。

（2）送入的空气必须与油雾混合强烈，由于燃油的发热量高，可达 42 000kJ/kg，只要空气与油气混合强烈，可使燃烧速率提高，一般在离燃烧器出口约 1m 的距离内，即能使大部分燃油燃尽。为此，燃油雾化气流的扩张角与空气射流的扩张角度应合理匹配。一般旋流燃烧器出口的旋转射流衰减较快，当油雾气流与空气在前期混合不好时则后期也较难混合好，故空气射流的扩张角不宜过大，一般比油雾扩张角小些，以便使空气高速喷入油雾中，达到早期强烈混合的要求，扩张角的匹配如图 6-11 所示。为了不使空气射出的扩张角过大，应该控制配风器的旋流强度不宜过大。试验证明，除过量空气系数对燃烧影响外，如调节旋流器的叶片角度使气流扩张角过大或过小时，也会增加炭黑的生成而对燃烧不利。

（3）采用旋转气流，使燃烧器出口附近形成大小适当的回流区，以利燃料的着火与燃烧。回流区离喷口不应太近，以免高温回流烟气烧坏喷口与叶片，但也不应离喷口太远，否则会使燃料在燃烧室内不易燃尽。

回流区的大小主要由配风器的旋流强度大小决定。回流区大小与气流出口处的扩口角度成正比，也与旋流强度（旋流数）的

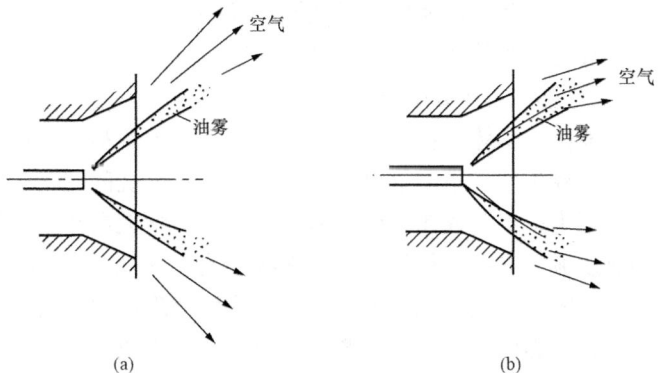

图 6-11　空气流与油雾气流扩张角的配合
(a) 空气流扩张角过大；(b) 能达到强烈混合的扩张角配合

大小成正比。当旋流强度过小时，形成的回流区过小，使燃油着火、燃烧延后；当旋流强度过大时，形成的回流区过大，使燃烧器喷口易烧坏，也会使雾化气流容易喷入回流区因缺氧而热裂解，因此对燃尽不利。为了在运行中得到较高的燃烧效率，一般采用能调节旋流强度的调风器调节合适的回流区大小及位置。调节旋流强度的方法常采用改变旋流器内叶片的出口角度。经验表明，当燃烧器出口风速较高时，必须采用较大旋流强度才能稳定火焰。

（4）加强风、油后期的混合。离心式机械雾化喷嘴出口的油雾分布很不均匀，大量油滴集中在靠近回流区边界的环形截面内，这个区域的配风容易不良而导致缺氧，还有一些粗油滴也难免产生热裂解而形成炭黑，这些难燃的炭黑必然留到火焰尾部燃烧，如果后期混合较差则火焰会变长，形成燃烧不完全热损失。为减少局部缺氧，不能用增加总风量的办法，而只能采用合理配风来解决。提高燃烧器出口风速可以起到加强后期风、油混合的作用，以此强化燃烧，也有利于低氧燃烧，这对于燃油锅炉提高锅炉效率、降低低温腐蚀和大气污染是极为有效的。配风器的一、二次风速一般采用 25~35m/s，对于平流式燃烧器的直流二次风风速可达 50~60m/s，其阻力与其他燃烧器相近。对于四角布置的燃烧器，因气流沿燃烧室轴中心旋转，而且气流的动量衰减比旋转射流慢，这对后期混合极为有利。这种燃烧器的出口风速较前墙布置的旋流燃烧器要高些。因此，维持低氧燃烧、提高风速、降低阻力，以及尽量促使后期混合等，也都是重要的配风原则。配风器一般都采用一次风和二次风分别送入，为保证火焰的稳定，一次风常采用旋转气流，以产生适当的回流区，旋流一次风扩张角较大，扰动也较强，并携带油雾与二次风相交混合。二次风可采用弱旋流强度或直流射流以使二次风扩张角较小，且采用直流风可以提高风速以加强后期混合，又不使阻力增大。燃油锅炉上使用较为广泛的平流式燃烧器就是按上述原则设计的。

第三节 液体燃料扩散燃烧

液体燃料的实际燃烧过程是相当复杂的，相互作用的因素也很多，因此目前理论上的研究还很不完善，但已经有相当多的简化分析有了实际的应用。液体燃料的燃烧可以简单分成液滴的蒸发和液滴的扩散燃烧两个基本环节。

一、液滴的蒸发

单个液滴的蒸发和燃烧规律对液体雾化气流燃烧是很重要的基础理论。大量试验证明，液滴燃烧一般为扩散燃烧。即液滴蒸发的燃料气体的反应速度比传热、传质速度快得多，因而其燃烧过程由传热、传质速度所决定。

1. 斯蒂芬（Stefan）流

在液体或固体燃料的燃烧过程中，空气与燃料的接触处存在相分界面，相分界面上的条件即为边界条件，正确给出边界条件对研究燃烧问题十分重要。燃料加热汽化或燃烧过程中的气体都为多组分气体，该气体在燃料界面附近会产生浓度梯度，并形成各组分气体相互扩散的物质流。只要在相界面上存在物理或化学变化（如液滴的蒸发或燃烧过程），而且这种变化在不断产生或消耗质量流，则在这种物理或化学的变化过程与气体组分扩散的综合作用下，会在相界面的法线方向产生一股与扩散物质流有关的总质量流。这是一股宏观的物质流动，以速度 u_g 离开液滴表面。这一现象是斯蒂芬在研究水面蒸发时首先发现的，故称斯蒂芬流。

假设液滴为规则球体，半径为 r_1，则斯蒂芬流的数学表达式为

$$\rho_g D \frac{dm}{dr} - \rho_g u_g m_a = 0 \tag{6-5}$$

式中：ρ_g 为液滴周围混合气相密度，kg/m^3；D 为气体分子扩散系数，m^2/s；m_a 为液滴周围混合气中空气的质量分数。

式（6-5）表明，在蒸发液滴外围的任一对称球面上，由斯蒂芬流引起的空气质量迁移正好与分子扩散引起的空气质量迁移相抵消，因此空气的总质量迁移为 0。真实存在的流动是由斯蒂芬流引起的燃料蒸汽向外对流，其数量为

$$q_m = u_g \rho_g 4\pi r_1^2 m_{os} \tag{6-6}$$

式中：q_m 为燃料蒸汽向外蒸发的对流量，kg/s；m_{os} 为液滴表面燃料蒸汽质量分数，下标 s 表示液滴表面。

2. 相对静止环境中液滴的蒸发

相对静止环境指液滴与周围气体间无相对运动。当周围介质温度低于液体燃料的沸点时，在相对静止环境中液滴的蒸发过程实际上是分子的扩散过程。对于半径为 r_1 的液滴，比蒸发率与燃料蒸汽向外对流量相等，即

$$q_m = -4\pi r^2 D\rho_g \frac{dm_o}{dr}\Big/_{r=r_1} = 4\pi r_1 D\rho_g (m_{os} - m_o) \tag{6-7}$$

式中：m_o 为液滴周围混合气中燃料蒸汽质量分数。

液滴在温度高于液体燃料沸点的高温气流介质中，不断受热升温而蒸发，但由于液滴温度的升高，致使液滴与周围介质之间的温差减小，因而减弱了周围气体对液滴的传热量。另外，随着液滴温度的升高，液滴表面蒸发过程也加速，蒸发过程中液滴所吸收的蒸发潜热也不断增多。这样，当液滴达到某一温度时，液滴所得热量恰好等于蒸发所需要的热量，于是液滴温度就不再改变，蒸发处于平衡状态，液滴在这不变温度下继续蒸发直到汽化完毕，这一过程类似于水分在一定压力下的等温沸腾过程。这个温度可称为液滴蒸发的平衡温度。这时液体燃料蒸掉的数量等于扩散出去的燃料蒸汽量，即蒸发速度等于扩散速度。在相对静止的高温环境中，通过斯蒂芬流动和分子扩散两种方式将蒸汽迁移到周围环境，如各参数分布为球对称，则任意半径 r 的蒸汽比流速率为

$$q_m = -4\pi r^2 D\rho_g \frac{dm_o}{dr} + 4\pi r^2 \rho_g u_g m_o \tag{6-8}$$

积分可得在相对静止高温环境中液滴的蒸发速率为

$$q_m = 4\pi r_1 D\rho_g \ln(1+B) \tag{6-9}$$

$$B = \frac{m_{os} - m_{o\infty}}{1 - m_{os}} \tag{6-10}$$

式中：$m_{o\infty}$ 为无限远处燃料蒸汽的质量分数。

B 值的物理意义为：在蒸发和燃烧过程中，出现了斯蒂芬流后，就需要用无因次迁移势来考虑；只有当 $B \gg 1$ 时，斯蒂芬流的影响才可以不考虑。

密度为 ρ 的液滴由初始直径 d_0 蒸发到某一直径 d 所需要的蒸发时间 τ 为

$$\tau = \frac{d_0^2 - d^2}{K} \tag{6-11}$$

$$K = \frac{8\lambda_g \ln(1+B)}{c_p \rho} = \frac{4q_m}{\pi d_0 \rho} \tag{6-12}$$

式中：K 为静止环境中液滴的蒸发常数。

则在相对静止环境中液滴完全蒸发所需的时间 τ_0 为

$$\tau_0 = \frac{d_0^2}{K} \qquad (6\text{-}13)$$

式（6-13）的形式称为直径平方—直线定律。在给定温差和燃油物理性质后，蒸发时间只是油滴初始直径 d_0 平方的函数。初始直径越大，蒸发所需的时间会成平方倍增加，液体雾化后颗粒大，则蒸发时间长，燃烧过程变长，燃烧效率降低。所以油的燃烧需要较小的雾化细度。

3. 强迫气流中液滴蒸发的折算薄膜理论

实际的液滴蒸发和燃烧过程，往往和周围气体间有相对运动，即使在静止的气流中蒸发和燃烧，由于液滴和气流存在温差，也会出现明显的自燃对流现象。当液体燃料喷入炉膛时，和周围气体间有较大的相对运动速度。此时液滴周围的边界层会出现如图 6-12 所示的状况，即迎风面变薄，背风面变厚，其形状和相对运动速度的大小有关，这使得蒸发和燃烧过程的计算变得十分困难，目前还很难解决这个复杂的问题。现一般把液滴周围不规则的边界层折算成理想情况下的均匀边界层，只是折算的薄膜半径与理想情况不同。

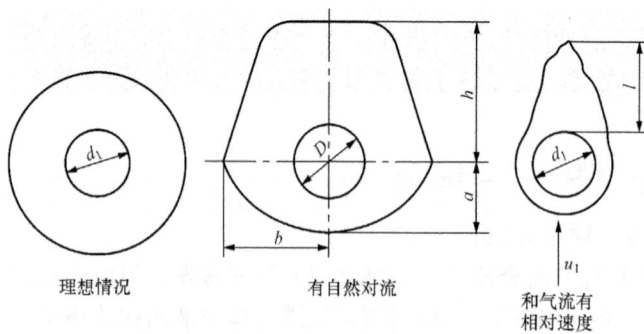

图 6-12 气流速度对液滴边界层的影响

如果已知液滴在气流中的传热的努谢尔特准则数 Nu，则可得液滴蒸发速率为

$$q_m = 4\pi \frac{\lambda}{c_p} \frac{Nu r_1}{2} \ln\left[1 + \frac{c_p(T_{su} - T_{bw})}{L_o}\right] \qquad (6\text{-}14)$$

式中：T_{su} 为折算边界层温度，K；T_{bw} 为液滴平衡蒸发温度，K；L_o 为液滴汽化潜热，J/kg。

在强迫对流气流中，液滴完全蒸发时间也可写成式（6-13）的形式，即

$$\tau_0 = \frac{d_0^2}{K_1} \qquad (6\text{-}15)$$

$$K_1 = \frac{4\lambda Nu}{\rho c_p} \ln(1 + B) \qquad (6\text{-}16)$$

随着相对速度的增大，Nu 增大，使得 K_1 增大，因而蒸发时间比在静止环境中明显缩短。

二、液滴的扩散燃烧

液滴的燃烧是一个涉及同时发生热量、质量和动量交换，以及化学反应的复杂过程。影响液滴燃烧的主要因素有液滴尺寸、燃料成分、周围气体成分、温度、压力和液滴与周围气体间的相对速度等。

1. 相对静止环境中液滴的扩散燃烧

相对静止的燃料液滴燃烧时，可看成液滴被一对称的球形火焰包围，火焰面半径 r_f 通

常比液滴半径 r_1 大得多。静止条件下的液滴燃烧属于扩散燃烧。其模型如图 6-13 所示。

燃料液滴蒸汽从液滴表面向火焰面扩散，而空气则由外界向火焰面扩散。对于燃油液滴，在 $r=r_f$ 处，油气混合物达到化学计量数配比（即 $\alpha=1$），在此处着火燃烧，形成了火焰锋面。理想情况下，可假设火焰锋面的厚度为无限薄，即反应速度无限快，燃烧在瞬间完成。由图 6-13 可见，火焰面上，燃油蒸汽和空气的质量分数（m_{lg} 和 m_{xg}）为零，而燃烧产物的质量分数 $m_{pr}=1.0$。所以，火焰面把燃油蒸

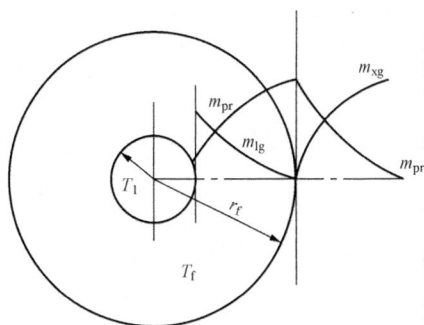

图 6-13 液滴扩散燃烧模型

汽和氧气完全隔开，在火焰面内只有燃油蒸汽而没有氧气，燃油蒸汽自液滴表面向外扩散，它的含量向火焰面逐渐降低，在火焰面（燃烧区）上几乎等于零。在火焰面外侧则相反，只有氧气而没有燃油蒸汽，火焰面上的氧含量也几乎等于零。燃烧生成的高温产物则向火焰面内外两侧扩散，产生的热量也向两侧传递。液滴受到火焰传递来的热量使其温度升高并蒸发汽化，在平衡蒸发状态时，液滴温度几乎接近于燃油的沸点。在火焰面上温度为燃烧温度，该处温度最高。一般来说，火焰面对液滴的辐射换热量是不考虑的，因此这里的燃烧温度就是理论燃烧温度。

液滴扩散燃烧速度完全取决于燃油蒸汽从液滴表面向火焰面扩散的速度。在平衡蒸发时燃油蒸汽的扩散速度等于液滴的蒸发速度，所以液滴的燃烧速度可由蒸发速度来决定。这样液滴的燃烧速率为

$$q_m = \frac{4\pi\lambda D}{c_p} \frac{1}{\frac{1}{r_1}-\frac{1}{r_f}} \ln\left[1+\frac{c_p(T_f-T_{bw})}{L_o}\right] \tag{6-17}$$

式中：q_m 为液滴在静止环境的燃烧速率，kg/s。

可得从初始直径为 d_0 的液滴燃烧到直径为 d_1 时所需的燃烧时间为

$$\tau = \frac{d_0^2 - d_1^2}{K_0} \tag{6-18}$$

$$K_0 = \frac{8}{\rho}\left\{\frac{\lambda}{c_p}\ln\left[1+\frac{c_p(T_f-T_{bw})}{L_o}\right]+\frac{\rho_{O_2} D_{O_2} m_{O_{2\infty}}}{\beta}\right\} \tag{6-19}$$

式中：K_0 为静止环境中的燃烧速率常数，m^2/s；D_{O_2} 为氧分子的扩散系数；$m_{O_{2\infty}}$ 为远处氧的质量分数；β 为氧与燃油的化学计量比数。

可见，液滴燃烧和蒸发都遵循同一个规律，即直径平方—直线定律。同样液滴燃尽时间为

$$\tau_0 = \frac{d_0^2}{K_0} \tag{6-20}$$

式（6-20）在形式上虽然和液滴蒸发时间关系式相同，但 K_0 比前述的 K_1 多考虑了氧的扩散影响。由此可见，燃油的雾化质量对燃烧的影响是很大的。

2. 强迫对流环境中液滴的扩散燃烧（折算薄膜理论）

类似于液滴的蒸发，液滴的实际燃烧过程也存在相对运动，各参数如浓度、温度及斯蒂芬流等不再保持球对称分布，也采用折算薄膜理论来解决这些复杂问题。

液滴燃烧速率表达式为

$$q_{\mathrm{m1}} = 4\pi \frac{Nur_1}{2} \left\{ \frac{\lambda}{c_p} \ln\left[1 + \frac{c_p(T_{\mathrm{f}} - T_{\mathrm{bw}})}{L_o} \right] + \frac{\rho_{O_2} D_{O_2} m_{O_{2\infty}}}{\beta} \right\} \qquad (6\text{-}21)$$

燃烧速率常数 K 为

$$K = \frac{4Nu}{\rho} \left\{ \frac{\lambda}{c_p} \ln\left[1 + \frac{c_p(T_{\mathrm{f}} - T_{\mathrm{bw}})}{L_o} \right] + \frac{\rho_{O_2} D_{O_2} m_{O_{2\infty}}}{\beta} \right\} \qquad (6\text{-}22)$$

液滴燃尽时间为

$$\tau_0 = \frac{d_0^2}{K} \qquad (6\text{-}23)$$

三、液滴群的蒸发与燃烧

液体燃料的液滴群蒸发和燃烧是一个复杂的过程。它不是单个液滴燃烧的叠加，也不同于液滴在无限空间中的蒸发和燃烧，因为此时液滴群中各个液滴相互间要发生干扰，特别是当液滴群十分接近时更是如此。这种相互影响主要表现在相邻液滴间同时燃烧时有热量交换，以至于减少了每个燃烧液滴的热量散失；相邻液滴间同时燃烧也在争夺氧气，妨碍了氧气扩散到液滴表面。前一影响会促进液滴群的蒸发与燃烧，但后一影响会阻碍液滴群的燃烧。液滴群的燃烧主要可分为预蒸发式燃烧、液滴群扩散燃烧、复合式燃烧等三类。

1. 预蒸发式燃烧

这种燃烧情况相当于雾化液滴很细，周围介质温度高或喷嘴与火焰稳定区间距离长，使液滴进入火焰区前已全部蒸发完，燃烧完全在无蒸发的气相区中进行。这种燃烧情况与气体燃料的燃烧机理相同，液滴蒸发对火焰长度的影响不大。

2. 液滴群扩散燃烧

这是另一个极端情况，即周围介质温度低或雾化颗粒较粗（或蒸发性能差），在燃烧区的每个液滴周围有薄层火焰包围，在火焰面内是燃料蒸汽和燃烧产物，火焰面外是空气和燃烧产物，液滴蒸汽各自供应液滴周围火焰并和氧气相互扩散进行燃烧反应，即液滴群中每一液滴独立地进行燃烧。随着液滴向火焰区的移动，未燃液滴在一定位置着火、燃烧代替已燃尽液滴的位置，形成所谓"接力式滴状燃烧"火焰的传播，此时反应动力学因素影响不大，蒸发过程的快慢控制着燃烧过程的进展。

3. 复合式燃烧

这种燃烧情况介于预蒸发式燃烧和液滴群扩散燃烧之间。如较常见的喷雾液滴燃烧，因喷出的液滴大小不均匀，其中较小的液滴容易蒸发，在火焰区前方已蒸发完，形成预混型气体火焰，较粗的液滴到达火焰区时尚未蒸发完毕，这时可能产生液滴群扩散火焰。也可能由于液滴直径已缩得过小或液滴间距离过密而只有蒸发。这种情况下的蒸发因素、反应动力学因素、紊流因素等都将对燃烧发生作用。燃烧设备、燃料种类，以及燃烧工况的不同都会使火焰性质发生改变。

在实际液体燃料燃烧过程中，由于影响因素众多而复杂，重质油燃烧时情况更为复杂，重油燃料在高温下缺氧会进行化学热分解，出现固体残质，其后期的燃烧接近固体燃料的燃烧，使固体不完全燃烧热损失增大。

实验研究表明，在液滴群燃烧时，液滴燃烧时间仍遵循直径平方—直线定律，只是燃烧速度常数 K 与单液滴燃烧时有所不同。

在实际燃烧过程中，液滴群的流量密度和液滴直径是不均匀的。因此，在同一时刻各个液滴的燃烧状况也是不同的，射流各断面上的燃烧状况也不相同。另外，液滴喷入燃烧室，各液滴将到达各个不同的位置，燃烧室内温度场和氧浓度场是不均匀的，因此，即使液滴直径相同，在同一时间的不同空间，液滴燃烧状况也不同。因此不能用同一个 K 值来进行计算，目前还需要借助实验研究。

四、液雾燃烧的理论模型

液体燃料加工容易，运输和储藏也方便，目前有很大一部分能量都是靠液体燃料以液雾的形式在燃烧室内进行燃烧获得的。为了有效燃烧，燃料和空气要充分地混合。因此，蒸发液雾中的混合过程是液雾燃烧研究中很重要的一个内容。在某些特殊的场合，混合和燃烧是分开进行的，但多数的情况，混合和燃烧是同时进行的，物理和化学过程紧密相关。

液体火箭发动机、燃气轮机、柴油机和工业炉中的燃烧都是液雾燃烧。为了更广泛地应用，以及节省发展此类燃烧室的费用，有必要发展计算液雾燃烧过程的理论模型。对液雾燃烧和有关的过程进行数值模拟，可以帮助设计人员建立起设计有效和稳定工作燃烧室的准则，确定向燃烧室壁面的传热速率，分析污染物，如炭黑、未燃碳氢化合物、NO_x 和 CO 等的产生速率。比如 NO_x 的生成与温度有很大的关系。

液雾燃烧是紊流中的化学反应过程，又是两相流动，在发展计算模型中遇到了很大的困难。根据对问题的认识深度及采用假定的不同，模型有很多种，包括从简单的经验公式到复杂的两相紊流的燃烧模型。

1. 经验公式

很多人将实验结果整理成简单的幂函数，比如把燃料蒸发的百分数表示成压力、温度、气体速度、喷嘴特性，以及离喷嘴距离的函数。也有的研究人员把液雾的扩散角整理成经验公式，以及将柴油机中释热率与燃料喷射速度之间的关系用经验公式表示等。这类经验公式只适用于其发动机和喷嘴都与实验相同的特定情况。为抑制对空气的污染，已经提出了很多特定发动机中有关 NO 排放的经验公式。在建立经验公式时，通过分析液滴蒸发的特性、燃料和空气之间的混合速率等，定义了各种不同的特征时间，提出了能关联特定工作条件的合理关联形式，因而经验公式获得了一定的成功。

2. 液滴轨迹模型

在这类模型中，假定液雾对气体的卷吸和冷却作用很小，可以忽略。液滴周围气体的温度和速度是常数，液雾的特性完全取决于单个液滴的变化过程。布拉科用这类模型研究了等截面火箭发动机中乙醇液雾在氧气中的燃烧问题，得到的计算结果和发动机在定常状态下的实验数据吻合较好。

3. 一维模型

一维模型中，考虑了液相与气相之间的相互作用，但略去了液滴在紊流气流中复杂的扩散过程。在细液雾的液体燃料火箭发动机中广泛采用液雾燃烧的一维模型。迪肯森和马歇尔用一维模型研究了液雾尺寸的概率密度函数对液雾干燥过程的影响。他们假定液滴所受的阻力很小，液滴蒸发对气体速度的影响可以忽略，液滴的温度保持为常数。

布拉科在模拟火箭发动机内液滴的蒸发过程时，假定空间压力梯度等于零，联立求解了一维的液雾方程和气相的能量方程。一维模型很全面，但仍包含不少经验性的东西。随着经验的积累，物性和经验参数的选取将日趋完善。这类模型可以帮助设计，但这并不是说一维模型对于预测液雾燃烧过程全是令人满意的。

4. 搅拌反应器模型

很多燃烧室内同时进行液雾的蒸发和燃烧过程。工程人员在设计这类燃烧器时，根据搅拌反应器的概念提出了一个简化的分析方法。在分析中，回流区和两相反应流中的许多详细过程都用了所谓的良搅拌反应器和活塞流反应器进行简化。斯威盛班克等人提出的模型基于一系列相互联系和部分搅拌的反应器，每个反应器的性能都根据能量平衡原理进行分析。这类模型通常用来计算燃烧室的稳定工作极限、燃烧效率、燃烧强度和总压损失等。为了得到噪声强度、点火条件和传热速率，也对燃烧室内的湍流强度进行了计算。在高强度的燃气轮机燃烧室内计算出的稳定曲线与实验数据很符合。考特内用搅拌反应器模型计算了火箭发动机内的燃烧过程。

5. 局部均匀流（LHF）模型

思林和纽贝提出，忽略凝结相和气相之间的滑移，采用局部均匀流的假定，可以计算出紊流液雾火焰的长度。根据局部均匀的假定，液相和气相处于力学和热力学平衡，也就是说，流场中的任何地方两相的速度和温度相等，且处于相平衡。液雾与具有相同的动量和化学当量比的气体射流完全相同，LHF 条件可以看作是液雾的液滴无限小时的一个极端情况。艾夫雷和法史用 LHF 模型研究了卤族气体在熔化碱金属池子中的燃烧问题。射流采用变密度的卷吸参数，并用积分方法求解。因为气泡的速度和温度很快就变得与液体的局部参数相同，所以在这种情况下 LHF 模型是成功的，在非均相气泡流中的火焰长度特性与气体射流火焰相同。在火焰区的下游，计算出的速度和温度值也都令人满意。

6. 两相流模型（分离流 SF 模型）

这是研究液雾燃烧的最符合逻辑的方法。分析中考虑了两相之间有限输运速率的影响。有浓度、温度和速度梯度的两相紊流模型的发展工作近些年刚刚开始，因为 LHF 模型仅适用于液雾中液滴很细的情况，因此发展两相流模型是很重要的一个工作。目前有以下三种不同的两相流模型：

（1）单元中颗粒源模型（PSICM）或离散液滴模型（DDM）。用有限数目的液滴群表示整个液雾，气相的控制方程用欧拉方法求解，离散的特征液滴在流场中的运动和输运用拉格朗日方法描述。为了考虑液滴对气相的影响，在气相的守恒方程中需加一个附加的源项。

（2）连续的液滴模型（CDM）。利用概率密度函数 $f_{\dot{i}}(r, x, v, t)$ 可以估算出液滴温度、浓度等参数的统计分布。为了求出液雾的各种参数，需将 $f_{\dot{i}}$ 的输运方程与气体的守恒方程一起求解。与 DDM 一样，在气相的控制方程中也需加上一个源项。

（3）连续介质模型（CFM）。把液滴和气体的运动看成是两个互相渗透的连续介质，用两相连续介质的守恒方程模拟液雾的燃烧和蒸发过程。在这种方法中，两相的控制方程类似，但在描述液滴的预热、湍流应力和液滴的湍流扩散时有较多的困难。

7. 雾群燃烧模型

提出这类模型的根据之一是，奥纽马和奥格索瓦拉在实验中发现，煤油液雾火焰和气体燃料的火焰在结构上很相似。他们认为在煤油液雾燃烧中，控制速率的过程是燃料蒸汽和空气之间的混合，而不是通常设想的液滴的蒸发。但是，当燃料的挥发性很低，液滴又比较大时，液滴的蒸发仍有可能是液雾燃烧的控制因素之一。雾群燃烧模型的第二个实验依据是由切吉尔和他的同事提出的。他们在研究压力射流和空气雾化的液雾火焰时发现，液雾中存在氧气浓度和温度都很低的区域。这类区域的存在，使火焰向液雾的外边界移动。根据雾群燃烧理论，在液雾的中心区域，液滴比较集中，其集群行为构成了富燃料区。由于渗透到中心区的空气量不足，该区域的混合物是不能着火燃烧的。气体燃料通过对流和扩散，沿着半径方向向外传递，从而在离液雾中心线一定距离的地方形成了可燃混气。可燃混气以气体扩散火焰的形式进行燃烧。

当液滴离开稠密的中心区时，液滴之间的距离增加，液滴尺寸减小，而周围空气的浓度增加。在这样的条件下，在液雾边界内，某些液滴的周围出现了火焰，并进行单个液滴的燃烧，而另一些液滴则进行群体燃烧。一般地，核心区的液雾由在低氧浓度气体中进行蒸发的液滴组成，而最外面的区域可能含有以多滴火焰形式进行燃烧的液滴。在雾群燃烧模型中，为了描述液滴的集体行为，需对中心的非均相区和外围的均匀气相区同时进行分析。

第四节 液体燃料乳化燃烧

在燃烧过程中，乳化油与纯油相比具有明显的优点。现在，我国已投产了 600MW 等级乳化油发电机组。

一、油的乳化

一般情况下，燃油和水是互不相溶的。但在燃油中掺入少量乳化剂，再通过乳化装置的搅拌，则可获得稳定和均匀的油水乳化液。这种混合液体称为乳化油，有两种类型：一种是使水成为分散相，水被分裂成许多微细的水珠均匀悬浮在油中，称为油包水型乳化液；另一种是油为分散相，油被分裂成许多微细的油珠均匀悬浮在水中，称为水包油型乳化液。乳化油燃烧可以节能，以及降低污染物排放。

水分子内部结构已准确确定，相邻的水分子建立氢键后，氢键具有静电性质，很容易与其他氢键相结合。因此，水分子团形成近程有序的连接。近程有序的水分子团大小取决于多种因素，包括水中的离子、温度、水被加工的过程等。这也就是形成大团粒水的原因。水分子的氢键是与燃油形成乳化结构的基础。

乳化过程实质是将大团粒水破碎细化为微米级粒度的微团的过程，乳化剂和乳化机的共同作用完成乳化过程。现在采用的乳化方法有机械、化学、电磁等方法。高剪切、超声、高压均质、射流、涡混、搅拌等为机械方法；乳化剂实际为化学方法；磁化处理为电磁方法。只有将水细化到微米级的粒度，水分子连接的氢键才能与柴油分子链连接后形成相对稳定的乳化结构。水分子微团的大小、氢键连接的离子力决定乳化结构是否稳定。乳化剂预混合磁化处理降低了水的表面张力和氢键的离子力，使水容易破碎。

多种方法可以使燃油乳化，但是燃油乳化质量不同，效率就不同。在满足质量标准的前提下，节能降耗是燃油乳化的重要指标，效率就显得十分重要，成为主要的经济指标。就是要既节油，又节电，还要省时、省人工。燃烧效率取决于乳化剂，乳化效率与乳化剂和乳化机有关，主要体现在乳化机的技术体制，也就是破碎的技术方法和计量方法。将水破碎细化的技术方法对乳化效率更重要。

燃油乳化发展在于环保和节油两方面，用户更关心经济效益。经济效益应该是燃油乳化发展的主要动力。乳化剂首先解决节油率和通用性问题，其次是减少掺混比例，降低价格。应尽快提高乳化机效率、缩小体积、提高通用性，使操作简便，并降低乳化机价格。

二、乳化油燃烧

乳化燃料燃烧是个复杂的过程，对其节能降污机理较为成熟的解释是乳化燃料燃烧中存在的"微爆"现象和水煤气反应，也就是从燃烧的物理过程和化学过程来解释。

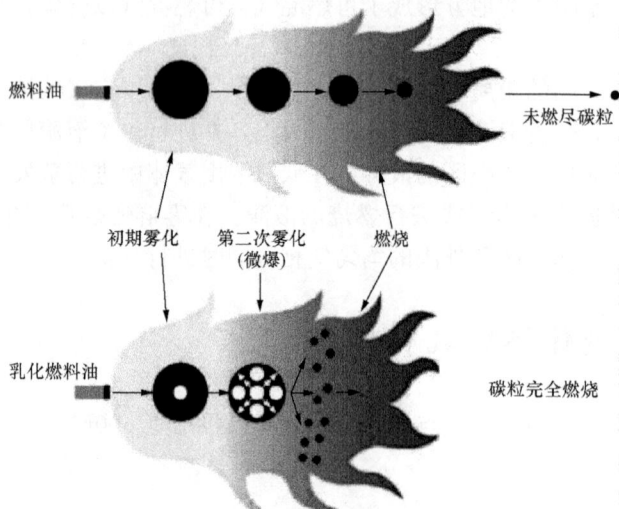

图 6-14　普通油和乳化油的燃烧过程

乳化油燃烧过程的物理作用即所谓"微爆"作用。油包水型分子基团，油是连续相，水是分散相。由于油的沸点比水高，受热后水总是先达到沸点而蒸发或沸腾。当油滴中的压力超过油的表面张力及环境压力之和时，水蒸气将冲破油膜的阻力使油滴发生爆炸，形成更细小的油滴，这就是所说的微爆或称二次雾化。爆炸后的细小油滴与空气更加充分混合，油液燃烧得更完全，使内燃机或油炉达到节能效果。普通油燃烧和乳化油燃烧的过程如图 6-14 所示。

化学作用即水煤气反应。在高温条件下，部分水分子与未完全燃烧的炽热的炭粒发生水煤气反应，形成可燃性气体，反应式如下：

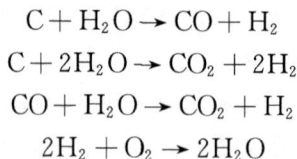

$$C + H_2O \rightarrow CO + H_2$$
$$C + 2H_2O \rightarrow CO_2 + 2H_2$$
$$CO + H_2O \rightarrow CO_2 + H_2$$
$$2H_2 + O_2 \rightarrow 2H_2O$$

上述这些反应，减少了火焰中的碳粒，提高了油的燃烧程度，改善了燃烧状况，提高了油的燃烧效率。在缺氧条件下，燃料中由于高温裂解产生的碳粒子，能与水蒸气反应生成 CO 和 H_2，使碳粒子能充分燃烧，提高了燃烧率，降低了排烟中的烟尘含量。此外，由于乳化水的蒸发作用，均衡了燃烧时的温度场，从而抑制了 NO_x 的形成。

通过上述的微爆及水煤气反应，乳化油燃料可获得减轻大气污染和节约能源的双重效果。

目前，乳化燃烧技术在我国已进入工业应用阶段。东方锅炉厂于 2003 年自主开发设计制造了世界上首台专门燃用奥里乳化油的 600MW 亚临界自然循环电站锅炉，已在湛江中粤能源有限公司成功投入商业运行，目前有 2 台奥里乳化油锅炉投运。奥里油是产于委内瑞拉诺科河地带的一种超重原油，常温下黏度大，流动性差，储存与运输困难。奥里乳化油是 70%左右的奥里超重原油添加 30%左右的水，再加上 0.3%～0.5%的表面活性剂，形成的一种水包油型乳化油。

第五节　微油点火技术

我国煤炭资源丰富，而石油资源短缺。以煤代油是一项非常重要的能源政策，研究开发推广以煤代油技术是我国长期能源战略的重要部分。

我国燃煤机组的启停及低负荷稳燃需要消耗大量的石油资源。据统计，燃煤锅炉点火启动及稳燃年耗油约 900 万 t，节约锅炉点火用油势在必行。

微油点火燃烧器工作原理如图 6-15 所示，可分为 4 个方面。

（1）煤粉浓缩。首先通过煤粉浓缩环对煤粉气流进行初步煤粉浓缩，然后通过两级文丘里管进一步浓缩煤粉，中心截面为浓相，四周环向为淡相。

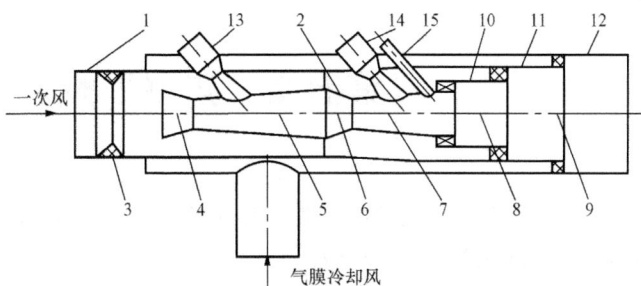

图 6-15　工作原理

1—燃烧器一次风口；2—微油点火器中心燃烧管；3—煤粉浓缩环；
4——一级煤粉浓缩；5—煤粉气流预热室；6—二级煤粉浓缩；
7——一级燃烧室；8—二级燃烧室；9—三级燃烧室；
10——一级扩大燃烧；11—二级扩大燃烧；
12—三级扩大燃烧；13—预热油枪套筒；
14—主油枪套筒；15—辅助油枪套筒

（2）一级煤粉气流预热。通过预热油枪雾化火炬将煤粉气流预热。在预热过程中，煤粉气流必然伴有热解反应和化学反应，煤粉释放出挥发分。

（3）逐级扩大燃烧。首先用少量微油点燃很少量煤粉气流，再用已点燃的煤粉气流实现逐级扩大燃烧。扩大点火器的热功率，满足主燃烧器点火和稳燃对热功率的需求。

（4）逐级气膜冷却，保证煤粉气流三级燃烧室管壁获得足够的冷却。采用逐级气膜风冷却，保证三级燃烧室管壁温度不超温。

在现代实用的微油点火技术中，已经取消了一级煤粉浓缩、煤粉气流预热室和预热油枪套筒。微油点火技术是在等离子点火技术基础上发展的新技术，它沿用了等离子分级点燃、逐级放大的点火原理，以极少量油在特殊结构的微油枪中雾化并燃烧。雾化炬燃烧所释放的热量代替等离子弧的热量，达到用微量油实现煤粉气流的点火与稳燃的目的，节油率在 95% 以上。

微油点火技术是以常用的高能点火器点燃微油枪，用微油枪点燃煤粉气流，以煤粉气流的火焰代替大油枪的火焰，达到以煤代油的目的。微油点火技术具有投资少、设备简单、操作维护方便等优点，准确无误，投运率高，工况多变时仍能正常点燃煤粉气流。在两个大修期之间运行无故障，日常维修工作量少，已成为电站锅炉节油点火的主流技术。

微油点火技术中常用的微油枪的热功率为 465.2kW，远大于目前国内的等离子发生器的最大功率。要继续扩大微油枪的热功率，在技术上不存在任何障碍。由于具有足够的热功率，无论燃烧难燃煤种还是煤种多变时，都能及时点燃煤粉气流。

同时，微油枪能保证在两个大修期间正常运行，无需进行调整和维修，不易出现各种技术故障，能保证点火装置及时投入运行。

微油点火仍需要用少量的油来点燃煤粉气流，但与常规大油枪点火相比，耗油量大大降低，耗油率减少了 95%。与等离子点火相比，微油点火的可靠性和成本具有明显的优势。

第七章 煤的燃烧理论

传统上，煤的燃烧过程一般分为初始的挥发分析出及燃烧和挥发分析出后煤中其余成分形成的碳粒的燃烧这两个阶段。

第一节 煤的热解及挥发分的燃烧

煤析出挥发分，本质上是煤在受热条件下所发生的化学热解现象，在一些研究中又把煤在不同环境中的析出挥发分进一步分为热解（在惰性环境中）、氢解（在氢气中）、碳化（在高温下）和闪解（在高加热速率下）等。一般主要研究在惰性气氛和氧气气氛下的挥发分析出，统称为热解或挥发分析出。

一、煤的组成特性

1. 煤的形成

煤是世界上最重要的燃料。在早期历史的记载中人们对煤的直接燃烧就已有了认识。根据 Elliott 和 Yoke（1981）的文章，中国人早在公元前 1000 年就使用了煤，希腊和罗马人在公元前 200 年以前开始利用煤。到公元 1215 年，在英国开始了煤的贸易活动。从 16 世纪开始，煤的初期利用（例如焦炭、煤焦油和煤气）就不断得到改进，1822 年发明了固定床的给煤系统，1831 年出现粉煤燃烧，1931 年发明了流化床。

全世界迄今为止已开采和消耗掉的煤合计约为 1500 亿 t，即占可采储量的 20% 左右，占估计储量的 1.3%。所以对主要的产煤国来说可开采的煤仍旧很丰富，估计还可继续开采 300 年。

不断增长的能源需求意味着所有的现有常规能源终究会被耗尽，煤也不能例外。不过在很长时间内，它仍然是发电的主要燃料和生产焦炭与煤气的原料。

煤的形成是一个十分复杂的过程，至少可分两个阶段，即泥炭化阶段和煤化阶段。前者主要是生物化学过程，后者是物理和化学过程。煤的形成过程如图 7-1 所示。

在地质历史上，沼泽森林覆盖了大片土地，包括菌类、蕨类、灌木、乔木等植物。但在不同时代海平面常有变化。

当水面升高时，植物因被淹而死亡。如果这些死亡的植物被沉积物覆盖而不接触氧气，植物就不会完全分解，而是在地下形成有机地层。随着海平面的升降，会产生多层有机地层。

经过漫长的地质作用，在温度增高、压力变大的还原

新生长的植物

图 7-1 煤的形成过程

环境中，这一有机层最后会转变为煤层。因埋深和埋藏时间的差异，形成的煤也不尽相同。

泥炭是在常温和常压条件下通过植物体的沉积而形成的，泥炭下沉后逐渐转变为褐煤。褐煤是成煤过程中的初级产物，它在更深的地层中受高温高压作用，就逐渐转化为烟煤和无烟煤。与之相反，有一种学说认为褐煤和硬煤的形成是两种不同的过程，前者为还原过程，而后者为氧化过程。

煤在化学和物理上是非均相的矿物或岩石，主要成分是碳、氢和氧，还有少量的硫和氮。其他组成是成灰的无机化合物，它们以矿物质分散颗粒分布在整个煤中。

2. 煤岩学

由于煤是一种有机的沉积岩石，所以煤岩学是利用研究岩石的方法来研究煤的。煤岩学研究的目的是鉴定煤的物质成分和性质，以认识煤的形成过程，区别各种不同类型的煤，而这种不同种类的煤与挥发分的析出有很大的关系。

按照煤岩学理论，煤是由各种在光学显微镜下可辨别的微细颗粒显微组分构成的，这些显微组分从化学性质上可分为两大部分，即有机显微组分和无机显微组分。有机显微组分来源于成煤植物，无机显微组分则主要来源于地壳的岩石。植物的不同部分在碳化过程中会形成不同的有机显微组分，这些有机显微组分通常分为三大组，即镜质组、壳质组和惰质组。各组有机显微组分具有不同的物理和化学性质，且这些性质随成煤程度而发生变化。煤中无机显微组分受成煤时的地质条件及地理环境的影响，不同的煤由于成煤地的地质条件和地理的不同而由不同的无机显微组分组成。因此，通过分析煤的显微组成及其性质，就可认识成煤过程并确定煤的类型。由此可见，煤本身的物质组成是不均匀的，这种不均匀不仅体现在煤是由有机和无机两部分组成的，而且还体现在无机和有机部分之中还存在着可辨别的、性质不同的成分。显然，煤的性质将由其组成的显微组分的性质决定，而各种煤性质的差别正是由于所含显微组分（组成、含量、性质）不同所致，而这些成分与挥发分的析出、挥发分的成分及挥发分的燃烧等密切相关。

利用显微镜可观察到不同的煤岩组分。褐煤的煤岩显微镜组分可分为腐殖组、稳定组和惰质组，烟煤则可分为镜质组、壳质组和惰质组。

腐殖组是褐煤中的一个显微组分，在一定程度上保留了原有的植物体结构。主要组成是腐殖质如木质素、纤维素、未变的（木质结构体）和已变的（腐木质体）植物细胞壁，呈细颗粒、泡沫状和多孔的细粒体、木屑体，以及沉析出的凝胶体。腐殖组具有较高的密度，它是烟煤镜质组的前身。

稳定组主要由孢子体、木栓层、角质膜和树脂体等组成。其特点是比其他岩相组分的密度低，挥发分产率高（经常在80%以上）。

惰质组是褐煤中反射率较强的部分。包括反光能力很强的细胞壁、保持木质细胞结构的丝质体和半丝质体，以及粗粒体等，后者虽无细胞结构，仍因为密度高、孔隙少而容易反光。

值得一提的是，某些显微组分还含有矿物杂质。例如在丝质体中含有碳酸盐、硫酸盐、石英和高岭土等，在粗粒体中含有黏土等。

烟煤的镜质组与褐煤中的腐殖组相似，由尚可辨认出原始植物细胞结构的结构镜质体和已完全失去原始植物细胞结构的无结构镜质体等组成。镜质组的反射率随煤化程度的增加而增加，因此常用作衡量煤化程度或变质程度的指标。它的密度为 $1.2 \sim 1.8 \text{g/cm}^3$，碳含量为

77％～96％，挥发分介于 2％～45％。壳质组与褐煤中的稳定组相似，其特点也是密度较低而挥发分较高。惰质组与褐煤中的惰质组基本相同，其特点是无细胞结构的粗粒体和碎屑惰质体含量较高。

3. 煤化学

利用化学方法研究煤的特性就是煤化学。研究煤的化学成分组成和分子结构，有利于了解煤的燃烧特性。

由于煤种的多样性、煤本身的不均匀性，以及煤组分的复杂性，不同种类煤的结构是不同的。综合很多不同的测定结果，建立一个统一的结构模型仍需做大量的工作。许多研究者对不同的煤种提出了假想的分子结构模型，索罗曼等根据红外测量、核磁共振、元素分析和热解数据所得的信息为基础，提出了一个煤的化学有机结构模型，如图 7-2 所示。当然煤的结构无疑要比这个结构更复杂些。

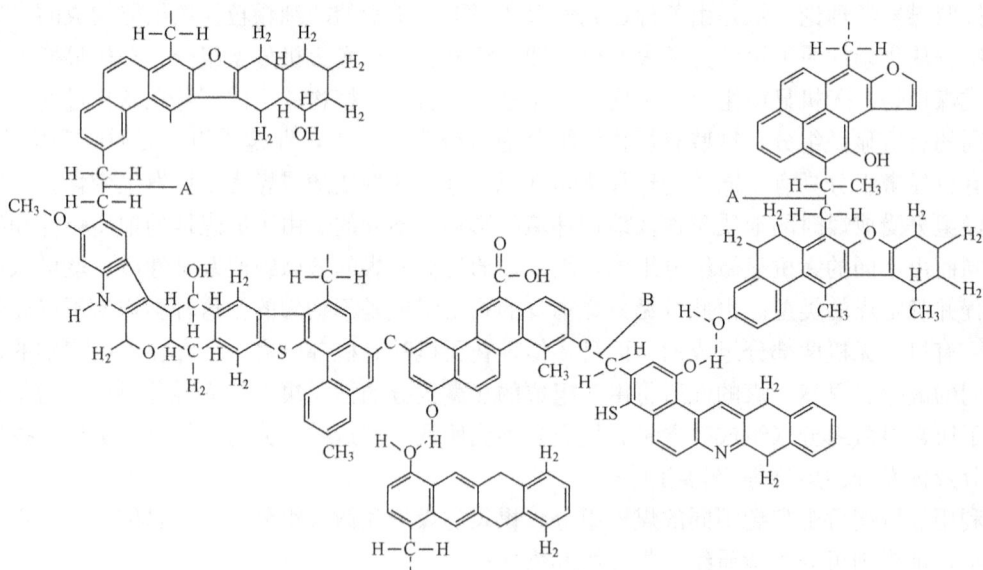

图 7-2　索罗曼假想煤的大分子结构

煤的热解过程实际上是煤的大分子在温度较高时某些弱键如 A、B 处发生断键，从而析出轻质的气态物质、焦油，残余的分子键再聚合生成稳定的主要由碳组成的大分子。

二、煤的热解

由于热解过程在工程及理论研究上的重要性，许多研究者在各种试验条件下对煤的热解进行了基础研究。由于各种工艺过程的条件差异非常大，对煤热解的研究范围也很广，所以有很多不同的研究结果。

1. 煤热解研究方法

煤热解的试验研究方法一般可分为两大类。即静态样品法和连续流动法。前者煤样是静止的（对煤来讲是间歇性试验），后者煤样为连续进料和出料，二者在分析上各有优缺点。

热天平方法是研究煤热解的一种常规方法，随着现代热分析技术的发展，使热天平的测量精度进一步提高，试样量可减少到数毫克。加热速度的提高，使热天平技术成为很有用的热解特性研究手段。由于该项技术容易规范化，目前已引起极大的重视，采用热天平通过计算可以得到热解反应的动力学参数。

固定床方法也是测量煤热解产物的一种常用方法。试样放在一个固定床上，气体经计量后以恒定速度通过煤床，煤床在电炉中也以恒定速度加热。煤层温度用床层中的热电偶进行监测。热解气体产物先经净化，再用气相色谱或质谱进行分析，这样就可以得到各种生成物如碳的氧化物、水、烷及烃生成速度的时间解析。固定床一般加热速度较慢，但试样量可以比较大，从而提高测试精度。

金属网栅加热方法一般采用不锈钢制成圆筒在一定的气氛下进行热解试验，用微量天平称量电热网栅及试样的重量变化，控制电热栅的加热速度就可以研究在不同升温速率下煤的热解特性。采用质谱分析还可以测得气体成分随时间的变化过程。

采用流化床热解方法可以获得相当高的加热速度，是一种典型的煤热解及气化方法。流化床热解及气化过程机理性试验在进行时，有其独特的优点，采用流化床方法还可以研究不同气氛下煤热解的气体成分随时间的变化过程。

机械搅拌方法与流化床热解方法有一定的相似之处。但由于采用机械桨连续搅拌，颗粒温度的测量存在着较大的困难，所以一般很少用作纯动力学试验，而用作同一工艺过程的机理性研究。

采用气体夹带煤粉颗粒流动通过加热的反应器，其主要目的是希望快速加热，同时能得到足够的产品以便进行分析和研究。夹带流方法可以达到较高的升温速度，并可进行气体成分分析和挥发分的产率测量。

自由沉降反应器主要进行煤热解产物组成分析，而较难进行动力学研究，煤从反应器的顶端分散落下，以终端速度通过加热段。在加热段中被高速加热而热解，热解产生的气体被载气带出，可对其进行成分分析。这种方法的特点是在快速加热条件下能使煤热解而发生团聚现象，由于煤粒膨胀或热解引起的煤粒比重的明显变化使停留时间的估计十分困难，这就是这种方法较难用于动力学研究的原因。

等离子体高速加热煤粉使之热解的方法可以达到极高的加热速率，等离子体一般采用低电压高电流通过每个同心电极之间的充气区域形成，煤以夹带流的方法通过等离子体区域时快速热解。

应该指出的是，在研究煤的热解特性时，煤是在各种不同的加热速率、气氛、压力等条件下得到的，热解产物必须和工业分析测定的挥发分含量仔细加以区别，因为后者仅是一种简便的标准。但当试验条件与工业分析条件相差很远时，很可能成为一个容易使人误解的指标。例如，经常错误地将工业分析挥发分与在气体中充分分散的粉煤的挥发物的可回收率相提并论。在工业分析中，煤粒在填充床中所析出的挥发物会经过二次反应，包括裂化及固体表面上的炭沉积，然而这些反应在床层内进行的程度目前还不是很清楚。

2. 影响煤热解的因素

影响煤热解的因素如下：

（1）煤质特性。挥发分含量高的煤，挥发分析出速度快，热解完成的终温也低。有研究表明，如挥发分含量增加 10%（质量分数），则达到最终一定质量分数的失重量的温度将下降 50℃。除了水分蒸发过程影响了颗粒升温速度外，水分对热解没有明显的影响。不同的煤种其热解产物的组分可能相差极大。如煤种从褐煤向无烟煤变化时，对褐煤与无烟煤，其热解产物中气态成分占热解产物的大部分（70%～75%）；但对于烟煤类，总热解产物中气体仅占有较小部分，而焦油则为主要产物，特别是在热解时避免了大范围的二次反应时尤为如此。因此，煤种对初次反应中的焦油形成及二次反应敏感性的变化具有重要的影响。

（2）温度。在通常的热解条件下，温度越高，热解产物生成量越大。但后期挥发分的析出会越来越慢。温度是热解产物组分的最重要变量。温度对组分的影响包括两个基本方面，一方面是对煤本身的热解，另一方面是对热解产物的二次反应。温度越高，焦油产率越高。各类碳氢化合物都有各自的最高产率温度。

（3）加热速率。加热速率的影响比较复杂。高的加热速率可以缩短热解时间，但不影响最终热解产率。随着加热速率的提高，达到一定热解失重量的温度也随之提高。

（4）压力。压力降低，热解产物从煤颗粒中逸出的阻力减小，热解产率提高。压力提高，甲烷生成量增加，氢生成量减少，焦油产率降低。

（5）颗粒粒度。从传热的角度来讲，颗粒度对热解是有影响的。当煤粒度增大时，从外部到煤粒中心存在着温度差，从而影响煤粒中心处的温度时间历程，这样对热解产物的析出产生影响，粒度越大，各种热解产物的析出越慢。若从二次反应的角度考虑，当颗粒粒度增大时，总的热解产率析出量略有增加，同时焦油产率下降，而甲烷和碳的氧化物的生成量会增加，当然变化量不是非常大。

3. 热解产物

如前所述的煤假想大分子结构，煤热解时在其几个薄弱键桥处首先发生断裂，释放出气体。热解过程如图 7 - 3 所示。

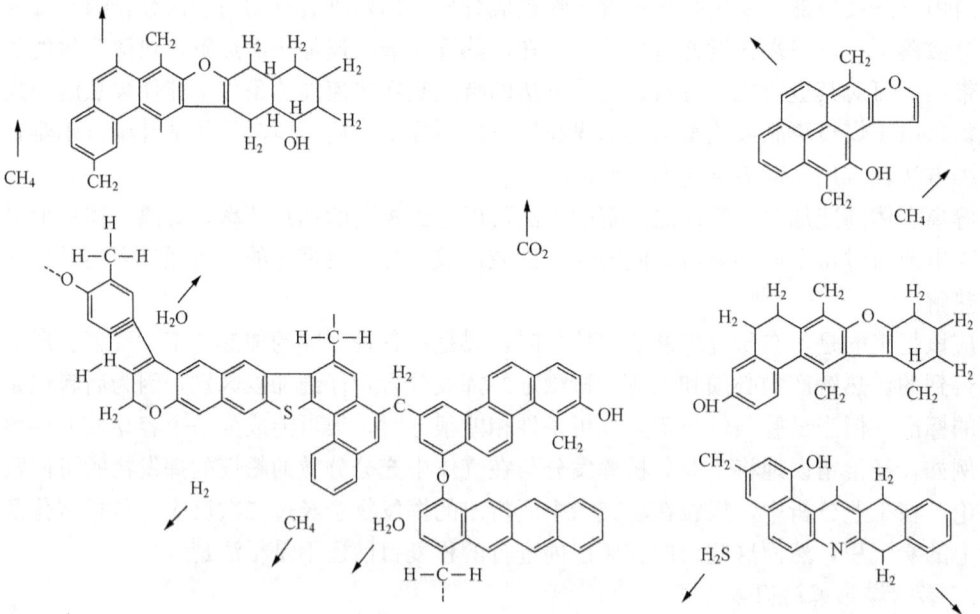

图 7 - 3　煤热解过程

煤的热解产物主要由焦油及气体所组成。气体成分中，多数情况下甲烷是主要组分，其余为 CO_2、CO、H_2O、H_2、HCN，以及轻质烃等。对于热解产物，煤种明显是一个影响组分的主要因素，而且温度、加热速率等也会对各种成分产生很大的影响。如温度升高，CO_2 浓度减少，CO 和 H_2 浓度会增加。

影响热解产物的因素如下：

（1）温度的影响。热解产物组分的最重要变量。温度影响包括两个基本方面，一个是对煤本身的热解，另一个是对热解产物的二次反应。在不存在二次反应的情况下，某一个挥发物组分产率随温度升高均为单一地增加，即随着产生该组分的分解反应的增加而增加。在存在大量的二次反应时，温度的升高将提高某些组分的产率，而抑制其他组分的产生，当然它反映出由于二次反应相应地引起的某些组分的产生或消耗。例如高温下，CO、H_2 等的产率增加，其他组分则相应减少。温度的影响很明显地与时间的影响有联系，但如果反应速度是化学动力学控制时，则后者相对地只起次要作用。如果考虑到传热或传质因素时，时间因素的重要性将增大。

（2）颗粒粒度的影响。从传热的角度来讲，颗粒度对热解是有影响的。当煤粒度增大时，从煤外部到煤粒中心存在着温度差，从而影响煤粒中心处的温度时间历程，这样对热解产物的析出产生影响，粒度越大，各种热解产物的析出减慢。

若从二次反应的角度考虑，当颗粒粒度增大时，总的热解产率析出量略有增加，同时焦油产率下降，而甲烷和碳的氧化物的生成量会增加，当然变化量不是非常大。

（3）煤种的影响。不同的煤种其热解产物的组分可能相差极大。如煤种从褐煤向无烟煤变化时，对褐煤与无烟煤，其热解产物中气态成分占热解产物的大部分（70%～75%），但对于烟煤类总热解产物中气体仅占有较小部分，而焦油则为主要产物，特别是在热解时避免了大范围的二次反应时尤为如此。因此，煤种对初次反应中的焦油形成及二次反应敏感性的变化具有重要的影响。

（4）气氛的影响。气氛的影响主要是通过二次反应对热解产物产生影响的。例如，可采用加氢热解的方法来增加甲烷的产量。不同的气氛对热解产物的影响是不同的。

4. 热解动力学模型

自从 1970 年贝特若依克提出了最简单的煤热解动力学的单方程模型以来，许多学者相继提出了双方程、多方程、多组分析出、热解机理性、竞争反应，以及通用模型等各种经验、半经验及理论模型，使热解动力学模型有了极大的进步。目前热解动力学模型的发展趋势大致有两个方向：其一是向简单的通用模型发展，主要兼顾实用；其二是向详细的化学反应机理模型发展，主要考虑从本质上反映热解过程，并从动力学的角度加以描述。

（1）单方程模型。最简单的煤热解反应动力学模型是 1970 年由贝特若依克提出的单方程模型，即认为煤的热解是在整个煤粒中均匀发生的，其总的过程可近似为一组分解反应。因而，热解速度可以表达为

$$\frac{dV}{dt} = k(V_\infty - V) \tag{7-1}$$

式中：V 为时间 t 以前所产生的挥发分的累积量，当 $t \to \infty$ 时，$V \to V_\infty$；k 为速度常数，可用阿累尼乌斯定律表示 $k = k_0 \exp(-E/RT)$；V_∞ 为煤的有效挥发分含量。

根据试验研究结果，单方程模型有以下三个问题需要注意：

1）最终的有效挥发分产量 V_∞ 往往超过按工业分析标准得到的挥发分含量 V_{daf}。

2）比较各类试验数据可看到，活化能 E 和频率因子 k_0 的差异很大，E 值在 16.75～188.4kJ/mol 之间变化，而 k_0 的变化可达几个数量级。发生这一变化的原因，一部分是煤种变化所引起的，但主要原因是把试验数据代入一个带有任意性的动力学模型所致。

3）V_∞ 在高温下往往会转变成温度的函数，因而该模型仅适合在中等温度下的热解，而在高温下则不适用。

鉴于上述理由，单方程模型仅可用于粗略的估算和比较，要进行准确一些的计算，用该模型是不合适的。为此有人试图改进单方程模型的实用性，认为热解过程可以采用不同时间间隔发生的一系列一级过程来表达，即按时间划分几个一级过程，每个过程均有不同的活化能和频率因子。另一种方法则是采用 n 级反应式表达，即

$$\frac{\mathrm{d}V}{\mathrm{d}t} = k(V_\infty - V)^n \tag{7-2}$$

式（7-1）与式（7-2）的缺点之一是在达到终温一段时间之后观测到的表观热解产物的渐近收率，V_∞ 的表观值也仅为终温的函数。然而这既不能与热解机理相一致，在数学上也经不起验证。同样，在指定温度下较长时间后所观测到的相对慢的失重速度需要另一组参数，这些参数是明显地不同于适合短时间失重行为的参数。因为煤的热解显然不是一个单一反应，在等速热解时，反应集中在不同温度间隔的许多重叠的分解过程，而在一般加速热解的情况下，反应集中在不同时间和不同温度间隔的许多重叠的分解过程。对于这些方程式，任何一组参数都不能期望在一个较宽的条件范围内能正确地代表全部数据。

因此，一些研究者沿着同一思路修改了单方程模型，提出了双方程模型。

（2）双方程模型。斯廷克勒等人于 1975 年提出的双平行反应模型是目前应用比较广泛的热分解模型。他们认为煤粉颗粒的快速热分解是由两个平行的一级反应控制，即

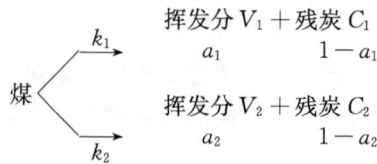

$$煤 \underset{k_2}{\overset{k_1}{\rightrightarrows}} \begin{matrix} 挥发分\,V_1 + 残炭\,C_1 \\ a_1 \qquad 1-a_1 \\[4pt] 挥发分\,V_2 + 残炭\,C_2 \\ a_2 \qquad 1-a_2 \end{matrix}$$

其中 k_1、k_2 服从阿累尼乌斯定律，各有频率因子。

在该模型中，$E_2 > E_1$，$k_2 > k_1$。这样在低温时，第一个反应起主要作用；在高温时，第二个反应起主要作用。总的挥发分析出速率为

$$\frac{\mathrm{d}V}{\mathrm{d}t} = \frac{\mathrm{d}V_1}{\mathrm{d}t} + \frac{\mathrm{d}V_2}{\mathrm{d}t} = (a_1 k_1 + a_2 k_2)W \tag{7-3}$$

式中：W 为挥发分析出时煤的质量，kg。

双方程模型在实际数值模拟中应用极广，其主要原因是由于在数值模拟时其计算比较简单，而计算结果又有一定的准确性。但当要专门进行热解产物的精确描述时，本模型误差仍较大。

对双方程模型的发展可得到多方程模型，假设热解的发生经历一系列无限多个平行反应，并假定活化能是一个连续的高斯分布形式，而频率因子是一个公共值。

无论是单方程、双方程还是多方程热解模型，均是考虑总体的热解产物的析出过程。

从另一种思路出发的一种煤热解模型化方法是将一级反应模型应用于许多单个化合物或几类化合物的释放过程。从试验数据可以推断，对很多产物不能采用一级反应过程来描述。可是当一个组分的释出仅由很少几个步骤控制，或由累积产率或释放速率与温度关系图上简单形状的几个高峰所控制时，则其动力学可用一个、两个或三个平行的反应来很好地描述。而步骤的数目可根据性质的复杂性来加以选择。这就是热解产物的组分模型。

鉴于煤种复杂多样，以及热分解过程与热分解环境条件密切相关，上述热分解模型均有可调参数 E 和 k_0，它们分别适用于不同的煤种和试验条件。所以有研究者力图从煤的固有特性出发，使一些参数与煤种无关，建立简单通用的模型。这些模型都有较好的应用。

三、热解产物的燃烧

煤热解产物的燃烧是一个相对薄弱的研究领域，主要原因可能有两方面：首先是热解产物燃烧本身的复杂性，它所涉及的反应机理本身非常复杂，涉及许多碳氢化合物的反应；其次是由于热解产物的燃烧在煤的燃烧过程中相对于残炭来讲要容易得多，而且可以用一般的气体燃烧的理论来近似描述，所以总体研究相对薄弱。

从 20 世纪 60 年代开始，由于强调了对煤的转变过程的详细理论模型的描述，对煤热解产物的燃烧问题进行了逐步深入的研究。一些研究者提出了煤的反应顺序，这就涉及了热解产物燃烧的某些方面，但到目前为止，尚未能对热解产物的燃烧作完整、准确的描述。

热解产物的实际燃烧过程中，热解的煤粒与空气的混合、热解产物与空气的混合与热解产物的燃烧是相互联系或者相互交叉的。如气体温度足够高时，我们可以假设，热解产物与氧化学反应速度很快，则热解产物与氧气处于局部的热力学平衡状态。因此，当热解产物离开煤时，它们与当地的气体立即达到平衡，此时决定反应的是混合状况；反之，当混合强烈时，我们可以认为过程决定于化学反应。当然作为一个精确的数学模型，则应同时考虑传质和热力学的因素。

1. 局部平衡法

西格等人采用全息摄影方法观察了热解产物从煤粒中的释放过程，观察到了热解产物的射流并形成热解产物云。此时，如气体温度和停留时间合适，则每一个小云均能与氧气结合形成扩散火焰。局部平衡法就从此实验现象出发，当气体温度足够高时，假设热解产物与氧化性气体处于局部热力学平衡状态，此时热解产物的燃烧完全决定于热解产物射流与周围环境的扩散过程。

此时可以采用类似于紊流扩散火焰的 k-ε-g 模型的方法对此进行计算。此时可以认为无须考虑动力学参数，而仅考虑热解产物的紊流混合过程。这样在不完全清楚煤所释放的化学组分的情况下，也能估算出挥发分燃烧的放热和最终生成物的成分，所需的仅是热解产物的元素组成。

2. 总体反应速率法

对于热解产物的燃烧来讲，热解产物组成中煤焦油的比例是相当大的，作为燃烧过程应考虑这一部分气体组成，而煤焦油的组分十分复杂。为了定量表示这些反应过程，一些研究者提出了通过总体反应速率来描述碳氢化合物的燃烧情况，这种总体反应速率使各种碳氢化合物变成 CO 和其他一些产物，并且如同其他的反应一样，允许进一步进行反应。目前常用的总体反应速率模型有以下三类：

（1）第一类。假定碳氢化合物燃烧机理归纳为一个产物为 CO 和 H_2O 的总体反应。

（2）第二类。总体反应产物为 CO 和 H_2。

（3）第三类。提供了 H_2、CO、C_2H_4 及烷烃的总体反应速率。

3. 完全反应法

为了精确描述热解产物的完整燃烧情况，应该把热解产物的每一个组分的反应机理结合在一起，以形成整体的反应机理。但由于目前对热解产物的组成成分了解不够，得到的反应动力学速率数据还不是很可靠，无法进行全面的计算。焦油中含有几百种碳氢化合物成分，而最简单的一个甲烷氧化反应，有的研究者就提出了 322 个反应，所以到目前为止，要想真正描述完全反应是不可能的。但作为第一步的考虑，可以以甲烷氧化反应机理为基础，考虑相对较全面的热解产物的氧化反应还是有可能的，因为甲烷似乎是所有研究中的一种共同的产物成分。利用甲烷氧化反应作为基础，可能把对燃烧的描述推广到包括其他碳氢化合物和热分解产物在内的燃烧问题中去。在纯甲烷氧化系统中的大部分反应，在其他挥发分的反应中也同样可以找到。在甲烷系统的反应顺序中包含了 CO、CO_2 和 H_2 的氧化反应，形成的水蒸气也必然包括在整个的反应机理中。这种方法还需要进一步发展。

第二节　碳及焦炭的燃烧

煤的挥发分析出后剩余的炭骸类似石墨结构，为由很多晶粒组成的焦炭。煤粒燃烧特性主要由焦炭决定，这是因为：

（1）焦炭占煤可燃质量的 55%～97%，发热量占 60%～95%。

（2）焦炭燃烧时间占煤燃尽时间的 90%。

（3）焦炭燃烧为其他过程创造热力条件。

所以煤的燃烧过程主要是焦炭的燃烧过程。焦炭是多孔固定碳与灰的组合物质。

一、碳的形态与结构

碳燃烧的步骤为：

（1）氧扩散到碳表面。

（2）扩散的氧被碳表面吸附。

（3）碳与氧发生化学反应。

（4）燃烧产物解吸附。

（5）燃烧产物向外扩散。

这些步骤是连续发生的，所以其中最慢的一步决定着碳的燃烧速度。这些过程与碳的形态是紧密相关的，因此在讨论碳的燃烧机理之前，要先讨论一下碳的形态。

固体碳具有两种结晶形态，即石墨和金刚石。在金刚石的晶格中碳原子排列十分紧密，原子间键的结合力很大。金刚石硬度高而活性小，很不容易被氧化。压力越高，热力学稳定性越好。

煤中的碳为石墨晶体。石墨的晶格结构为六角晶格，各个基面相互叠置。在基面内碳原子分布于正六角形的各个顶点上，相距 1.41×10^{-10} m。石墨晶体基面是互相平行叠置的，各基面间的距离为 3.345×10^{-10} m。全部偶数和奇数基面都是对称的，偶数基面与奇数基面相错开 1.41×10^{-10} m。因此偶数基六角形的几何中心正好位于下层奇数基面的六角形的一个顶点上。同层基面原子间结合较牢固，层与层间结合较疏松。

在常温下，碳晶体表面会吸附一些气体分子，此时温度不高，属于物理吸附。当外界压力或温度变化时，这些气体分子会被解吸而离开晶格，回复到原有状态，而不会有任何化学反应。

当温度升高时，气体分子可溶于晶体基面之间，使晶格变形，生成了性质很不稳定的固溶物。固溶物也可以分解产生一些气体而逸出，但这些已非原吸附的气体，而是发生了一定的化学变化后生成的新物质。

当温度很高时，物理吸附已很微弱，固溶物也逐渐减少，化学吸附却占了主导地位。由于晶格基面界面上的碳原子一般只有 $1\sim2$ 个价电子与基面内的其他碳原子相结合，尚有多余的自由键，因此活性较大。但由于晶格基面活化能的影响，在低温时并不能表现出强的化学吸附能力，当温度升高时才明显地增加它的活性，产生强的化学吸附。新生气体会自动地或被其他气体分子撞击而解吸，并逸入空间。

二、碳燃烧化学反应机理

碳燃烧有以下四种可能的机理：

（1）碳表面完全氧化，$C+O_2=CO_2$。

（2）产物全为 CO，$2C+O_2=2CO$。

（3）先全部生成 CO，后燃烧成 CO_2，称为滞后燃烧。

（4）气化燃烧，$C+CO_2=2CO$。

一般把碳与氧的直接反应称为一次反应，把一次反应生成物继续发生的化学反应称为二次反应。目前普遍接受的碳燃烧机理是碳与氧首先生成不稳定的络合物 C_3O_4，在不同条件下，络合物分解成 CO 和 CO_2，此为一次反应。CO 和 CO_2 在不同条件下再继续发生各种二次反应。考虑碳二次燃烧时，煤燃烧过程如图 7-4 所示。

其燃烧过程可分为以下几种方式。

图 7-4　碳表面燃烧过程
1—迎风面；2—背风面；3—回流区；4—火焰

（1）温度在 1200℃ 以下时的反应。第一步先生成络合物：

$$3C+2O_2 \longrightarrow C_3O_4$$

第二步是络合物分解。在高能量氧分子撞击下，分解反应为

$$C_3O_4+C+O_2 \longrightarrow 2CO+2CO_2$$

则一次反应的总反应为

$$4C+3O_2 \longrightarrow 2CO+2CO_2$$

在碳颗粒和空气相对静止条件下，低于 700℃，CO 不燃烧，如图 7-4 中 $Re<100$ 情况下 I′区域（$t<700$℃）所示。如果温度达到 800℃ 以上时，一次反应产生的 CO 在向周围扩散过程中，遇到氧气后进行燃烧，在碳颗粒周围产生新的火焰，生成 CO_2。由于温度低，CO_2 和 C 的二次反应即气化燃烧可以忽略。这种情况下，氧气能够到达碳表面，碳表面进行氧化反应。如图 7-4 中 $Re<100$ 情况下 I 区域（$t=800\sim1200$℃）所示。

如果碳颗粒和氧气有相对运动，则在碳颗粒迎风面发生氧化反应，CO_2 能扩散到背风面，但温度低，背风面没有气化燃烧反应。如图 7-4 中 $Re>100$ 情况下 $t=800\sim1200$℃ 和 III 区域所示。

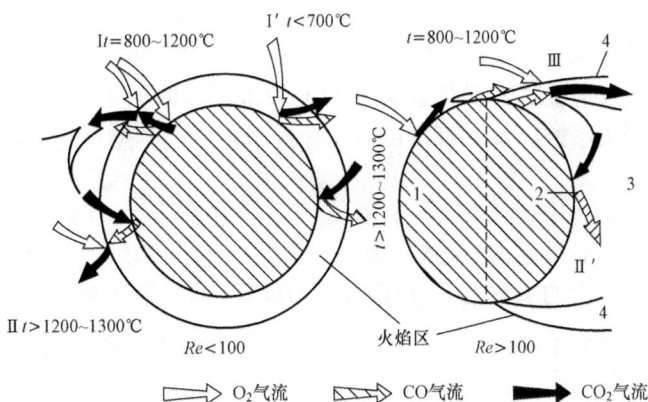

（2）温度在 1200~1300℃ 以上时的反应。在高温下，首先生成的络合物 C_3O_4 直接发生热分解：

$$C_3O_4 \longrightarrow 2CO+CO_2$$

在相对静止条件下，一次反应生成更多的 CO，在向外扩散过程中，会消耗更多的氧气，使到达碳颗粒表面的氧气逐渐减少，碳表面的 CO_2 浓度提高，在高温下 C 与 CO_2 发生气化燃烧，产生更多的 CO。由于 CO 燃烧消耗氧气，最后没有氧扩散到碳表面，在碳表面只发生碳与 CO_2 的气化燃烧。如图 7-4 中 Re<100 情况下Ⅱ区域（t>1200~1300℃）所示。

在相对运动条件下，碳的迎风面发生氧化反应，背风面发生气化燃烧反应。如图 7-4 中 Re>100 情况下 t>1200~1300℃ 和Ⅱ′区域所示。

三、碳球的燃烧速率

1. 碳一次反应燃烧速率

只考虑碳的一次反应的燃烧比较简单。碳燃烧和温度的关系很大，可以分为动力控制、扩散控制和过渡区。碳球的燃烧速率就是碳的消耗速率。由于不同的燃烧工况取决于燃烧时化学反应能力和扩散能力之间的关系，即取决于化学反应速率常数 k 和扩散系数 α_{ks} 之间的比例关系。因此，可以用这一比例来判断碳的燃烧工况，即谢苗诺夫准则，计算式为

$$S_m = \frac{\alpha_{ks}}{k} \qquad (7-4)$$

也有用 S_m 的倒数，即 $D_a=k/\alpha_{ks}$，称为德姆柯勒第二准则来判断碳的燃烧工况。也可以用碳表面的氧浓度 C_s 与远处氧浓度 C_∞ 的比值来判断，结果如表 7-1 所示。

表 7-1   判断碳燃烧区域的值

燃烧区域	动力燃烧	过渡燃烧	扩散燃烧
S_m	>9.0	0.11~9.0	<0.11
C_s/C_∞	>0.9	0.1~0.9	<0.1

为了计算碳的燃烧速率，必须先计算出 k 和 α_{ks} 的值。根据阿累尼乌斯定律有

$$k = k_0 \exp\left(-\frac{E}{RT}\right)$$

不同煤的碳由于其晶格结构和所含杂质的不同，其反应动力学参数 E 和 k_0 的数值是不同的。因此，对不同的煤，要通过实验测出 E 和 k_0 值，然后计算出反应速率常数 k。

由于扩散和传热都是由分子不规则热运动所引起的迁移现象，它们具有相似的规律，因此，和换热过程相似，可以引入传质的努谢尔特准则数 Nu，即

$$Nu = \frac{\alpha_{ks}d}{D} \qquad (7-5)$$

式中：d 为碳球直径；D 为传质系数。

即可得扩散系数 α_{ks} 为

$$\alpha_{ks} = \frac{NuD}{d} \qquad (7-6)$$

根据斯蒂芬流不大时的各碳球燃烧速率的实验数据，可得适用于碳球燃烧速率准则关系，即

$$Nu = 2\frac{0.35\sqrt{Re}}{1 - \exp(-0.35\sqrt{Re})} \tag{7-7}$$

可得碳球燃烧速率为

$$w = \frac{1}{\dfrac{d}{NuD} + \dfrac{1}{k}}C_\infty \tag{7-8}$$

式中：C_∞ 为远处环境氧浓度。

根据燃烧速率可进一步得到扩散控制时碳球的燃尽时间为

$$\tau_k = \frac{d_0^2}{k_k} \tag{7-9}$$

其中 k_k 为扩散燃烧常数，有

$$k_k = \frac{8\beta DC_\infty}{\rho} \tag{7-10}$$

式中：β 为碳与氧的消耗量之间的化学当量比。

在动力燃烧区，燃尽时间为

$$\tau_d = \frac{d_0^2}{k_d} \tag{7-11}$$

其中 k_d 为动力燃烧常数，即

$$k_d = \frac{2\beta C_\infty k_0}{\rho}\exp\left(-\frac{E}{RT}\right) \tag{7-12}$$

在过渡燃烧区，可以把燃烧时间分为动力燃烧时间和扩散燃烧时间，即

$$\tau_0 = \tau_d + \tau_k \tag{7-13}$$

以上讨论的是没有考虑斯蒂芬流时的燃烧情况。如果要考虑斯蒂芬流的影响，可利用扩散方程与能量方程求得碳的燃烧常数为

$$k_s = 8D\ln(1 + \beta C_\infty) \tag{7-14}$$

燃尽时间为

$$\tau_s = \frac{d_0^2}{k_s} \tag{7-15}$$

2. 考虑二次反应时碳球燃烧速率

存在二次反应时碳球的燃烧速率计算是十分复杂的。考虑到二次反应的结果是 CO_2 被 C 还原成 CO，而一次反应本身也会产生 CO，如果已确定所产生的 CO 的总量，则 CO 在碳球附近空间燃烧形成一个包围碳球的火焰，影响碳的燃烧过程。这时在碳球表面只考虑气化燃烧。

则碳球的燃烧速率为

$$w = \frac{\rho_m D}{r}\ln[C_\infty f_C(1 + f_{CO}) + 1] \tag{7-16}$$

式中：ρ_m 为碳球周围混合物的密度，kg/m^3；f_C 为按化学计量数配比的碳球质量，kg；f_{CO} 为按化学计量数配比的 CO 质量，kg。

碳球的燃尽时间为

$$\tau_0 = \frac{\rho_C d_0^2}{8\rho_m D\ln[1 + f_C(1 + f_{CO})C_\infty]} \tag{7-17}$$

式中：ρ_C 为碳球的密度，kg/m^3。

四、多孔性碳球的燃烧

前面讨论的碳球燃烧速率是只考虑化学反应在碳球表面上进行，这种情况只适用于碳球表面是平滑的，而且反应气体不能穿透到碳球内部时的情况，即表面燃烧。

在实际燃烧过程中，碳颗粒是多孔的，内孔表面也会有燃烧反应。据估计，木炭内部反应表面积约为 $57\sim114cm^2/cm^3$，电极炭约为 $70\sim500cm^2/cm^3$，无烟煤约为 $100cm^2/cm^3$，煤的内部反应面积较小，但焦炭则有很大的内部反应面积。这说明内表面对燃烧的影响是不可忽略的。

低温时，碳和氧只有一次反应，且反应速率很慢，此时氧向碳粒孔隙内部的扩散速率远远大于碳粒孔隙内表面上的反应速率，内表面可以加强燃烧。当碳球温度很高时，碳和氧的反应速度很快。因此氧向碳球内部的扩散速率远远小于碳球内部化学反应的需要。这时内表面上氧浓度接近为零，亦就是碳球内表面停止了碳和氧的一次反应。

在不同的温度范围内，多孔碳球总的有效反应面积是一个变数。可引用一个有效反应深度 ε 的概念来表示内孔在不同温度下对燃烧的影响，即

$$\varepsilon = \sqrt{\frac{D_i}{kS_iC}} \qquad (7-18)$$

式中：D_i 为孔内部扩散系数；k 为化学反应速度常数；S_i 为内部反应面积；C 为反应气体浓度。

则多孔性碳球总的燃烧速率为

$$w = \frac{1}{\dfrac{1}{k(1+\varepsilon S_i)} + \dfrac{d}{NuD}} C_\infty = k_Z C_\infty \qquad (7-19)$$

式中：k_Z 为总的反应速度常数。

燃烧速率可以分为两部分，即内外表面的反应和外部扩散。

同时考虑碳球外表面和内部反应情况，对于不同工作条件、碳球半径 r_0、有效反应深度 ε、碳球内部空隙平均直径 ξ 等参数，内孔对燃烧的影响有以下四种情况：

(1) $k(1+\varepsilon S_i)\gg NuD/d$。这发生在温度很高的情况下，化学反应速率很大，整个反应过程仅取决于反应气体的外部扩散，氧在外表面及内孔中的浓度远小于环境中的氧浓度，这相当于碳燃烧的扩散控制。这种情况称为外部扩散燃烧。

(2) $NuD/d\gg k(1+\varepsilon S_i)$，并且 $r_0\gg\varepsilon\gg\xi$。这种情况发生在温度较低、碳球颗粒较大且内部孔隙很小时，由于传质系数较大，所以在碳球外表面处氧浓度十分接近远处环境氧浓度。另外，由于孔隙很小，在孔隙深处的氧浓度实际上等于零。因而整个反应速率取决于内部的扩散速度与内部表面的反应速率比值，这种情况称为内部扩散燃烧。

(3) $NuD/d\gg k(1+\varepsilon S_i)$，并且 $\varepsilon\gg r_0$。这是温度较低、碳球颗粒很小时的情况。这时在碳球外表面和内部孔隙表面上的氧浓度都接近于远处环境氧浓度。所以，碳球的总反应速率只取决于内外表面的反应速率，因为扩散到内部孔隙中的氧是足够的，内表面全都发生反应。这种情况称为内部动力燃烧。

(4) $NuD/d\gg k(1+\varepsilon S_i)$，并且 $\varepsilon\approx\xi$。这是温度较低、碳球内部孔隙的平均直径和有效反应深度接近。这时，由于反应深度很小，可以认为内部孔隙实际上对反应过程没有影响，反应属于动力控制，并集中在碳球外表面进行，相当于碳燃烧的动力控制。这种情况称为外

部动力燃烧。

从以上分析可知，随着系统温度、颗粒大小及内部孔隙尺寸的改变，多孔碳球的燃烧控制工况也相应变化。分析多孔性燃料的燃烧过程，掌握过程的控制因素，应全面考虑各种影响因素。另外，通常多孔碳球除了与氧反应外，在足够高的温度下，还会与扩散进内孔的 CO_2 进行还原反应。

五、焦炭的燃烧

煤在析出挥发分后，剩余物质焦炭为固定碳与灰分的混合物。焦炭的燃烧比单纯的多孔碳球燃烧要复杂，除了要考虑挥发分析出对焦炭燃烧的影响外，还要考虑灰分等因素对焦炭燃烧的影响。

1. 挥发分析出对燃烧的影响

煤粒被送入燃烧室后由于受热而很快蒸发出水分，变成干燥的煤。同时，当受热达到一定温度后开始发生热分解，并析出挥发分。由于挥发分中含有多种可燃气体，因此如果外界温度较高，一般在 500℃ 以上时，如能和空气以一定的比例混合，挥发分中的气态可燃物质就会达到着火条件而燃烧起来，从而把煤粒周围的气体温度迅速提高，然后再引燃焦炭和使残留在煤粒中的挥发物继续析出。由此可见，挥发分在煤的着火过程中起着十分重要的作用。煤化程度相对较浅的煤种如褐煤、高挥发分烟煤，其挥发分比煤化程度较深的煤种如低挥发分烟煤和无烟煤多，因而着火比较容易。

由于挥发分的析出过程是一个热分解过程，挥发分析出的速率随时间按指数函数规律而下降。起初析出速率很高，约 $80\%\sim90\%$ 的挥发分能较快析出，但最后的 $10\%\sim20\%$ 则要经过较长时间才能完全析出。因此，实际上存在着挥发分的燃烧和焦炭的燃烧交叉平行进行的过程。许多学者研究过挥发分的析出速率及其对整个煤燃烧过程的影响，由于不同的研究者以自己的研究或实验为根据，因而持有不同的论点，这至今还是一个有争议的问题。

一种论点认为，在煤的燃烧过程中，煤从开始干燥到析出挥发分，直至挥发分大部分烧掉的时间，只占总燃烧时间的十分之一。例如有研究者对单颗粒大直径的煤粒燃烧过程采用高速摄影发现，挥发分的析出和燃烧一直到它的火焰消失后，焦炭才开始着火，挥发分的燃尽时间仅占整个煤粒燃尽时间很小的一部分。这是以大直径煤粒实验为基础的。

另一种论点认为，挥发分的析出与燃烧是和焦炭的燃烧同时进行的，而且挥发分的析出一直延长到燃烧过程的末期。如有研究者认为挥发分的析出过程与煤粒的大小、加热速率和煤粒表面物质的密度有关。在煤粒燃烧的初始阶段，煤粒表面的温度达到最大值，表面层中含有的水分和沥青质开始蒸发和气化，从而在表面达到水蒸气和可燃气体分压力的最大值。由于煤粒是多孔性物质，因此产生的水蒸气和可燃气体不但向四周空间扩散，而且还向煤粒内部的孔隙扩散。在向煤粒内部扩散的过程中，由于煤粒内部温度较低和浓度较高，水蒸气和可燃气体会凝结。随着煤粒燃烧过程的发展，煤粒内部的温度不断提高，使内部的水分和油质也开始蒸发和气化，其分压逐渐提高，并由内部喷出。由于煤粒本身的阻力，会使水蒸气和可燃气体向外扩散的速率受到限制，从而延长了整个挥发分的析出和燃尽的时间。有研究者对挥发分为 42% 的少量烟煤粉在气流中的燃烧过程进行试验，结果表明，挥发分在煤粉燃烧的开始阶段析出速度虽然很快，但一直延迟到煤粉燃尽的最后阶段。有研究者对压制成不同大小的单颗粒泥煤（干燥无灰基挥发分为 70%）所进行的燃烧试验发现，其着火过程和前述的高速摄影结果相似，但在挥发分的火焰消失后，剩余焦炭中还含有约 20% 的挥

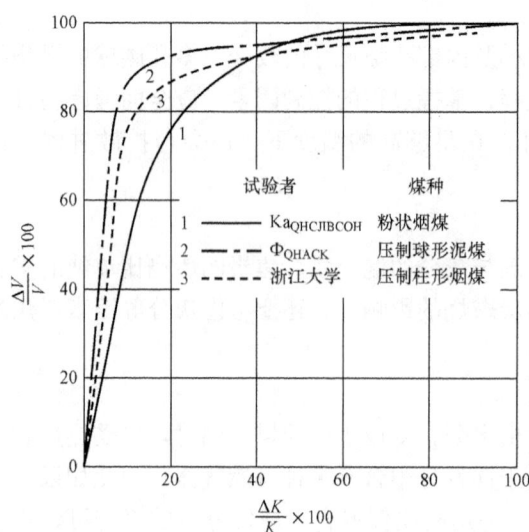

图 7-5　挥发分和焦炭的燃烧特性

发分。在层流中的燃烧试验表明，褐煤中的挥发分几乎和焦炭同时燃尽。浙江大学对挥发分为 36.5％的烟煤，压制成单颗粒所做的燃烧试验也有类似的结果。试验结果如图 7-5 所示。横坐标为焦炭的燃尽百分数 $\Delta K/K$，纵坐标为挥发分的燃尽百分数 $\Delta V/V$。

因此，以上的分析和试验结果都表明，挥发分和焦炭同时燃尽的论点较为合理。但是，在燃烧的初始阶段，焦炭烧掉约 15％～20％时，80％～90％的挥发分已经燃尽。

由于挥发分能够在较低的温度下析出和着火、燃烧，从而为焦炭的着火与燃烧创造了极为有利的条件。同时，挥发分的析出过程，使煤粒膨胀，增大了内部孔隙及外部反应表面积，也有利于提高焦炭的燃烧速率。挥发分较焦炭易燃，挥发分是煤中可燃物的一部分，挥发分的燃烧也是煤燃烧过程的一部分，这些因素均有利于整个煤粒燃烧速率的提高。但是，另一方面，由于挥发分在焦炭周围燃烧，消耗了从周围介质中向煤粒表面扩散进来的部分氧气，以至于扩散到煤粒表面的氧气显著减少。特别是在燃烧初期，在挥发分的析出和燃烧速率较大的阶段，这种影响尤其严重。

考虑煤的挥发分 V_daf 析出燃烧后焦炭燃烧速率为

$$w = \cfrac{1}{\cfrac{1}{k(1+\Delta S)} + \cfrac{1}{\alpha_\mathrm{ks}}\left(1+\cfrac{MV_\mathrm{daf}}{1-V_\mathrm{daf}}\right)}\left(1+\frac{MV_\mathrm{daf}}{1-V_\mathrm{daf}}\right)C_\infty \qquad (7-20)$$

式中：ΔS 为焦炭因挥发分析出而增大表面积的修正系数，由实验确定；M 为与煤种、颗粒尺寸和加热速率有关的修正常数，由实验确定。

式（7-20）可以说明挥发分析出对燃烧的影响，不能作定量计算用。由式（7-20）可以定性看出，由于挥发分的析出燃烧，一方面焦炭燃烧速率提高了 $\left(1+\dfrac{MV_\mathrm{daf}}{1-V_\mathrm{daf}}\right)$ 倍，另一方面氧扩散到焦炭表面的阻力也增大了相同的倍数。同时有效反应面积增大了 $(1+\Delta S)$ 倍，相应化学反应速率也增大了 $(1+\Delta S)$ 倍。当挥发分 $V_\mathrm{daf}=0$ 时，式（7-20）就是纯碳的燃烧速率表达式。

2. 灰分对燃烧的影响

灰的存在对煤燃烧有以下几方面潜在的影响：

（1）热效应。大量的灰改变了煤粒的热特性，灰也要随煤粒一起被加热到高温，消耗了热量。

（2）辐射特性。灰的辐射特性不同于煤粒和烟气，灰的存在给碳燃尽提供了一个辐射传热的介质。

（3）颗粒尺寸。焦炭在燃烧过程中往往会破裂成小碎片，这一破碎过程与焦炭中灰的含量与特性有关。

（4）催化效应。焦炭中不同矿物质能使焦炭的反应性增加，尤其是在低温条件下。例如在 923K 时，当焦炭中钙的含量从 0 变为 13％时，褐煤焦炭的反应性增加了 30 倍。

（5）障碍效应。灰为氧的扩散增加了障碍。氧气必须克服这个障碍才能到达焦炭表面，尤其是在接近燃尽时，高灰含量将阻碍燃烧。由于灰的软化和熔化，燃烧工况会恶化。

各种煤的灰分是极不相同的，不仅不同煤种的煤灰分不同，即使是同一种煤，有时灰分也不相同。从来源上分类，灰分可以分为三种：第一种有机性灰是成碳质所含的矿物性杂质，它与燃料的有机组分有关，在燃料的可燃质中分布得很均匀，这种灰分只占总灰量的极小部分；第二种灰分是煤在碳化期间渗透进来的矿物杂质，且数量变化范围很大，表现为可燃质的残渣或可燃质内部间隔开的夹层，其分布也比较均匀。这两种灰分统称为内在灰分，是在煤矿形成过程中就已存在的矿物杂质，它以微粒或夹层状较均匀地混杂在可燃质中。总的含量不高。第三种灰是在开采、运输和储存时混杂进来的矿物杂质，称为外在灰分，它的颗粒很大，占灰分的大部分，可以用机械选煤法加以清除。煤在磨细以后，外在灰分及内在灰分中的夹层状灰分会与可燃质分开，因此，它们对煤的可燃质的燃烧过程，没有直接的妨碍作用，只是降低了炉膛温度和阻碍了氧气扩散到焦炭表面。

煤磨细后不能从碳颗粒中分离出来的内在灰分，较均匀地分布于可燃质中。在燃烧温度低于灰的软化温度时，在焦炭颗粒从外表面到中心一层一层地燃烧过程中，焦炭粒的外表面将形成一层灰壳。灰壳会随着燃烧过程的发展而不断增厚，此时外层的灰壳就包裹在内层的焦炭上，增加了氧扩散到内层焦炭的阻力，从而妨碍焦炭的燃尽。灰壳扩散阻力的大小取决于灰壳的厚度、浓度等因素。

在燃烧温度低于灰的软化温度时，考虑灰层的影响，焦炭的燃烧速率为

$$w = \frac{1}{\frac{1}{\alpha_{ks}} + \frac{\xi}{D_h} + \frac{1}{k}} C_\infty \tag{7-21}$$

式中：ξ 为灰壳的厚度；D_h 为氧在灰壳中的扩散系数。

可见，含灰的焦炭层燃烧时的总阻力，等于氧向燃料外表面的扩散阻力、气体通过灰壳时的扩散阻力和焦炭燃烧层上的化学反应阻力之和。

研究表明，当灰壳达到一定厚度后，灰壳的扩散阻力远大于外部扩散力和化学反攻阻力之和，此时的燃烧属于灰壳的扩散控制。因此，当燃烧速率取决于氧在灰壳中的扩散速率时，灰壳厚度和燃烧时间的平方根成正比。但是在开始燃烧的瞬间，灰壳的厚度很小，燃烧温度较低，因而燃烧属于外部动力控制，这时灰壳的厚度正比于燃烧时间。

当燃烧温度高于灰的流动温度时，情况就完全不同。此时大煤粒的灰层就会熔融，而从焦炭粒表面上形成液态灰滴而坠落，从而不断暴露出焦炭的反应表面，不再形成灰壳。

有研究者用不渗碳灰和褐煤做成直径为 10～20mm 的圆柱形试样，在 1200℃ 的炉温下进行试验。对于 10mm 以上的褐煤圆柱，发现圆柱表面形成一些溶渣的小黑点，然后聚集成为较大的熔渣点，由小点变成大点，渐渐汇集为底座，煤柱便处在该底座上，同时暴露出它的反应表面来，如图 7-6 所示。在试验过程中，灰分由 10％增加到 40％时，燃烧速度不但没有降低，反而不断地提高，可升高到无灰时的情况。

但对于 5mm 的褐煤圆柱，灰分变化对燃烧的阻碍作用难以觉察，可能是因为熔渣的绝

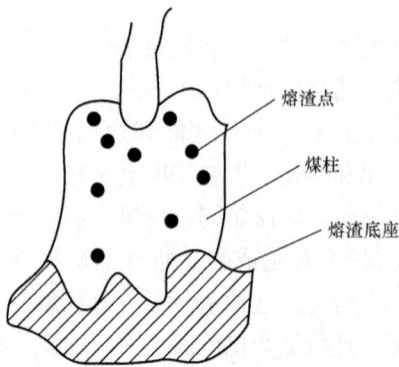

图 7-6　高温燃烧下熔渣的汇集情况

对量少，表面张力和黏性力大于重力，所以不能形成渣滴，仍稳附在煤柱上。

煤块在高温燃烧时自动脱渣的情况是容易觉察的，灰对单个煤块的燃烧没什么影响。但在大煤粒堆积成层的层燃情况下，灰的熔渣堵塞了煤层间的通风孔隙，从而恶化了气体交换而影响燃烧速率，这与煤粒本身燃烧时灰层的影响是完全不同的。

3. 其他因素的影响

（1）氧浓度。氧浓度变化会影响燃烧速率。有研究表明，烟气中氧浓度降到原来数值的一半时，焦炭的燃烧速率降低到原来的 1/3.5。

（2）总压力。燃烧室压力增大时，焦炭反应速率也提高。有研究表明，当燃烧室总压力由 $1 \times 10^5 Pa$ 提高到 $5 \times 10^5 Pa$ 时，焦炭表面温度由 2020K 提高到 2110K，从而总体反应速率提高了 12%。在低温条件下，压力的影响比高温下将大很多。因为在高温下，总的反应处于扩散控制，由于扩散系数反比于压力，所以压力对燃烧的影响会减弱。

（3）烟气温度和燃烧室壁温。焦炭的燃烧速率随着烟气温度和燃烧室壁温的升高而提高。有研究表明，当烟气温度为 1400K 时，焦炭颗粒表面温度为 1520K；当烟温提高到 1800K 时，焦炭颗粒表面温度为 2240K，反应速率会大大提高。

燃烧室壁温也影响焦炭的燃烧，主要是从散热量方面影响燃烧过程。如果壁温低，则散热量增大，会影响燃烧时的热平衡，从而降低反应速率。对于难燃煤，在燃烧器区域的壁面上布置卫燃带，减少水冷壁的吸热量，是提高燃烧速率的有效措施。

（4）颗粒直径。一般情况下，颗粒直径缩小，反应速率会提高，有利于焦炭的着火和燃尽。所以在燃煤锅炉中，提高煤粉细度也是强化燃烧的措施之一。

第八章　燃烧过程污染生成机理

　　燃料中的有害物质，在燃烧过程中会释放出来。煤燃烧产生的污染物有固体灰颗粒、烟气及噪声等。灰颗粒主要采用高效除尘技术进行处理，目前研究的重点是气体污染物的生成机理和开发相应的污染控制技术，要控制的气体污染物主要是指 SO_x、NO_x，CO_2 和重金属的控制技术还处于研究阶段。

第一节　硫氧化物生成机理

　　根据硫在燃料中的存在形态，通常分为有机硫和无机硫两大类。有机硫是指与燃料的有机结构主要是含碳的物质相结合的硫；无机硫则是以无机物形态存在的硫。另外，有些煤和油中还有少量以单质状态存在的单质硫。硫的燃烧产物为 SO_2。

一、硫在燃料中的存在形态

1. 气体燃料

　　常见的气体燃料有天然气、由固体或液体燃料加工而成的人工燃气、生物质气等。气体燃料中的硫分 95% 左右是无机硫，主要以 H_2S 形式存在，少量的有机硫包括二硫化碳（CS_2）、硫氧化碳（COS）、硫醇（CH_3SH）类、噻吩（C_4H_4S）、硫醚（CH_2SCH_3）等。H_2S 的高位发热量为 25 364kJ/m³（标准状况下），低位发热量为 23 383kJ/m³（标准状况下）。是燃气中的一种放热成分。

　　H_2S、燃料燃烧所产生的 SO_2 都有强烈的刺激性气味，对人的呼吸系统和神经系统有严重危害，对燃烧设备也都具强烈的腐蚀性。

2. 液体燃料

　　常见的液体燃料包括各种燃料油、液化石油汽、生物质油等。用于电站锅炉的主要是重油，它是石油炼制后的残油，主要是减压渣油。石油中的硫主要以 H_2S、单质硫和各种有机硫化物的形式存在。有机硫存在于一些官能团中，包括噻吩类、硫醇类 R-SH、硫醚等，以噻吩类居多。

　　按含硫量的多少，一般燃油可分为低硫油（$S_{ar} < 0.5\%$）、中硫油（$S_{ar} = 0.5\% \sim 2.0\%$）和高硫油（$S_{ar} > 2.0\%$）三种。

3. 硫在煤中的存在形态

　　煤中的硫分按其存在形态也可分为无机硫和有机硫两种，有的煤中还有少量的单质硫。无机硫包括硫化物和硫酸盐两种形式。硫化物主要是指 FeS_2，它以两种晶体形态存在，即黄铁矿和白铁矿，但黄铁矿占主导地位。由于这两种矿物质化学性质相同，故一般可以不加区分地称为黄铁矿。硫酸盐硫主要以晶格松散的石膏（$CaSO_4 \cdot 2H_2O$）和硫酸亚铁（$FeSO_4 \cdot 7H_2O$）形式存在。

　　有机硫的组成极其复杂，目前大体上知道，有机硫存在于一些官能团中，包括亚砜、硫醚类、硫醇类 R-SH、噻吩（硫茂）类、硫醌类和硫蒽类。其中噻吩类约占全部有机硫的

40%～70%。

煤中的硫又可分为可燃硫和不可燃硫。有机硫、黄铁矿硫和单质硫都能在空气中燃烧，都是可燃硫。元素分析得到的硫分含量就是指可燃硫的含量。在煤炭燃烧过程中不可燃硫残留在煤灰中，所以又叫做固定硫，如硫酸盐硫就属于固定硫。硫酸盐硫的含量计在灰分中。

煤中各种形态硫的总和叫做全硫。也就是说，全硫通常就是煤中的硫酸盐硫、黄铁矿硫、单质硫和有机硫的总和。

据调查统计，全硫量小于 0.5% 的煤中，硫分以有机硫为主，它们主要来自原始植物中的蛋白质；而全硫含量大于 2% 的高硫煤中，硫分以黄铁矿硫为主，约占 50% 以上，有机硫占 34%～40%，而硫酸盐硫的含量一般不超过 0.2%。但高硫商品煤中，有机硫的份额显著高于动力煤中的有机硫份额，占了 43.5% 以上，因此有机硫的脱除对降低 SO_2 排放具有十分重要的意义。

洗选可以显著降低煤中的含硫量，洗选脱除了一半以上的黄铁矿硫，但对有机硫基本无效。这样，对高灰、高有机硫的煤种，有时洗选后煤的含硫量甚至会高于未洗选的原煤。有机硫的脱除问题越来越受到重视，但目前有机硫的直接测定方法还不完善，客观上阻碍了有机硫脱除的研究进展。尽管如此，借助于现代物理学方法和技术，如电子显微探针（EMP）、扫描电镜（SEM）、透射电镜（TEM）、程序升温还原（TPR）、X 射线光电能谱（XPS）、X 射线吸收精细结构能谱（XAFS）等的研究已获得很大进展，并获得了有关煤中有机硫的重要信息。

煤是一种非均质物质，在破碎和制粉过程中，不同粒径的煤粒中的矿物质分布不同，这种现象称为偏析。

因为黄铁矿的可磨性比煤差且密度比煤大，故黄铁矿多集中在较大的煤粒中，必须多次在制粉系统内循环才能达到和煤粉一样的粒度。

对于偏析现象，应用德国元素分析系统公司的 VARIO EL Ⅲ 元素分析仪测得邢台电厂用煤（以下简称邢台煤）与阳泉电厂用煤（以下简称阳泉煤）各四种不同粒度煤样元素成分的平均数据，如表 8-1 所示。

表 8-1　　　　　　　　　　　　不同粒度煤的元素成分

粒径（目数）		<140	140～180	180～200	>200
邢台煤	N（%）	1.132	1.061	1.007	0.942
	H（%）	2.717	2.65	2.55	2.423
	C（%）	69.08	67.02	63.54	59.41
	S（%）	1.984	1.87	1.875	1.712
阳泉煤	N（%）	1.145	1.079	0.949	0.941
	H（%）	3.205	3.042	2.79	2.772
	C（%）	76.12	69.99	59.89	58.88
	S（%）	1.263	1.452	2.13	2.167

从表中可以看出，除了阳泉煤的硫元素百分含量是随粒径减小而增加外，邢台煤的全部元素百分含量和阳泉煤的其他元素百分含量都是随煤粒径减小而不同程度减小的。可以通过分析煤粉中硫元素百分含量随粒度减小的变化情况来推断煤粉中硫元素在煤中的存在形式。

本实验样品中，阳泉煤中硫元素主要以硬度较大的无机硫形式存在，邢台煤则含有较多的有机硫。由于不同矿物质颗粒自身物理力学性质不同，不同矿物质颗粒随煤粉粒度减小，在一定粒度下解离出来的量不同，在不同粒度间解离的量的变化值也不同。硬度及耐磨性较大的物质在细颗粒中含量较小，会首先大量解离出来。无机硫在 $180\sim200$ 目粒度下开始大量解离。

4. 含硫量的测定方法

在我国颁行的 GB 214—1983《煤中全硫的测定方法》中规定：褐煤、烟煤和无烟煤中全硫测定可采用质量法（艾士卡法）、库仑滴定法和高温燃烧中和法。在仲裁分析时应采用质量法。质量法（艾士卡法）是将艾士剂（由 Na_2CO_3 和 MgO 按质量比 $1：2$ 混合而成）与煤样混匀后，置于马弗炉中加热，使煤缓慢燃烧，煤中硫全部转化为水溶性的 Na_2SO_4 和 $MgSO_4$。加入 $BaCl_2$，然后使硫酸根离子转变为 $BaSO_4$ 沉淀，根据 $BaSO_4$ 的质量计算煤样中全硫的含量。

在 GB 215—1982《煤中各种形态硫的测定方法》中规定了煤的各种无机硫的测定方法。硫酸盐硫是用稀盐酸煮沸浸出煤中所含硫酸盐，生成 $BaSO_4$ 沉淀，计算煤中硫酸盐硫含量的。黄铁矿硫是用稀盐酸浸出煤中非黄铁矿铁后用稀硝酸溶解，以重铬酸钾滴定法测定和计算煤中黄铁矿硫含量的。单质硫是用 Na_2SO_4 溶液浸取，这时发生化学反应 $S+Na_2SO_4\rightarrow Na_2S_2O_3$，再用碘量法测定生成的 $Na_2S_2O_3$。

从全硫中减去上述三种无机硫即为有机硫含量。

二、硫燃烧转化的总体特性

1. SO_2 的形成

煤粉燃烧时，首先发生热解，析出挥发分。在此过程中，各种不同形态的硫也相继析出。根据煤中硫化物键能的大小，可以推知不同类型的硫化物开始分解的不同温度。有机硫分解温度为 $300\sim400℃$，黄铁矿硫为 $300\sim450℃$，噻吩硫为 $480\sim500℃$，硫酸盐硫在 $1100℃$ 以上。当煤在加热速率为 $1000K/s$ 的快速热解条件下，对无烟煤、烟煤而言，温度低于 $700℃$ 时，析出的硫分很少，但对褐煤，析出量则较多，其原因归结为煤中硫分的存在形态关系。在褐煤中，热不稳定的有机硫官能团较多，如脂肪族的硫醇、硫醚及硫蒽等。这些形态的有机硫在相对低的温度下析出。在烟煤和无烟煤中，芳香烃的硫醚和硫醇在约 $900℃$ 时才会有较高的析出量，至于噻吩类，即使在 $950℃$ 时，析出量也较低。

对煤中以黄铁矿形态存在的硫分，其析出温度较低。一般认为黄铁矿（FeS_2）在 $300℃$ 时即开始失去硫分，形成磁铁矿（Fe_3O_4）和赤铁矿（Fe_2O_3），但黄铁矿大量分解则在 $650℃$ 以上，其分解产物与气氛有关。在燃烧空气氧浓度低于 2%，温度为 $800\sim900℃$ 时，即流化床燃烧的典型温区内，赤铁矿的生成量很大。然而温度进一步升高时，赤铁矿减少，而磁铁矿增加。到 $1100℃$ 时，磁铁矿成为主要相。黄铁矿分解的活化能明显高于有机硫，因此对温度敏感性较强。

有机硫在氧化性气氛下遇氧全部氧化成 SO_2，在还原性气氛下主要生成 H_2S，但遇氧后 H_2S 被氧化成 SO_2，反应路线为

$$S\rightarrow H_2S\rightarrow HS\rightarrow SO\rightarrow SO_2 \qquad\qquad (8-1)$$

无机硫在还原性气氛和小于 $500℃$ 温度及足够停留时间条件下，将分解成 FeS、S_2 和 H_2S，其中 FeS 必须在更高的温度（$\geqslant1450℃$）和更长的时间内才能氧化成 SO_2。

在氧化性气氛下，FeS_2 可直接氧化生成 SO_2，即

$$4FeS_2 + 11O_2 \longrightarrow 2Fe_2O_3 + 8SO_2 \qquad (8-2)$$

煤中硫燃烧转化为 SO_2 具有阶段性。前一阶段是由挥发分析出着火引起部分不稳定有机硫分解而形成的，其出现时间会因温度升高而不断前移。后一阶段是对应稳定性较高的有机硫和无机硫分解形成 SO_2。SO_2 生成特性如图 8-1 所示。图 8-1 给出了在 800℃ 和 1000℃ 炉温条件下 SO_2 的生成特性。图中虚线代表析出体积分数，双峰代表了硫燃烧转化为 SO_2 的两个阶段。

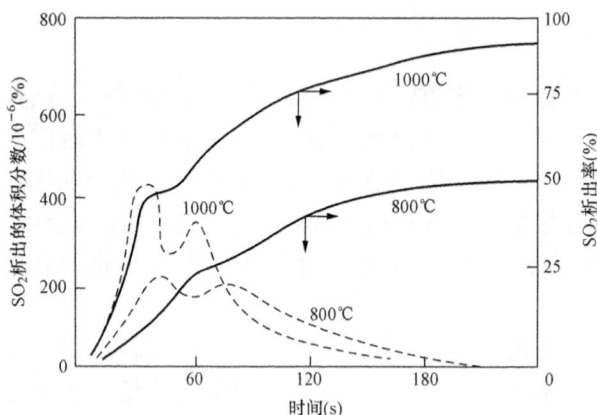

图 8-1　SO_2 生成特性

2. 影响 SO_2 生成的因素

在实际燃烧过程中，SO_2 的产生受温度、气氛、停留时间、加热速率、煤颗粒直径、煤质特性等众多因素影响。

（1）温度。温度对 SO_2 生成的影响很显著。在图 8-1 中，温度升高，SO_2 生成量和析出的速度都有提高。在 800℃ 时煤中硫的析出率仅为 50%，当炉温升高至 1000℃ 时，硫析出率可达 90% 左右。

（2）环境气氛。有研究表明，在还原性气氛下黄铁矿的分解速度会减慢，从而导致 SO_2 生成量减少，H_2S 和 FeS 生成量增加。氧化性气氛有助于 SO_2 的生成。

（3）停留时间。煤在炉内停留时间延长，硫的析出率会增加。从图 8-1 可以看出，停留时间超过某一值后，SO_2 生成速率随停留时间延长的增幅下降，曲线趋于平缓。

（4）加热速率。当煤在加热速率较低的情况下慢速热解，如加热速率为 5℃/min，热不稳定的有机硫析出的温度范围为 500~600℃，而黄铁矿硫的析出温度范围为 630~700℃。

（5）粒径。煤的粒径越大，则硫析出的时间越长。一般说来，磨细至 0.1mm 以下的原煤在静止的床层中析出率达 98.5% 所需的时间约为 180~200s，如粒径增大，这一时间会进一步延长。由于细颗粒中含黄铁矿少，有机硫多，故其析出时间要少于同一平均粒径的宽筛分试样。

（6）煤质特性。煤含硫量高，总析出量大，但析出时间会延长。如果煤灰中含有较多的 CaO、MgO、K_2O、Na_2O 等碱性物质，则煤灰有脱硫作用，使生成的 SO_2 减少。

3. SO_2 生成量的计算

燃烧过程中，燃料中的硫分将析出燃烧而生成 SO_2。如果所有硫分完全转化为 SO_2，则理论上的干烟气中 SO_2 的浓度可用式（8-3）计算，即

$$C_{0,SO_2} = \frac{2 \times 10^4 S_{ar}}{V_d} \qquad (8-3)$$

式中：C_{0,SO_2} 为烟气中的理论 SO_2 浓度，mol/m^3；S_{ar} 为煤收到基硫分；V_d 为干烟气体积，m^3/mol，可根据燃料的元素分析数据计算。

还可以采用式（8-4）近似估算 SO_2 浓度，即

$$C_{0,SO_2} = \frac{2S_{zs}}{[\alpha - (K_1 - 1)]K_0} \times 10^3 \qquad (8-4)$$

式中：S_{zs}为折算硫分；K_0、K_1为经验常数，对无烟煤和贫煤，$K_0 = 0.265 \sim 0.285$，$K_1 = 1.04 \sim 1.06$；对烟煤，$K_0 = 0.265 \sim 0.285$，$K_1 = 1.08 \sim 1.10$；对褐煤，$K_0 = 0.275 \sim 0.285$，$K_1 = 1.2$；α为过量空气系数。

由于硫的不完全析出和煤的自脱硫因素，实际的 SO_2 浓度与理论值间存在较大差别。对于 SO_2 实际浓度为

$$C_{SO_2} = KC_{0,SO_2} \tag{8-5}$$

式中：K 为硫的排放系数，对于燃油硫，排放系数平均值为 0.89；对于燃气硫，排放系数平均值为 0.92。

对于煤中硫的排放系数，还无统一的确定办法，大多通过实验得出部分数据，用数学方法处理这些数据后得到一些统计规律。1990 年我国部分行业燃煤硫的排放系数如表 8-2 所示。

表 8-2　　　　　　　　　　燃 煤 硫 的 排 放 系 数

行业	年煤炭消耗量（万 t）	平均含硫量（%）	平均硫排放系数
煤炭工业	5347.40	1.205	0.82
石油工业	401.08	1.205	0.83
电力工业	27059.10	1.160	0.90
有色金属	950.64	1.205	0.85
建材行业	5747.54	1.205	0.70
轻工业	9041.10	1.205	0.82
民用燃煤	16699.70	1.205	0.70

从表中看出，燃煤硫的排放系数在 0.70～0.90 范围内。对于锅炉的燃煤，硫的排放系数一般为 0.80～0.90；对于普通煤，K 一般取 0.80～0.85；而对含钙高的神府东胜煤、铁法煤和神木煤，由于煤自身脱硫率可达 30% 左右，所以这些煤的 K 值约为 0.70。

三、硫的热分解及 SO_2 生成动力学

1. 有机硫热分解及燃烧

燃料中的有机硫成分复杂，各种有机硫热分解温度有差别。一般认为，在煤加热到 400℃时，有机硫即开始分解，但各种煤也有差异。

硫醇在加热到 300～400℃时开始分解，生成硫化物和烯烃。硫蒽类二硫化物在 400℃时生成苯硫酚，在 550℃时生成二苯并噻吩。以噻吩系化合物为代表的芳香族硫，包括二苯并噻吩、萘并噻吩、萘并苯分噻吩和噻吩，其中最难分解的是二苯并噻吩。硫蒽在 550℃热分解时，二苯并噻吩还很稳定，而且它的氧化物砜在 690℃时热解也生成二苯并噻吩。二苯并噻吩大量分解的温度在 800℃以上。研究发现，二苯并噻吩热解产物是苯、焦油和 H_2S。苯并噻吩和噻吩也有类似的反应。

有机硫在还原性气氛下热分解的主要中间产物是 H_2S。研究发现，煤在 1000℃下热裂解干馏煤气中含硫组分体积分数 90% 是 H_2S，其余大部分是 CS_2 和少量的 COS，以及硫醇和噻吩系化合物，而且挥发分中 H_2S 含量与煤中含硫量成正比。在实际燃烧过程中，大部分 H_2S 被进一步燃烧生成 SO_2 和水。

在氧化性气氛下，煤析出的有机硫绝大部分被氧化成 SO_2。由于煤中有机硫的分解主要

处于富燃料区，中间产物主要为 H_2S，而后遇到氧就被氧化成 SO_2。其分解和燃烧过程如下：

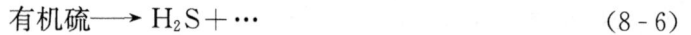

$$有机硫 \longrightarrow H_2S + \cdots \tag{8-6}$$

$$H_2S + O_2 \longrightarrow SO_2 + \cdots \tag{8-7}$$

2. 黄铁矿热分解与燃烧

研究表明，在惰性气氛（如 N_2 和 CO_2）中，加热到 200℃时，黄铁矿 FeS_2 首先分解成各种磁性硫化物 FeS_{1+x}（$1 > x > 0$）。当 $x = 0.12$ 时，即为 $FeS_{1.12}$，其铁原子质量含量为 47.1%，磁化系数最大。黄铁矿热分解产物中硫含量随温度而变化，例如在 450℃时生成高硫含量的磁黄铁矿 Fe_7S_8，在 550℃加热 48h 释放出 S_2 并生成 FeS。到 700℃时，FeS 大量生成。对于 FeS 生成 Fe 和 S_2 的反应，起始温度要高于 1500℃。

在水蒸气气氛中，大约 380℃时开始热分解，温度升高到 680℃时，分解量迅速增加，产物为 FeS 和 S。水蒸气对黄铁矿分解为 FeS 和 S 起到了催化作用。在 900℃时，FeS 与水反应生成 Fe_3O_4。反应式如下：

$$3FeS + 4H_2O \longrightarrow Fe_3O_4 + 3H_2S + H_2 \tag{8-8}$$

在还原性气氛 H_2 中，440℃时黄铁矿开始分解，530℃时转化为 FeS 和 H_2S。在温度高于 900℃时，FeS 进一步与 H_2 反应生成 Fe 和 H_2S。

在 CO 气氛中，300℃时开始分解，生成 FeS 和 COS。

在高于 1000℃时，C 也能与 FeS_2 反应，生成 Fe 和 CS_2。

黄铁矿在氧化性气氛中的化学反应远较在惰性、水蒸气和还原性气氛下的反应复杂，FeS_2 与氧的反应有 13 个，反应产物之间的反应有 15 个。研究表明，在空气中，一般 FeO、$FeSO_4$、$Fe_2(SO_4)_3$ 和 SO_2 是最频繁出现的产物。

实验数据表明，进入炉膛的以独立成分出现的黄铁矿，在还原性或氧化性气氛中都会形成过渡性化合物 FeS，它出现在相同尺寸煤粒子的燃烧之后。显然，黄铁矿的燃烧速度受颗粒大小影响。大的颗粒完全燃烧需要较长时间，同时，大颗粒在较短时间内就可到达锅炉的受热面，而黄铁矿又易于球化，因此较大的黄铁矿颗粒在撞击到受热面时就会含有低熔融温度的 FeS。煤粉中这种较大粒径的黄铁矿颗粒数决定了初始单位时间结渣颗粒的大小。黄铁矿颗粒的分布除了与黄铁矿原始分布有关外，还与煤粉细度有关，对一定煤种，煤粉细会使富集黄铁矿的较大颗粒数量减少。

煤粉中的黄铁矿颗粒并非完全由 FeS 组成，还会含有其他矿物质。这些矿物质的存在对黄铁矿燃烧是不利的，同时这些矿物质与黄铁矿燃烧产物 FeO 易形成低熔融温度的共晶体。从这个意义上讲，使黄铁矿尽可能与其他矿物质分离，对减轻结渣是有益的。

FeS 沉积到受热面的黏附强度很大。一方面是因其黏度低，表面张力小；另一方面是 FeS 的原子构造不完善，它可迅速在沉积表面氧化层扩散。因此，黄铁矿引起结渣的条件主要有两点：

（1）黄铁矿在煤中分布不均匀。

（2）存在较大粒径的黄铁矿颗粒，黄铁矿比煤燃烧得慢，且硬度大、粒度大、比重高，故易冲墙形成结渣。

研究表明，氧气浓度对黄铁矿的氧化分解有极大的影响，在氧气浓度为 10%～21% 范围内，硫的析出率与氧气浓度几乎是线性关系。在氧气浓度为 0 时，即炉内是纯惰性气体的热分解反应条件下，由试验得出，此时硫的析出率为 50％，而当氧气浓度为 20％时，硫的析出率可高达 90％之多。因此，黄铁矿是极容易氧化分解的矿物质。

3. SO_2 生成的反应动力学

煤燃烧时，硫分的析出是一个复杂的过程，硫分的析出速率和析出量与很多因素有关，而且假定的析出机理不同，得到的动力学参数也不同。因此，得到的结论只适用于某种特定的条件。硫分析出的最简单的机理是不考虑硫的存在形态，认为煤中的硫分直接转化为气态 SO_2。假定为一级反应，气态 SO_2 生成速率为

$$w = kS_{ar} \tag{8-9}$$

$$k = k_0 \exp(-E/RT) \tag{8-10}$$

对于快速热解（1000K/s），不考虑 H_2S 与 C 反应，在硫析出阶段，温度在 973～1223K 范围内，反应的活化能 E 为 20～100kJ/mol。

四、SO_3 生成机理

1. SO_2 氧化成 SO_3 的过程

硫燃烧生成 SO_2，如果燃烧区内含有富余氧分，SO_2 将部分被氧化为 SO_3，这一反应可表达为以下两个基元反应：

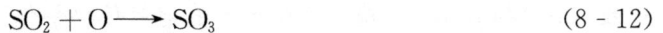

$$O_2 \longrightarrow O + O \tag{8-11}$$

$$SO_2 + O \longrightarrow SO_3 \tag{8-12}$$

也可以写成如下的总反应式：

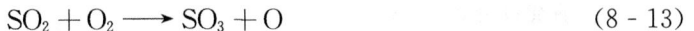

$$SO_2 + O_2 \longrightarrow SO_3 + O \tag{8-13}$$

一般认为，除非游离氧原子的浓度超过化学平衡浓度，否则就不会有足够的氧原子参加反应，这样，该反应将可以忽略。

一般反应需要受到金属氧化物的催化才能发生，如常见的 V_2O_5、Fe_2O_3 等。由于 SO_3 实际生成量很小，故可以认为 SO_2 浓度不变，这样，反应的速率主要取决于氧原子的生成速率。

2. 影响 SO_3 生成的因素

影响 SO_3 生成的主要因素如下：

（1）燃烧区的温度。温度越高，氧的离解反应速度越高，使 SO_3 生成浓度提高。但是 SO_3 的氧化是放热反应，其热效应为 95.6kJ/mol，故温度升高虽能增加 SO_3 的反应速率，但会使转化率下降，SO_3 生成总量在高温下会趋于平缓。

在较低的温度下，扩散传质阻力在总的反应阻力中所占的份额较小，因而起主导作用的是反应动力学因素。但温度较高（大于 1700℃）时，反应工况逐渐向扩散控制工况转移，而在更高的温度下，SO_3 浓度趋于一个由流体动力和混合状况决定的稳定值。

（2）氧浓度和压力。燃烧区的氧浓度主要取决于过量空气系数，当过量空气系数增加时，无论是 SO_2 向 SO_3 的转化率还是 SO_3 的绝对生成量都将增加。SO_2 的转化率一般在 1％左右。这样，炉内 SO_3 的浓度一般不超过十万分之几。在炉内压力升高时，化学平衡会向 SO_3 方向移动，使其平衡浓度增加。这样，在增压循环流化床锅炉中，如其床温为 900℃，压力为 0.6MPa，富余氧浓度为 10％，则煤中的硫分将有 20％最终以 SO_3 形式析出，这是非常值得注意的。

（3）燃烧工况。当气固混合不良或局部处于还原性气氛时，燃烧区还存在大量可燃气

体，对已生成的 SO_3 有还原作用，反应式如下：

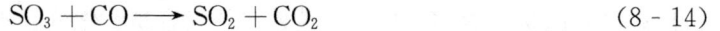

$$SO_3 + CO \longrightarrow SO_2 + CO_2 \tag{8-14}$$

3. SO_3 生成的反应动力学

SO_3 生成的主导反应为式 (8-13)，有研究者给出了在 $900\sim1350K$ 温度区间内，该反应的速度常数为

$$k = (2.6 \pm 1.3) \times 10^6 \exp[(-23\,000 \pm 1200)/T] \tag{8-15}$$

k 的单位是 $m^3/(mol \cdot s)$。计算结果表明，在常压下，反应区氧的体积分数为 5% 和 10% 时，SO_3 的平衡浓度可分别达 $8 \times 10^{-6} mol/m^3$ 和 $20 \times 10^{-6} mol/m^3$。$SO_3$ 生成的控制参数为 SO_2 和 O_2 的浓度。

第二节　氮氧化物生成机理

据推算，全世界每年向大气排放氮氧化物在 $7500 \times 10^4 t$ 左右，而其中极大部分的氮氧化物是由燃烧过程产生的。

氮有多种氧化物，包括氧化亚氮 (N_2O)、一氧化氮 (NO)、二氧化氮 (NO_2)、四氧化氮 (N_2O_4)、三氧化氮 (N_2O_3) 和五氧化二氮 (N_2O_5) 等。如无特殊说明，氮氧化物 NO_x 一般指 NO 与 NO_2。燃烧过程中产生的氮氧化物是化石燃料（如煤、石油、天然气等）与空气在高温燃烧时产生的，在燃烧过程中排放的 NO_x 约 95% 是 NO，余下的 5% 是 NO_2。

一、氮氧化物的危害

燃烧过程中产生的 NO 排入大气后，逐渐与大气中的氧或臭氧结合生成 NO_2，在阳光作用并在一定的条件下，NO_2 和氧或臭氧反应生成 N_2O（N_2O 俗称笑气，其本身就有毒）。这一系列的反应是比较复杂的，各元素含量始终处于变动之中。大气中的氮氧化物对人类及自然环境有很大的影响，主要体现在对人类健康、植物生长及全球大气环境的影响。

各种污染源排放的氮氧化物中，绝大部分为 NO，其毒性不是很大；NO 在大气中可氧化为 NO_2，它比较稳定，其毒性为 NO 的 $4\sim5$ 倍。空气中 NO_2 含量为 3.5×10^{-6}（体积分数）持续 1h，开始对人有影响；含量为 $(20\sim50) \times 10^{-6}$ 时，对人眼有刺激作用；当含量达到 150×10^{-6} 时，对人的呼吸器官则有强烈的刺激。NO_2 参与光化学烟雾的形成，其毒性更强。据研究，光化学烟雾具有致癌作用，在阳光作用下 NO_2 与烃和臭氧反应，生成烟雾和有害于人类健康的化合物，这些烟雾和化合物分别带有刺激性、腐蚀性，能伤害人的眼睛并导致呼吸系统的疾病。

但是，最新的研究表明，NO 参与人的心血管作用，"NO 是心血管系统中传播信号的分子"的研究获 1998 年诺贝尔生物学及医学奖。研究表明，某些细胞可以产生 NO，这些 NO 从细胞中穿出后，作用于其他细胞，并能控制其他细胞的行为。以后，科学家陆续发现 NO 在神经信号传递、血压控制、血液流量控制和抵抗感染等方面的重要作用，但在大气中的氮氧化物对人体还是有害的。

大气中的氮氧化物对农业和林业的损害也是相当大的，可能引起农作物和森林树木枯黄，农作物产量降低，品质变差，随着污染物质的扩散可危及广大地区。

氮氧化物在大气中还能形成酸雨。一般认为酸雨对森林和作物生长的影响是破坏作物和树根系统的营养循环，酸雾与臭氧结合会损害树木的细胞膜，破坏光合作用。树木在生长季节结束后，由于酸雾使树木从大气中接受的氮更多，从而降低了抗严寒和抗干旱的能力。

N_2O 和 CO_2 一样，会引起温室效应，从而使地球气温上升，这样会造成全球气候异常，给人类带来灾难性的后果。同时，N_2O 会导致臭氧层的破坏。同温层中的臭氧对氯和氮特别敏感，大气中的 N_2O 很稳定，并足以到达同温层，在光合作用下释放出氮原子，而氮原子会参与臭氧的循环，破坏臭氧分子，导致臭氧层减少，使较多的紫外线辐射到地球表面。研究表明，皮肤癌、免疫系统的抑制、暴雨、水中和陆上生物系统的损害和聚合物的破坏等均可能与臭氧层的破坏相关。

对于各种不同的燃烧方式，NO_x 的排放量是不同的。表 8-3 所示为不同燃烧方式在未采用 NO 控制技术时的 NO_x 排放量。

表 8-3　　　　　　　　　未采用 NO_x 控制技术时不同燃烧方式的 NO_x 排放量

燃　烧　方　式	NO_x 排放量（$\times 10^{-6} kg/m^3$，体积分数为 6% 的 O_2）
旋流燃烧器对冲或前墙布置	800～2150
四角切圆燃烧器	500～1200
格状燃烧器（Cell Burner）	1230～2200
层燃	370～480
抛煤机链条炉	450～750
常压流化床	200～400
汽油机	1000～4000
柴油机	500～2000

二、氮氧化物生成机理

在实际处理过程中一般把 NO_x 的生成分成热力型 NO_x（$T\text{-}NO_x$）、快速型 NO_x（$P\text{-}NO_x$）和燃料型 NO_x（$F\text{-}NO_x$）。

1. 热力型 NO_x 生成机理

热力型 NO_x 是指燃烧用空气中的氮在高温下氧化而生成的氮氧化物。在研究其生成时不能只考虑化学热力学因素，还必须考虑反应的中间过程，用化学热力学的理论来进行研究。

热力型 NO_x 的生成机理是由前苏联科学家泽尔多维奇（Zeldovich）提出来的，因此，它又称为泽尔多维奇机理。按照这一机理，空气中的 N_2 在高温下氧化，是通过如下一组不分支的链式反应进行的，即

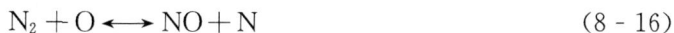

$$N_2 + O \longleftrightarrow NO + N \tag{8-16}$$

其中正反应的 $E_1 = 314 kJ/mol$，逆反应 $E_{-1} = 0$。

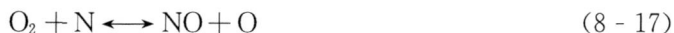

$$O_2 + N \longleftrightarrow NO + O \tag{8-17}$$

其中正反应的 $E_2 = 29 kJ/mol$，逆反应 $E_{-2} = 165 kJ/mol$。

根据泽尔多维奇的试验结果，热力型 NO 的生成速率 w 为

$$w = 3 \times 10^{14} C_{N_2} C_{O_2}^{1/2} \exp(-542\,000/RT) \tag{8-18}$$

式中：C 表示物质的浓度，mol/cm^3。

这就是泽尔多维奇机理的 NO 生成速率表达式。对氧气浓度大、燃料少的贫燃预混燃烧火焰，用这一表达式计算 NO 生成量，其计算结果与试验结果吻合较好。但是，当燃料过浓

时，还需要考虑式（8-19）所示反应，即

$$N + OH \longleftrightarrow NO + H \tag{8-19}$$

式（8-16）、式（8-17）和式（8-19）一起称为扩大的泽尔多维奇机理。由于氮分子为惰性气体，活化能很大，所以反应需要在高温下进行，一般在1500℃以上反应才会明显。

影响热力型NO_x生成的因素如下。

（1）温度。温度对热力型NO_x生成的影响是非常明显的，热力NO_x又称为温度型NO_x，这从泽尔多维奇的NO_x生成速率计算式（8-18）中可以明显地看出。实际上当燃烧温度低于1800K时，热力NO_x生成极少，当温度高于1800K时，反应逐渐明显，而且随着温度的升高，NO_x的生成量急剧升高。图8-2所示为NO_x生成量与温度的关系曲线，从图中我们大致可以看出，温度在1800K左右时，温度每升高100K，反应速度将增大6～7倍。

在实际燃烧过程中，由于燃烧室内的温度分布是不均匀的，如果有局部的高温区，则在这些区域会生成较多的NO，它可能会对整个燃烧室内NO_x的生成起关键性的作用，在实际过程中应尽量避免在燃烧室内产生局部高温区。

（2）过量空气系数。过量空气系数对热力型NO_x生成的影响也十分明显。从式（8-18）可以看出，热力型NO_x的生成量与氧浓度的平方根成正比，即氧浓度增大，在较高的温度下会使氧分子分解所得的氧原子浓度增加，使热力型NO_x的生成量增加。而在实际过程中情况会更复杂一些，因为过量空气系数增加一方面会增加氧浓度，另一方面也会使火焰温度降低。从总的趋势来看，随着过量空气系数的增加，热力型NO_x的生成量先增加，到一个极值后会下降，图8-3所示为不同种类火焰下热力型NO_x生成量随过量空气系数的变化规律。

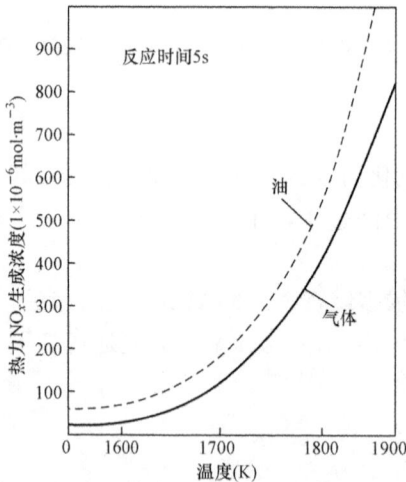

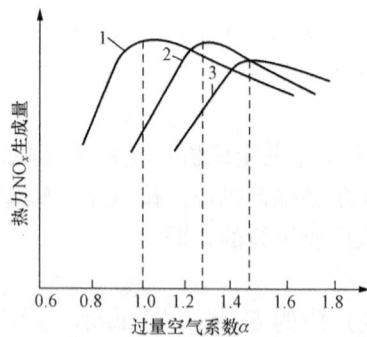

图8-2　热力型NO_x生成与温度的关系　　　图8-3　过量空气系数对热力型NO_x的影响

图8-3中曲线1表示预混良好的火焰，2表示扩散燃烧火焰，3表示混合不良的扩散火焰。可以看出，对于预混火焰，热力型NO_x增加的情况只有在空气量小于理论空气量即$\alpha < 1$时才会出现。这是因为在$\alpha > 1$的情况下，如果氧气浓度再增加，将使NO_x稀释，并使燃烧温度降低，因而热力型NO_x降低，并且这种降低要比氧浓度增加而使NO_x增加的影响大。所以，这时总的热力型NO_x生成量是减少的。也就是说，在热力型NO_x和过量空气系

数的关系曲线 $\alpha=1$ 时的 NO_x 生成量最大，$\alpha<1$ 或 $\alpha>1$，NO_x 生成量都降低，如图 8-3 中曲线 1 所示。在扩散火焰的情况下，燃料与空气边混合边燃烧，由于混合不良，所以在 $\alpha=1$ 时，NO_x 生成量达不到最大值。这时，NO_x 生成量的最大值要移至 $\alpha>1$ 的区域，而且因扩散燃烧时的温度较预混火焰低，NO_x 生成量最大值要降低些，如图 8-3 中曲线 2 和曲线 3 所示。显然，如果燃料与空气混合越差，NO_x 生成量最大值的位置越向右推移，NO_x 生成量最大值也将有所降低。

（3）停留时间。气体在高温区域的停留时间对 NO_x 生成的影响主要是由于 NO_x 生成反应还没有达到化学平衡造成的。气体在高温区停留时间延长或提高燃烧温度，NO_x 生成量迅速增加，达到其化学平衡浓度后，停留时间的增加对 NO_x 浓度就不再有影响。

（4）燃料种类。燃料种类对总的 NO_x 生成的影响是非常大的，但对于热力型 NO_x 其影响却不是很大，主要通过影响燃料 NO_x 和快速 NO_x 来影响总的 NO_x 的生成。

此外，研究表明，热力型 NO_x 的生成速率与压力的 1.5 次方成正比。紊流对热力型 NO_x 生成量的直接影响不大，但有一定间接的影响。因为紊流状况的改变，使燃烧速率和燃料的放热状况也随之改变，故燃料的温度与压力的时间历程不同。这样，紊流会因燃烧温度和压力的时间历程的改变而对 NO_x 的生成产生影响。目前，紊流强度对热力型 NO_x 生成的影响的研究较少，有待进一步的探索。

2. 快速型 NO_x 生成机理

有关快速型 NO_x 的生成机理到目前为止尚有争议，其基本的原理是碳氢系燃料在过量空气系数小于 1 的情况下，空气中氮在火焰面内急剧生成大量的 NO_x，而 CO/空气、H_2/空气，乃至（$CO+H_2$）/空气预混火焰却没有这种现象。而对于过量空气系数大于 1 的情况，即使是碳氢化合物，NO_x 生成速率也可用前述的热力型 NO_x 生成速率来描述。

有人认为热力型 NO_x 和快速型 NO_x 都是由大气中的氮在高温下氧化而成的，故把这两种途径生成的 NO_x 统称为热力型 NO_x，而把前述热力型反应生成的 NO_x 称为狭义的热力型 NO_x。

但一般把这种特殊的 NO_x 生成途径称为快速型 NO_x，其生成机理尚有争议。有人认为快速型 NO_x 可用扩大的泽尔多维奇机理来解释，但由于氧的离解反应不是平衡态，在过量空气系数 $\alpha=1$ 附近是平衡值的 10 倍左右。因此有人认为不能用扩大的泽尔多维奇机理来说明，并提出快速型 NO_x 的生成机理与燃料型 NO_x 的生成机理类同，HCN 是快速型 NO_x 生成的重要中间产物。其反应式如下：

$$CH + N_2 \longleftrightarrow HCN + N \qquad (8-20)$$

$$CH_2 + N_2 \longleftrightarrow HCN + NH \qquad (8-21)$$

$$C_2 + N_2 \longleftrightarrow 2CN \qquad (8-22)$$

$$HCN + OH \longleftrightarrow CN + H_2O \qquad (8-23)$$

$$NH + O \longleftrightarrow NO + H \qquad (8-24)$$

$$N + OH \longleftrightarrow NO + H \qquad (8-25)$$

影响快速型 NO_x 生成的因素如下：

（1）燃料种类。燃料的种类对快速型 NO_x 的影响是很大的。

有研究者研究了碳氢系燃料火焰和 CO/H_2 火焰对快速型 NO_x 生成的影响，实验结果表明，CO/H_2 火焰呈现出与烃类火焰不同的倾向，当 $\alpha<1$ 时，快速型 NO_x 随着 α 的增大而

增大。这种性质与通常氧原子的浓度随着 α 的增大而增大的性质是一致的。研究表明，若用扩大的泽尔多维奇机理去解释这种瞬时的 NO_x 生成机理，则需要的氧原子浓度应达到平衡浓度的 400 倍左右，而这是不可能的。因此，即使存在着 C 和 H，如果不是烃类燃料，所生成的 NO 的数量是极少的。$\alpha > 1$ 时，与烃类燃料的情况相同，此时 NO_x 主要在火焰带的后端生成，其生成速率可根据扩大的泽尔多维奇机理加以说明。

可以把燃料分成含氮燃料、碳氢类燃料和非碳氢类燃料。对于含氮燃料，除考虑热力型 NO_x 外，还要考虑燃料型 NO_x 的生成；而碳氢类燃料应考虑快速型 NO_x 的生成；非碳氢类燃料则仅考虑热力型 NO_x 即可。

（2）过量空气系数。从快速型 NO_x 生成机理可知，过量空气系数对快速型 NO_x 的生成有很大的影响。针对 C_3H_8/O_2＋空气火焰的实验结果，根据快速型 NO_x 的生成动态和与过量空气系数的关系，可以把过量剩空气系数对快速型 NO_x 生成的影响分成三个区域。第一个区域 $\alpha \geqslant 1$，基本上不生成快速型 NO_x，大部分 NO_x 都是在火焰带的后端生成的；第二个区域 $0.7 < \alpha < 1$，有相当数量的快速型 NO_x 生成，但还未达到与火焰最高温度相对应的 NO_x 平衡浓度，NO_x 在火焰带后端的高温区域内生成；第三个区域 $\alpha < 0.7$，快速型 NO_x 的生成浓度与火焰最高温度时的平衡浓度大致相等，在火焰带的后方，已经几乎看不到快速型 NO_x 的生成。在第三个区域里，由于随着 α 的减少而使平衡浓度减少，所以快速型 NO_x 的生成量也减少。因此，快速型 NO_x 生成量的最大值，在 $\alpha = 0.7$ 附近达到。

对于一般火焰情况而言，这个具体的 α 值不一定是 0.7，但在任何温度下，快速型 NO_x 的生成量在某一过量空气系数时有一个最大值。对于这种倾向，在许多种预混火焰中都是相同的。其原因在于，当 α 进一步下降后，虽然增加了碳氢化合物的浓度，提高了反应速度，因而增加了中间氮化合物的生成量，使快速型 NO_x 增加；但另一方面，由于氧浓度减少，有利于 HCN 向 N_2 转变，快速型 NO_x 生成量反而减少。

（3）温度。热力型 NO_x 的生成受温度的影响是很大的，但快速型 NO_x 受温度的影响不是很大。只要达到一定温度，快速型 NO_x 主要取决于过量空气量。

（4）压力。有人研究了压力对快速型 NO_x 生成的影响，试验结果表明，压力增大，快速型 NO_x 生成量略有增大。而且在 $\alpha > 0.7$ 的区域内，α 增大，快速型 NO_x 生成量下降的趋势变缓，但快速型 NO_x 生成的最大值位置没有变化。

（5）紊流脉动。紊流脉动对快速型 NO_x 生成影响研究的文献报道不是很多。一般可以这样认为，火焰带附近的快速型 NO_x 会因紊流强度的增加而增大，其原因是已燃燃料与未燃燃料之间有热交换，且在反应区域附近，由于未燃燃料和已燃燃料的快速混合，使 O、OH 原子团的浓度超过平衡浓度的机会增加。实际测量也表明，通过加快预混合气的流入速度以提高混合速度，可测得 O、OH 原子团的浓度也增加。这样可以推断 O、OH 原子团将因未燃燃料和已燃燃料的快速混合而增加，从而使快速型 NO_x 增加。但紊流强度对快速型 NO_x 生成量的直接影响与前述的过量空气量、燃料种类的影响相比，在多数情况下处于次要的地位。紊流强度对快速型 NO_x 生成的影响尚有待进一步深入的研究。

有关快速型 NO_x 的生成采用弗尼莫尔提出的规律是比较合适的，一般可以认为：

（1）快速型 NO_x 只有在碳氢燃料燃烧，且比较富燃料的情况下，即碳氢化合物 CH 较多、氧浓度相对较低时才发生。因此在燃煤炉和内燃机中，其意义很小，一般快速型 NO_x 生成量在总 NO_x 的 5%（体积分数）以下。它的生成速度快，就在火焰面上形成。

（2）快速型 NO_x 的生成机理与热力型 NO_x 不同，而与燃料型 NO_x 生成机理非常相近，快速型 NO_x 的生成实际上与温度的关系不大。

（3）要降低快速型 NO_x 的生成量，只要供给足够的氧气，减少中间产物 HCN、NH_i 等即可。

3. 燃料型 NO_x 生成机理

燃料中的氮氧化形成的 NO_x 称为燃料型 NO_x，它占流化床燃烧方式 NO_x 总排放的 95% 以上，对其他燃烧方式也占很大的比例。无论是挥发分燃烧还是焦炭燃烧阶段都形成了大量的 NO_x。

燃料中的氮通常以原子状态与各种碳氢化合物化合形成环状化合物或链状化合物，有氮苯 C_5H_5N、芳香胺 $C_6H_5NH_2$ 等。它们的结合键能量小，可以在燃烧时分解为中间产物 HCN、NH_i 等，再经氧化反应生成 NO_x，其反应过程类似于快速型 NO_x 反应。

在各种燃料中，煤的含氮量较高，约为 0.55%～2.5%。但是煤中的氮热稳定性高，需要在较高的温度下才分解。在煤失重约 10%～15% 后才发现氮的化合物在挥发分中出现，氮化物完全析出要在 1600℃ 以上，而且需要停留足够长的时间。在煤粉炉中，煤中 70%～90% 的氮化物能析出在挥发分中，其余部分残留在焦炭中。释放出的氮化物氧化即可生成 NO_x。在还原性气氛下，生成的 NO_x 可被还原为 N_2。

燃料型 NO_x 生成的化学动力学参数如下。

（1）N→HCN。

$$w = k_1 C_N$$
$$k_1 = 5800\exp(-29\,100/RT)$$
（8 - 26）

（2）N+1/2O_2→NO。

$$w = k_2 C_N/C_C A p_{O_2}$$
$$k_2 = 2040\exp(-20\,000/RT)$$
（8 - 27）

（3）NO+C→1/2N_2+CO。

$$w = k_3 A p_{O_2}$$
$$k_3 = 41\,800\exp(-34\,700/RT)$$
（8 - 28）

式中：A 为煤或焦炭颗粒外表面积，cm^2；p_{O2} 为氧的分压力。

固定氮的转化速率可以用固定碳的转化速率乘以燃料 N/C 比（物质的量比）来表达。

影响燃料型 NO_x 生成的因素如下。

（1）温度。有研究者在一卧式管状电炉内对薄层燃料中燃料氮的析出进行了研究，其试验结果表明，燃料型 NO_x 的析出表现出与单颗粒燃烧相似的特点，即燃料 NO_x 的瞬时析出速度或析出浓度与燃烧速率或耗氧速度成正比。

从燃料 NO_x 的形成途径看，由于燃料氮通常是有机氮和低分子氮，燃烧时的杂环氮化物受热分解与挥发分一起析出。研究表明，当燃料氮与芳香环结合时，则析出时以 HCN 为主要中间产物；当燃料氮以胺的形式存在时，则析出时以 NH_3 为主导中间形态，中间产物 HCN、NH_3 再通过复杂的均相反应形成 NO_x。残存在焦炭中的燃料氮则在焦炭燃烧时被氧化为 NO_x。

随着燃烧温度的升高，燃料氮的转化率也不断升高，但这主要发生在 700～800℃ 温区内，因为燃料 NO_x 既可通过均相反应，也可通过多相反应生成。燃烧温度较低时，绝大部分氮留在焦炭中；而温度很高时，70%～90%的氮以挥发分形式析出。岑可法等的研究表明，850℃时，70%以上的 NO_x 来自焦炭燃烧；而1150℃时，这一比例降至约50%。由于多相反应的限速机理在高温时可能向扩散控制方向转变，故温度超过900℃后，燃料氮的转化率只有少量升高。

（2）氧浓度。研究表明，随着过量空气系数降低，燃料型 NO_x 生成量一直降低。尤其当过量空气系数 $\alpha < 1.0$ 时，其生成量和转变率急剧降低，而 HCN 和 NH_3 转化率则增加。

在扩散燃烧火焰中，由于扩散混合不可能均匀，虽就整体来说，过量空气系数大于1.0，但火焰中心仍有还原性区域存在，那里的过量空气系数低于1.0，因而总的燃料 N 转化率较预混燃烧低。同时，由于上述原因，预混和扩散燃烧的燃料 NO_x 生成特性有所不同，它主要表现在 $\alpha < 1.0$ 时，预混燃烧的转化率为常数。而扩散燃烧时，转化率随 α 的增大而变大。

研究还表明，挥发分氮向 NO_x 的转化对氧浓度很敏感，通过造成区域还原性气氛，可以有效地降低 NO_x 生成量；而焦炭中的氮对氧浓度不敏感，因此，存在着一个不能用还原性气氛消除的 NO_x 的生成量的下限。

（3）燃料性质。燃料性质对燃料型 NO_x 生成的影响是非常重要的，这种影响是各种因素联合作用的结果。其体现方式也是多方面的，如总的 NO_x 排放量、燃料氮的转化率，对温度、脱硫剂、环境氧浓度的敏感性等。

燃用褐煤、页岩、石油焦、烟煤和无烟煤时，燃料氮生成 NO 和 N_2O 的转化率是不同的。燃料氮的形态是主要原因。褐煤、页岩、木材等劣质燃料中胺是燃料氮的主要形态，故 NO_x 排放较多，而 N_2O 很少。与此相反，烟煤、无烟煤的 N_2O 排放则较高。从元素分析数据仍不能确定 NO_x 的生成特性，还必须就燃料氮的存在形态及各种形态所占的份额进行确定。

燃料中氮的含量因燃料的种类和产地的不同而有差异，即使燃料中含氮量相同，但不同的氮存在形式，其生成 NO_x 的量也可能会有差异，特别是在不同的燃烧形式下更是如此。但总体而言，燃料氮含量越高，则 NO_x 排放量也越高，但转化率是下降的。

三、煤粉炉内氮氧化物的生成

1. 炉内 NO_x 生成过程

在实际煤粉炉内燃烧过程中，NO_x 的生成也分为三部分，即燃料型 NO_x、热力型 NO_x 和快速型 NO_x，但其比例是不一样的。

对于快速型 NO_x，即使煤粉炉内处于 $\alpha > 1$ 的燃烧工况，在局部区域由于混合不一定均匀，也可能出现富燃料区域（$\alpha < 1$），此时在该区域内还会有快速型 NO_x 的生成，但由于其生成时间极短，所以其生成量仅是 NO_x 总量的5%以下，基本上可以忽略。

热力型 NO_x 的生成情况稍复杂一些，有许多因素会影响 NO_x 的生成，如炉内混合状况、温度、氧浓度、煤种、炉内传热情况等。一般来说，在煤粉火焰中，热力型 NO_x 约占20%左右，且温度等对其生成量有较大的影响。

燃料型 NO_x 约占 NO_x 总量的75%～80%左右。燃料型 NO_x 又可分为挥发分 NO_x 和焦炭 NO_x，在这两部分中挥发分 NO_x 是主要部分，它在燃烧初始阶段形成，即在离燃烧器很近的地方生成，运行工况对其影响很大，而焦炭 NO_x 受运行工况的影响较小。

煤粉炉内沿火焰方向的 NO_x 生成可以分成三个阶段，这三个阶段可能对应于煤粉炉内燃烧的初始阶段、挥发分燃烧阶段和焦炭燃烧阶段。在第一阶段 NO_x 的生成量很小，此时温度也非常低；第二阶段，温度很高，氧浓度很高，NO_x 的生成（热力型和挥发分 NO_x）反应会很快，NO_x 浓度急剧增加，当炉温达到最高值附近时，NO_x 浓度也达到最大值；在第三阶段，温度和氧浓度均下降，此时虽然不断生成焦炭 NO_x，但是已经生成的 NO_x 会被焦炭还原分解而逐渐减少，总体上 NO_x 基本不变或略有下降。其过程如图 8-4 所示。

2. 炉温的影响

炉温主要影响热力型 NO_x 的生成量，从而影响总的 NO_x 的生成量，图 8-5 所示为炉温对炉内 NO_x 的生成情况的影响。燃用烟煤、重油和天然气时，炉温较高，故热力型 NO_x 比例较大。燃用褐煤和其他劣质煤时，炉温较低，热力型 NO_x 较少，燃料型 NO_x 相对较多，快速型 NO_x 一般均很少。

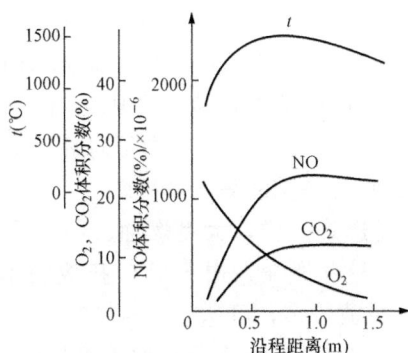

图 8-4　炉内 NO_x 生成过程

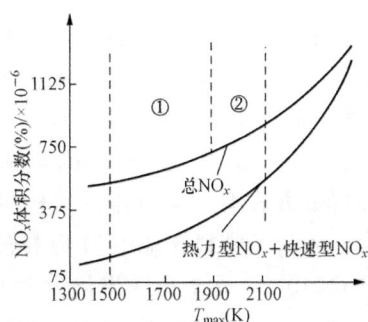

图 8-5　炉温对 NO_x 生成的影响

由图 8-5 可以看出，当 $T_{max} < 1500K$ 时，以燃料型 NO_x 为主；当 $T_{max} > 1900K$ 时，燃料型 NO_x 的比例减小；当 $T_{max} > 2200 \sim 2300K$ 时，燃料中 N 对 NO_x 已无影响了。

3. 过量空气系数的影响

过量空气系数对燃料型 NO_x、热力型 NO_x 和快速型 NO_x 均有影响，但影响的趋势却不一样。图 8-6 所示为炉内燃料型 NO_x、热力型 NO_x 和总 NO_x 随过量空气系数变化的规律。从图中可以看出，当 α 值从 0.8 开始增加时，热力型 NO_x 增加；当 $\alpha > 1.1$ 时，由于炉温降低，热力型 NO_x 趋于下降；但是，燃料型 NO_x 则随 α 的增大而继续上升。因此，总的 NO_x 随 α 的增加而增加，而后渐趋平缓。这种情况表明，从降低 NO_x 的观点来说，最好是在 α 接近于 1.0 的条件下燃烧。但此时应注意，不应使锅炉的固体和气体不完全燃烧热损失增加，以及排烟中有毒物质如苯等增加。因此，合理降低过量空气系数应以排出有害物质最少为原则。

4. 煤粉细度的影响

在不考虑低 NO_x 燃烧的情况下，煤粉越细，NO_x 越高。其原因为煤粉越细，被加热得越快，燃烧加快，因而炉内温度峰值和温度水平提高，热力型 NO_x 增加。另外，煤粉加热快、温度峰值高，则析出的挥发分多，煤的燃尽度高，而且此时挥发分射流容易与空气混合，因而燃料 NO_x 提高。所以煤粉细度增加，总的 NO_x 是增加的。但是燃烧效率是提高的。

四、燃烧过程中 N_2O 的生成与控制

近年来，燃烧过程中 N_2O 的排放引起了较大的重视，这是由于 N_2O 对大气环境的破坏

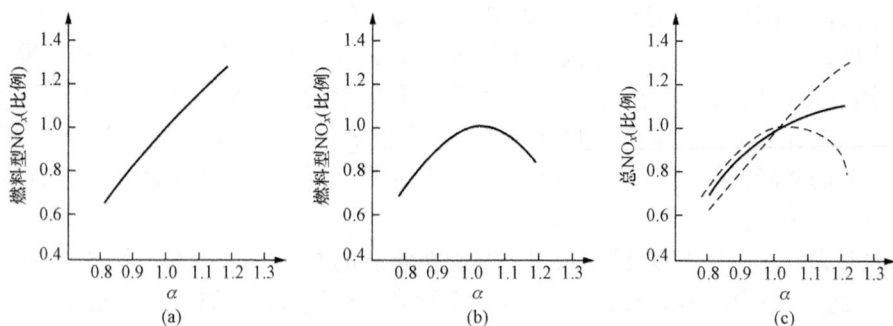

图 8-6 过量空气系数对 NO_x 生成的影响

(a) 燃料型 NO_x；(b) 热力型 NO_x；(c) 总 NO_x

作用日益为人们所了解。N_2O 能破坏臭氧层和造成温室效应。N_2O 在对流层相当稳定，存活期达 150 年以上，因此不能像 NO_x 那样通过降雨返回地面，从而形成对流层的氮循环。虽然 N_2O 对人体没有很大的危害，也不会伤害作物，但它的主要问题是对环境的直接作用或间接影响。目前，减少温室气体的排放，已引起世界各国的高度重视。

在煤粉燃烧方式下，N_2O 排放量较少。像煤粉燃烧一样，大型燃油、燃气设备中 N_2O 排放也极少，木材及废料燃烧中 N_2O 排放也较少。这些燃烧方式下 N_2O 排放的体积分数一般为 $(0\sim5)\times10^{-6}$。在流化床燃烧方式下，N_2O 排放较多，可达 $(30\sim150)\times10^{-6}$。

在燃烧过程中，N_2O 的均相生成主要是 HCN 和 NH_3 的氧化，如果采用降低 NO_x 技术，可以采用喷尿素、氰氨酸等方法，但这些物质也会通过均相反应的途径生成 N_2O。

在高温火焰中 N_2O 会迅速分解，N_2O 对温度很敏感。这也说明在循环流化床燃烧中随温度的升高，N_2O 排放会减少。

对于减少燃烧过程特别是流化床燃烧中 N_2O 排放的措施，到目前为止研究较少，是煤燃烧研究的热点之一。在燃烧过程中，可以通过提高运行温度、低氧燃烧、烟气再燃等方法降低 N_2O 的生成。

第三节 其他污染物生成机理

在燃烧过程中除了会产生 SO_x、NO_x、CO_2 等要控制的污染物以外，还会产生其他的污染物质，其控制技术是目前的研究热点。

一、炭黑的生成

燃料燃烧时会排放出微粒物质，主要可分成两类：第一类是含灰燃料燃烧时排放的灰分，由碳、碳氢化合物、硫化物和含金属元素的灰分等组成；第二类是燃烧过程中产生的，其中最大的部分为炭黑粒子。炭黑粒子在形成过程中会经历成核、表面增长和凝聚、集聚和氧化等一系列阶段，生成的炭黑粒子若不能在燃烧系统中完全氧化掉，则最终会排入大气。

在燃气轮机中，这些粒子的存在可能会严重影响透平叶片的寿命；然而在一些工业燃烧炉中，炭黑粒子的存在会加强辐射传热，因而明显地增加了换热效率。为了满足环境保护的要求，这些炭黑粒子希望在燃烧的后期与多余氧气结合燃尽，这样既能提高换热效率，又不会造成对环境的污染。

炭黑颗粒主要在碳氢燃料燃烧时生成，如汽油发动机、燃气轮机燃烧室中，如果燃烧工况不好，会生成较多的炭黑颗粒。在燃煤设备中，炭黑颗粒生成量较少，主要是挥发分燃烧不完全产生的。

对于碳氢类燃料燃烧时生成的炭黑，按其生成机理及其特殊形式，有气相析出型炭黑、剩余型炭黑、雪片型炭黑，以及积炭等几种形式。

1. 气相析出型炭黑

气相析出型炭黑是气体燃料、已蒸发了的液体燃料气和固体燃料的挥发分气体，在空气不足的高温条件下热分解所生成的固体颗粒。其尺寸很小（$0.02\sim0.05\mu m$），只有聚集成链时，才可以用电子显微镜观察到，当火焰中有这种炭黑后，其辐射力增强，发出亮光，形成发光火焰。

气相析出型炭黑的形成过程是非常复杂的，一般认为气相析出型炭黑是碳氢燃料经过一系列脱氢聚合反应而生成的。例如甲烷的热分解为

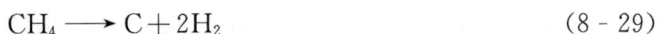

$$CH_4 \longrightarrow C + 2H_2 \tag{8-29}$$

在热分解时，首先是烃类脱氢生成烯烃，烯烃进而转变为环烷烃，环烷烃脱氢成为芳香烃，芳香烃缩合形成多环芳烃。随着温度的升高，反应时间延长，多环芳烃继续缩合。在缩合反应中，不断从分子中释放出氢，缩合物的分子量逐渐增大，其中氢含量相应减少，碳含量相对增加，形成高分子炭黑物质。

研究表明，开始形成的炭黑颗粒成为"核心"，然后，一方面是气相组分向核心表面移附，另一方面是核心细粒之间的碰撞凝聚，因而使核心不断长大，近似球状。如果它们穿过火焰面，则会被氧化，燃烧生成 CO 或 CO_2。没有氧化掉的粒子集结成絮凝体悬浮在空气中。

2. 剩余型炭黑

剩余型炭黑是液体燃料燃烧所剩余下来的固体颗粒，通常也称之为油灰或烟炱。

这是因为，燃烧时油滴被炉内高温和油滴周围的火焰面加热，在产生油燃料蒸汽的同时，发生聚缩反应，一面激烈地发泡一面固化，从而生成孔隙率高的絮状空心微珠，尺寸很大（$10\sim300\mu m$），外形近似球状。一般会在重油或渣油燃烧时形成，而对于汽油或柴油等易燃油燃烧时不易产生。

3. 雪片

雪片一般是以炭黑为核心，在烟气温度接近露点温度时，吸收烟气中的硫酸（H_2SO_4），长大成为雪片形状的烟尘，又称为酸性烟尘。其颗粒尺寸较大，常常会沉落在烟囱附近。

炭黑粒子，主要是粒径小于 $1\mu m$ 的气相析出型炭黑，因其表面积很大，给硫酸蒸汽的凝结提供了良好的核心，此外，还由于烟尘粒子中有大量的可燃碳，它们是很好的吸附剂。碳对 SO_2 和 SO_3 具有很高的亲合力，而且对 SO_2 进一步氧化成 SO_3 的过程有催化作用。当低于露点温度时，将同时发生粒子的聚合长大过程，这是因为粒子相互碰撞或粒子碰到劈面上即被黏着而形成大颗粒的缘故。

4. 积炭

积炭可以认为是剩余型炭黑的一种，它是油滴附着在燃烧器、燃烧器喷口、燃烧室壁面上，受炉内高温、气化而剩下来的物质。由于油滴附着处的形状不同，附近烟气流动情况不同，积炭的形状不定，但其颗粒尺寸较大。

积炭量的多少与燃烧火焰温度特别是壁温有着复杂的关系，温度升高，既能使积炭增加，又能使积炭减少，而最终结果主要取决于温度范围。燃油的挥发性沸点和燃油组成等也对这种积炭有明显的影响。

炭黑粒子通常呈黑色，主要由碳元素组成，其表面往往凝结或吸附未燃烃。对炭黑粒子进行电镜分析可以看到，它们由大致相同的基本炭黑粒子构成。

不同种类的炭黑，其直径是不相同的。对于积炭，其尺寸一般较大，而剩余型炭黑一般尺寸为 $10\sim300\mu m$，气相析出型炭黑一般尺寸较小，且燃料种类与火焰形状对其尺寸影响不大。不过在预混火焰中，从火焰面到火焰后方，其尺寸是不断变化的，即炭黑的粒径大小随取样位置的不同而不同。

炭黑的元素组成是比较复杂的，随燃料种类、火焰的形式及位置的不同而不同，它包含种类极不相同的多种有机化合物和无机化合物。如柴油燃烧生成的炭黑中所包含的化学元素有碳、氢、氧、氮、硫；微量金属元素有钙、铁、锌、铅、锰、铬、镉、钒、镁、钾、钠、铜、镍、钡、铝；其他非金属元素有磷、硅、氯、溴等。已经测出的化学元素就达 24 种左右，还有相当的微量元素未被测出。

炭黑的物理结构与无烟煤、石墨相差不多。当炭黑形成后，燃烧在固体表面进行，燃烧速度取决于氧化剂扩散到固体表面的速度，以及固体表面上进行的化学反应速度，这两个过程对燃烧速度的影响取决于温度和粒径大小。一般燃烧室温度下，小颗粒主要由反应控制，大颗粒不能忽略扩散的影响，甚至扩散是主要因素。

无论是在锅炉还是在发动机中，炭黑的生成总是伴随着氧化过程的，只要很好地控制燃烧器内的温度、氧分压力和湍流度等参数，总是可以将排放的炭黑控制在一个较低的水平上。

二、重金属污染

1990 年的美国清洁空气法修正案（CAAA）集中注意力于可能是有害空气污染物的 189 种物质。在这些物质中主要有 11 种无机元素，即锑（Sb）、砷（As）、铍（Be）、镉（Cd）、铬（Cr）、钴（Co）、铅（Pb）、锰（Mn）、汞（Hg）、镍（Ni）和硒（Se），它们都是痕量元素。煤中也基本含有这些痕量元素。目前，美国是世界上唯一限制燃煤烟气中汞排放的国家。对于垃圾焚烧烟气中的重金属含量，各国都有限制排放的标准。

当煤燃烧时，痕量元素可以进一步富集。挥发性元素例如砷、汞和硒等在燃烧过程中易于蒸发，然后当烟气冷却时，这些元素凝结在飞灰颗粒的表面上。因为最细的飞灰颗粒提供了最大的表面积，挥发的元素易于富集在超细飞灰颗粒上。这些飞灰颗粒是最难以收集的，并且可以从烟囱释放。

在燃烧中，痕量元素既不能被创造也不能被消灭。然而燃烧环境可以导致痕量元素分布在不同的颗粒尺寸和形态中。现有的许多数据表明，许多痕量元素富集在亚微米颗粒尺寸部分。这十分重要，因为这些亚微米颗粒可以是最容易吸入并沉积在肺中，也最难被空气污染控制装置所收集。

影响重金属迁移的主要因素有以下几类：

（1）温度、气氛和粒径。温度对 Pb、Ni、Cr、Co 等元素在细微灰粒中的含量有重要影响，其中高温（1400℃）下 Pb、Cr 在细微粒子中的含量明显高于低温下的含量，Ni、Co 则在中间温度（1300℃）下在细微灰粒中含量最高。气氛对 Pb、Ni、Cr、Co、Cd、Cu 等 6

种元素在燃烧中的行为影响也很大，其中 Co 元素在氧化性气氛下气化最强，其余 5 种元素均在还原性气氛下气化最强。对环境有严重污染的元素有 Pb、Ni、Cr、Cd，在绝大部分工况下，所研究的几种有毒金属元素在燃烧后的细灰粒中的含量比粗粒中的要高，只是 Pb、Cd 在低温氧化性气氛下燃烧时，在粗灰粒中的含量大多比细灰粒中的高。

（2）硫及硫的存在形态。研究表明，Cu、Cd、Co、Pb、As 等重金属元素在煤中倾向于以硫化物形式存在，而 Be 则倾向存在于有机物中，因而这几种痕量重金属元素经过燃烧过程后容易富集在细微粒子上，对大气污染危害较大。如果对煤进行化学脱硫，则在脱除硫化物的过程中可以同时有效地脱除部分痕量重金属元素。因而化学脱硫不仅对减少大气 SO_2 污染有重要作用，而且对于减少大气重金属污染也有重要的作用。

（3）氯。燃料中的氯在燃烧过程中使大多数重金属的挥发都有不同程度的增加。因为金属氯化物的蒸发压力通常高于氧化态，当燃料的氯含量较多时，在一定条件下燃烧，会与重金属反应生成颗粒小、沸点低的氯化物而加剧重金属的挥发，使其由底灰向飞灰或由飞灰向烟气的迁移量增加。有机氯的影响较无机氯更大，尤其是对于挥发性强的重金属（Cd、Pb）。

（4）烟气净化设备。当烟气通过净化设备时，会发生汞的氧化或还原反应。实验发现，在电除尘＋湿式喷淋的烟气净化系统中部分 Hg^{2+} 被还原成 Hg。而在干式喷射＋布袋除尘器烟气净化系统中则有部分汞被氧化，原因可能是烟气中氯的存在增加了 Hg 向 Hg^{2+} 的转化，在湿式喷淋过程中，由于 SO_2 的存在抑制了这一氧化反应的进行，发生了还原反应。重金属的种类即重金属以何种形态出现非常重要，不仅影响烟雾形成过程，而且在一定程度上代表甚至决定了其分布特性，重金属的转变最终将影响到净化效率。不同燃烧条件下的种类、组成比例均不一样，而且金属在燃烧过程中以何种形态出现，取决于其化合物的热力学稳定性。如果氧化物的热力学稳定性大于氯化物，元素则被机械迁移生成飞灰颗粒的基体，使其呈现碱性；当两者稳定性相差不多时，金属经历挥发—冷凝和机械迁移 2 种机理过程；当氯化物的热力学稳定性大于氧化物时，重金属氯化物主要经历挥发—冷凝过程，沉降在飞灰表面，形成具有高度可溶性的化合物。飞灰中该金属的比例同炉膛至静电除尘器间氯化物的蒸发压力有关。

此外，不同燃料所含的重金属元素和含量不同，重金属迁移也不同。

对于重金属的排放控制，一般采用半干法洗涤塔＋布袋除尘器＋吸附剂（活性炭、硫化的海泡石、高岭土、石灰石及其混合物）吸附的方法。

三、二噁英的生成与控制

二噁英是一类物质的总称，包括多氯联苯并二噁英（PCDDs）、多氯联苯并呋喃（PCDFs）和多氯联苯（PCBs），其结构如图 8-7 所示。一般情况下，把前两类物质简称为二噁英（PCDD/Fs），根据氯原子取代数目及取代位置的不同，它们分别含有 75 种和 135 种同系物。二噁英是非常稳定的化合物，微溶于大部分有机溶剂，极难溶解于水，具有高熔点和高沸点，常温下为无色固体。由于二噁英具有高亲脂性，进入人体后即积存在脂肪中。另外，它与土

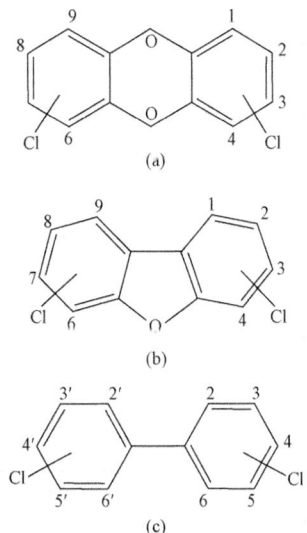

图 8-7　二噁英类物质分子结构式
(a) PCDDs; (b) PCDFs; (c) PCBs

壤或其他颗粒物质之间也容易形成强键，一旦造成污染，极不容易清除。它不仅具有致癌性，还具有生殖毒性、内分泌毒性和免疫抑制作用，是迄今为止人类所发现的毒性最强的物质。

二噁英的毒性与氯原子取代的 8 个位置有关，人们最为关注的是 2、3、7、8 4 个共平面取代位置均有氯原子的 PCDD/Fs 同系物，共有 17 种。其中，毒性最强的是 2，3，7，8-四氯二苯并二噁英（2，3，7，8-TCDD），其毒性相当于氰化钾（KCN）毒性的 1000 倍，因此被称为"地球上毒性最强的毒物"。为评价不同二噁英物质对健康的潜在影响，提出了毒性当量概念，并通过毒性当量因子（TEFs）来折算。现在普遍被大家接受的是北大西洋公约组织（NATO）确定的国际毒性当量因子（1-TEF），17 种 2、3、7、8 4 个共平面取代位置均有氯原子的 PCDD/Fs 同系物的国际毒性当量因子如表 8-4 所示。

表 8-4　　　　　　　　　　17 种有毒 PCDD/Fs 的国际毒性当量因子

二噁英	I-TEF	二噁英	I-TEF	二噁英	I-TEF
2，3，7，8-TCDD	1	OCDD	0.001	1，2，3，7，8，9-H$_X$CDF	0.1
1，2，3，7，8-P$_C$CDD	0.5	2，3，7，8-TCDF	0.1	2，3，4，6，7，8-H$_X$CDF	0.1
1，2，3，4，7，8-H$_X$CDD	0.1	2，3，7，8-P$_C$CDF	0.5	1，2，3，4，6，7，8-H$_P$CDF	0.01
1，2，3，6，7，8-H$_X$CDD	0.1	1，2，3，4，7，8-P$_C$CDF	0.05	1，2，3，4，7，8，9-H$_P$CDF	0.01
1，2，3，7，8，9-H$_X$CDD	0.1	1，2，3，4，7，8-H$_X$CDF	0.1	OCDF	0.01
1，2，3，4，6，7，8-H$_P$CDD	0.01	1，2，3，6，7，8-H$_X$CDF	0.1		

垃圾焚烧过程会产生较大量的二噁英类物质，煤燃烧过程中产生量较少。目前我国垃圾堆积量已达 60 亿 t，占耕地面积达 5 亿 m^2，直接经济损失达 80 亿元。我国城市年产垃圾近 1.4 亿 t，且每年还在以 8% 的速度增长。而焚烧 2t 垃圾产生的热量约相当于 1t 煤产生的热量。随着世界能源形势的紧张，垃圾焚烧发电技术在德、美、日、法等发达国家已广泛使用，并产生了良好的环保和经济效益。在我国，垃圾焚烧发电也正逐渐成为处理垃圾的主要手段。但垃圾焚烧产生的污染物如二噁英等对环境的危害极大。为使垃圾焚烧发电真正实现无害化，了解焚烧过程中二噁英的产生机理和控制技术是十分必要的。

1. 二噁英的生成机理

垃圾在焚烧过程中生成二噁英的机理很复杂，迄今国内外的研究成果还不能完全解释清楚，已知的生成途径有以下几方面：①由前驱物生成。②飞灰中碳的残余物的重新合成（De Nove）反应（一般在 250～450℃）。③由燃料中的 PCDD/Fs 物质生成，如图 8-8 所示。

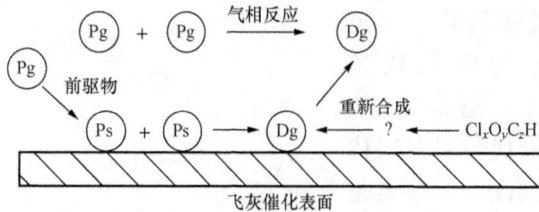

图 8-8　燃烧过程中二噁英
主要生成机理示意图

P—前驱物；D—二噁英；s—固相；g—气相

（1）前驱物的异相催化反应。在烟尘中携带的氯化铜、氯化铁等催化剂的作用下，在 200～500℃ 的范围内，各种二噁英的前驱物（如多氯苯酚和二苯醚）就会发生反应生成二噁英。

（2）重新合成（De Nove）反应。飞灰中的碳颗粒在 300～500℃ 的温度下，可被氧化成 CO 和 CO$_2$（残碳氧化时有

65％～75％转变为 CO，约 1％转变为氯苯并继而形成 PCDD/Fs，飞灰中碳的气化率越高，PCDD/Fs 的生成量越大)，也可以通过裂解反应产生芳香族化合物。在有氯存在的情况下，其中极少部分的 CO 和 CO_2 在催化剂的作用下转化为脂肪族的前驱物。如果有氧化铝存在，脂肪族前驱物还可以发生催化反应，生成芳香族的前驱物，芳香族化合物发生氯代反应生成二噁英的前驱物，这些前驱物在（主要是铜）催化剂的条件下反应生成二噁英。

(3) 高温生成反应。由于燃烧或热解不充分，烟气中含有过多的未燃尽的物质，比如碳粒，遇到适当的催化物，主要是铜，在一定的温度下使已经分解的二噁英又重新生成。例如飞灰中残余的碳可通过完全合成的途径生成 PCDD/Fs，其具体过程是：首先飞灰中残余的有机碳通过降解、氯化、金属的催化作用生成氯酚类化合物，接着氯酚在催化作用下发生 Ullmann 反应，生成相应的 PCDD/Fs 化合物。

以上三种反应方式可简要用图 8-9 表示。这三种方式的影响程度是不同的，与具体的炉型、工作状态和燃烧条件有关，但是一般按照影响从大到小的次序依次为前驱物的异相催化反应、重新合成（De Nove）反应和高温生成反应。

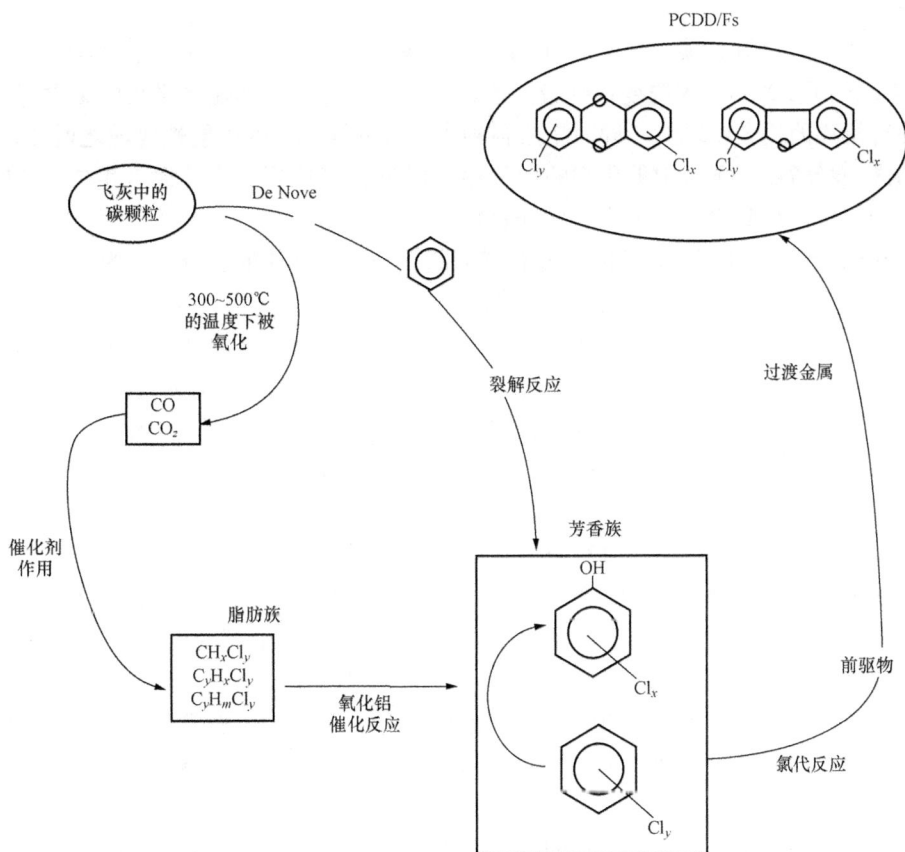

图 8-9 垃圾焚烧过程中二噁英的生成路径

2. 影响二噁英生成的因素

(1) CO。垃圾焚烧过程中所释放出的 CO 与生成的 PCDD/Fs 浓度有关。由燃烧效果较好的垃圾焚烧炉排出的烟气和飞灰 PCDD/Fs 含量较低，而由 CO 含量较高的垃圾焚烧炉所释放出的 PCDD/Fs 浓度较大。造成这种现象的原因可能是当飞灰中碳的含量较高时，由于垃圾的不完全燃烧，生成的 CO 逐步增加，有一部分碳可通过完全合成的机理生成PCDD/Fs。

（2）氧气含量。当氧气的含量逐步减少时，生成 PCDD/Fs 的浓度会随之升高。这主要是由于空气的减少，使不完全燃烧增加，会有大量颗粒物如碳粒随烟气进入尾部烟道，而这些碳粒当遇到适当的催化物时，在一定的温度下可能使已经分解的二噁英又重新生成，即发生高温生成机理。

（3）金属及其化合物。在金属及其化合物的存在下，有机化合物被认为是垃圾焚烧炉生成 PCDD/Fs 的主要来源。因为金属尤其是铜及其化合物是重新合成反应的主要催化剂，在有铜或氯化铜的条件下，PCDD/Fs 的生成量会成倍甚至十几倍的增加。

（4）温度。许多研究都发现 PCDD/Fs 形成的最佳温度是 250～400℃。当温度由 230℃升高到 280℃时，PCDD/Fs 的浓度急剧升高。为此实际过程中，ESP 的温度控制在 180～200℃有利于减少 PCDD/Fs 的生成，且可使大量 PCDD/Fs 吸附在飞灰上，有助于削减二噁英在环境中的排放量。

（5）飞灰中碳含量。碳对于生成 PCDD/Fs 是一种非常重要的物质。当碳含量增加到5％时，生成的 PCDD/Fs 的浓度达到最大值，这可能是由于：①随着飞灰中碳含量的增加，形成各种有机物的机会将增大，同时生成各种含氯代的异构体的可能性也随之增加。②随着碳含量的进一步增加，飞灰中催化剂的含量逐渐降低，当达到一定值时，生成的 PCDD/Fs的量达到最大值，在此之后，生成的量开始减少。

（6）SO_2。SO_2 对 PCDD/Fs 的生成具有抑制作用。其具体的反应机理为

$$Cl_2 + SO_2 + H_2O \rightarrow 2HCl + SO_3 \tag{8-30}$$

SO_2 可把 Cl_2 转化为 HCl，因为二噁英生成机理中对二噁英起作用的氯源是 Cl_2，而不是HCl，所以当 SO_2 存在时，SO_2 和 Cl_2、水分反应生成 HCl，可以减少氯源，抑制了二噁英的生成。另一方面，SO_2 与 CuO 反应生成催化活性小的 $CuSO_4$，使催化剂 Cu、CuO 等中毒，从而降低了 Cu 的催化活性，进而可以减少二噁英的生成。

3. 二噁英的抑制

从生成机理上讲，有机物在氯和金属存在的条件下焚烧，是生成二噁英的主要途径。垃圾焚烧过程中存在有机物、过渡重金属及氯代化合物的分解等，当烟气离开约 1000℃ 的主燃烧室后，化合物分解所形成的自由基发生分子重排、低温聚合等化学过程，从而易于形成二噁英。通常形成的温度范围是 650～250℃，反应方程为在金属催化剂的作用下，Cl_2＋有机自由基→氯代分子（如 PCDD/Fs）。特别是金属 Cu，不仅对加强 PCDD/Fs 的生成具有较大的反应活性，而且还能促使 HCl 反应生成 Cl_2，增加形成二噁英的氯源。其反应过程如下。

（1）在 Cu 的催化作用下，HCl 可以产生 Cl_2，反应可能分两步进行，即

$$2Cu + 1/2O_2 = Cu_2O \tag{8-31}$$

$$Cu_2O + 2HCl = 2Cu + H_2O + Cl_2 \tag{8-32}$$

（2）反应过程可能对 $CuCl_2$ 和 CuCl 等催化剂也存在一定的依赖性，即

$$2CuCl_2 + 1/2O_2 = Cu_2OCl_2 + Cl_2 \tag{8-33}$$

$$Cu_2OCl_2 + 2HCl = 2CuCl_2 + H_2O \tag{8-34}$$

$$2CuCl + 1/2O_2 = Cu_2OCl_2 \tag{8-35}$$

$$Cu_2OCl_2 + 2HCl = 2CuCl + H_2O + Cl_2 \tag{8-36}$$

从而可知，垃圾焚烧过程中生成二噁英的必要条件为：①氯源（如 PVC、Cl_2、HCl 等）的存在。②燃烧过程以及低温烟气段中催化介质（如 Cu 及其金属氧化物）的存在。③不良的燃烧工况。因此，控制二噁英的生成与排放必须从合理有效地解决上述问题入手。

（1）焚烧前的处理。垃圾在进入焚烧炉之前，必须在垃圾池发酵，减少垃圾的含水量，以便于燃烧。在入焚烧炉之前，应反复抓放，使垃圾松散。炉内垃圾厚度维持在一定范围内，这样垃圾在炉内干燥时间缩短，从而可加快垃圾在炉内燃烧速度，有利于燃烧稳定，且烟气温度能维持较高状态。

（2）焚烧过程中的控制。

1）垃圾热解处理。这是一种预防性工艺，即从源头尽量减少二噁英的生成量。因为热解是一个缺氧过程，垃圾进入密闭的热解室内，在高温高压和极度缺氧的条件下，发生热解气化反应，破坏了二噁英的生成条件，可大大减少二噁英的生成量。所以热解以后所产生的气体和裂解中的二噁英的含量都比直接焚烧少得多。热解产生的气体进入炉内焚烧（温度高于 1000℃），这样热解产物中含有的少量二噁英也会被除去。

2）组织良好的燃烧工况。这对抑制二噁英在燃烧过程中的形成至关重要，主要表现为：①组织好炉内燃烧，使传热与传质充分。即要达到一定的燃烧温度和炉内的湍流度。其目的在于促使各种垃圾组分、所产生的有机气体、二噁英及其前驱物进行充分的氧化燃烧，削弱炉内的还原性气氛，减少飞灰含碳量，抑制二噁英类物质的合成。②延长炉内烟气的停留时间。垃圾焚烧炉内烟气停留时间与二噁英浓度之间存在着密切的关系，烟气停留时间增加 1s，二噁英浓度可以减少 1/2。因为该措施可以使垃圾焚烧所产生的有机气体、二噁英及其有机前驱物在高温区进一步彻底氧化分解，避免有机前驱物进入低温烟气段，可以有效地控制二噁英的后续形成。

3）添加碱性氧化物控制二噁英的形成。通过给炉内喷入石灰石和氧化钙颗粒，可以吸收 HCl，阻止 HCl 的分解，从而有效地减少氯源，进而起到减少二噁英生成的作用。炉内喷氨也能起到类似作用。另外，垃圾循环流化床焚烧技术利用飞灰等碱性氧化物的再循环，也可以很大程度上抑制二噁英的形成。因为一些化合物可以强烈吸附在飞灰等碱性氧化物表面的活性反应位上，与金属催化剂形成稳定的惰性化合物，从而减弱或消除了金属及其氧化物催化生成二噁英的机率与活性。氨基乙醇等胺类化合物也可以很好地阻碍飞灰活性位的反应，反应机理可能是通过形成 Cu 的氮化物来实现的。此外，带有孤对电子的分子，也可与 Cu、Fe 及其他过渡金属反应形成稳定的化合物，从而降低通过催化形成二噁英的可能性。

4）混煤燃烧方式。由于燃烧过程中硫对二噁英生成具有抑制作用，使得燃烧过程中二噁英的排放量降低。

5）生物质混烧方式。生物质灰中含有大量碱性成分，也可以吸收 HCl，阻止 HCl 的分解，从而有效地减少氯源，进而起到减少二噁英生成的作用。生物质也是可再生能源，在现阶段，具有中国特色的采用生物质和垃圾混烧的方式具有现实可行性，且对二噁英的排放抑制具有很好的效果，可以作为我国控制垃圾焚烧向环境中排放二噁英的有效手段。这样既降低了污染物的排放，又解决了我国生活垃圾热值低不易燃烧的问题。

（3）烟气的处理。在流化床上进行垃圾焚烧，焚烧尾气采用管道喷射吸附工艺净化。从热交换器出来的烟气，经过一段较长的烟气管道后进入布袋除尘器，经过净化后，由引风机排入烟囱。在烟气管道入口喷入吸附剂，吸附剂吸附烟气中酸性气体、重金属和多环芳烃后被布袋除尘器捕集下来，经"L"阀和喷射器实现吸附剂再循环，提高其脱除效果和利用率。

采用急冷技术，控制烟气温度以减少二噁英的生成。因为烟气在含有 HCl、二噁英前驱物、O_2、$CuCl_2$ 和 $FeCl_2$ 等物质且温度在 400℃左右时极易生成二噁英。为了遏制焚烧烟气在净化过程中二噁英的再合成，一般采用控制烟气温度的办法。即当 500℃以上的焚烧烟气从余热锅炉中排出后，采用急冷技术使烟气在 0.2s 以内急速冷却到 200℃以下，跃过易生成二噁英的温度区，使二噁英无法在短时间内生成。与此相配套的设备为急冷塔，但这种办法需要庞大的烟气处理设备，运行费用高，是一种先产生后处理的工艺路线。

第九章　煤粉燃烧特性研究

煤的燃烧特性直接关系到锅炉的设计和运行，为了保证电厂的安全经济运行，应对电厂投运后将要燃用的煤种进行详细的燃烧特性研究，为设计及运行提供科学依据，提高设计和运行水平。煤的燃烧特性研究，在理论研究基础上一般利用各种仪器，如模化实验台、热天平、热显微镜、着火指数炉、沉降炉和中试规模的燃烧试验台等，进行冷、热态实验研究，研究煤的热解特性、着火特性、燃烧反应速度、燃尽程度、结渣特性及混煤燃烧特性等。

第一节　煤粉燃烧模化研究

为了深入地研究某个现象，如流体的流动过程，可以用物理模化的方法进行研究。所谓模化，就是在实验室内用缩小的、有时是放大的模型来进行现象的研究。借助它可以把个别现象的研究结果推广应用到有相似的现象上去。提供合理的设计数据，合理的燃烧器或炉膛的结构形式，有时还和数值模拟进行比较，以便最终更好地运用数值模拟方法，减少实验工作量。

燃烧过程的物理模化，提供了如下的可能性：

（1）用模型对现象进行实验研究。

（2）对个别的试验结果作广泛的推广。

（3）对复杂的方程可得出很简单的分析解和通用的数值解。

（4）从一个具体的物理过程中所得出的分析解，推广到其他相似的过程中去。

一、相似与模化

1. 相似的概念

相似概念是由初等几何学中借用来的。对于这样一类物理现象，如果它们所有的特征量都相似，即所有向量在几何上相似，所有的标量都相应地（即在对应的空间点上和对应的时刻）成比例，则称为相似。

空间（几何）相似如图 9-1 所示。

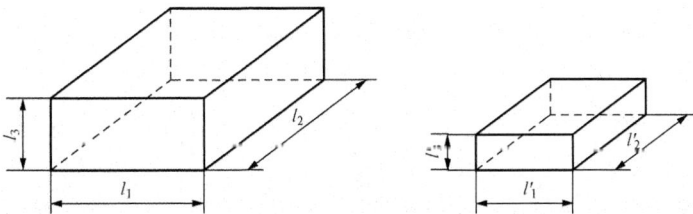

图 9-1　空间相似

需满足的条件为

$$\frac{l'_1}{l_1} = \frac{l'_2}{l_2} = \frac{l'_3}{l_3} = M_l = 常数 \tag{9-1}$$

运动相似即速度场的几何相似，如图 9-2 所示。

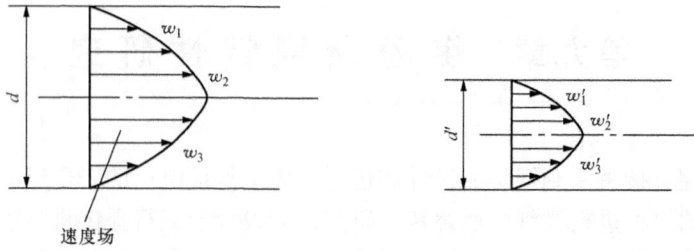

图 9-2　运动相似

满足的条件为

$$\frac{w'_1}{w_1} = \frac{w'_2}{w_2} = \frac{w'_3}{w_3} = M_w = 常数 \qquad (9-2)$$

温度（浓度、压力等标量）相似如图 9-3 所示，需满足类似条件。

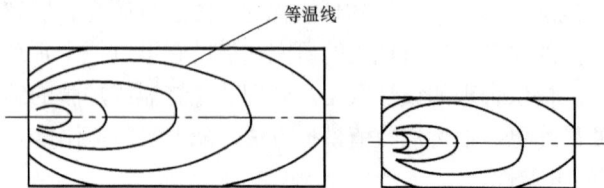

图 9-3　温度相似

其他如时间、受力等相似也类同。

物理相似实际上可以归结为标量场和向量场的几何相似。

对于标量相似（如温度、压力等）需满足的条件为

$$\frac{\theta'_1}{\theta_1} = \frac{\theta'_2}{\theta_2} = \cdots = \frac{\theta'_i}{\theta_i} = M_\theta = 常数 \qquad (9-3)$$

对于向量相似（如速度、受力等）需满足类似的条件为

$$\frac{u'_i}{u_i} = \frac{u'_{ix}}{u_{ix}} = \frac{u'_{iy}}{u_{iy}} = \frac{u'_{iz}}{u_{iz}} = M_u = 常数 \qquad (9-4)$$

2. 模化的目的和条件

采用模化试验研究的目的如下。

(1) 当需要研究的工程对象很难直接进行研究或根本不能进行直接研究时，则可用模型研究来获得相似于该工程对象的现象。例如，燃烧设备一般比较复杂和庞大，在原型上研究燃烧过程，要耗费大量的人力和物力，有时甚至是难以实现的。如果采用模型研究方法，试验规模较小，工作比较方便，研究起来比较深入和细致，测量也比较准确，因此它是一种比较有效、应用广泛的研究方法。

(2) 当需要研究新设计的工程对象时，或对它的燃烧设备进行技术改造时，如果存在几种技术方案，首先在模型上进行模化试验，可以获得与新设计的工程对象（尚未存在的实物对象）相似的现象，然后进行方案比较，可筛选出技术指标比较先进、结构合理的技术方案。

模化研究需要满足的基本条件如下：

(1) 物理条件。模型的现象和原型的现象应当属于同一类，即可以用同一个基本微分方程组描述。例如，用可压缩流体（特别是蒸汽或压缩空气）来模拟不可压缩流体的现象是不正确的。

（2）空间条件。也称几何条件，指发生现象的空间的几何形状和大小必须相似。

（3）时间条件。指所发生的现象在时间上是相似的，对应的时间间隔成比例，或者是定常过程，或者是非定常过程。

（4）边界条件。指同周围介质相互作用的条件是相似的。例如，射流和射流之间相互作用或相互交接的边界，射流和固体壁之间作用的边界必须保持相似。

（5）相似准则。在模型和原型的对应断面上，已定相似准则在数值上必须相等，只有成自动模拟的那些准则才可以不遵守这个条件。

如果任何一个已定相似准则在某一数值范围内变化时，而现象的相似性实际上并不破坏，则对于该准则而言，这种现象就称为自模化或自模拟。该准则的相应数值范围叫做自模化区。例如，黏性流体沿管道或暗槽运动的特性（其中特别是横断面上的速度分布）与雷诺数无关，这是两种极端流动状态——层流和惯性流所具有的特性。在自模区中不必保持模型和原型的雷诺数相等，现象将会自模拟，也就是说，甚至在不同的雷诺数下模型所发生的现象也将会自动模拟原型（近似地相似）。

进一步的研究表明，当雷诺数 $Re<2300$ 时，管道中黏性流体处在层流运动状态，这个自模区就叫做不可压缩黏性流体定常有压流动的第一自模区。这时层流流动的阻力系数 ξ 经推导结果和雷诺数的关系为

$$\xi = 64/Re \tag{9-5}$$

当雷诺数的值充分大时，即当流体的运动速度大（但不超过其声速的 0.3 倍左右），或者管道尺寸大，或者流体的黏性小（如水等）时，摩擦力和惯性力之比，摩接力可以忽略不计，这时所处的运动状态叫做惯性状态。而惯性状态是与雷诺数无关的，即对于雷诺准则是自模化的（因为在惯性状态下，对于相对粗糙度的每一个具体值，摩擦系数都是常数）。呈现惯性运动状态的雷诺准则值的自模区（Re 大于上临界值），叫做第二自模化区。

在某一确定的粗糙度下，对于上面所讨论的流体运动情况，黏性有压流中摩擦系数和雷诺数的关系如图 9-4 所示。如果流体运动处在第二自模化区，流体运动不再受雷诺数的影响，即模型和原型中发生的物理现象自动相似，这时雷诺准则称为自模化准则。

二、相似准则和燃烧过程的相似

1. 相似准则

所谓相似准则，指的是两个物理现象的相似（或模型和原型之间的相似）在对应坐标点上必须遵守的准则数，也称为相似定数。它是由几个不同物理量组合成的综合数群，因为它是无因次的，有时又称为无因次群。它们是用各种方法经过严格的推导得出的，目前比较简单的方法是积分类比法。

积分类比法的步骤如下：

（1）先写出该类物理现象的基本微分或积分方程组。

（2）所有各阶导数都用它们的积分类来代替，换句话说，就是去掉所有的微分符号。

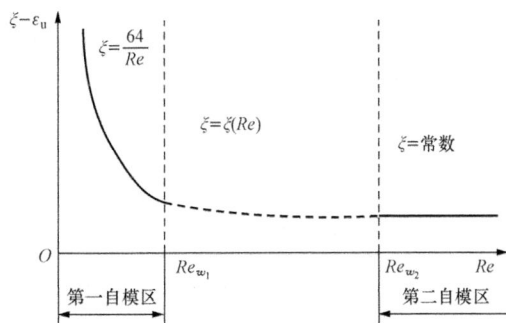

图 9-4 不同雷诺数的自模化区

（3）所有向量沿坐标轴的分量都用向量的绝对值来代替，坐标用该系统的特性尺寸来代替。

（4）所有的符号、加号和减号要用相似符号（即比例符号）代替。

（5）把得到的每一个比例式的全部组合量除以其中的任何一个，它们即变成无量纲的组合，这就是准则数。

在研究燃烧的流动特性时，利用积分类比法推导的准则数包括以下几个。

（1）佛鲁德（Froude）准则数。计算式为

$$Fr = \frac{w^2}{gL} = 常量 \qquad Fr \propto \frac{惯性力}{重力} \qquad （表示重力的影响） \qquad (9-6)$$

式中：w 为流场的平均速度；L 为定性尺寸。

（2）欧拉（Eular）准则数。计算式为

$$Eu = \frac{\Delta p}{\rho w^2} = 常量 \qquad Eu \propto \frac{压差}{惯性力} \qquad （表示压力的影响） \qquad (9-7)$$

（3）雷诺准则数。计算式为

$$Re = \frac{wL}{\upsilon} = 常量 \qquad Re \propto \frac{惯性力}{黏性力} \qquad （表示黏性力的影响） \qquad (9-8)$$

以上准则中，由已知量（单值条件所给定的量）组成的相似准则，叫做已定相似准则；出于现象相似的结果而得出另外的准则，称为待定相似准则。待定相似准则对已定相似准则的函数关系叫做准则方程。如果佛鲁德准则、雷诺准则是由单值条件所给定的话，则未知的欧拉准则和它们之间的函数关系为

$$Eu = f(Fr, Re) \qquad (9-9)$$

2. 燃烧过程的相似准则

上面所提到的流动过程的准则和准则方程，仅仅满足于冷态气体动力场的相似。由于燃烧过程中还伴有传热和传质过程，所以燃烧过程的相似首先要求流动和传热传质过程的相似，这就要遵守许多相似准则。

（1）施密特（Schmit）准则数。计算式为

$$Sc = \frac{\frac{wL}{D}}{Re} = \frac{\upsilon}{D} = 常量 \qquad \left(表示\frac{对流所造成的物质迁移}{分子扩散所造成的物质迁移}与雷诺数之比\right) \qquad (9-10)$$

（2）达姆克勒（Damkohler）第一准则数。计算式为

$$D_1 = \frac{w_m L}{C_i w} = 常量 \qquad \left(表示\frac{燃烧消耗率}{对流所造成的物质迁移}\right) \qquad (9-11)$$

式中：w_m 为燃烧速度；C_i 为某组分在某点处的体积浓度；w 为流动速度。

（3）普朗特（Prandtl）准则数。计算式为

$$Pr = \frac{\frac{wL}{a}}{Re} = \frac{\upsilon}{a} = 常量 \qquad \left(表示\frac{对流所造成的热传递}{导热所造成的热传递}与雷诺数之比\right) \qquad (9-12)$$

（4）达姆克勒第三准则数。计算式为

$$D_3 = \frac{w_m QL}{\rho c_p w T} = 常量 \qquad \left(表示\frac{燃烧产热率}{对流所造成的热传递}\right) \qquad (9-13)$$

此外，还有些不是独立的准则数如阿累尼乌斯准则数、达姆克勒第二准则数和达姆克勒

第四准则数等，以及煤粉两相流条件下的斯托克斯准则数。

三、流动过程的相似条件和模化方法

1. 相似条件

任何现象的模化指的是实现"模型"和"原型"之间发生的现象相似。研究流动过程的相似条件如下：

（1）模型和原型几何相似。炉膛和燃烧器的几何尺寸成比例。一般燃烧器模化时缩小的比例是 1/2～1/5，炉膛模化时缩小的比例为 1/15～1/30。

（2）物性条件相似。流体的温度和密度等物性条件必须保持相似。

（3）时间条件相似。模型和原型中的物理过程和化学反应均为稳定过程，一般不研究不稳定的瞬态过程。

（4）气体流动处于第二自模化区。这时流动过程和雷诺数无关。

（5）模型和原型的欧拉数相等。这是流动过程相似必须遵守的重要准则。对于不可压缩流体的定常有压流动，在第二自模化区内，由于忽略重力的影响，即不考虑佛鲁德数，只得到一个相似准则，就是欧拉准则。

（6）射流相互作用条件相似。炉膛中都是多股射流，模化时必须保持射流的相互作用条件相似。

以上六个相似条件，是炉膛和燃烧器模化中必须遵守的条件。

2. 模化方法

流动模化分为冷态和热态模化，包括气体动力模化、多股射流混合过程的模化和燃料燃烧过程的模化。采用的模化方法有水力模化、气体动力模化和燃烧过程的局部模化。

（1）水力模化。以水作为流动介质，研究流体的流动过程，是早期一种最简单、最直观的模化方法。可以是一元、二元或三元模型，一般采用一元或二元水模型。

水力模化的最大特点是流动图形比较清晰，便于定性观察和摄影。试验时不需要太高的流速，就能使流动进入第二自模化区，这是因为水的运动黏性系数 ν 较小的缘故。

（2）气体动力模化。气体动力模化简称为气模。一般以空气作为介质来研究流体的流动过程。它不仅可以用发烟剂或塑料小球进行示踪，直接观察和摄影，而且能够用各种探针、热线风速仪和激光测速仪进行定量测量，准确地测绘气体流动图形。

（3）燃烧模化。燃烧模化又称热态模化。它不同于水模和气模的等温模化，属于非等温过程。它除了有流动和混合的物理过程外，还发生强烈的高温化学反应过程、热量交换过程和质量交换过程，炉内各处温度、速度和浓度都将发生较大的变化，还包括热烟气的膨胀等。显然，对于这些复杂的过程，用等温的方法来完全准确地模拟是比较困难的。一般只能进行局部模化或近似模化。如燃烧器模化、炉膛模化、传热和传质过程模化、燃料燃烧特性模化、燃烧机理的局部模化、运行条件对燃烧效率影响的模化等。

四、燃烧过程的近似模化

流动过程（包括热态）的相似要具备下列条件。

（1）几何相似。模型和原型的几何形状相似。

（2）运动学相似。模型和原型中每个质点的运动图形相似。

（3）动力学相似。模型和原型中各种力的作用关系必须相似。

（4）热力学相似。系统中不同部位的温度差对于原型和模型必须有相同的数值。

（5）化学过程相似。系统中不同部位的浓度差对于原型和模型必须有相同的数值。

（6）燃烧过程的工况组织要相似。如过量空气系数相同，燃料相同（包括煤粉细度或燃油雾化特性相同），一、二次风混合过程相似等。

（7）两相流动的相似。

要保持上述条件相似，可以推导出较多的相似准则。下面仍以流动过程相似为例，整理后的准则方程为

$$Nu = f(Ho, Re, Fr, Ar, Gr, Eu, St) \tag{9-14}$$

式中：Nu 为努谢尔持准则数；Ho 为均时性准则数；Re 为雷诺准则数；Fr 为佛鲁德准则数；Ar 为阿基米德准则数；Gr 为格拉晓夫准则数；Eu 为欧拉准则数；St 为斯托克斯准则数。

斯帕尔丁（Spalding）对此作过统计，为了保持流动过程相似，要遵守 120 个相似准则。事实上，这些准则之间有很多是相互矛盾的，也是不可能实现的。即使遵循几个有限的相似准则，要达到燃烧过程的完全模化还是比较困难的。在目前条件下，只能做到燃烧过程的定性模化或近似模化、局部模化，只能模拟研究对象的主要过程。

1. 燃烧器出口流场的近似模化及热态模化

燃烧器出口流场的研究是很重要的，它是改造原有燃烧器和发展新型燃烧器的重要内容。为了使模型研究结果更接近于实际，模化时一般遵守下列相似条件：

（1）严格保持几何相似。

（2）流动进入第二自模化区。

（3）燃烧器多股射流之间的动量比相等。

在这些条件下，研究燃烧器出口流场的内容包括以下几个方面：

（1）燃烧器阻力特性的研究。

（2）燃烧器出口速度分布均匀性的研究。

（3）燃烧器出口气流的衰减特性。

（4）燃烧器出口气流结构的研究。

（5）燃烧器的热态模化。

2. 炉膛模化

炉膛模化的方法尽管很多，但归纳起来主要有两种，一种是纯几何相似模化方法，另一种是矫形模化方法。

（1）纯几何相似模化。纯几何相似模化方法比较简单，它严格遵守近似模化的三个基本条件，尤其是几何相似条件。完全按一定的比例将原型缩小，燃烧器也按同样比例制造模型。例如，国产 400t/h 锅炉的炉膛模化，炉膛按 1/12.5 的比例缩小，直流燃烧器也按同样比例缩小。模型冷态空气动力场试验结果表明：在燃烧器区域及炉膛出口附近，均有气体的倒流现象；在炉膛中心线附近，气流的速度比较低。模化结果如图 9-5 所示。

（2）矫形模化方法。在炉膛中，实际燃烧过程有如下现象：当 60～200℃ 的煤粉气流离开一次风喷口后，由于吸收来自炉墙和火焰的辐射热及卷吸周围高温烟气的对流热，在距出口一定距离的地方便开始着火，温度急剧上升。气流中的含氧量迅速下降，烟气中的 CO_2 含量则迅速增加。在燃烧初期的 0.2s 内，将烧掉煤粉量的 80%，这是燃烧最激

烈的阶段。随着燃烧过程的继续发展，在炉膛内形成一个旋转上升的火柱，煤粉颗粒逐渐燃尽。

根据相似理论，凡两种物理现象的同名无因次量，在几何相似的空间点上应全部相等，若边界条件得到满足，这两种物理现象则完全相似。事实上，完全满足边界条件是不容易的。在锅炉炉膛模化中，一般只满足以下三个具体条件：

（1）模型和原型维持几何相似。

（2）气体流动处于第二自模区。

（3）燃烧器出口的气流动量比相等。

在国产 400t/h 锅炉炉膛的模化中，严格遵守了这三个条件，但是试验结果和实际热态空气动力特性仍有较大的差别。在炉膛中心，气流有明显的向下倒流运动，这在实际过程中是不存在的。这是因为"纯几何相似"的模化方法，完全没有考虑燃烧引起的气体膨胀，忽略了气体容积的变化。

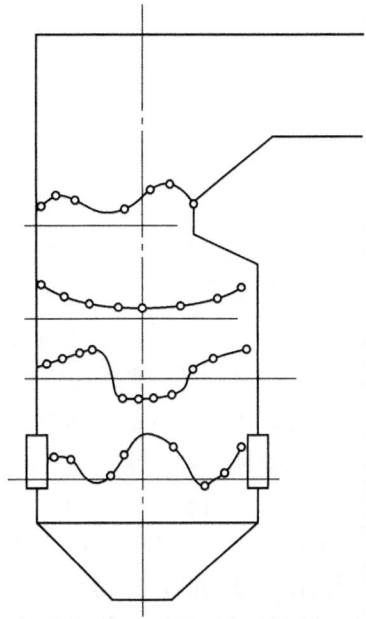

图 9-5　纯几何相似模化炉内速度场

矫形模化方法就是采用一定手段，比如将模型燃烧器放大，后移一段距离，以及后移燃烧器几何相似等，使模化结果比较符合实际情况。

此外，电站锅炉炉内空气动力场试验也属于炉膛冷态模化的一种。新安装的锅炉或经过燃烧器改造和大修后的电站锅炉，一般都要进行炉内空气动力场试验。它的目的一方面是检查锅炉安装或维修后的质量，另一方面是提供锅炉热态运行的依据，如燃烧器各通风管道的风量平衡、风门的调节特性、炉内气流分布的均匀性等。

炉内空气动力场试验一般是在冷态条件下进行的，只涉及空气的流动，没有煤粉的加入，而且是在室温条件下进行的，并没有达到实际炉膛中的 1500℃ 左右的高温。在这种情况下，如何使冷态空气动力场试验尽量接近于热态的燃烧工况，使冷态试验给热态运行提供较可靠的数据，是试验要解决的问题。这实质上也是一种燃烧过程的物理模化，它不同于矫形模化，而是在工业原型上的纯几何相似模化，重点是空气动力模化。这种模化在工业现场获得非常广泛的应用。

3. 燃烧过程冷热态模化的相似程度

实际的燃烧过程，特别是大型锅炉炉膛内的煤粉燃烧过程是比较复杂的。用冷态试验来完全模拟整个燃烧过程，目前是比较困难的。一般多进行部分模化（如燃烧器模化或着火模化）或总体模化中的主要过程（如炉膛模化等）。即使如此，也仍然存在冷热态相似的程度有多大？冷态模化结果的可信度和意义如何，应采用什么样的模化方法，才能使冷态结果尽可能接近于实际的燃烧过程等问题。

种种模化试验结果表明，冷热态状况下相似程度是比较大的，冷态模化试验对了解热态过程有较大的帮助。

冷态和热态下流动过程大体相似，其理论分析如下：

（1）冷热态的流场处在强烈扰动的湍流区，在雷诺数较大的第二自模化区进行。

（2）把燃烧条件下的流动过程，看成是比冷态条件下温度更高的等温流动过程，也就是说，冷热态均是近似的等温流动，只是它们的绝对温度不同。测量结果表明，钝体尾迹回流区中的温度是均匀的。

（3）燃烧流动的两相过程有时可以作为均相处理。对于气体和雾化较好的液体燃料已得到证明。对于煤粉，由于磨得较细（约 $100\mu m$），它占输送的空气重量较少，在流动速度较大时（$20\sim25m/s$），煤粉和气流间速度滑移较小。在燃烧情况下，烟气体积有较大的膨胀，它和煤粉体积之比已大于 1000 倍。根据理论，这时的两相流动可近似地看成是单相流动。它和冷态的单相气体流动过程是相似的。

斯帕尔丁在综合了大量冷热态模化试验结果后认为：冷热态过程的变化规律相同，燃料化学反应产生的热量，对流场的影响不大。

冷热态之间的相似性可以归纳为：两者有一个相似的流动特性，它们只是绝对温度不同的近似等温流动；近似于单相流动，燃烧状况下的流场，特别是钝体尾迹回流区，是一个扰动强烈的湍流区，化学反应和温度的变化，只能使原来湍流度较强的流场发生较弱的变化，对于处在第二自模区的流场影响不大。

上述的理论分析是比较粗糙的，试验研究也不充分，冷热态流场、温度场及热质交换过程都是比较复杂的，冷热态的相似仅是非常近似的相似、局部相似，甚至只是定性相似。冷态试验结果对热态运行仅提供参考，热态试验结果才是可靠的。

由于计算流体力学和数值模拟技术的发展，加上气体动力模化和水力模化耗资、耗时，在目前的研究中应用越来越少，而是将物理模化（气模、水模、热态模化）和数值模拟相结合起来，达到互相验证的目的。近年来已越来越多地应用 CFD 数模软件来指导设计和运行。

五、旋流燃烧器冷态模化试验研究

某 800MW 锅炉型号为 ΠΠ-2650-25-545-KT，锅炉为矩形单炉膛 T 型布置。锅炉配备 8 套直吹式制粉系统，采用热风送粉，热风温度为 320℃。共有 48 只旋流式煤粉喷燃器，分四层对冲布置在炉膛的两侧墙，每层装有 12 只，每只喷燃器中配有 1 支自动进退油枪。

二次风量为 2 600 000m^3/h（标准状况下），一次风量为 640 000m^3/h（标准状况下），烟气再循环量为 450 000m^3/h（标准状况下）。

在遵守几何相似条件下，原型和模型比为 2：1。同时，还满足质点所受的力比例相同，即 Re、Fr 在两个系统中相同。考虑到前墙的卷吸影响的边界条件，在燃烧器的出口处附加了 2500mm×2500mm 的前墙板。

测试流场采用 dantec 热线风速仪，在每次试验前要对测试设备进行标定，根据热线风速仪的测试原理，标定速度范围为 $1\sim30m/s$。主要考虑热线风速仪标定速度最小不能低于 0.5m/s。

保证锅炉良好的燃烧条件之一是良好合理的配风。关于中心风和二次风的配风，是本课题研究的主要内容之一。如果中心风的风速过高，将破坏着火条件，因此，中心风量应有一定的限制。绥中电厂燃烧器的中心风量要通过该次试验确定。

随着中心风量的加大，回流区的长度逐渐缩短和变窄，起点逐渐外推，由中心风出口被推到燃烧器风口的出口之外；中心风量大于 4000m^3/h 时，回流区由于中心风轴向速度太大而完全被破坏，造成失去稳定着火的基本条件。从稳定燃烧和保护监视器的角度分析，中心风量在 2500～4000m³/h，中心风占总风量约 3％～6％较适合。在该条件下，有一稳定的回流区，回流区起点在喷燃器出口之外。利用模化关系反推到实际燃烧器运行参数，燃烧器中心风出口速度应为 19m/s，二次风速为 45.7m/s；也完全符合二次风速在 40～45m/s 的设计速度范围。通过试验，初步确定单只燃烧器参数为：中心风量 2500～4000m³/h，二次风量 45 000～47 000m³/h，中心风速度 13～20m/s，二次风速度 45～47m/s。

1. 射流特性和调整特性试验研究

可调参数的试验主要研究随着二次风叶片角度的变化，燃烧器二次风出口参数的变化情况。试验结果如图 9-6 和图 9-7 所示。

随着二次风叶片角度的增大，在 10°～40°，二次风切向速度和二次旋流强度随着角度的增大而增加；在 40°～50°，则随着角度的增加而降低。轴向速度随角度变化不大，而切向速度在二次风叶片角度达到 40°以后，明显减小。因切向速度的改变而使二次风旋流强度改变，由 40°时的 10 减少到 50°时的 8.86。

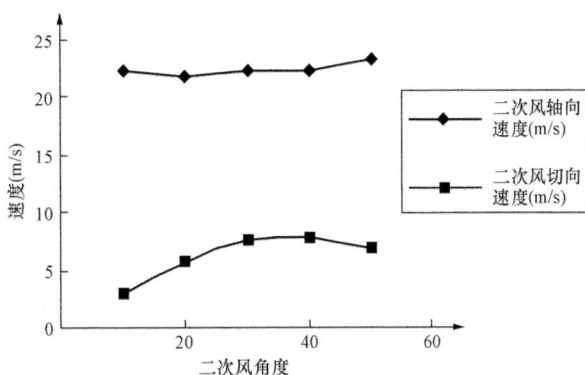

图 9-6 二次风角度对速度的影响

二次风叶片角度小于 30°时，从冷态空气动场来看，流场都没有回流区。由于二次风轴向速度较大，破坏了中心风、一次风和烟气再循环产生的回流区，二次风叶片角度在 10°～20°流场内没有回流区，流场没有稳定的点火热源。轴向速度和切向速度的衰减情况如图 9-6 所示，尽管由于二次风角度的增加，出口轴向速度有所变化，但从衰减情况看，二次风叶片角度在 50°时，其轴向速度同 30°～40°衰减相差不大，50°时轴向速度稍大于 30°～40°的轴向速度，但切向速度衰减却明显高于 30°～40°。说明二次风叶片角度在 50°时，气流扩散角过大，形成了开放气流，因而二次风叶片在 50°时也不适合燃烧流场。适合燃烧流场的二次风叶片角度只有约在 30°～40°范围。

二次风叶片角度对扩散角的影响，如图 9-8 和图 9-9 所示，二次风叶片在 10°～20°范围内，叶片角度对扩散角的调节不大，在此范围扩散角基本没有改变。而在 20°～50°范围内调节，扩散角从 32°变化到 88°，扩散角改变了 56°。因此，扩散角的调节范围在 20°～50°。二次风叶片角度在 10°～20°范围内，气流扩散角基本不变，扩散角为 32°；20°～30°范围内调整扩展可变化 14°左右；在 30°～40°范围内调整，改变 10°，扩散角就要增加或减少 30°左右；在 40°～50°范围内调整，改变 10°，扩散角就要增加或减少 20°左右。因此，二次风叶片在 30°～40°范围内调整，扩散角变化最为灵敏。

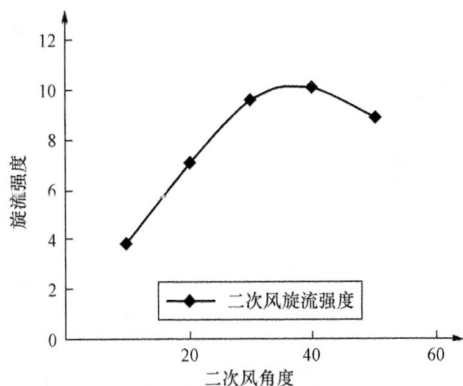

图 9-7 二次风角度对旋流强度的影响

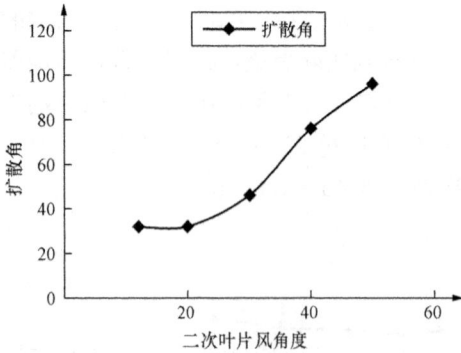

图 9-8　二次风叶片角度对扩散角的影响

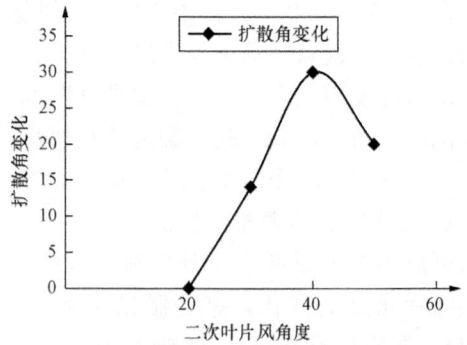

图 9-9　二次风叶片角度对扩散角变化的影响

根据流场测试结果，在中心风量超过总风量的 8％时，流场无回流区，中心风破坏了回流区。在中心风占总风量的 3％～7％时，叶片角度在 30°～40°，流场存在一个稳定的内回流区。

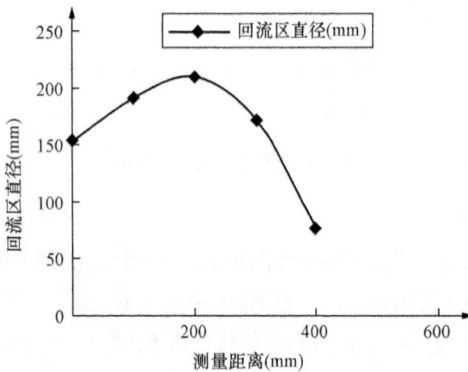

图 9-10　测量的回流区直径

在中心风占总风量小于 7％时，以占总风量的 4％为例，叶片角度为 30°，测量的结果如图 9-10 所示，随着叶片角度的增大，旋流强度的增加，回流区的直径和长度都有变化，直径的变化比回流区长度变化稍为明显。回流区的最大直径在距风口 200mm 处。当中心风量较小时，回流区的起点在风口之内，其形状为薄圆盘形；当中心风较大时，回流区的形状为弯曲叶片形。

2. 模型出口速度的测量

燃烧器在二次叶片风角度为 30°时，扩散角较小，轴向速度和切向速度衰减都较其他角度衰减得慢。测量的参数见表 9-1 和表 9-2。

表 9-1　　　　　　　　　　燃烧器模型出口轴向速度和切向速度及旋流强度

测定项目	单位	轴向速度	切向速度	旋流强度	备注
一次风	m/s	16.83	7	8.97	
烟气再循环	m/s	19.95	9.69	12.33	
中心风	m/s	12.22	2.67	3.58	
二次风	m/s	22.22	7.51	9.58	叶片角度 30°

表 9-2　　　　　　　　　根据模型测定的数据计算实际燃烧器的出口参数

测定项目	单位	轴向速度	切向速度	备注
一次风	m/s	23.01	9.57	
烟气再循环	m/s	36.94	17.94	
中心风	m/s	23.25	5.3	
二次风	m/s	46.98	15.88	叶片角度 30°
实际燃烧器出口平均轴向速度			39.79m/s	有烟气再循环
实际燃烧器出口平均切向速度			14.43m/s	
实际燃烧器出口平均轴向速度			40.17m/s	无烟气再循环
实际燃烧器出口平均切向速度			13.77m/s	

第二节 煤粉燃烧实验研究

模化研究主要侧重于燃烧设备的特性，对于煤的燃烧特性，研究者一般采用热天平等设备，研究煤的热解特性、着火特性、燃烧反应速度、燃尽程度、结渣特性等。

一、煤的热解特性研究

热解是煤燃烧过程中重要的初始过程，对着火有极大的影响，同时对污染物的形成起着重要的作用。因此，对煤热解的理论和试验研究受到越来越多的重视。

国内外普遍采用热天平对煤的热解特性进行研究。热天平可以得到不同煤种的 TG 及 DTG 曲线。可分析得出挥发分的初析温度，根据挥发分的半峰宽得到挥发分的释放速率，根据曲线面积可以得到挥发分的释放量。一些研究者还在热天平试验的基础上，提出了挥发分释放特性指数，包括了挥发分初析温度、挥发分最大释放速率及其对应的温度、挥发分释放量及等效挥发分含量等，通过该指数来判别煤的热解特性。

热天平顾名思义，就是可以加热的天平，在程序控制温度下，可测量物质质量与温度的关系。记录质量随温度变化关系得到的失重率曲线称作热重曲线（或 TG 曲线），失重随时间变化的失重速率曲线称为 DTG 曲线，测量物质和参比物的温度差和温度关系的曲线为 DTA 曲线。通过这些曲线的分析，可以得到煤的热解特性。热天平系统和本体如图 9-11 和图 9-12 所示，测量的曲线如图 9-13 所示。从图

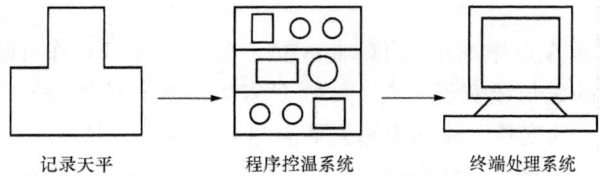

图 9-11 热天平测量系统

9-13 中可以看出，在 200℃前，燃料有较大的失重，这就是挥发分析出阶段。开始失重时温度就是挥发分的初析温度，通过 TG、DTG、DTA 曲线，经过分析就可以得出燃料的热解特性。

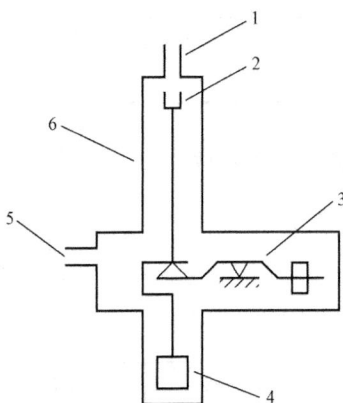

图 9-12 热天平本体
1—出气口；2—样品坩埚；3—天平；
4—配重；5—进气口；6—套筒

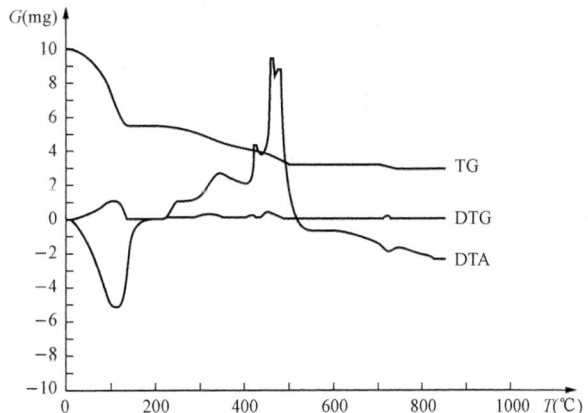

图 9-13 热天平曲线

二、煤的着火特性研究

通过对煤着火机理的研究，煤的均相着火和非均相着火机理已为人们普遍接受。若颗粒

表面加热速率高于颗粒整体热解速率，着火发生在颗粒表面，称为非均相着火。若颗粒表面加热速率低于整体热解速率，着火发生在颗粒周围的气体边界层中，称为均相着火。之后人们更进一步认识到，随着加热速率的升高，它们均向由挥发分火焰直接引燃炭粒的联合着火方式过渡。最近仍有实验和理论研究认为，在热解阶段，碳已开始燃烧，也就是说，在着火初期挥发分与碳的燃烧是同时进行的。在两种着火方式的理论方面，碳粒非均相着火的热力理论因与许多实验结果相符，得到了较普遍的承认和应用。

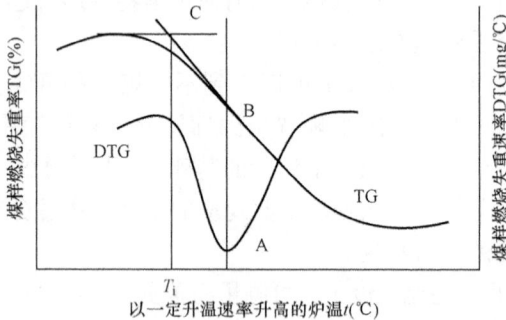

图 9-14　着火温度 T_i 示意图

采用热天平研究煤的着火特性得到了广泛的应用。通过得到的 TG 曲线和 DTG 曲线来确定着火点，进而对煤的着火特性进行比较也是研究者常用的方法。一般常见的在热天平上定义着火点的方法有 TG-DTG 法、温度曲线突变法、DTG 曲线法、TG 曲线分界点法和 TG-DTG 曲线分界点法等。图 9-14 所示为利用 TG-DTG 曲线定义着火温度的方法。

在图 9-14 中，在 DTG 曲线中最大失重速率 A 点作垂线与 TG 曲线交于 B 点，过 B 点作 TG 曲线的切线，它与 TG 曲线初始水平段的延长线交于一点 C，则 C 点可称为开始燃烧点，所对应的温度定义为着火温度 T_i。

西安热工院利用热天平的测量参数着火温度 T_{zh}、燃烧尖峰温度 T_{max} 和燃烧速度 w_1，提出了着火稳定性指标 R_w，即

$$R_w = \frac{560}{T_{zh}} + \frac{650}{T_{max}} + 0.27w_1 \tag{9-15}$$

着火稳定性分级标准如表 9-3 所示。

表 9-3　　　　　　　　　　煤的着火稳定性分类标准

R_w	≤4.0	>4.0~4.65	>4.65~5.0	>5.0~5.7	>5.7
着火稳定性	极难燃	难燃	中等	易燃	极易燃

清华大学傅维标提出了综合考虑挥发分 V_{ad}、内在水分 M_{ad} 和固定碳 FC_{ad} 的通用着火特性指标 F_z，即

$$F_z = (V_{ad} + M_{ad})^2 \times FC_{ad} \times 10^{-4} \tag{9-16}$$

着火燃烧特性判别分类如表 9-4 所示。

表 9-4　　　　　　　　　　着　火　判　别　分　类

F_z	≤0.5	>0.5~1.0	>1.0~1.5	>1.5~2.0	>2.0
着火特性	极难燃	难燃	准难燃	易燃	极易燃

此外，还可以利用着火指数炉、热显微镜、沉降炉和燃烧试验台等设备进行着火特性研究，得到相关的判别标准。

三、煤的燃尽特性研究

对于燃煤锅炉，尤其是大型电站锅炉来说，煤粉的燃尽特性将直接影响锅炉的燃烧效率

和运行经济性。而煤粉的燃尽性能直接取决于炭粒的燃尽，炭粒的反应速率则受诸多因素的影响。其研究方法和着火特性研究一样，实验所得结果可同时分析着火和燃尽特性。

西安热工院利用热天平得到了燃尽特性指数 R_j。燃烧峰下烧掉的燃料量 G、相应的燃烧尖峰温度 T_{max}、烧掉98%燃料所需的时间 τ_{98}，加上焦炭在热天平内 700℃ 恒温条件下烧掉 98%可燃质所需时间 τ'_{98}，通过这四个特征量反映煤的燃尽特性。即

$$R_j = 0.159G + 0.0209(T_{max} + 273) - 0.797\tau_{98} - 0.125\tau'_{98} - 2.658 \quad (9-17)$$

判断煤燃尽特性的分级标准如表 9-5 所示。

表 9-5　　　　　　　　　　煤 的 燃 尽 分 级 标 准

R_j	≤2.5	>2.5~3.0	>3.0~4.4	>4.4~5.7	>5.7
燃尽性	极难燃尽	难燃尽	中等	易燃尽	极易燃尽

还可以利用燃烧试验台，抽取燃烧产物中的灰渣样测量其可燃物含量，得到煤的燃尽率。

四、煤的结渣特性研究

由于结渣特性直接关系到锅炉机组运行的安全性，也是锅炉设计的主要依据，因此，对煤结渣特性进行研究受到国内外众多学者的重视。

对煤结渣特性的判别，一直受到许多学者的关注，并提出了许多的判别指数和判别方法。从大的方面来分，主要分为灰熔融特征温度型结渣指数法、灰成分型结渣指数法、灰黏度型结渣指数法、特种判别方法和综合判别方法。

1. 灰熔融特征温度型结渣指数法

灰的熔融特性是评定煤灰结渣性能的一个重要准则，其测定方法如前所述。初始变形温度和流动温度不易测准确。美国标准给出，在同一实验室和不同操作人员允许的最大误差为（半还原性气氛）：DT 为 70℃，ST 为 55℃，FT 为 85℃。可见 DT 和 FT 误差较大。哈尔滨成套设备研究所根据实际结渣情况对我国 250 种煤进行判别，发现用软化温度来判定煤的结渣性并配以灰成分判别，分辨率只有 65%。经过研究发现，在以角锥法进行实验时，灰样在缓慢加热时由于释放出气体而产生一些小的孔穴，但紧接着开始熔化，这些孔穴又被填满，使试样形状不会发生改变。而熔融性是根据试样形状的变化来确定的，不同煤的孔穴不完全相同，因此带来误差。另一个引起误差的原因是灰的熔融特性实验是在已分解或氧化了的矿物质的生成物基础上做的，而不是在送入锅炉燃烧室的煤中原来存在的矿物质基础上做的。尽管存在这些缺陷，但灰熔融特性判别方法在目前仍是判别结渣的主要方法，已经积累了许多经验。

2. 灰成分型结渣指数法

由于灰的熔融特性主要是由灰中各成分的综合作用结果产生的，因而许多学者致力于用灰的成分来判别煤的结渣特性。目前国内外采用的灰成分判别指数有碱酸比、硅铝比、硅比、铁钙比、结渣指数、沾污指数和结渣温度等。这些指数均是在得到煤灰的各氧化物组成成分后，进行分析计算得到的。据研究，灰成分型结渣指数的分辨率更低，只有 30%左右。因此，一般要与其他判别方法结合使用，作为辅助判别手段。灰成分确定结渣特性不够准确的主要原因是化学分析不能给出煤中存在哪些矿物质成分，如高的 SiO_2 含量可以是由于石英，也可以是由于黏土矿物质引起的，而这两种物质在炉膛中的性质极为不同。还有碱可以

疏松地与氯化物相结合，也可以牢固地沉积在长石的晶格内，然后参加炉膛内的反应。

美国曾对 130 台 300MW 及以上容量锅炉进行了各种结渣指数的调研，结果表明，没有一项可以完全正确预报结渣倾向，其中软化温度、硅铝比分辨率最高，这是针对美国煤情况。哈尔滨成套设备研究所根据实际情况对我国 250 种煤进行的判别，其分辨率为 65%。哈尔滨锅炉厂与哈尔滨工业大学对我国褐煤研究结果认为，软化温度和硅铝比两项指标分辨率可达 74%。其判别标准如表 9-6 所示。

表 9-6 灰熔融温度和灰成分判别煤结渣标准

研究机构	结渣级别	软化温度	硅铝比	碱酸比	硅比
哈尔滨成套设备研究所	轻微结渣	>1390℃	<1.87	<0.206	>78.8
	中等结渣	1260~1390℃	1.87~2.65	0.206~0.4	66.1~78.8
	严重结渣	<1260℃	>2.65	>0.4	<66.1
哈尔滨锅炉厂与哈尔滨工业大学	轻微结渣	>1330℃	<1.7	—	—
	中等结渣	1260~1330℃	1.7~2.8	—	—
	严重结渣	<1260℃	>2.8	—	—

3. 灰黏度型结渣指数法

用灰黏度来预测结渣特性有相当的准确度。因为从理论上讲，只有当一部分灰粒的黏度足以使其附着在壁面上，才有可能在炉膛壁面上产生结渣。西安热工院已将此法用于大容量锅炉设计。过去煤炭科学院只测定 50Pa·s 以下的黏度特性，这对研究固态排渣炉的结渣情况略显不足，应研制黏度大于 50~150Pa·s 以上的黏温特性测试装置，西安热工院已经制成并加以应用，但尚未定型普及。国外在此方面曾经进行了深入的研究，提出了结渣判别指数 R_{vs}。要计算该指数，需要通过实验得到黏度为 25、200 和 1000Pa·s 时的对应温度。当受到条件限制，黏度最高只能达到 50Pa·s 时，一般也能看出煤灰的结渣倾向。有研究认为，煤灰的黏度为 50Pa·s 时对应的温度小于 1350℃ 的煤为易结渣煤种。由不同气氛黏温特性曲线计算出的黏度结渣指数 R_n 被认为是预测各类煤灰结渣倾向较为可靠的指标之一。由于测量材料的限制，国内主要采用还原气氛下的黏度。西安热工院曾对 30 余种煤进行了单一还原气氛黏温特性测定，并得到了单一还原气氛下黏度结渣指数 R_n。

4. 特种判别方法

采用先进的设备对煤结渣特性进行研究，就形成了研究煤结渣的特种方法，也是近年来研究煤结渣特性的特点，但判别的准确性有待于进一步研究。这些特种方法主要有热显微镜法、重力筛分法、渣型对比法、热平衡相图法和电子探针扫描电镜法。下面分别进行介绍。

（1）热显微镜法。用热显微镜可以测定煤在加热过程中的形态和产生的釉质。釉质及其球径越大（表面张力也越大），则结渣性越强。反之，在加热过程中不产生釉质或变形不大的煤种，则结渣性不强。这是一种判别煤结渣特性的新方法。

（2）重力筛分法。在煤的研磨过程中，各种矿物质可能发生偏析，密度不同的煤粉其成分就存在一定差异。重组分筛分物中 Fe_2O_3 含量较大者为易结渣煤种，而轻组分中碱金属含量较高者为易沾污煤种。用重力筛分法来深入判别灰的结渣特性也是一种新的方法。

（3）渣型对比法。实验在一维火焰炉上进行，用一根碳化硅棒伸到煤粉火焰的各个区域中，让灰渣结到碳化硅棒上，然后视其所结灰渣的特性进行分类，进而研究煤灰的结渣特性。

（4）热平衡相图法。由灰成分中数种主要氧化物构成三元或四元相图，通过相图来预测煤灰的结渣倾向。由相图可根据某一种煤的灰分中不同氧化物含量，求得某一温度下构成哪些矿物渣，进而确定在这一温度下的熔融性。

（5）电子探针扫描电镜法。国外早已开始用电子探针扫描电镜配以 X 射线衍射仪对煤灰结渣特性进行分析。这方面的工作在国内还刚刚开始，有待更进一步的工作。

5. 综合判别方法

由于几乎所有方法均存在局限性，用多种判别指数或方法进行综合判别就成为较合理的选择。这方面的判别方法很多，均以灰熔融特征温度为主，采用其他指数或方法作为验证或补充，以提高判别的准确度。

五、煤燃烧污染排放特性研究

人们的环境意识及对环境的要求随着工业化的发展日益提高。对降低煤燃烧产生的污染物的排放的研究也越来越深入，已经达到实用阶段。目前控制的主要气体污染物为 NO_x 和 SO_x，正进行 CO_2 的控制研究。

如前所述，和 SO_x 的生成机理不同，氮氧化物 NO_x 的生成量与煤燃烧方式，特别与燃烧温度和过量空气系数等燃烧条件密切相关。在通常的燃烧条件下，煤燃烧生成的 NO_x 中，NO 占 90％以上，NO_2 占 5％～10％，而 N_2O 只占 1％左右。在煤燃烧过程中，生成 NO_x 的途径有三个，即热力型、燃料型和快速型。其中燃料型是最主要的，它占 NO_x 总生成量的 60％～80％以上；热力型 NO_x 和燃烧温度关系很大，在温度足够高时，热力型 NO_x 的生成量可占 NO_x 总量的 20％；快速型 NO_x 在煤燃烧过程的生成量很小，在油气等碳氢燃料燃烧时为主要的生成途径。

研究者一般利用燃烧试验台，考察煤燃烧过程中 NO_x 和燃烧参数间的关系，研究其生成机理，提出控制 NO_x 生成的原理和措施。

第三节　混煤燃烧特性研究

由于我国煤炭资源分布不均、洗选率比较低、运输能力不足，以及国家有关要求电站锅炉尽量燃用劣质煤的政策等现实原因，造成电厂不可能燃用单一煤种，而不得不燃用混煤，有的电厂设计煤种就是混煤。

一般说来，混煤燃烧时，若煤种选择恰当，混合均匀，配比合理，创造良好的燃烧条件，能给电厂更大的选择余地，能允许操作系统对电厂参数做出更好的控制，发挥组分煤种各自的优越性，取长补短，给锅炉的安全和经济性带来良好的影响。然而，混煤虽然是一个简单的机械混合过程，但由于不同煤种的组成及燃烧特性不同，掺烧时不可能同时满足掺混煤种的燃烧条件，因此，若混煤配置不当，会造成燃烧设备运行水平下降，燃烧不稳定，效率降低，结渣积灰加剧，甚至造成停炉事故。因此需要对混煤燃烧进行燃烧特性研究，以确定混配方式和燃烧运行方式。

混煤燃烧特性研究的方法与手段和前述的单煤燃烧特性研究方法一样，需要利用各种试验设备，综合冷、热态试验和数值模拟方法，研究单煤及混煤的燃烧特性，确定最合理的混配方式。

本书作者利用热天平及燃烧试验台等设备，对单煤及混煤的燃烧特性做了大量的研究工作，完成了一些电厂的混煤燃烧研究，为锅炉机组的合理设计和优化运行提供了参考。

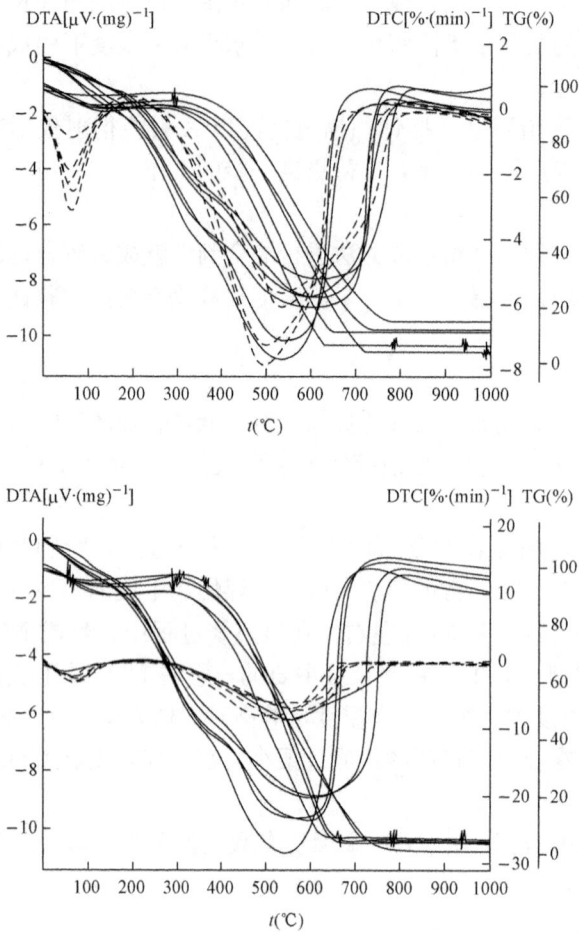

图 9 - 15　混煤燃烧特性曲线

图 9 - 15 所示为利用热天平完成的混煤热重实验研究结果。

试验煤质为神华煤、平塑煤和新高山煤的不同比例混煤。对于神华煤混配平塑煤，其混煤特性基本是处于组分煤种之间，并且随着平塑煤比例的增加，其特性逐渐偏向于平塑煤，显示出较好的线性关系，并且燃尽效果好于单煤。而对于单煤性质更为接近的神华煤和新高山煤，其混煤在着火时显示出较好的线性关系，混煤都处于单煤之间，但在后期燃烧时，燃尽时间基本比单煤长。从总的情况看出，褐煤混煤和烟煤混煤的燃烧特性基本处于组分煤种之间，有少量混煤的燃烧特性不同于两种单煤。

混煤着火温度基本处于组分煤种之间，混合比对混煤的着火温度影响不大，这主要是由于所配比的两种单煤的着火温度相差不大造成的。

神华煤燃尽时间最短，平塑煤燃尽所需时间最长，新高山煤燃尽时间居中。各种混煤的燃尽时间没有多大的差别。对于神华煤混平塑煤，其混煤的燃尽时间偏向于难燃尽的平塑煤，随着平塑煤比例的提高，其燃尽时间略有增加。而神华煤混新高山煤，其混煤的燃尽时间没有明显的规律。基本上是比两种单煤都难以燃尽。

此外还进行了部分工况在 40℃/min 升温速率条件下的热分析试验，和 20℃/min 条件下的结果进行了比较，结果表明：在着火燃烧以前，两者没有什么差别，着火以后，在以温度为横坐标的情况下，高升温速率时，燃烧曲线比较平缓，燃尽温度高。并且对神华单煤，在 1000℃ 时还没有燃尽。这是因为升温速率高，则燃烧时间短，40℃/min 升到 1000℃ 所需时间是 20℃/min 时的一半。所以虽然温度高，但时间不够，没有燃尽。在高温条件下，燃烧处于扩散区，由于没有煤粉和空气的混合过程，就抵消了燃烧的有利条件，显得燃尽温度高。高速率条件下，失重率大，这主要是时间短的原因，总失重量差别不大。说明高速率条件下燃尽所用的时间还是要短一些的。从 DTA 曲线看，高速率时，放热峰更大，说明燃烧要猛烈一些，这也是因为时间较短的原因。总的来看，高升温速率条件下燃尽时间短，燃烧猛烈，燃尽温度较高。

图 9 - 16 所示为配有独立制粉系统的燃烧试验台，可以进行各种参数下的燃烧特性研究。

图 9 - 17 所示为 800MW 超临界旋流燃烧器对冲燃烧锅炉混煤燃烧数值模拟研究温度场计算结果。

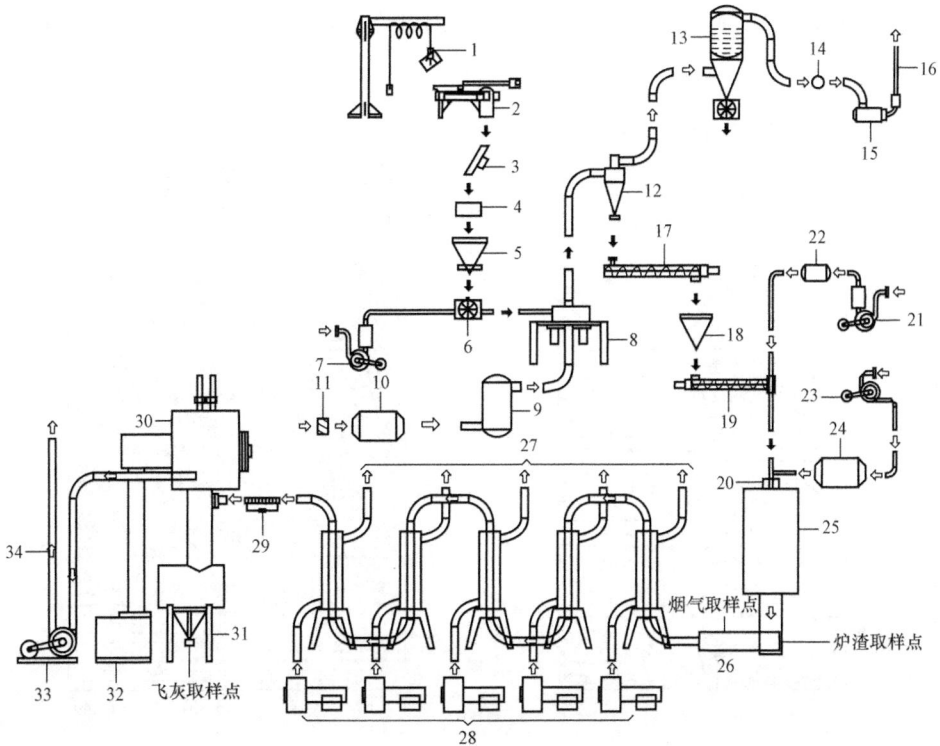

图 9 - 16　燃烧试验台

1—吊车；2—运煤皮带；3—吸铁器；4—燃煤机；5—抛煤斗；6—给煤机；7—给煤风机；8—磨煤机；9—消声器；
10—空气加热器；11—过滤器；12—旋风分离器；13—布袋除尘器；14—防爆器；15—排粉机；16—排粉烟囱；
17—传送带；18—粉煤仓；19—螺旋给粉机；20—燃烧器；21—一次风机；22—一次风加热器；23—二次
风机；24—二次风电加热器；25—炉膛；26—烟道；27—烟气冷却装置；28—烟气冷却风机；
29—烟气再加热器；30—静电除尘器；31—灰斗；32—变压器；33—引风机；34—烟囱

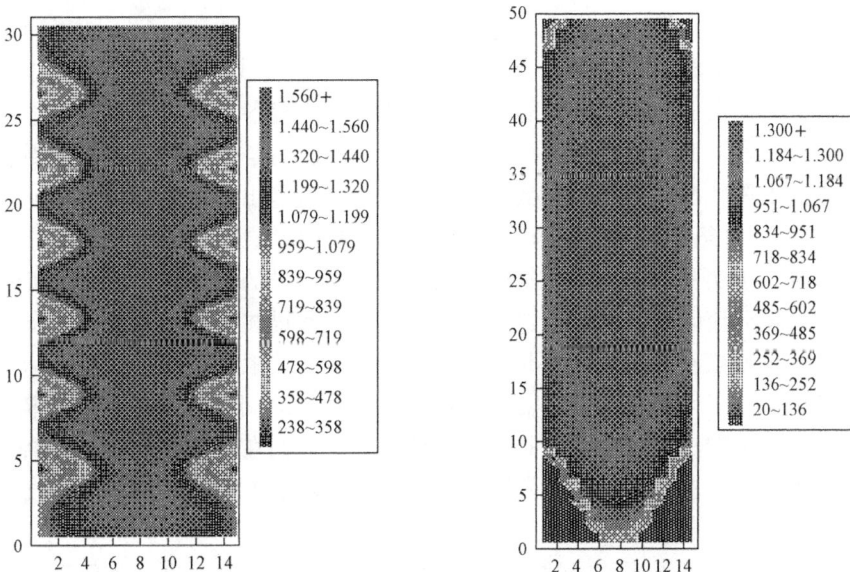

图 9 - 17　炉内温度分布

图 9-18 所示为 800MW 超临界旋流燃烧器对冲燃烧锅炉混煤燃烧数值模拟研究速度场计算结果。

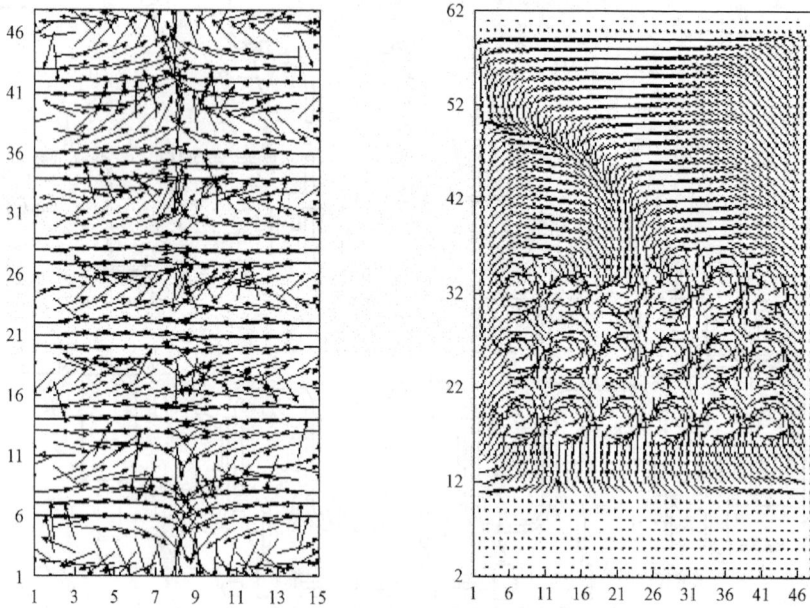

图 9-18　炉内速度场分布

第四节　煤粉燃烧过程数值模拟

一、概述

自从英国伦敦帝国科技大学教授 D. B. Spalding 和 V. S. Patankar 于 1972 年在第十四届国际燃烧会议上正式提出炉内三维流动过程的计算机数值模拟建议以后，随着计算机技术的发展，炉内过程的数值模拟方法得到了很大发展，在工程领域内的应用获得了巨大的成功。现在，炉内数值模拟已成为锅炉设计的重要手段之一，世界各国都加紧对炉内过程数值模拟方法进行研究和开发。调峰机组低负荷稳燃、炉内结渣、污染的控制等，都需要了解炉内的燃烧、流动、温度等状况，因而炉内数值模拟计算已日益显出其重要性。

Spalding 在 20 世纪 60 年代后期，首先得到了层流边界层燃烧过程控制微分方程的数值解，并成功地接受了实验的检验。但是，当人们试图用同样的思想和方法分析实际燃烧过程时，却遇到了处理湍流问题的困难。建立描述湍流输运和描述湍流和燃烧相互作用的数学模型的任务不可避免地摆在面前。Spalding 和 Harlow 等人继承和发展了 Kolmogorov 和周培源等人的工作，创立了"湍流模型方法"，提出了一系列的湍流流动模型和湍流燃烧模型，在一定条件下完成了湍流燃烧过程控制方程组的封闭。他们在对描述湍流及湍流燃烧过程的定解问题进行离散化和求解过程中，发展了各具特色的数值方法和计算程序，成功地得到了一大批描述基本燃烧现象和实际燃烧过程的数值解。

在深入研究和发展湍流流动模型、湍流燃烧模型、辐射换热模型、数值计算方法和计算程序的同时，实际的需要和均相燃烧过程数值模拟的成就，又推动了对多相流动和燃烧问题的研究。1974 年 Gidspow 提出了描述一维两相流动的微分方程，接着 Harlow 和 Spalding 引入各相物质相互穿透的概念，得到了有相间滑移的两相流的数值解。Spalding 进一步开拓关于"相"的概念，提出了多相共存的假设，建立了多相化学流体力学基本方程组和一套多相流的数值解法，成功地对一系列多相流动和燃烧问题进行了数值模拟。

到 20 世纪 80 年代，英、美、法、德、澳、日、苏、中、波、葡等国，相继开展了对燃烧过程进行数值模拟的研究工作，逐渐发展到有可能对大型煤粉锅炉、燃气轮机燃烧室、内燃机、火箭发动机和常见火灾中的三维、非定常、两相、湍流、有化学反应的实际过程进行数值计算，给出热物理参数（速度、温度和组分浓度等）的分布及其变化，预测装置的燃烧性能和污染物的排放水平。这些研究工作和成果极大地丰富了燃烧学科的内容，也促进了燃烧过程数值模拟的发展。

炉内燃烧是极其复杂的物理化学过程，它包含湍流流动、传热传质及化学反应等过程，有时被称为反应流。对于油和煤粉燃烧，还涉及多相流动和相变过程。

燃烧过程可以用一组偏微分方程来描述。对于湍流过程，必须附加湍流模型；对于多相流动过程，必须附加多相流模型；对于辐射传热过程，必须附加辐射传热模型；对于气体燃料燃烧，必须附加湍流燃烧模型；对于油和煤粉燃烧，还必须附加相应的燃烧模型。上述偏微分方程组及有关模型的数值计算，称为燃烧的数值模拟。

燃烧过程的数值模拟发展至今，已经形成了较为成熟的研究内容和研究方法。大致可分为如下内容：

（1）构造基本方程和理论模型。需要模拟的分过程有湍流流动、湍流燃烧、辐射换热、多相流动和燃烧等。

（2）数值方法。数值方法主要包括确定边界条件、建立有限差分方程组和制定求解方法等。

（3）编写和调试计算机程序。根据理论模型和有限差分方程组及求解方法，编写和调试计算机程序。

（4）程序的验证和实际应用。程序调试完成后，需要针对各种工况进行模拟计算，并和实验测量数据进行比较验证，才能不断地改进模型和计算方法。数值模拟的最终目的是应用于工程实际。

二、数学模型

1. 基本控制方程组

多相紊流有反应流动基本控制方程的一般形式描述如下。

连续性方程为

$$\frac{\partial \rho}{\partial t} + \frac{\partial}{\partial x_i}(\rho u_i) = S \tag{9-18}$$

式中：S 为单位体积中体平均的物质源。

动量守恒方程为

$$\frac{\partial}{\partial t}(\rho u_i) + \frac{\partial}{\partial x_j}(\rho u_j u_i) = -\frac{\partial p}{\partial x_i} + \frac{\partial \tau_{ji}}{\partial x_j} + \rho g_i + \sum_k \frac{\rho_k}{\tau_{rk}}(u_{ki} - u_i) + u_i S + F_{Mi} \tag{9-19}$$

式中：p 为静压；ρg_i 为考虑浮力影响的重力项；右端最后三项为相间相互作用力的源项；τ_{ji} 为应力张量。

对于 τ_{ji} ，有

$$\tau_{ji} = \mu\left(\frac{\partial u_j}{\partial x_i} + \frac{\partial u_i}{\partial x_j}\right) - \frac{2}{3}\mu\frac{\partial u_j}{\partial x_j}\delta_{ij} \tag{9-20}$$

能量守恒方程为

$$\frac{\partial}{\partial t}(\rho c_p T) + \frac{\partial}{\partial x_j}(\rho u_j c_p T) = \frac{\partial}{\partial x_j}\left(\lambda\frac{\partial T}{\partial x_j}\right) + w_s Q_s - q_r + \sum n_k Q_k + c_p TS \tag{9-21}$$

式中：λ 为有效导热系数；$c_p TS$ 为单位体积中流体相与颗粒相由于变质量所造成的能量源；q_r 为流体辐射热；w_s 为流体相中 s 组分反应率；$w_s Q_s$ 为流体相单位体积中反应放热。

对非绝热系统，PDF 模型的总焓形式的能量守恒方程为

$$\frac{\partial}{\partial t}(\rho h) + \frac{\partial}{\partial x_i}(\rho u_i h) = \frac{\partial}{\partial x_i}\left(\frac{\mu_s}{\sigma_h}\frac{\partial h}{\partial x_i}\right) - S_h \tag{9-22}$$

混合物分数 f 表达两种组分的混合程度，f 自然也是守恒标量，f 瞬时值守恒方程为

$$\frac{\partial}{\partial t}(\rho\bar{f}) + \frac{\partial}{\partial x_i}(\rho u_j\bar{f}) = \frac{\partial}{\partial x_j}\left(\frac{\mu_s}{\sigma_f}\frac{\partial\bar{f}}{\partial x_j}\right) \tag{9-23}$$

2. 紊流气相流动模型

一般采用雷诺时均法模拟紊流流动。雷诺时均法在处理过程中引入了雷诺应力项，根据处理附加雷诺应力项方法的不同，产生了众多的紊流模型。紊流黏性系数法虽然其对紊流黏性系数 μ_t 各向同性的假定与实际不是很吻合，但由于其经济的计算时间和一定场合较好的计算精度，在工程计算中得以广泛的应用。雷诺时均法分为一阶、二阶及多阶封闭模型。一阶封闭模型包括零方程、单方程、双方程模型。

零方程模型常用的是混合长度模型，即

$$\mu_t = \rho l_m^2\left|\frac{\partial u}{\partial y}\right| \tag{9-24}$$

式中：l_m 为混合长度，一般由实验确定。

零方程模型表达式简单，求解 μ_t 不需要其他的微分方程，同时，该模型建立时间较早，积累了丰富的经验，对于剪切流是非常有效的。但对于回流及旋流流动，l_m 是一个未知场，很难通过实验来确定。另外，当 $\dfrac{\partial u}{\partial y}=0$ 时，$\mu_t=0$，这在理论和实验上都是不可能成立的。因此，零方程模型很少应用在炉内湍流流场的计算中。

单方程模型是将湍流脉动动能 K 和紊流特性尺寸 L 作为湍流特性参数。紊流黏性系数可表示为

$$\mu_t = C_\mu\rho K^{\frac{1}{2}}L \tag{9-25}$$

式中：C_μ 为常数；L 可由混合长度 l_m 得到；K 根据微分方程确定。

经严格推导，并经过适当模化后，K 方程的形式为

$$\rho\frac{\mathrm{d}K}{\mathrm{d}t} = \frac{\partial}{\partial x_i}\left(\frac{\mu_t}{\sigma_k}\frac{\partial K}{\partial t}\right) + \mu_t\left(\frac{\partial\overline{u_i}}{\partial x_j} - \frac{\partial\overline{u_j}}{\partial x_i}\right)\frac{\partial u_i}{\partial x_j} - C_D\rho K^{3/2}L^{-1} \tag{9-26}$$

式中：σ_k 和 C_D 为常数，通过 L 和 K 确定。

代入公式（9-26），原则上即可确定 μ_t 的值。

单方程模型克服了混合长度理论的缺陷，即当 $\dfrac{\partial u}{\partial y}=0$ 时，$\mu_t=0$。但存在难以确定 L 的

困难，所以实际应用并不广泛。

双方程模型将影响湍流黏性系数的两个特征量 L 和 K 转化为另外两个特征量 Z 和 K，并表示成由微分方程控制的变量，其中，$Z = K^m L^n$，选择不同的 m 和 n，就构成了不同的双方程模型。

所以综合考虑精度要求和经济性，选择最常用的标准 k-ε 双方程模型模拟湍流流动。

标准 k-ε 双方程模型中湍流黏性系数 μ_t 方程、k 方程、ε 方程分别为

$$\mu_t = \frac{c_\mu \rho k^2}{\varepsilon} \tag{9-27}$$

$$\rho \overline{u_j} \frac{\partial k}{\partial x_j} = \frac{\partial}{\partial x_j} \left[\left(\mu + \frac{\mu_t}{\sigma_k} \right) \frac{\partial k}{\partial x_j} \right] + \mu_t \frac{\partial u_i}{\partial x_j} \left(\frac{\partial u_i}{\partial x_j} + \frac{\partial u_j}{\partial x_i} \right) - \rho \varepsilon \tag{9-28}$$

$$\rho \overline{u_j} \frac{\partial \varepsilon}{\partial x_j} = \frac{\partial}{\partial x_j} \left[\left(\mu + \frac{\mu_t}{\sigma_\varepsilon} \right) \frac{\partial \varepsilon}{\partial x_j} \right] + \frac{c_1 \varepsilon}{k} \mu_t \frac{\partial u_i}{\partial x_j} \left(\frac{\partial u_i}{\partial x_j} + \frac{\partial u_j}{\partial x_i} \right) - \frac{c_2 \rho \varepsilon^2}{k} \tag{9-29}$$

式中：k 为湍流动能；σ_k 为湍动能的 Prandtl 数；μ_t 为湍流黏性系数；ε 为湍动能的耗散率；σ_ε 为耗散率的 Prandtl 数；c_1、c_2 和 c_μ 分别为湍流模型系数。

紊流流动受壁面束缚和壁面不光滑的影响很大。上文所提到的 k-ε 双方程模型称为高 Re 模型，适用于离开壁面一定距离的湍流区域。这里的 Re 是以紊流脉动动能的平方根作为速度的（又称紊流 Re）。而在与壁面相邻接的黏性支层中，紊流 Re 很低（此处的 Re 是以紊流脉动动能的平方根作为速度的），这里必须考虑分子黏性的影响，此时，k、ε 方程亦要作相应修改。适用于黏性支层的 k-ε 模型称为低 Re 模型。采用高 Re k-ε 模型来计算流体与固体表面间的换热时，对于壁面附近的区域，可采用壁面函数法来处理。

壁面函数与低 Re 模型的方法不同，它在近壁区不求解均流场或湍流量的偏微分方程，因此也就不需要在近壁区布置精细网格。壁面函数的功能是提供近壁网格内平行于壁面的速度分量与壁面应力的关系，近壁网格内温度与壁面温度差同壁面热流通量的关系，以及近壁网格内湍流动能的产生率和耗散率等。这种方法能节省内存与计算时间，而且结果较好，故在工程湍流计算中应用较广。如果计算对象处在流动核心区为旺盛紊流，可以采用高 Re k-ε 模型结合壁面函数法来进行计算。

3. 气固两相流模型

对两相流的研究有两种不同的观点：一种观点是把流体作为连续介质，在欧拉坐标系内加以描述，而把颗粒群作为离散体系，在拉氏坐标系内加以描述；另一种观点是既把流体作为连续介质，还把颗粒群当作拟连续介质或拟流体，两相在空间共存和互相渗透，在欧拉坐标系内加以描述。不同观点描述两相流所得数学方法也不同，目前常用的方法主要分为两大类，即用欧拉方法描述的连续介质模型和用拉格朗日方法描述的颗粒群轨道模型。

一般采用拉格朗日随机颗粒轨道模型，此模型的优点是计算工作量小，节省计算存储量及机时，对有蒸发、挥发和异相反应的颗粒相复杂经历，能较好地追踪颗粒的运动，而且颗粒相用拉格朗日处理数值计算也不会产生伪扩散。其缺点是难以完全模拟颗粒湍流的输运过程，也难以给出能与实测的颗粒欧拉场特征相对应的颗粒速度及浓度空间分布的相近数据。

颗粒轨道模型通过积分拉氏坐标系下的颗粒作用力微分方程来求解离散相颗粒的轨道。

颗粒的作用力平衡方程在笛卡尔坐标系下的形式（x 方向）为

$$\frac{\mathrm{d}u_p}{\mathrm{d}t} = F_D(u - u_p) + \frac{g_x(\rho_p - \rho)}{\rho_p} + F_x \tag{9-30}$$

式中：u 为流体相速度；u_p 为颗粒速度；ρ 为流体密度；ρ_p 为颗粒密度；d_p 为颗粒直径；$F_D(u - u_p)$ 为颗粒的单位质量曳力；F_x 为附加质量力。

其中有

$$F_D(u - u_p) = \frac{18\mu}{\rho_p d_p^2} \frac{C_D Re}{24}(u - u_p) \tag{9-31}$$

$$F_x = \frac{1}{2}\frac{\rho}{\rho_p}\frac{\mathrm{d}}{\mathrm{d}t}(u - u_p) \tag{9-32}$$

式中：Re 为相对雷诺数（颗粒雷诺数）；C_D 为曳力系数。

计算公式如下，即

$$Re = \frac{\rho d_p|u_p - u|}{\mu} \tag{9-33}$$

$$C_D = \frac{24}{Re}(1 + 0.15Re^{0.687}) \quad (Re < 800) \tag{9-34}$$

$$C_D = \frac{19.65}{Re^{0.633}} \quad (5 < Re < 100) \tag{9-35}$$

在拉格朗日坐标系下，颗粒瞬时的动量方程为

$$m_p\frac{\mathrm{d}V_p}{\mathrm{d}t} = \sum F \tag{9-36}$$

式中：m_p、V_p、t、F 分别为颗粒的质量、速度、运动时间及所受到的力。

忽略颗粒的浮力、压力梯度力及虚假质量力的作用等，颗粒质量的动量方程为

$$\frac{\mathrm{d}u_p}{\mathrm{d}t} = \frac{1}{\tau_p}(\bar{u} + u' - u_p) \tag{9-37}$$

$$\frac{\mathrm{d}v_p}{\mathrm{d}t} = \frac{1}{\tau_p}(\bar{v} + v' - v_p) - g \tag{9-38}$$

$$\frac{\mathrm{d}w_p}{\mathrm{d}t} = \frac{1}{\tau_p}(\bar{w} + w' - w_p) \tag{9-39}$$

式中：τ_p 为颗粒松弛时间；u'、v'、w' 是气相的脉动速度。

这里假定气相湍流流场是局部均匀和各向同性的，当颗粒位于某个湍流旋涡时，u'、v'、w' 取为

$$u' = \zeta\sqrt{u'^2} = \zeta\sqrt{\frac{2}{3}k} \tag{9-40}$$

$$v' = \zeta\sqrt{v'^2} = \zeta\sqrt{\frac{2}{3}k} \tag{9-41}$$

$$w' = \zeta\sqrt{w'^2} = \zeta\sqrt{\frac{2}{3}k} \tag{9-42}$$

式中：$\sqrt{u'^2}$、$\sqrt{v'^2}$、$\sqrt{w'^2}$ 为气相湍流脉动速度的平均平方根值；ζ 为符合高斯分布的随机数；k 为气相紊流动能。

颗粒的轨迹方程为：

$$x_p = \int u_p dt, \quad y_p = \int v_p dt, \quad z_p = \int w_p dt \qquad (9-43)$$

4. 煤粉燃烧模型

为了构造完整的气相燃烧模型，需要知道煤粒的挥发分析出过程。由于煤本身组成及结构的复杂性，煤的反应过程很复杂，这其中涉及煤粒的挥发分析出过程与焦炭的形成和燃烧过程。煤粉颗粒在一定条件下发生反应可以分为以下几个步骤：首先是水分蒸发；接着煤被高温加热发生热解反应，产生挥发分和焦炭；然后是挥发分的气相反应及焦炭与氧化剂的非均相反应。

（1）挥发分热解模型。由于煤的物理及化学结构都很复杂，其热解挥发也是极其复杂的过程，包括最初的一些化学键的破裂，不稳定的中间产物的形成，以及形成最终的稳定的热解产物。人们提出了热解的不同模型，主要有单方程模型、双方程模型和多步平行反应模型等，如第七章所述。

（2）焦炭燃烧模型。煤析出挥发分后剩下固体物质是炭或称为残碳，它是多孔性结构。碳在气相氧化剂中燃烧属于气固非均相燃烧，燃烧可能发生在碳粒的外部表面上，也可能发生在碳内部的气孔表面处。在这种非均相反应中一般作如下假定：炭颗粒是处于无限大气流中的炭球；气相反应物首先向颗粒表面或气孔内扩散，进而被固体表面吸附发生反应；气相生成物从颗粒表面解吸，离开固体表面向外扩散。控制整个反应速率的可以是化学的吸附、反应和解吸作用，也可以是反应物、生成物的扩散作用，因此炭的非均相反应速率是化学动力学因素和扩散作用联合控制的结果。

一般采用焦炭燃烧的扩散动力模型，认为焦炭的燃烧速率 R_c 同时受到氧扩散到焦炭表面的速率和化学反应的动力速率这两方面的控制，可表示为

$$R_c = \frac{6r_2 p_{O_2}}{D}(1/K_c + 1/K_d) \qquad (9-44)$$

式中：p_{O_2} 为氧气的分压；K_c 和 K_d 分别为扩散系数和动力系数。

K_c 和 K_d 表示为：

$$K_c = A\exp(-E/RT_2) \qquad (9-45)$$

$$K_d = \frac{ShD_{O_2}M_C}{RTD} \qquad (9-46)$$

式中：Sh 为 Sherwood 数，取为 2.0；D_{O_2} 为氧气的扩散系数；M_C 为碳的摩尔质量。

5. 辐射换热模型

大型电站锅炉的炉内过程数值模拟中，需要对辐射传热过程进行合理准确的模拟，因为辐射传热过程是高温炉膛中的最主要传热方式。但是由于炉膛的边界形状很复杂，而且燃烧产物具有不同的吸收、发射和散射特性，根据所得数值解的精度，以及网格与流动计算的相容性等情况的不同，目前针对不同的适用条件，已发展了很多辐射换热的计算模型。

目前常用的能模拟颗粒与气相之间辐射传热的模型包括 P-1 辐射模型、离散坐标辐射（DO）模型等。

P-1 法是最简单的一种球谐函数法，它假定介质中的辐射强度沿空间角度呈正交球谐函

数分布，并将含有微分、积分的辐射能量传递方程转化为一组偏微分方程，联立能量方程和相应的边界条件便可以求出辐射强度和温度的空间分布。与 DO 法相比，P-1 法考虑了辐射散射的作用，更适用于光学厚度大和几何结构复杂的燃烧设备，并且求解辐射能量方程所需要的时间短，比较适合求解煤粉炉中的燃烧。国内外的研究者在模拟煤粉炉燃烧时多用此模型。

对于辐射热流 q_r，有

$$q_r = -\frac{1}{3(a+\sigma_s)-C\sigma_s}\nabla G \tag{9-47}$$

式中：a 为吸收系数；σ_s 为散射系数；G 为入射辐射；C 为线性各相异性相位函数系数。

引入参数

$$\Gamma = \frac{1}{[3(a+\sigma_s)-C\sigma_s]} \tag{9-48}$$

方程可化为

$$q_r = -\Gamma\nabla G \tag{9-49}$$

G 的输运方程为

$$\nabla(\Gamma\nabla G) - aG + 4a\sigma T^4 = S_G \tag{9-50}$$

式中：σ 为斯蒂芬-玻尔兹曼常数；S_G 为用户定义的辐射源相。

使用 P-1 模型时，求解这个方程以得到当地辐射强度。

合并上面两式，可得到如下方程，即

$$-\nabla q_r = aG - 4a\sigma T^4 \tag{9-51}$$

式（9-51）可以直接代入能量方程，从而得到由于辐射所引起的热量源（汇）。

当模型中包含有颗粒分散相时，可以在 P-1 辐射模型中考虑颗粒的影响。对于包含有吸收、发射、散射性质颗粒的具有吸收、发射、散射的灰体介质，入射辐射 G 的输运方程为

$$\nabla(\Gamma\nabla G) + 4\pi\left(\alpha\frac{\sigma T^4}{\pi} + E_p\right) - (\alpha + \alpha_p)G = 0 \tag{9-52}$$

式中：E_p 为颗粒的等效辐射；α_p 为颗粒的等效吸收系数。

对于各相同性介质，有

$$\Gamma = \frac{1}{3(\alpha + \alpha_p + \sigma_p)} \tag{9-53}$$

6. NO_x 生成模型

在通常的燃烧温度下，煤燃烧生成的 NO_x 中，NO 约占 90% 以上，NO_2 占 5%～10%，而 N_2O 只占 1%。因而在研究燃煤锅炉 NO_x 的生成时，一般主要讨论 NO 的生成机理。

因为相对于燃烧过程中的其余物质，NO 的所占浓度非常小，NO 生成过程的模拟对气相物质的混合特性、热力学特性及燃烧产物的组分分布影响很小。所以对 NO 生成特性模拟采用后处理计算的办法，即在计算完燃烧反应，得到收敛后再计算 NO 生成和消减反应。计算模型如第八章所述。

7. 数值计算方法

目前常用的数值解法主要有有限容积法、有限元法、边界元法和有限分析法。综合考虑这几种方法的成熟程度，实施的难易性及广泛性，有限容积法仍占优势，本书采用有限容

积法。

　　进行数值计算首先要对计算区域进行离散化，即网格化，然后使用基于控制体的方法将控制方程转换为可以用数值方法解出的代数方程。该方法在每一个控制体内对标量的定常状态的守恒输运方程进行积分，转化为积分形式的方程，然后在给定单元内进行离散，并在单元的中心存储标量的离散值，从而产生基于控制体的每一个变量都守恒的离散方程。

　　然而，方程的对流项中需要单元表面处的值，因此必须从相邻单元中心进行插值，这个任务由迎风格式完成。迎风的意思就是，单元表面值是从单元上游的量推导出来的，这个上游是相对于法向速度的方向而言的。当选择一阶迎风格式时，我们假定单元中心变量的值就代表整个单元内各个变量的值，而且单元表面值等于迎风单元的单元中心值。

　　一般采用一阶迎风格式。一般说来，这些方程关于这些变量是非线性的，离散标量输运方程的线性化形式为

$$a_p \varphi = \sum_{nb} a_{nb} \phi_{nb} + b \tag{9-54}$$

式中：下标 nb 代表相邻单元；a_p 和 Φ_{nb} 为线性化系数。

　　代数方程有隐式格式和显式格式两种。对于给定的标量，每一个单元内的未知量用只包含已知量的关系式计算得到的为显式，因此未知量只在一个方程中出现，而且每一个单元内的未知量的方程只需解一次就可以得出未知量的值。对于给定的标量，单元内的未知值用邻近单元的已知和未知值计算得出的为隐式，因此每一个未知值会在不止一个方程中出现，这些方程必须同时求解来得出未知量。本书采用分离解法，只能采用隐式格式。在网格中每一个单元都可以写出相似的方程，这样就产生了具有稀疏系数矩阵的代数方程组。

　　一般采用分离求解方法进行计算，即控制方程是逐个解出的。因为控制方程是非线性耦合的方程，所以在得到收敛解之前，必须进行迭代。而耦合求解方法同时解各个互相耦合的控制方程，然后再单独求解分离的附加标量控制方程。

　　分离求解方法的关键是如何求解压力场，或者在假定了一个压力场后如何改进它。本书采用 SIMPLE 算法改进压力场的计算。SIMPLE（Semi-Implicit Method for Pressure Linked Equations）算法即求解压力耦合方程的半隐方法，使用压力和速度之间的相互校正关系来强制质量守恒并获取压力场，其计算步骤如下：

　　（1）假定一个速度分布，记为 u_0、v_0，依次计算动量离散方程中的系数及常数项。

　　（2）假定一个压力场 p^*。

　　（3）依次求解两个动量方程，得 u^*、v^*。

　　（4）求解压力修正方程，得 p'。

　　（5）根据 p' 改进速度值。

　　（6）利用改进后的速度场求解那些通过源项物性等与速度场耦合的标量，如果此标量并不影响流场，则应在速度场收敛后再求解。

　　（7）利用改进后的速度场重新计算动量离散方程的系数，并用改进后的压力场作为下一轮迭代计算的初值，重复上述步骤，直到获得收敛的解。

　　对于代数方程组的迭代求解方法有很多，较常用的有点迭代法、块迭代法、交替方向块

迭代法及强隐迭代法等，本书采用点隐式 Gauss-Seidel 迭代法。在这种迭代法中，每一步迭代计算总是取相邻点的最新值来进行，因而收敛速度较快。另外还结合代数多重网格（AMG）进行求解，粗糙层面方程的生成不需要创建或者存储任何几何网格或者重新离散，在使用非结构网格时尤其有用，而且不需要在粗糙层面估计任何流量或者源项。

煤粉燃烧数值模拟的整个计算程序的流程框图如图 9-19 所示。可根据实际情况确定边界条件，如采用速度入口边界条件或质量入口边界条件。

由于数值模拟十分复杂，工作量巨大。为了便于计算，很多研究机构开发了商业应用软件。目前数值模拟发展已相对成熟，产生了大批通用商业软件，使模拟过程相应简化。其中

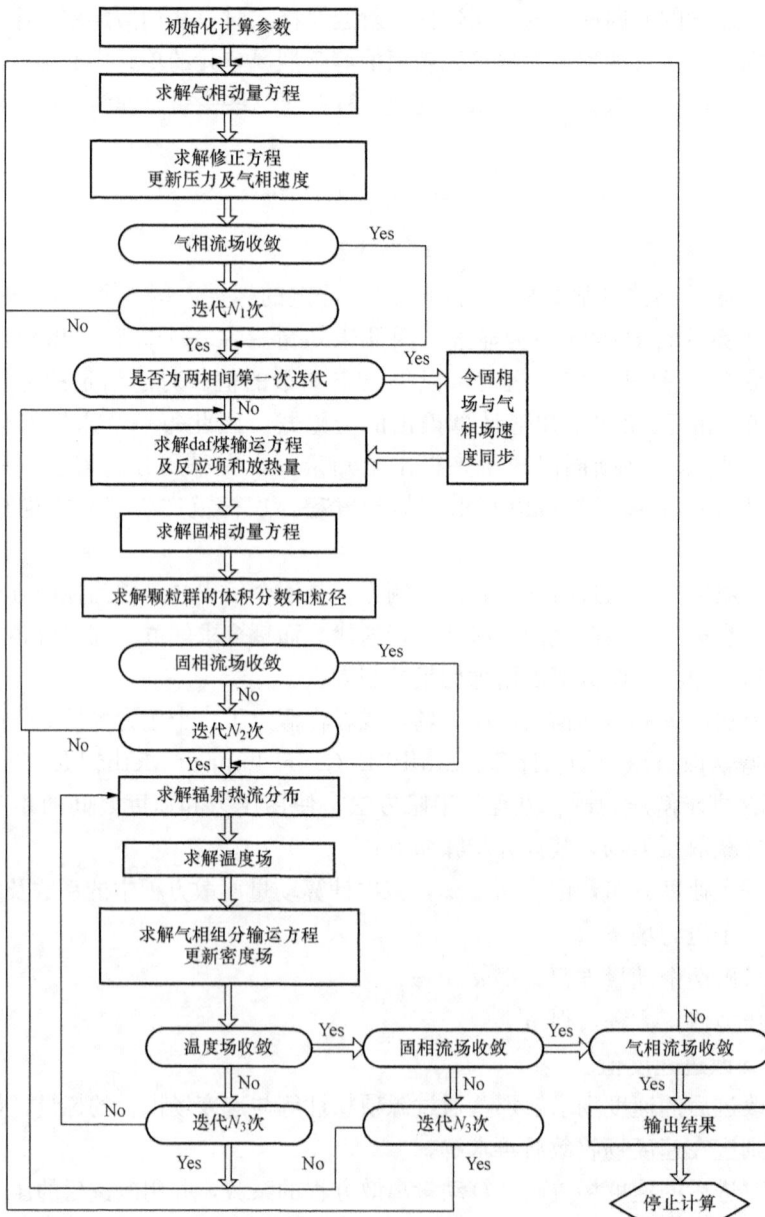

图 9-19　计算流程框图

比较著名的商业软件有以下几类。

（1）PHOENICS 软件（凤凰软件）。1981 年，斯帕尔丁（D. B. Spalding）教授与合作者共同开发的大型通用软件 PHOENICS 软件第一版正式发行。国内俗称凤凰软件，它的名称是 Parabolic，Hyperbolic or Elliptic Numerical Integration Code Series（抛物型、双曲型或椭圆型方程的数值积分的程序系列）的缩写，它是最早开发的反应流通用商业软件。

（2）FLUENT 软件。1982 年由美国 FLUENT 公司推出的 FLUENT 软件，经过历年扩充改版，现已成为世界上销量最大的反应流软件。

（3）STAR-CD 软件。STAR-CD 软件是目前欧洲应用最广泛的大型反应流软件。名称的前半段为 Simulation of Turbulent flow in Arbitrary Region 的缩写，后半段是开发商 Computational Dynamics Ltd 的简称。

（4）CFX 软件。它是反应流系列软件，包括 CFX-4、CFX-5 和 CFX-Tascflow，现属于英国 ATE 公司。CFX 软件的前身为 CFDS-FOW3D 软件，由计算流体动力公司/AEA 技术公司（Computational Fluid Dynamics Services/AEA Technology）于 1991 年开发成功。

（5）TASCflow 软件。TASCflow 软件是较早开发的大型反应流软件，原是加拿大高级科学计算公司（Advanced Scientific Computing Ltd）开发，现由英国 ATE 公司销售，最终归并为 CFX-Tascflow 系列。

（6）BANFF-GLACIER 软件。BANFF-GLACIER 软件是三维燃烧计算通用软件，用于锅炉炉膛和燃烧器的流场、温度场的计算。它是由美国反应工程国际公司（Reaction Engineering International）开发的。

上述软件广泛应用于航天、航空、锅炉燃烧室、内燃机燃烧室、燃气轮机燃烧室、涡轮机械、流体机械、化学工程及环境保护工程等。

对于现代大型锅炉炉内燃烧过程，上述软件在工程实践中已经得到广泛应用。主要应用在：①炉内冷态三维速度场计算；②炉内热态三维速度场和温度场计算；③炉内燃烧过程中氧气浓度和 CO_2 浓度分布计算；④炉内煤粉颗粒或灰颗粒的速度、浓度和轨迹计算；⑤炉内燃烧所产生的有害气体 NO_x、SO_x 的浓度分布计算等。这些计算结果，可以为锅炉设计、改造、运行等提供科学依据。

笔者等人利用 FLUENT 软件，进行了大量的数值模拟研究工作。图 9-20 所示为 600MW 超超临界直流燃烧器墙式切圆燃烧锅炉燃烧数值模拟研究温度场计算结果。

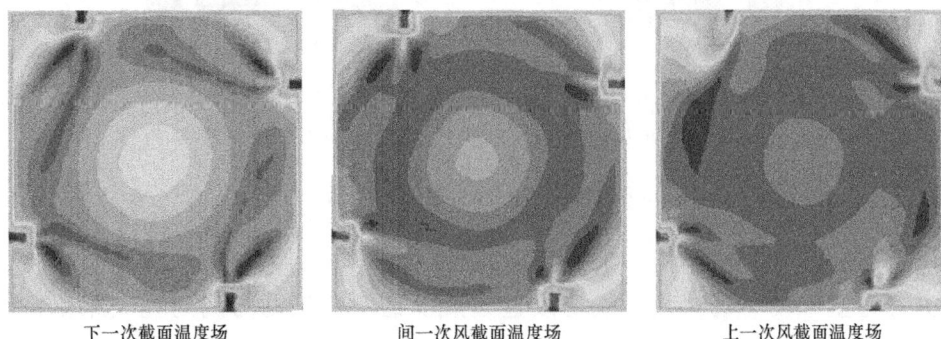

下一次截面温度场　　　　　　间一次风截面温度场　　　　　　上一次风截面温度场

图 9-20　600MW 超超临界墙式切圆燃烧炉内温度场

　　图 9 - 21 所示为 600MW 超超临界直流燃烧器墙式切圆燃烧锅炉燃烧数值模拟研究速度场计算结果。

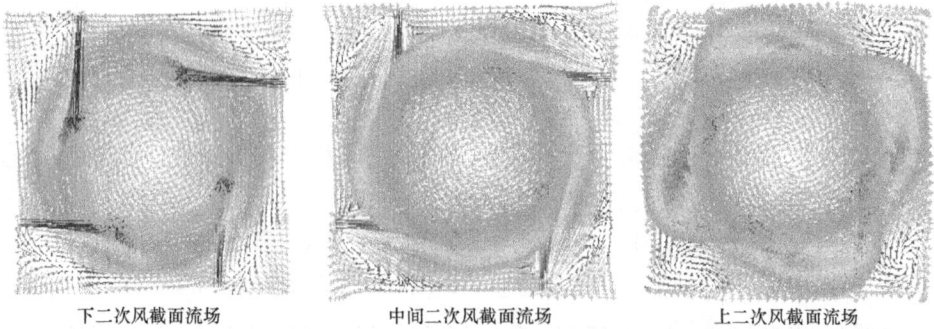

下二次风截面流场　　　　　　中间二次风截面流场　　　　　　上二次风截面流场

图 9 - 21　600MW 超超临界墙式切圆燃烧炉内速度场

　　此外，还进行了污染排放特性研究，开发了污染物排放模型，进行了锅炉污染控制改造，可为锅炉机组的高效低污染燃烧提供参考。图 9 - 22 所示为 800MW 超临界锅炉 SO_2 分布。

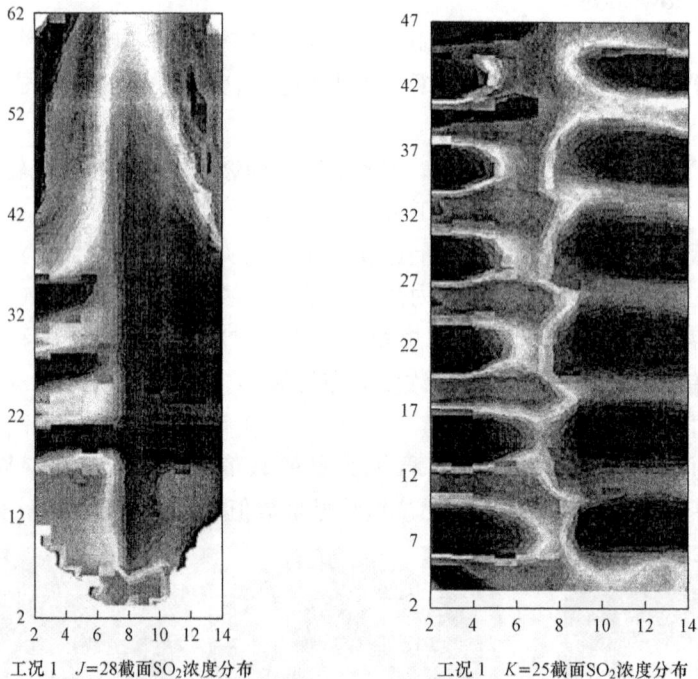

工况 1　$J=28$ 截面 SO_2 浓度分布　　　　　工况 1　$K=25$ 截面 SO_2 浓度分布

图 9 - 22　800MW 超临界锅炉炉内 SO_2 分布

　　某电站锅炉燃烧气流贴壁，造成结渣与高温腐蚀。经过数值模拟研究，提供了改造方案，并经过空气动力场对比，说明改造是成功的。空气动力场对比结果如图 9 - 23 所示。

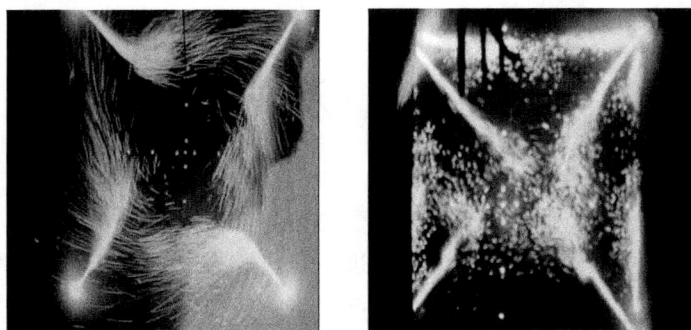

改前　　　　　　　　　　改后

图 9 - 23　改造前后炉膛空气动力场试验对比

第十章　稳定着火及强化燃烧技术

随着时代的发展，社会对经济和环保的要求日益提高，电力工业也在不断进行技术创新，去适应社会进步的要求。电站锅炉需要进一步改善燃烧、降低污染排放、适应煤质变化，以及进行调峰运行、节约点火和稳燃用油，达到机组安全可靠、经济及环保运行的目的。锅炉在高负荷下燃烧稳定，效率高，主要矛盾是解决环保问题；在低负荷时燃烧不稳定，主要矛盾是解决稳定燃烧，提高效率及兼顾环保的问题。

从燃烧理论和锅炉运行实践可知，旋流燃烧器由于有内回流区而改善了着火性能，在合适的煤粉浓度下，燃烧速度和火焰传播速度最高，利于燃烧稳定。因此，实际的稳燃技术都是基于产生回流区和提高煤粉浓度这两种方式，采用不同的技术手段，实现低负荷下的稳定燃烧。

第一节　钝体回流区稳燃及强化技术

借鉴旋流燃烧器的射流特性，利用空气动力学原理，在直流燃烧器的喷口区域采用一定的结构，如各类钝体，或采用旋流器、不同射流方式等，使直流射流产生合适的内回流区而稳定燃烧。常用的方法是采用各类钝体。

一、绕体

在工程实际中经常可以遇到这样的情况，当流体绕流不同形状的物体时，流体的运动情况将发生变化，物体会引起流体流动速度及流场中压力分布的变化，这种现象统称为流体绕过物体的流动。这些物体统称为绕流物体，简称绕体。流体绕流不同形状的物体时，在物体表面附近，特别是下游尾迹区域，流场会有显著的差别。有的流体几乎不影响流体的流动，阻力也不大；有的物体不仅阻碍流体的流动，阻力较大，而且绕过该物体后，流体的流动特性会发生较大变化。在工程上可以利用不同的绕体所产生的流动特性来满足各种需要，解决工程问题。

1. 良绕体

阻力小的绕体称为良绕体。从流体力学的观点看，必须把出现脱体的位置尽量向后移动或脱体必须发生在物体尾端附近，使紊流区尽量狭窄，这样绕流阻力较小。机翼就是典型的良绕体，或称为流线型物体，其阻力相当小。良绕体流场如图 10-1 所示。

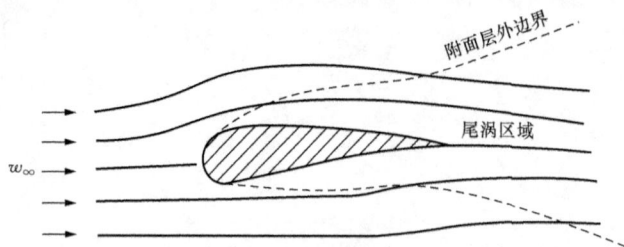

图 10-1　良绕体流场

2. 钝体

当流体绕流物体时，遇到尖角或急剧地改变迎面流束的方向，压力急剧增大，结果脱体现象在未离开绕体时提前发生了，于是阻力增大，速度的大小甚至速度方向发生了较大的变化，在钝体后部产生负压区域，出现倒流现象。这样的物体称为不良绕体，或称钝体。倒流区域称为回流区。工程上有时需要用钝体来产生回流区，如稳燃问题。圆柱体是典型的钝体，其绕流流场如图 10 - 2 所示。后驻点 B 与钝体之间，$w_n = 0$ 速度线以内就是回流区。

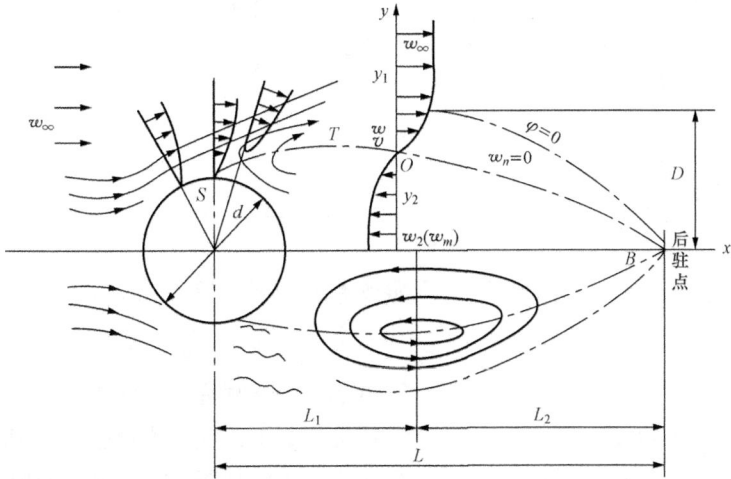

图 10 - 2　圆柱绕流流场

　　钝体形状很多，如图 10 - 3 所示。1 为圆柱体，2 为半圆柱体，3、4、5、6、9 基本属于 V 形钝体。7 为平板钝体，8 为沙丘体，或称为新月形沙丘、沙丘驻涡稳定器，9 也称为船形体。还有椭圆体也是钝体。

二、V 形钝体空气动力学

　　V 形钝体较早被航空发动机采用，后来也被电站锅炉广泛采用。V 形钝体尾迹区的轴向速度 w 分布及流线如图 10 - 4 所示。r_1 表示零速度线（$w_x = 0$）在 y 方向的坐标，r_2 表示零流量线

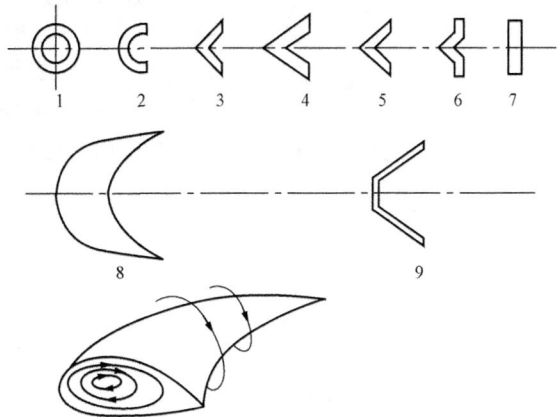

图 10 - 3　各种钝体形状

（$\phi = 0$）在 y 方向的坐标，钝体高度为 H，气流密度为 ρ，根据零流量线的定义，进出回流区的流体质量等于零，有

$$2H\rho \int_0^{r_1} w_r \mathrm{d}r + 2H\rho \int_{r_1}^{r_2} w_x \mathrm{d}r = 0 \qquad (10 - 1)$$

　　随着钝体结构参数的变化，布置位置（阻塞率）的不同，对钝体尾迹回流区的尺寸、负压值和质量回流率均有较大影响。有研究者进行了钝体参数对回流区影响的试验，结果如下。

　　1. 钝体锥角 α 的影响

　　钝体锥角的变化对回流区影响是较大的。图 10 - 5 所示为钝体边宽 $2b$ 和喷口宽 $2B$ 之比为 $2b/2B = 0.75$，阻塞率等于零（$B \cdot R = 0$）时，锥角 α 变化对回流区边界的影响。

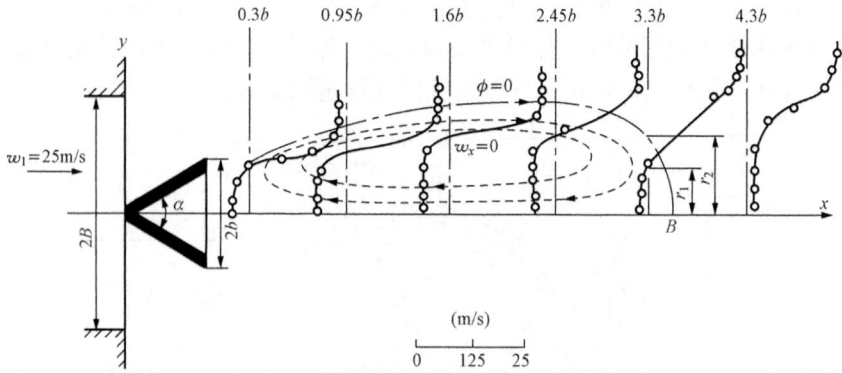

图 10 - 4   V 形钝体尾迹区域流场

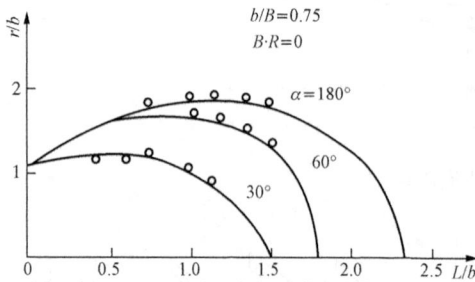

图 10 - 5 α 变化对回流区边界的影响

从图 10 - 5 可看出，回流区的长度 L 和宽度 $2r$ 都随钝体锥角 α 的增大而增大。这种变化的原因分析如下：钝体锥角越大，则动量的径向分量越大，气流越容易产生较大的偏折，促使回流区宽度增加。由于同样的原因，气流轴线卷曲的能力也有所减弱，使两侧主流的汇合点（后驻点）B 后移，因而回流区也变长。总之，这种变化是由于气流的动量在不同的锥角 α 时，其轴向分量和径向分量之比不同而引起的。

如果将上述试验结果表示为回流区相对长度 $L/2b$ 随 α 变化的关系（见图 10 - 6），则有

$$L/2b = 3.475\sin^2\alpha - 3.906\sin\alpha + 2.548 \qquad (10 - 2)$$

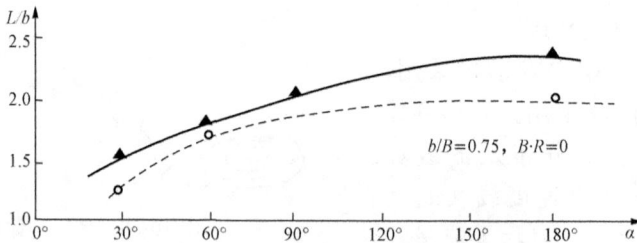

图 10 - 6   回流区相对长度与 α 的关系

2. 钝体边宽 2b（或 2b/2B）的影响

试验的钝体锥角 α 保持不变（$\alpha=60°$），阻塞率 $B \cdot R=0$，钝体相对边宽 $2b/2B=0.40$、0.55、0.65、0.75、0.85。结果如图 10 - 7 所示。

试验结果发现，钝体的边宽对回流区直径 $2r$ 的影响很大，几乎成直线关系，但当 $2b/2B=1.0$ 时，由于气流的径向动量过大，不能形成稳定的闭合回流区。当 $2b/2B>0.65$ 后，回流区长度相对缩短，只有在 $2b/2B=0.55$ 左右时，回流区长度达到较大值。

由试验结果可得，钝体的边宽存在一个最优值。因为边宽过大，尽管回流区的直径较大，但气流的扩散角也增大，会使气流贴墙，产生结渣、高温腐蚀和冲刷磨损水冷壁管的问

题。过大的边宽反而使回流区的长度缩短了，不能卷吸下游的高温烟气回流，火焰的稳定性也受到影响。钝体的相对边宽为 $2b/2B=0.5$ 左右为好。

3. 阻塞率 $B \cdot R$ 的影响

阻塞率是指钝体布置对喷口的阻塞程度，如果钝体塞进喷口后被重叠的宽度为 $2b'$，则阻塞率为［见图 10-8（a）］

$$B \cdot R = 2b'/2B \tag{10-3}$$

如果钝体全部塞进喷口，则 $B \cdot R = 2b/2B$，如果 $b=B$，则喷口全部被堵住。当钝体正好放置在喷口出口边缘时，$2b'=0$，则 $B \cdot R=0$。试验结果如图 10-8（b）所示。

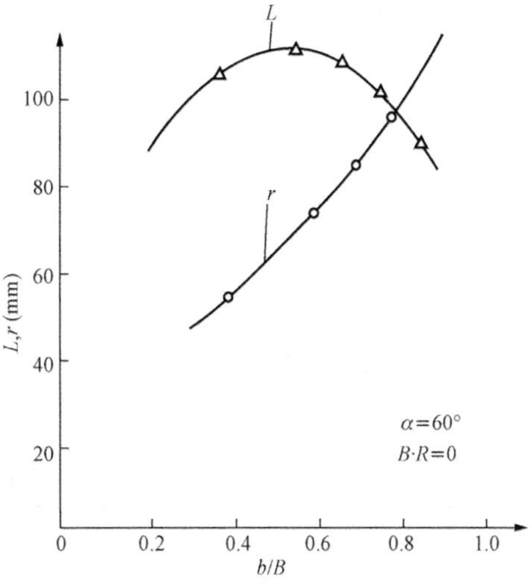

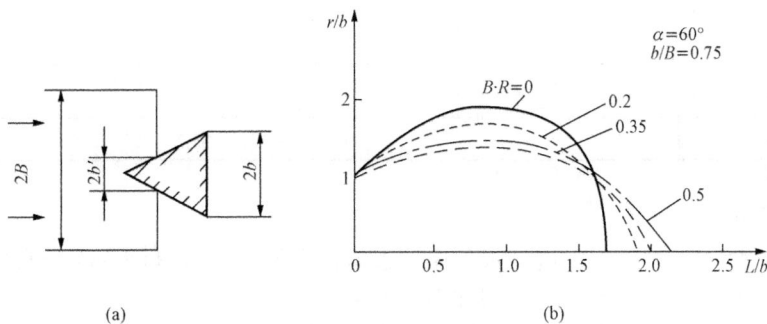

图 10-7　钝体边宽对回流区的影响

(a)

(b)

图 10-8　阻塞率对回流区的影响

（a）钝体尺寸；（b）试验结果

试验结果表明，阻塞率越大，回流区越短，而且阻力成倍增长。钝体完全放入喷口后，尾迹回流区中的温度只有 300℃ 左右，因为在喷口内煤粉还没有着火。如果钝体不阻塞喷口，则钝体尾迹回流区将卷吸下游的高温烟气，回流区内温度可达 900℃，对煤粉的着火和燃烧是很有利的。

4. 钝体参数对回流区负压分布的影响

可以沿 x 轴测量静压 p_s，再用喷口出口速度 w 进行无因次处理，有静压系数 C_{sp} 为

$$C_{sp} = \frac{p_s}{\frac{1}{2}\rho w^2} \tag{10-4}$$

对 $2b/2B=0.75$，$B \cdot R=0$ 的试验结果如图 10-9 所示。结果表明，回流区轴线上存在一个明显的低压区域，压力最低点所处的断面是紊流强度最高的区域，也

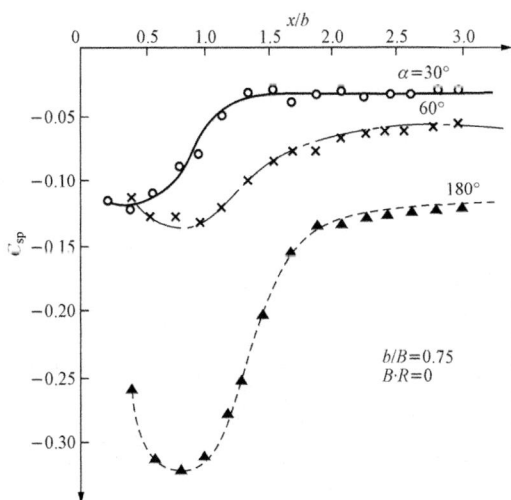

图 10-9　锥角 α 对负压的影响

是涡核（涡眼）所在地。此点之后，静压回升，达某一距离后，C_{sp} 不再变化。可以定义 C_{sp} 趋于常数的转折点即为后驻点，该点所对应的轴线距离就是回流区长度 L。阻塞率也有类似的影响。

锥角 α 越大，负压梯度越大；阻塞率 $B \cdot R$ 越大，负压梯度也越大。这就从另一个方面证明了 L 随 α 和 $B \cdot R$ 增大而增大的规律是正确的。

5. 钝体参数对射流扩张角的影响

在实际燃烧室和炉膛中，四周有壁面，布满了水冷壁或其他受热部件。如果喷口加装钝体后，使射流的扩张角张开太大，就会使气流贴墙，引起安全问题。

加装钝体后，射流的半张角 $\beta/2$ 测量结果如表 10 - 1 所示。

表 10 - 1　　　　　　　　　　　　射流半张角 $\beta/2$（$b/B = 0.75$）

α　＼　$B \cdot R$	0	0.2	0.35	0.5
30°	16°	15.4°	14°	11°
60°	24°	23°	21.2°	16°
180°	19.2°			
0°	8.5°（半自由射流）			

从表 10 - 1 可以看出：

（1）无钝体时（$\alpha = 0°$），射流扩张角比普通自由射流小，这是因为喷口布置在直角包围的炉墙角上，壁面对射流有影响，使其不能自由扩张。

（2）在一定范围内，α 增大，β 增大，但 $\alpha = 180°$（平板）时，β 并非最大。这是因为这时负的压力梯度最大，气流向 x 轴卷曲的趋势反而加强，于是 β 随之减小。试验中曾发现 $\alpha = 180°$ 比 $\alpha = 90°$ 时更易形成闭合回流区，其原因也在于此。

（3）β 随 $B \cdot R$ 的增大而减小，其原因同上述。

（4）加装钝体后射流扩张角比无钝体时增大。为了避免煤粉气流刷墙，在实际应用中，锥角 α 以不大于 60° 为宜。

6. 钝体参数对回流区形状的影响

回流区形状的研究比较重要，因为回流区的大小，直接影响回流区和煤粉气流的热量和质量交换、着火和火焰稳定的分析等。

回流区的体积 V_R 一般可用式（10 - 5）计算，即

$$V_R = F_R H \tag{10 - 5}$$

式中：F_R 为回流区横截面积；H 为钝体高度。

回流区横截面积计算公式为

$$F_R = C_S L r_{max} \tag{10 - 6}$$

式中：C_S 为回流区形状系数；L 为回流区长度；r_{max} 为回流区最大半宽度。

回流区的形状系数为

$$C_S = \frac{F_R}{(L/2b)(r_{max}/2b)b^2} \tag{10 - 7}$$

不同钝体参数的试验结果如表 10-2 和表 10-3 所示。

表 10-2　　　　　　　不同 α 的回流区形状 C_S 值（$B \cdot R = 0$，$2b/2B = 0.75$）

α	F_R/b^2	$L/2b$	$r_{max}/2b$	C_S
30°	1584	74	26.5	0.807
60°	2791	90	39.0	0.795
180°	4072	118	43.5	0.793

表 10-3　　　　　　　不同 $B \cdot R$ 的回流区形状 C_S 值（$\alpha = 60°$，$2b/2B = 0.75$）

$B \cdot R$	F_R/b^2	$L/2b$	$r_{max}/2b$	C_S
0	2791	90	39	0.795
0.2	2329	94	33	0.803
0.35	2610	100	33	0.790
0.5	2625	104	32	0.789

从表中可以看出，各种 α 和 $B \cdot R$ 时的形状系数 C_S 变化不大，可近似地当作常数。对于 V 形钝体，取 $C_S = 0.79 \sim 0.80$。确定了 C_S 之后，只要测出回流区最大半宽 r_{max} 和回流区长度 L，便可计算回流区的横截面积 F_R 和体积 V_R。在热态情况下，也基本认为形状系数是常数。

7. 钝体射流的衰减特性

在燃烧器出口处加装钝体是否会影响射流的射程，射流是否会很快衰减，对燃烧过程也很重要。

图 10-10 所示为阻塞率 $B \cdot R$ 等于 0、0.2、0.35、0.5 时三种钝体锥角 α 等于 30°、60°、180° 的速度衰减特性。其中 w_m 为轴线上最大速度，w_1 为喷口出口初始速度。试验结果表明：

（1）$\alpha = 180°$ 时，速度衰减最为严重。因此，这种钝体虽然其回流区长度 L 最长，也不宜采用。

（2）$B \cdot R$ 越大，速度衰减越厉害。其原因是阻塞越大，涡流损失越大。但各种 $B \cdot R$ 情况下的速度衰减规律却基本上是相同的。

（3）同一 $B \cdot R$ 时，$\alpha = 60°$ 的速度衰减程度并非比 $\alpha = 30°$ 时大。这是因为加装了钝体后，喷口类似于缩扩喷嘴，气流喷出时在此获得的加速度不同。

（4）$\alpha = 30°$ 和 $\alpha = 60°$ 的钝体，

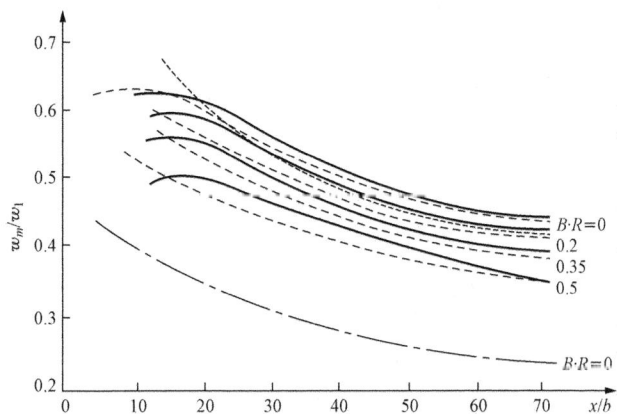

图 10-10　射流的速度衰减曲线
- - - - $\alpha = 30°$，—— $\alpha = 60°$，— · — $\alpha = 80°$，······无钝体

在 $x/b = 20$ 处，在任何 $B \cdot R$ 时，w_m/w_1 都在 0.48～0.62 之间。与空口时的数值相比，降低不多。特别是在 $B \cdot R$ 较小时，由于出口的加速作用补偿了速度衰减的损失，故出口气流动量不比空口时低。这就是这种气流仍然保持一定刚性的原因。

8. 钝体的阻力

流体绕流物体时流动阻力 D 由两部分组成：由黏性引起的摩擦阻力 D_F 和流束变形及旋涡等产生的压差阻力 D_P，即 $D = D_F + D_P$。

加装钝体后，总的阻力系数为

$$\zeta = \zeta_0 + C_D = 1 + \frac{D}{\frac{1}{2}\rho w_1^2} \tag{10-8}$$

式（10-8）第二项为静压与动压之比，这里静压是指 D，是气流绕流后产生的压力降（静压损失），是由于摩擦和气流涡流损失引起的。试验结果表明：

（1）α 增大时，阻力系数也增大。

（2）α 一定时，阻力系数随 $B \cdot R$ 增大而增大。原因是 α 和 $B \cdot R$ 增大时，流束变形和涡流加强，因此增加了压力损失。

（3）虽然 ζ 随 $2b/2B$ 的不同而略有差别，但变化不大，和其他因素的关系也大致如此，一般可认为钝体的阻力系数约为空口的阻力系数的 $1.72 \sim 1.75$ 倍。

总之，由于无钝体时阻力系数较小，加上钝体后总阻力增加也不多，所以钝体的阻力消耗不会影响它的工程应用。

9. 回流卷吸率

回流卷吸率是指在钝体后，由于负压较大，将尾部高温烟气向前抽吸，回流的气体量与该喷口初始主流量之比，或称为回流率。回流率可以看做是回流强度的尺度。

对于 V 形钝体，回流区任意截面的回流量为

$$M_R = \int_0^{r_1} 2H\rho w_x \mathrm{d}r \tag{10-9}$$

喷口初始主流量为

$$M_1 = 2BH w_1 \rho \tag{10-10}$$

则回流率 R 为

$$R = M_R / M_1 \tag{10-11}$$

试验结果如图 10-11 和图 10-12 所示。

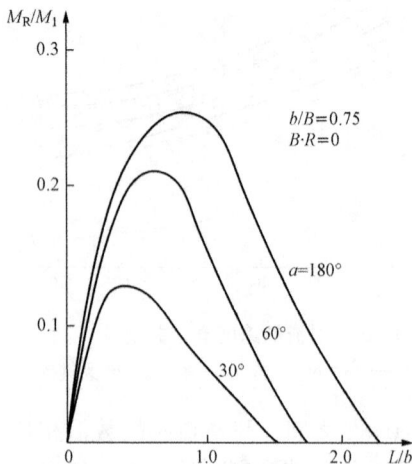

图 10-11　不同 α 时回流率的变化

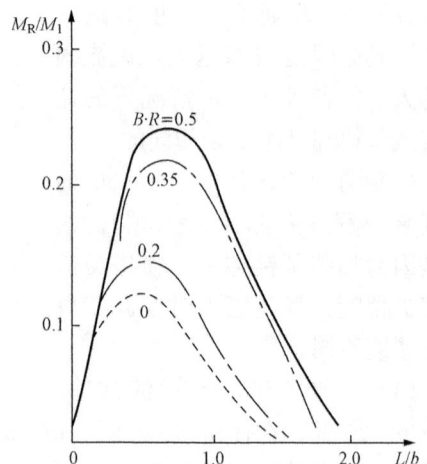

图 10-12　不同阻塞率时的回流率

试验结果表明，回流率 R 不仅随锥角 α 增大而增大，而且当 α 一定时，亦随阻塞率 $B \cdot R$ 的增大而增大。产生这些变化的原因，是由于锥角 α 越大，阻塞率 $B \cdot R$ 越大，回流区内的负压力梯度也越大，因此卷吸的烟气量也大。

三、V 形钝体热态试验

V 形钝体的冷态空气动力试验便于了解钝体的结构参数对流动的影响，但对煤粉燃烧的具体影响，还需要进行热态燃烧试验研究。有研究者利用热态试验台进行了 V 形钝体的燃烧试验研究。

1. 试验台与试验条件

试验台燃烧器及钝体布置如图 10-13 所示。钝体锥角 $\alpha = 60°$，阻塞率 $B \cdot R = 0$，采用了四种钝体，即 $2b/2B$ 等于 1.0、0.72、0.65、0.54。喷嘴边宽 $2B$（D）为 14.25mm，可相应确定钝体的边宽 $2b$（d）。

图 10-13 燃烧器与钝体布置

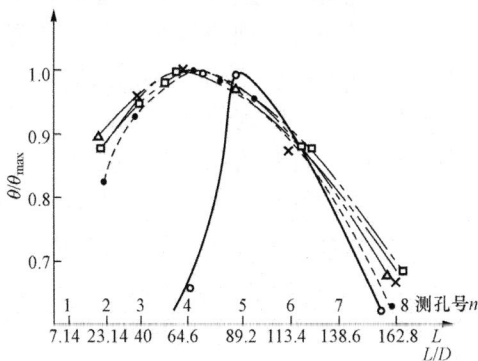

每小时燃煤量 20kg，试验用煤为资兴劣质烟煤和金竹山无烟煤。燃烧室横截面积为 0.35m×0.5m，燃烧室长约 4m，容积热负荷为 481 505kJ/(m³·h)。送风机送入的冷空气经电加热至 250℃，再分配至一、二次风喷嘴。沿燃烧室水平轴线上布置 11 个测量孔，可进行温度和浓度测量。燃烧室底部可以收集飞灰，以测量飞灰含碳量。

2. 试验结果分析

不同钝体试验的温度分布结果如图 10-14 和图 10-15 所示。

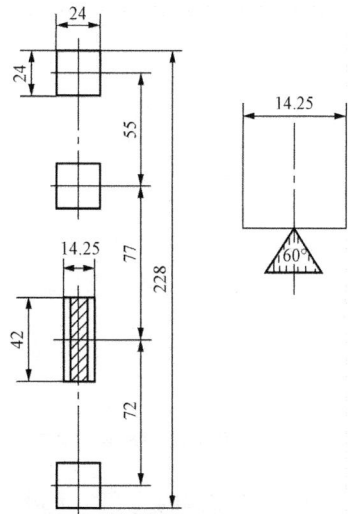

图 10-14 无烟煤燃烧温度分布

d/D：×—0.54，△—0.65，
□—0.72，●—1.00，○—0.00

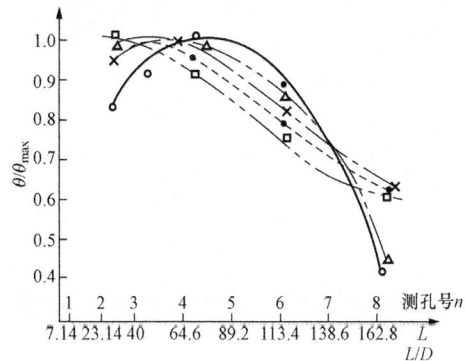

图 10-15 劣质烟煤燃烧温度分布

d/D：×—0.54，△—0.65，
□—0.72，●—1.00，○—0.00

试验结果表明，钝体使劣质煤的着火提前。

无论对劣质烟煤或低挥发分无烟煤，燃烧室轴线上的温度分布都有着相似的变化规律。即当燃烧器加装钝体后，燃烧室最高温度的位置明显提前。这一情况表明，钝体稳燃器使煤粉初期的着火过程大大强化了。

飞灰含碳量的试验结果如图 10-16 所示。

试验表明，钝体使劣质煤的燃烧效率提高。钝体边宽对飞灰含碳量有明显的影响，如图 10-16 所示，无论对无烟煤或劣质烟煤，即使试验工况相同，无钝体时飞灰含碳量都很大。

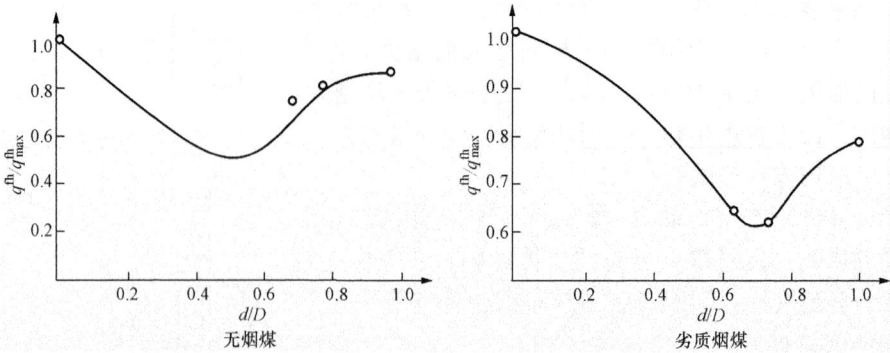

图 10 - 16　飞灰含碳量试验结果

d—钝体边宽；D—喷口宽度；q_{max}^{fh}—无钝体时的飞灰可燃物损失；q^{fh}—有钝体情况下飞灰可燃物损失

并不是钝体的边宽越大越好，而是在 0～1。对不同的煤种都存在一个最佳值，此时燃烧处于最优工况，相对飞灰损失最低。

四、钝体尾迹回流区特性

1. 温度分布

钝体尾迹回流区温度分布特性如图 10 - 17 所示。回流区外边界是煤粉气流，温度基本维持初始温度，约 200～250℃，由于内外吸热，温度会逐渐升高。煤粉气流外部是火焰区，高浓

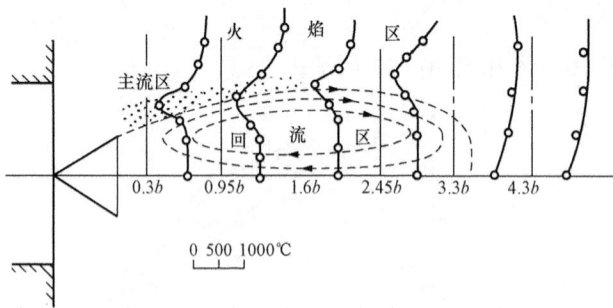

图 10 - 17　回流区温度分布

度的煤粉—空气流内外缘是明亮的火焰，温度很高，约 1200～1500℃，是着火的边界，也是稳定的外点火热源。在回流区内，温度较高，为800～1000℃，是稳定的内点火热源。在尾迹的恢复区内，上下两股主气流开始汇合，也是几乎完全着火的可燃混合物开始汇合，表面看来是一般火焰，接着是耀眼的火焰。

2. 煤粉浓度分布

钝体尾迹回流区煤粉浓度分布特性如图 10 - 18 所示。回流区外边界是煤粉气流，煤粉气流经过钝体分流浓缩，煤粉浓度提高。回流区及煤粉气流外部的火焰区，煤粉浓度都很低，主要起到加热作用。

此外，回流区速度分布如图 10 - 4 所示。

五、回流区稳燃原理

回流区稳燃的原理可简单地用图 10 - 19 来说明。

由于钝体产生了内回流区，增加了对煤粉气流的加热热量，煤粉气流受到内外双面加热。内回流区的热量是自由射流火焰所没有的，它对煤粉气流的迅速加热着火起着较大的作用。根据某电厂 65t/h 直流燃烧器改装钝体后的热态测量结果，有回流区长度 $L=500$mm，火焰平均温度 $T_f=1300$℃，回流区温度 $T_r=900$℃，煤粉气流初始温度 $T_0=150$℃。如果着火距离为 $x_i=400$mm（在回流区末端），计算结果表明，煤粉气流吸收回流区的热量 $Q_r=2663$kJ，而回

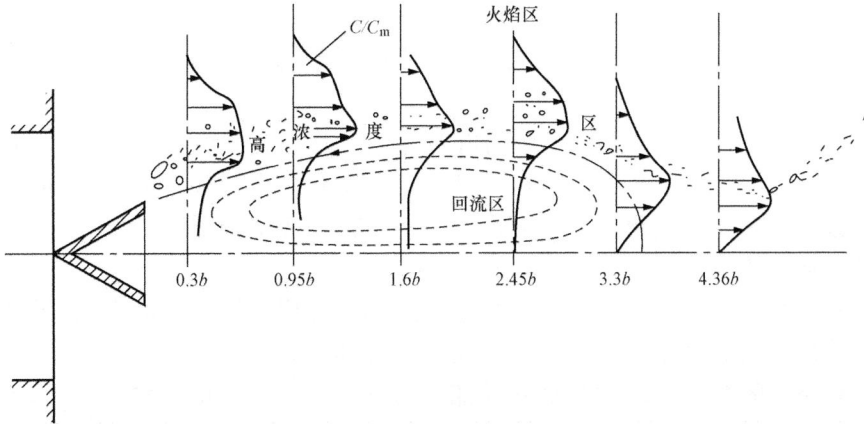

图 10-18　回流区煤粉浓度分布

流区拥有的热量为 $Q_{r0} = 8354.7$kJ，回流区供给煤粉的热量占本身拥有热量为 $Q_r/Q_{r0} = 32\%$。由此可见，回流区这个稳定的蓄热体为煤粉气流的稳定着火和燃烧提供了可靠的热量保证，这就是回流区稳燃的主要原因。另外，经过钝体的分流，煤粉气流分成两股并被浓缩，使煤粉气流的燃烧得到强化。

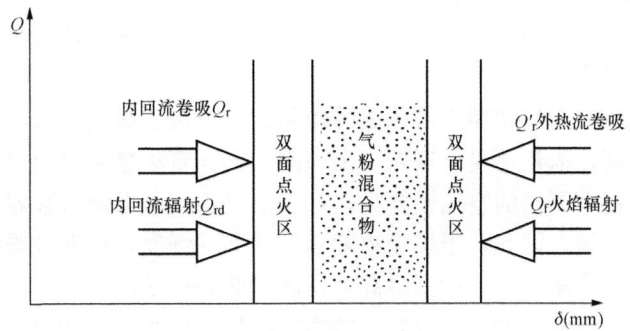

图 10-19　回流区稳燃原理

六、钝体尾迹煤粉燃烧过程

钝体将火焰分成两股，钝体尾迹回流区的负的压力梯度会使这两股射流在某一个距离处收拢，甚至汇合（后驻点），合并成更为扩大的单股火焰，恢复单股火焰的特征。从回流区的后驻点到火焰合并的这段距离，可定义为尾迹恢复区或火焰合拢过渡区。这时火焰基本上完成了煤粉的预热、挥发分析出和燃烧，以及部分焦炭的燃烧的过程，然后火焰就朝着完全燃烧的方向发展。火焰一层一层传播下去，在每层火焰锋面的背部又有剩余挥发物和焦炭的二次燃烧，再形成温度更高的火焰面，直至在较远的距离处可以观测到灰炭粒分布、流动速度、烟气温度和成分均匀化的现象。钝体尾迹区煤粉燃烧过程如图 10-20 所示。

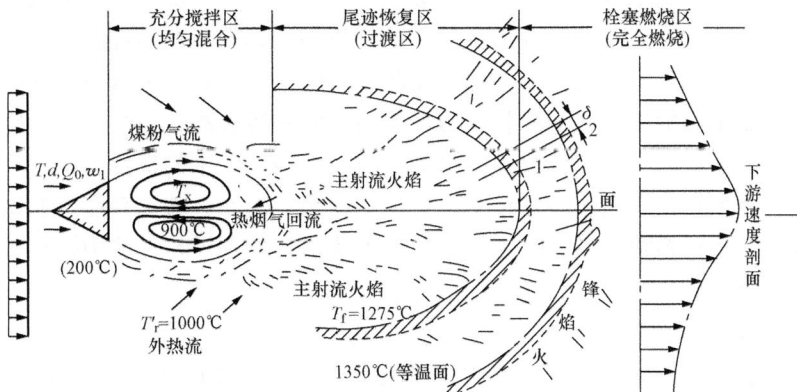

图 10-20　钝体尾迹煤粉燃烧过程

第二节　高煤粉浓度稳燃技术

早期国内一般在直流燃烧器上只采用钝体类稳燃技术，使燃烧得到强化。但由于没有考虑低污染性能，单纯的钝体稳燃已不再适应目前的高效低污染要求，而代之以钝体和浓淡燃烧相结合的技术，如 WR 宽调节比燃烧器、非对称撞击分离燃烧器等。

一、煤粉浓度的概念

固体本没有浓度可言，但为分析方便，定义了煤粉浓度。每千克空气中含煤粉质量的多少称为煤粉浓度，它指的是一次风中煤粉所占的质量份额。

目前，运行中的煤粉锅炉一次风中的煤粉浓度为 $0.35 \sim 0.45 kg$（煤粉）$/kg$（空气）。从燃烧方面看，这个浓度比较小。为了使煤粉燃烧稳定和强化，在工程中常致力于在煤粉气流中形成局部的高煤粉浓度。

怎样的浓度适合燃烧呢？在锅炉技术中一般认为，按空气与煤粉挥发分数量计算出来的过量空气系数等于1时的煤粉—空气混合物中的火焰传播速度最大。一次风起输送煤粉和提供着火燃烧初期所需氧量的作用。为了保证送粉，目前的一次风中煤粉浓度较低。煤粉浓度太高，风量不足，送粉会出现问题，且着火燃烧时会显得空气不足。如煤粉浓度过低，氧有富裕，剩余的空气还要吸热，因此也不利于燃烧。在着火初期，基本可以认为是挥发分在析出燃烧。因此，当煤粉浓度增加到某一程度，挥发分与氧量达到化学当量比值时，一次风煤粉火焰温度水平达到最高值，此时即为最佳煤粉浓度。

一般情况下，挥发分较高的煤的最佳浓度值较低，挥发分较低的煤的最佳浓度值较高。最佳煤粉浓度值受一次风温、气体动力参数和传热因素的影响，情况是比较复杂的，需要根据具体情况确定。

二、煤粉浓度对燃烧的影响

1. 煤粉浓度对着火方式的影响

煤粉着火方式的判别是极其困难的。目前，人们普遍接受的煤粉着火方式有三种理论。一是均相着火理论，认为煤的着火首先是在气相中发生的；二是非均相着火理论或称多相着火理论，认为煤的着火是从煤的表面开始的；三是联合着火理论，认为煤的着火是在气相和固相中相继发生的。

实验研究表明，在高浓度下煤粉气流都会发生均相着火。当煤粉浓度降低时，着火方式逐渐向多相着火方式转变。一般情况下，煤粉浓度越高，挥发分的消耗越多。

从燃烧机理方面看，当煤粉气流中煤粉受热升温时，颗粒将热解或发生表面多相化学反应。发生热解的温度一般较低，而多相反应发生的温度一般较高。当煤粉浓度较低时，颗粒升温速度很慢，煤粉可用于析出挥发分的时间较长，但热解产生的挥发分少，不足以引起整个煤粉气流的均相着火，而氧量相对较多，极易到达颗粒表面，着火只能是非均相的，因而着火温度也较高。当煤粉浓度升高时，升温速度加快，且整个煤粉气流中颗粒析出挥发分也多，均相着火可能发生。

2. 煤粉浓度对着火温度的影响

有很多研究者研究了煤粉浓度对着火温度的影响，结果如图 10-21 所示。试验结果表明，随着煤粉浓度的增加，着火温度下降。对于不同煤种，都存在一个对应最小着火温度的最佳煤粉浓度，且挥发分含量越高的煤，最佳煤粉浓度值越小。煤粉浓度高于最佳煤粉浓度后，着火温度又会升高。这是因为煤粉过浓，空气量相对很小，燃烧速度变小，着火困难。

　　从煤粉的着火方式看，煤粉浓度提高，着火方式向均相着火转变，挥发分易于燃烧，因此着火温度会下降。

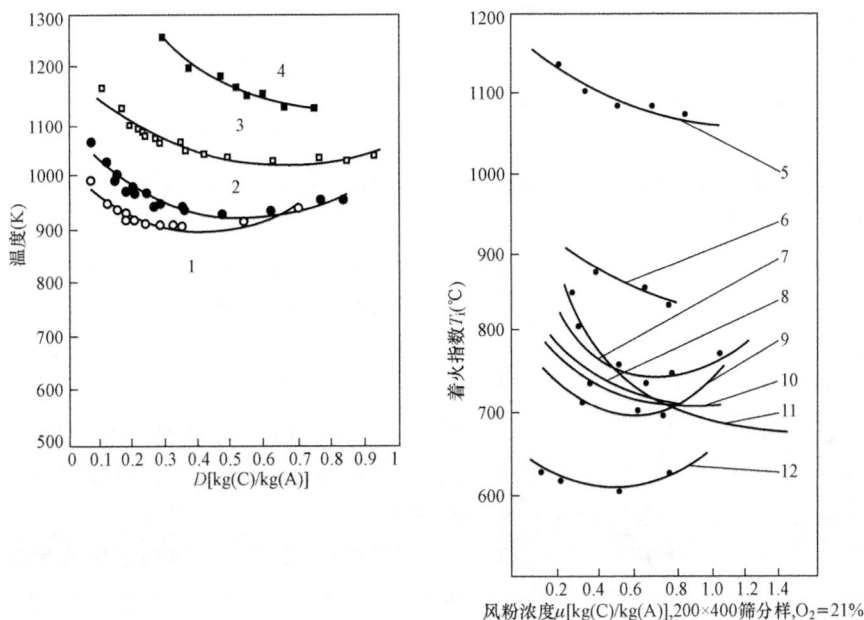

图 10-21　煤粉浓度与着火温度的关系

1—青山煤；2—焦作煤；3—云浮煤；4—耒阳煤；5—永安无烟煤；6—峰峰贫煤；

7—安源煤；8—大同烟煤；9—霍林河褐煤；10—埠村贫煤；11—田坝贫煤；12—扎贲诺尔褐煤

3. 煤粉浓度对着火热的影响

　　煤粉气流的着火热，就是把煤粉气流由初始温度加热至着火温度所需要的热量。着火热用来加热煤粉和空气。当煤粉浓度提高后，单位质量煤粉中空气量减少，这样煤粉气流的总质量减小，初始温度不变，着火温度降低，所需要的着火热减小。试验结果如图 10-22 所示。

　　有研究者对实际电站锅炉进行着火热的研究。某 410t/h 无烟煤锅炉，燃用煤质 $V_{daf}=$ 3.81%，总一次风从初始的 270℃加热至着火温度 1264℃，所需着火热为 $14×10^8 J/h$。改造后采用浓淡燃烧器，浓煤粉气流的煤粉量占煤粉总量（4t/h）的 60%，煤粉浓度为 1.1kg（煤粉）/1.0kg（空气）。浓煤粉气流含煤粉 2.4t/h，空气含量为 2.182t/h，由初始温度 270℃加热至着火温度 1264℃，着火热为 $7.2×10^8 J/h$。不浓缩时，60%煤粉气流的着火热为 $0.6×14×10^8 J/h$，即 $8.4×10^8 J/h$。即提高煤粉浓度后，着火热降低了 14%。

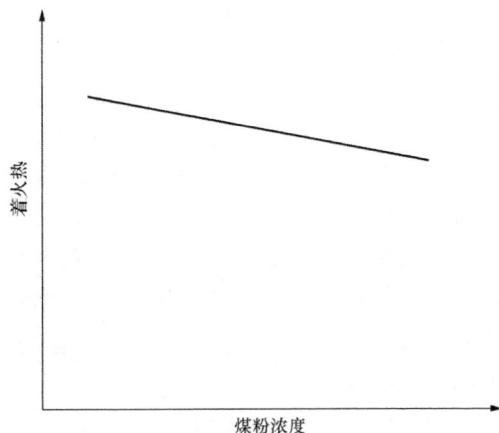

图 10-22　煤粉浓度对着火热的影响

4. 煤粉浓度对着火时间的影响

煤粉气流进入炉膛后，受到高温烟气的对流和辐射传热，不断升温至着火。辐射和对流传热对煤粉颗粒的加热机理是不同的。辐射首先加热颗粒再通过颗粒加热空气，而对流加热的直接作用于空气，再由空气加热颗粒。

研究表明，辐射加热时，随煤粉浓度 D 的增加，煤粉气流吸收率增大，吸收的辐射热增多，着火时间缩短，与 $1/D$ 成直线关系，只是均相着火和多相着火的斜率不同；对流加热时，随煤粉浓度的增加，在多相着火区域着火时间稍有缩短，而在均相着火区域，着火时间先缩短而后增加。对流加热比辐射加热的着火时间短得多。两者同时加热时，煤粉气流的着火时间随煤粉浓度的提高而缩短，比单独的辐射和对流加热需要的着火时间更短。理论计算结果如图 10-23 所示。

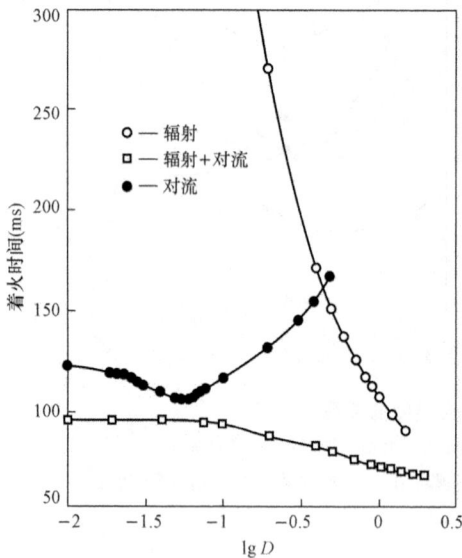

图 10-23　辐射和对流加热下煤粉
浓度对着火时间的影响

5. 煤粉浓度对着火距离的影响

煤粉气流从燃烧器出口到着火时所走的路程称为着火距离。在锅炉燃烧中可称这段距离为"黑龙"，尽量缩短这段距离在燃烧技术上有实际意义。着火是燃烧的临界状态，要测量着火距离，就需要知道着火点，即判断煤粉气流何时开始着火。

在数值计算时，一般都采用温度跃变的着火定义，这一定义在数学上是很严格的。为了和实验相对比，在实际测量中往往以 CO_2 的显著变化为着火点，因为煤粉气流的着火意味着强烈的化学反应的发生，它突出表现为 O_2 的迅速消耗而生成 CO_2，而温度跃变很难测到。从测量的显著性出发，定义 $CO_2 = 0.01$ 时着火发生。煤粉气流燃烧过程的试验与模型计算结果如图 10-24 所示，煤粉气流浓度对着火距离的影响如图 10-25 所示。

从图中可以看出，随着煤粉浓度 D 的增大，着火距离在不断缩短。到达最佳浓度值后，再提高煤粉浓度，着火距离又会增加。很多研究者对不同煤种进行了大量试验研究，得到了类似的结果。

6. 煤粉浓度对火焰传播速度的影响

火焰传播速度快表示了燃烧的稳定性好。很多研究者进行了煤粉浓度与火焰传播速度的关系试验研究，结果可由图 10-26 来表示。图中 V_{ar} 表示收到基挥发分，A_{ar} 表示收到基灰分。

从图中可以看出，对于任何一种煤，都有一定的火焰传播界限。对于煤种，挥发分含量高的煤，火焰传播速度高；灰分含量高，火焰传播速度下降。对于煤粉浓度，在一定的浓度范围内，所有的煤种都是随着煤粉浓度的增大，火焰传播速度提高，存在一个最佳煤粉浓度，火焰传播速度最大。此后，随着煤粉浓度再增加，火焰传播速度下降。火焰传播速度也是燃烧性能的反映。燃烧性能好的燃料，火焰传播速度快，能够使燃烧强烈的因素，都能使火焰传播速度提快。煤粉浓度对火焰传播速度的影响，和煤粉浓度对燃烧速度的影响是一样的，只有在最佳浓度，即合适的化学当量比的情况下，火焰的燃烧和传播速度达到最大。

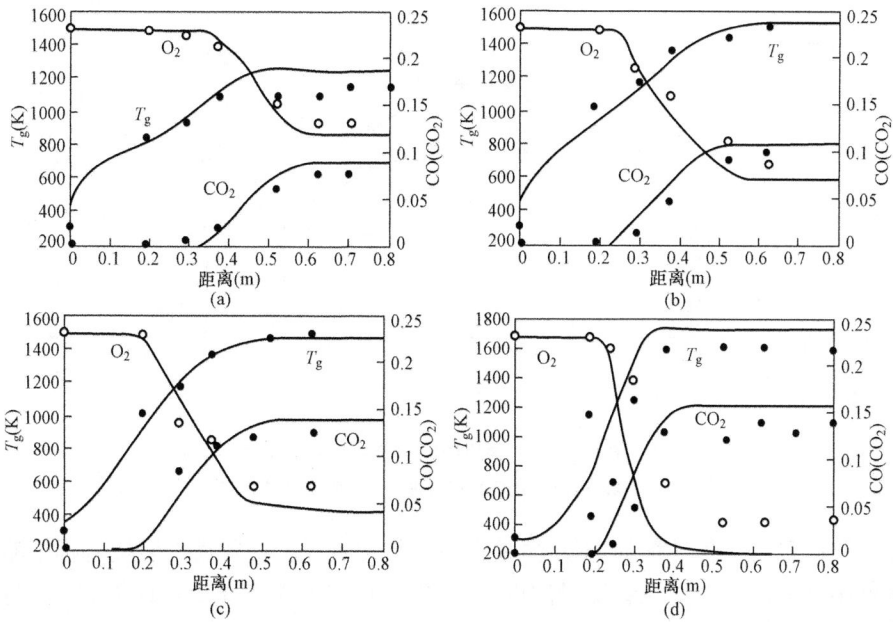

图 10 - 24 煤粉气流燃烧过程

(a) $D=0.067kg(C)/kg(A)$; (b) $D=0.134kg(C)/kg(A)$;

(c) $D=0.245kg(C)/kg(A)$; (d) $D=0.487kg(C)/kg(A)$

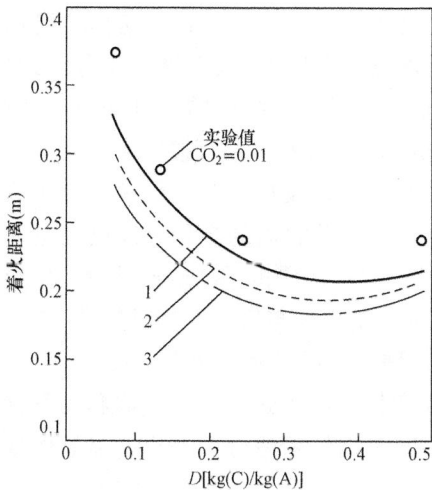

图 10 - 25 煤粉浓度对着火距离的影响

1—CO_2=0.01；2—燃尽度=5%；3—温跃定义

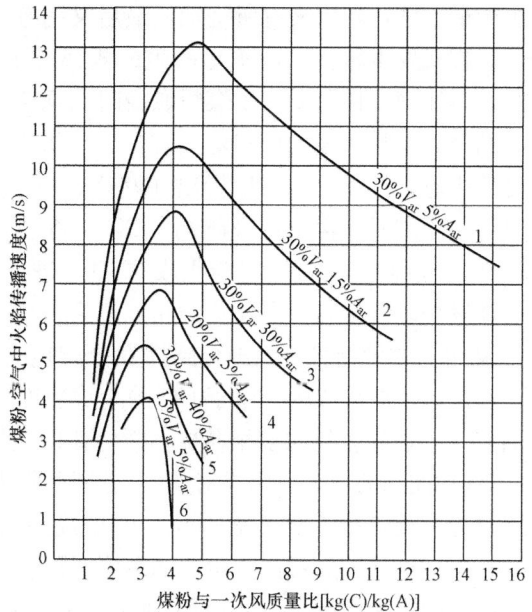

图 10 - 26 不同煤种煤粉浓度与火焰传播速度的关系

7. 煤粉浓度对 NO_x 排放的影响

提高煤粉浓度，可以降低 NO_x 的生成。很多研究者进行了大量的试验与理论研究，部分研究结果如图 10 - 27 所示。

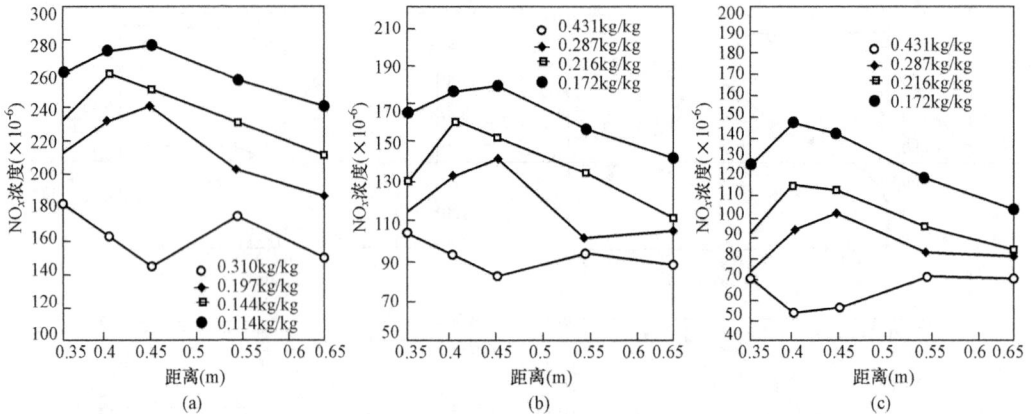

图 10-27　煤粉浓度对 NO_x 的影响

(a) 梅河煤；(b) 峰峰煤；(c) 四望嶂煤

从图中可以看出，各种煤的 NO_x 主要在着火初期生成，在随后的燃烧过程中略有减少。在其他条件不变的情况下，随着煤粉浓度的增加，O_2 浓度相应减少，NO_x 的生成量单调下降，这和很多研究者的研究结果一致。

在较高的煤粉浓度下，燃烧早期生成的 NO_x 会比低煤粉浓度时减少很多，但在随后的燃烧区域内有波动。图 10-27 中三种煤的最高浓度值曲线，NO_x 主要在煤粉着火初期生成，在随后的燃烧区域，NO_x 的生成量有波动，首先是略有减少，到挥发分燃烧结束时，NO_x 减少到最小值，随后又有所增加，最后又稍有下降。但总的来说，波动的幅度不大。这说明当燃烧方式发生转变后，NO_x 的生成规律有了变化。NO_x 的生成与煤粉的燃烧、着火方式有关，不能简单地用低浓度煤粉燃烧时的规律去解释高浓度煤粉燃烧时 NO_x 的生成规律。

结合高煤粉浓度的均相着火方式，NO_x 这种波动现象可以这样解释：这是由于高煤粉浓度着火时，挥发分已大量析出并燃烧。由于是均相燃烧，CO 的生成速度大于分解速度，所以煤粉周围 CO 含量越来越高。CO 的存在将使 $NO\text{-}NH_3\text{-}O_2$ 系统中的 NO 减少。因此，还原性气体 CO 的存在，将与生成的 NO_x 进行还原分解反应，使 NO_x 直接减少。同时由于此时挥发分浓度较高，挥发分的相互复合反应及对 NO_x 的还原反应增强，使挥发分生成的 NO_x 减少，这种趋势一直进行到挥发分燃烧完全。此时，颗粒表面的多相反应已在迅速进行，在这以后的阶段内，由于 CO 的生成速度降低，所以煤粒周围的 CO 迅速减少，生成大量的 CO_2。焦炭颗粒的多相燃烧不断使残留在焦炭中的 N 析出参与反应，生成焦炭 NO，这就是 NO_x 波动的原因。焦炭对 NO_x 有还原作用，NO_x 增加之后又略有减少。

总之，高煤粉浓度燃烧时 NO_x 的生成必须考虑到煤粒周围大量的 CO 气体和大量挥发分的存在。这将使煤粒周围生成的 NO_x 被还原分解，同时高煤粉浓度燃烧也是显著的缺氧燃烧，从而大大抑制了 NO_x 的生成。

8. 高煤粉浓度使燃烧强化和火焰稳定

综合以上研究结果可知：

（1）高浓度煤粉燃烧减少着火热量。

（2）高浓度煤粉燃烧降低着火温度。

（3）高浓度煤粉燃烧减少着火时间。

（4）高浓度煤粉燃烧缩短着火距离。

（5）高浓度煤粉燃烧改变着火方式。

（6）高浓度煤粉燃烧加快化学反应速度。

（7）高浓度煤粉燃烧提高火焰传播速度。

（8）高浓度煤粉燃烧降低 NO_x 的排放量。

因此，采用合适的高煤粉浓度，能强化燃烧，并能稳定燃烧。它的突出表现是煤粉浓度提高后整个炉膛的温度水平也提高了，试验结果如图 10 - 28 所示。在高煤粉浓度下，炉膛中心线上的温度普遍提高 $150\sim200℃$。

实际燃烧过程也表明煤粉浓度提高，炉膛温度水平提高了。某 410t/h 无烟煤锅炉，燃用煤质 $V_{daf}=3.81\%$，由普通燃烧器改为浓淡燃烧器后，燃烧器出口温度由原来的 800℃ 提高到 1100℃，炉膛中部温度高达 1700℃，锅炉效率明显提高，燃烧效率可达 95.36%。

采用高浓度煤粉燃烧，可以达到安全高效低污染的目的。

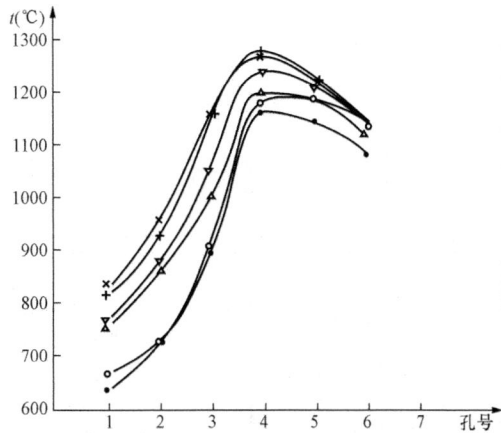

图 10 - 28　煤粉浓度对炉膛温度的影响

• —$D_0=0.94$kg(C)/kg(A)；○—$D_0=1.11$kg(C)/kg(A)；
△—$D_0=0.27$kg(C)/kg(A)；▽—$D_0=1.56$kg(C)/kg(A)；
×—$D_0=2.07$kg(C)/kg(A)；+—$D_0=2.78$kg(C)/kg(A)

三、最佳煤粉浓度

炉内煤粉气流的燃烧是一个动态过程，或称为动态平衡过程。所谓最佳煤粉浓度，是指在一定的煤粉浓度条件下，燃烧强烈、火焰稳定、温度水平高。如果某些条件有变化，如煤质、锅炉负荷等，将会引起燃烧状况的改变，必须对煤粉浓度进行调整，达到新的最佳状态。

1. 影响最佳煤粉浓度的因素

（1）煤质。挥发分的含量对煤粉浓度影响最大。理论上，最佳煤粉浓度是挥发分含量与一次风中空气达到化学当量比时的煤粉浓度。挥发分高的煤，需要较多的空气，所以煤粉浓度较小；挥发分低的煤，需要较少的空气，所以煤粉浓度较高。有研究者对五个电厂用煤进行了试验研究，并和运行参数进行了对比。煤质数据如表 10 - 4 所示，运行参数如表 10 - 5 所示，最佳煤粉浓度试验结果如图 10 - 29 所示。

表 10 - 4　　　　　　　　　　　　　　煤　质　数　据

煤种	C_{ad}	H_{ad}	N_{ad}	O_{ad}	S_{ad}	A_{ad}	M_{ad}	V_{ad}	V_{daf}	$Q_{ar,ned}$（kJ/kg）
铜川贫煤	49.38	3.37	0.48	7.41	3.05	35.75	0.56	14.09	22.1	20 463
神木烟煤	74.64	4.31	0.98	10.62	0.20	5.81	3.44	28.19	31.06	30 033
石圪台烟煤	57.45	4.58	0.72	9.97	0.56	18.22	8.5	27.62	37.7	22 708
邹县烟煤	59.74	4.118	0.997	6.22	1.315	25.47	2.14	29.18	40.3	18 800
龙岩无烟煤	64.82	1.23	0.57	3.69	1.12	24.08	4.49	4.724	6.6	23 328

表 10 - 5   运 行 参 数

煤种	理论空气量 (kg/kg)	过量空气系数	一次风率（%）	煤粉浓度[kg(C)/kg(A)]
铜川贫煤	7.28	1.17	20	0.58
神木烟煤	10.5	1.15	25	0.38
石圪台烟煤	8.6	1.15	25	0.4
邹县烟煤	8.6	1.17	25	0.5
龙岩无烟煤	8.1	1.15	15	0.68

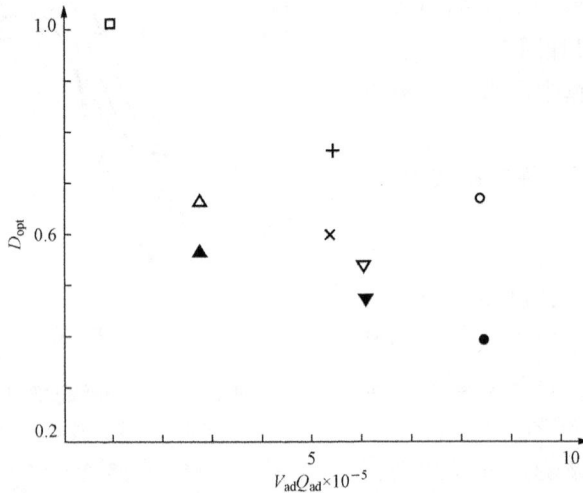

图 10 - 29　最佳煤粉浓度试验结果

□—热风无烟煤；△—热风铜川贫煤；▲—冷风铜川贫煤；+—热风邹县烟煤；×—冷风邹县烟煤；
▽—热风石圪台烟煤；▼—冷风石圪台烟煤；○—热风神木烟煤；•—冷风神木烟煤

从上述图表可以看出，对高挥发分烟煤，试验所得的最佳煤粉浓度在 0.6kg(C)/kg(A) 左右，比运行值略高，说明锅炉运行时燃烧是比较稳定的。对无烟煤锅炉，试验值比运行值高不少，表明需要采取措施，如采用浓淡燃烧器，提高运行时的煤粉浓度。

（2）一次风温。热风送粉和冷风送粉时，最佳煤粉浓度是不同的。试验结果如图 10 - 29 所示。一次风温提高后，它带入着火区的热量增加，着火区总的热量增加，允许送入更多的煤粉。烟煤的差别较大，热风送粉比冷风时最佳煤粉浓度高 0.1~0.25kg(C)/kg(A)，贫煤相差不足 0.1kg(C)/kg(A)，无烟煤相差不大。

（3）锅炉负荷。负荷对煤粉浓度的影响也较大。高负荷时，炉膛温度高，燃烧强烈，稳燃不是问题，但易结渣、超温，应增大一次风率，使着火点靠后，适当降低过量空气系数，降低损失。煤粉浓度过高易烧坏喷口，所以在高负荷时需要较低的煤粉浓度。

低负荷时，燃烧不稳，可适当加大过量空气系数，降低一次风率和风速，所以需要较高的煤粉浓度。

2. 最佳煤粉浓度确定方法

可采用下列三种方法确定最佳煤粉浓度。

（1）火焰最高温度法。对于气体燃料，理论上最佳配比等于化学计量比时，燃烧最强烈，火焰传播速度最大，火焰温度最高。煤粉燃烧则复杂得多，气固两相混合条件差，需要有过量空气。但确定煤粉最佳浓度也可采用气体燃料的理论，寻找煤粉气流燃烧温度最高的煤粉浓度，以此作为最佳煤粉浓度。可在不同的煤粉浓度下进行燃烧试验，测量沿炉膛轴线的温度分布，通过比较温度而得到最佳煤粉浓度。

（2）最高温升方法。无烟煤的挥发分较低，反应较弱，着火较难，形成火焰后炉温不高，较难直接用最高温度来确定最佳煤粉浓度。较好的办法是采用间接方法，即将实测的煤粉气流温度与计算得到的煤粉未着火的温度差值 ΔT 作为该煤粉浓度下的升温幅度，最高的 ΔT 为相应的最佳煤粉浓度。

（3）最低着火特征温度方法。用着火特征温度来表明煤粉气流着火的难易程度。在不同煤粉浓度的着火试验中，对应于最低着火特征温度的煤粉浓度为最佳煤粉浓度。

目前，着火特征温度的确定还不统一，不同研究者提出了不同的确定着火特征温度的方法。Wall 等人提出将沉降炉壁温以恒定的速率由 $200℃$ 升高到 $1000℃$，把煤粉开始出现火星，同时 O_2 和 CO_2 气体组分出现跃变时对应的炉壁温度，作为着火特征温度。

Essenhigh 等人把固定碳燃尽率为 1% 时对应的着火距离作为着火点，对应的烟气温度为着火特征温度。

邱建荣等定义着火特征温度为：在一定条件下，外界对煤粉气流加热和煤粉初期反应放热对自身加热作用下反应加速，放热和吸热达到平衡时的温度为着火特征温度。用一支热电偶测试炉壁温度，一支热电偶测煤粉气流温度，当两个温度相等时，表明煤粉气流已经着火，其对应的温度即为着火特征温度。

四、提高煤粉浓度的方法

在工程应用中，有多种提高煤粉浓度的技术措施，如利用自然弯头分离作用的 WR 宽调节比浓淡燃烧器和 PM 型浓淡燃烧器，百叶窗分离、叶片分离及旋风分离浓淡燃烧器，中心给粉浓淡旋流燃烧器，非对称撞击分离浓淡燃烧器等。浓淡燃烧器目前主要作为低 NO_x 燃烧器使用。图 10-30 所示为各种浓淡燃烧器示意图，图 10-31 所示为带稳燃腔的非对称

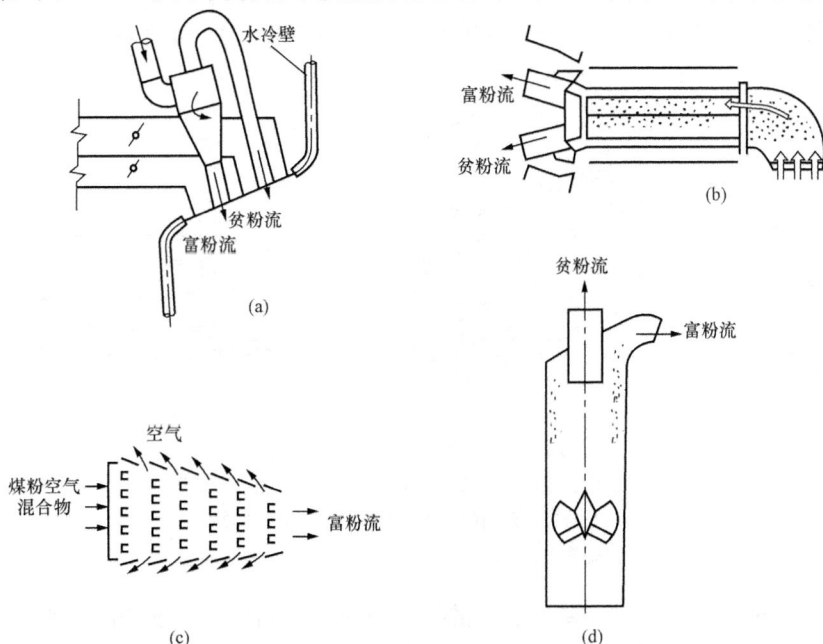

图 10-30 浓淡燃烧器

(a) 旋风分离 W 火焰燃烧浓淡燃烧器；(b) WR 燃烧器；(c) 百叶窗分离燃烧器；(d) 旋流叶片分离燃烧器

撞击分离浓淡燃烧器示意图，图 10 - 32 所示为中心给粉旋流浓淡燃烧器。

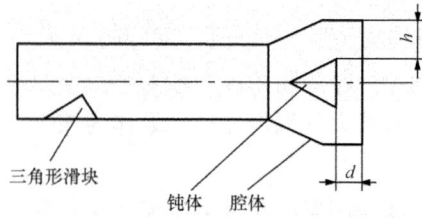

三角形滑块

钝体　腔体

图 10 - 31　非对称撞击浓淡燃烧器

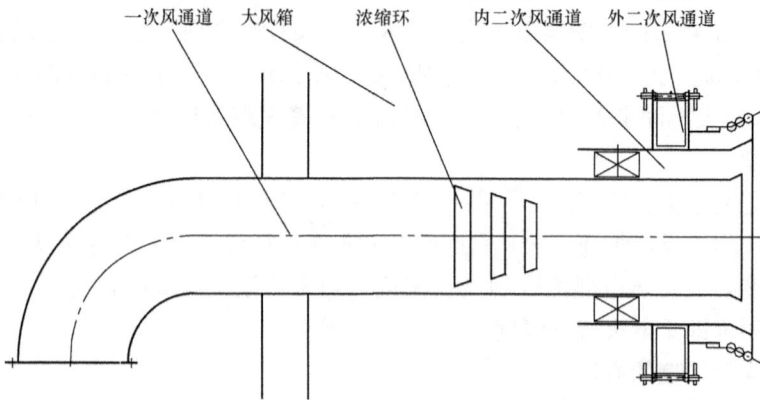

一次风通道　大风箱　浓缩环　内二次风通道　外二次风通道

图 10 - 32　中心给粉旋流浓淡燃烧器

　　下面介绍由美国 CE 公司开发的 WR 宽调节比浓淡燃烧器的结构和工作原理。WR 燃烧器又称直流式宽调节比摆动燃烧器，是一种高浓度煤粉燃烧器，其结构简单，由喷嘴前端板、波纹扩流锥及喷嘴整体套装而成。WR 燃烧器结构如图 10 - 33 所示。

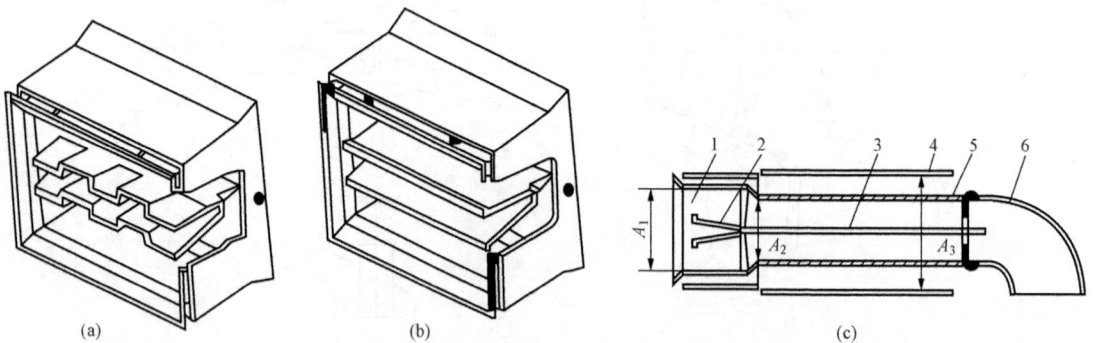

(a)　　　　　　　　　　(b)　　　　　　　　　(c)

图 10 - 33　WR 宽调节比燃烧器

（a）波形扩锥；（b）简单三角扩锥；（c）喷嘴内部结构

A_1—煤粉管道截面积，$A_2 = 95\%A_1$，$A_3 = 130\%A_1$

1—喷嘴头部；2—扩流锥；3—隔板；4—燃烧器外壳；5——次风管；6—入口弯头

　　煤粉气流通过管道弯头时，受离心力的作用分成浓淡两股，喷嘴中间的水平隔板将管道分成上下两部分，浓煤粉气流在管道上部，下部为淡煤粉气流，保持到离开喷口以后的一段距离仍为浓淡两股，形成煤粉浓淡燃烧。煤粉喷嘴出口处的扩流锥，可在喷嘴出口区域形成一个稳定的内回流区，将高温烟气不断回流到煤粉火炬的根部，以维持煤粉气流的稳着火。还可将扩流锥设计成可摆动一定角度，使浓淡煤粉气流间距可以调节，适应负荷和煤质变化。在一次风喷嘴上设有周界风，可避免一次风喷口烧坏；由于周界风和一次风首先混合，还可调节一次风煤粉浓度，以适应煤种变化。这样，在较大的负荷和煤质范围内，WR 燃烧器可以稳定燃烧，因而称为宽调节比燃烧器。

煤粉经燃烧器分离成浓淡两股后，喷入炉膛的方式也影响燃烧过程。在四角切圆燃烧方式下，浓淡气流可以形成上下浓淡和水平浓淡两种气流结构。上下浓淡指沿炉膛高度方向上，浓煤粉气流从上方喷入炉膛，淡煤粉气流从下方喷入炉膛，WR 燃烧器即为此类。在稳定燃烧的同时，浓淡煤粉气流都有偏斜贴墙的倾向。如果浓煤粉气流偏斜贴墙，则会引起结渣和高温腐蚀，危害锅炉的安全运行，国内对此进行了改进。将保持浓淡分离效果的水平隔板旋转 90°，在入口弯头处为水平布置，然后逐渐旋转，等到了喷嘴头部，隔板变为垂直布置，相应的扩流锥也为垂直布置。这样，形成了浓淡两股气流在同一个水平方向上喷入炉膛。需要注意的是，浓煤粉气流在向火侧，淡煤粉气流在背火侧，即靠近壁面区域。这样的布置方式，使炉膛的高温火焰中心直接加热浓煤粉气流，使其着火更容易。淡煤粉气流偏向墙一侧，使水冷壁区域处于富氧条件下，保持氧化性气氛，避免结渣和高温腐蚀，保证锅炉机组的安全经济运行。隔板旋转示意如图 10 - 34 所示，水平浓淡如图 10 - 35 所示。

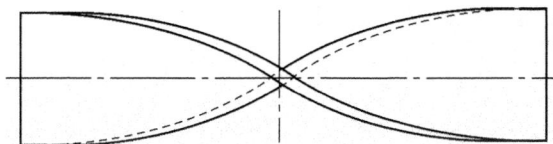

图 10 - 34　隔板旋转可由水平旋转为垂直方向

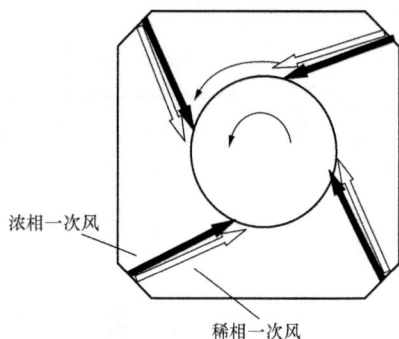

图 10 - 35　水平浓淡燃烧方式

五、浓淡燃烧器改造

笔者等人对煤的高效低污染燃烧进行了大量的研究工作，并采用可调挡板水平浓淡燃烧器的总体空气分级技术，进行了电站锅炉浓淡低 NO_x 改造。燃烧器如图 10 - 36 所示。

对该型浓淡燃烧器进行了冷态模化试验研究，结果如下。

1. 燃烧器阻力特性

燃烧器的阻力特性如图 10 - 37 所示，在燃烧器挡板偏角从 0°增加到 10°时风速下降，约下降 4.2%左右，浓侧风速下降 2.7%，淡侧风速下降 5.7%，而在燃烧器挡板偏角从 10°增加到 20°时，浓淡两侧风速没有变化。在燃烧器挡板偏角从 20°增加到 30°时，浓淡两侧风速继续下降，在 30°时，达到浓淡两侧风速达到最低点。挡板偏角对于风速影响显著，浓侧风速一直大于淡侧风速的原因根据分析为燃烧器挡板偏转，导致浓侧一次风流量增加，淡侧一次风流量降低。

燃烧器阻力损失情况见图 10 - 38，燃烧器总体阻力损失系数随燃烧器挡板偏角的增加而增大，由于燃烧器挡板集中布置在淡侧，浓侧阻力损失系数明显低于淡侧。总体阻力损失系数在燃烧器挡板偏角为 30°时达到最大为 2.59，浓侧为 4.25，淡侧在燃烧器挡板偏角为 20°时最大，为 1.06。

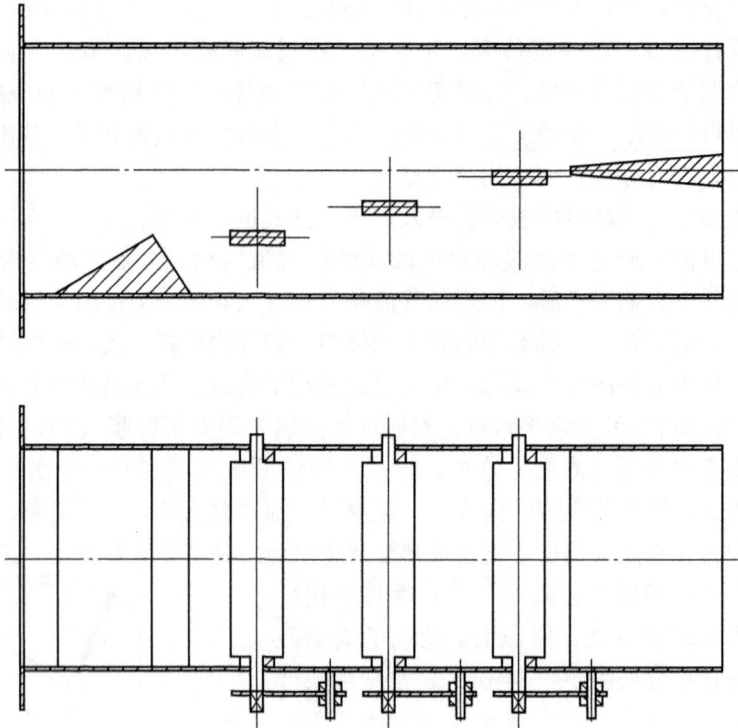

图 10-36　可调挡板水平浓淡燃烧器

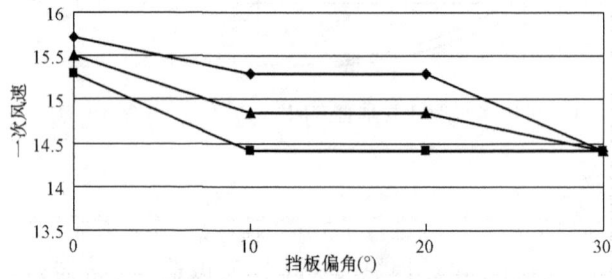

图 10-37　燃烧器的阻力特性

→浓侧空气速度；■淡侧空气速度；▲入口空气速度

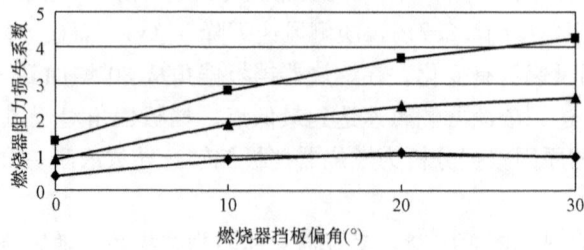

图 10-38　燃烧器阻力损失系数

→浓侧；■淡侧；▲总体

2. 浓淡风比

燃烧器的浓淡风比随挡板偏角变化情况如图 10 - 39 所示，浓淡风比随燃烧器挡板偏角增加先上升后下降。燃烧器挡板偏角在 $10°\sim20°$ 时，浓淡风比达到最大为 1.06。

3. 燃烧器浓缩比

燃烧器的煤粉质量浓度随挡板偏角变化情况如图 10 - 40 和图 10 - 41 所

图 10 - 39　燃烧器的浓淡风比

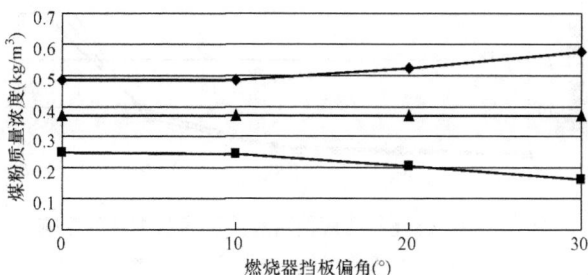

示。在燃烧器入口煤粉浓度保持在 $0.368kg/m^3$ 的条件下，浓侧煤粉浓度平均在 $0.516kg/m^3$ 的水平上，而淡侧煤粉浓度平均在 $0.215kg/m^3$ 左右。浓侧煤粉浓度随燃烧器挡板偏角增加而增加，最大为在燃烧器挡板偏角 $30°$ 时为 $0.573kg/m^3$，同时，淡侧煤粉浓度达到最低，为 $0.163kg/m^3$。所以，燃烧器浓缩比一直保持随燃烧器挡板偏角的增加而增加，从 $0°$ 的 1.947 到 $30°$ 上升到 3.516。

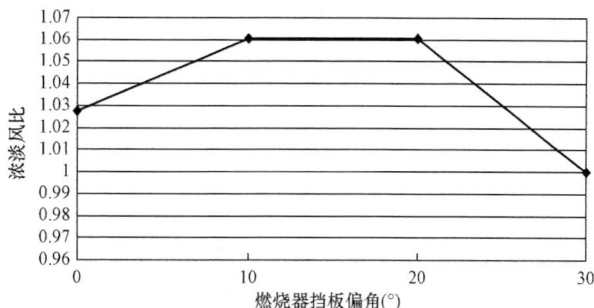

图 10 - 40　煤粉质量浓度

→ 浓侧煤粉质量浓度；━ 淡侧煤粉质量浓度；▲ 入口煤粉质量浓度

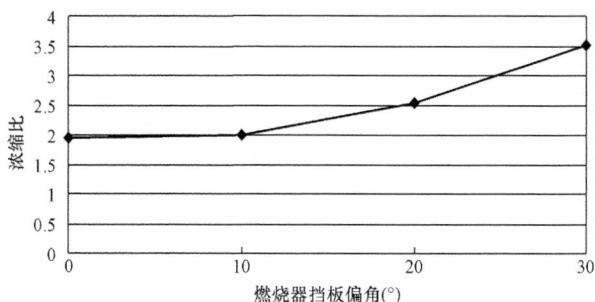

图 10 - 41　燃烧器浓缩比

4. 对煤粉筛分特性的影响

燃烧器挡板偏角对浓、淡两侧煤粉细度分布的影响见图 10 - 42 及图 10 - 43。比较两图曲线，浓侧煤粉细度分布情况与入口煤粉细度分布情况（见图 10 - 44）基本相同，受燃烧器挡板偏角影响很小，但略有变粗。分析原因与旋风分离器有关，旋风分离器对于小颗粒的沉降能力有限，导致所测煤粉粉样中小颗粒损失。相比之下，由于淡侧煤粉浓度低，小颗粒沉降得更少，相对煤粉粉样颗粒更粗，也更易受燃烧器挡板偏角的影响。浓侧 R_{45} 筛上余量最大变化幅度 7.0%，淡侧 R_{45} 筛上余量最大变化幅度 20%，在其他尺寸筛的筛上余量变化也在此范围附近。

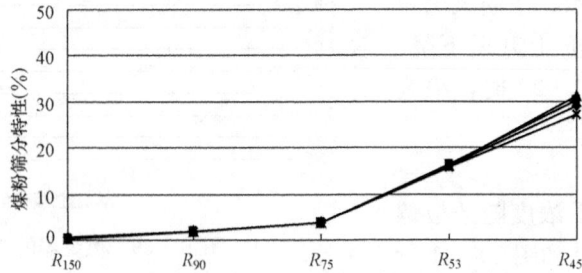

图 10-42　燃烧器挡板偏角对浓侧煤粉细度的影响
◆偏角 0°；■偏角 10°；▲偏角 20°；✕偏角 30°

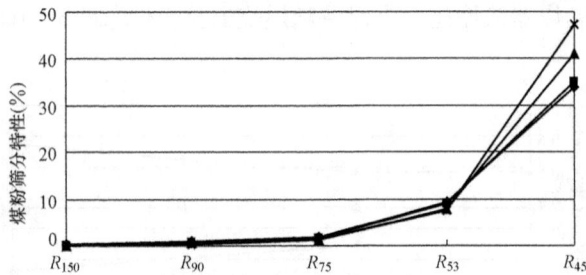

图 10-43　燃烧器挡板偏角对淡侧煤粉细度的影响
◆偏角 0°；■偏角 10°；▲偏角 20°；✕偏角 30°

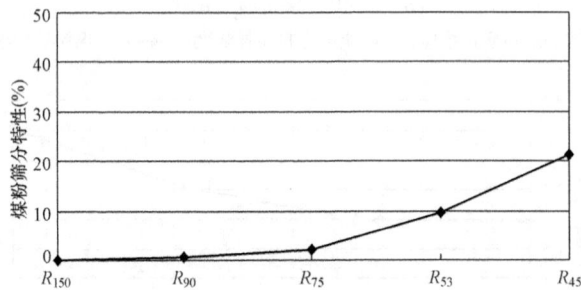

图 10-44　燃烧器入口煤粉筛分特性

　　冷态试验表明，该类型浓淡燃烧器的性能满足电厂改造要求。改造完成后的燃烧试验结果为，改后验收试验工况一锅炉热效率为 90.439%，较改造前提高了 1.047%。改后验收试验工况二锅炉热效率为 90.446%，较改造前提高了 1.054%。

第三节　安全节能燃烧技术

　　在锅炉燃烧过程中，会出现一些安全问题，主要有结渣和高温腐蚀。需要采取合理的措施，保证锅炉的安全经济运行。

一、结渣及预防

结渣需要两个条件，一个是煤灰成熔融状态，另一个是灰颗粒要贴墙，这两个条件缺一不可。要防止受热面结渣，可以从这两个方面入手。可以破坏灰熔融的条件，如降低炉膛温度水平、采用合适的过量空气系数等；也可以使灰颗粒不能冲刷受热面，如组织合理的气流结构、燃烧器喷口参数均匀、采用贴壁风技术、采用风包粉燃烧技术、水平浓淡燃烧技术等。

二、高温腐蚀及预防

在锅炉燃烧方面有多种方法可避免高温腐蚀的发生，其中心思想是防止水冷壁附近产生还原性气氛。国外最新研究结果表明，如果能控制水冷壁近壁气氛中的 O_2 含量高于 1.5%，则基本不会发生高温腐蚀。以下措施可有效避免近壁还原性气氛的产生：

（1）合理配风，强化炉内的湍流混合，避免出现局部还原性气氛。

（2）控制合理的煤粉细度，防止大颗粒未燃尽煤粉直接冲刷水冷壁。

（3）采用一次风反切技术，在炉内形成风包粉的燃烧工况，防止煤粉气流贴壁，改善水冷壁附近的还原性气氛。

（4）采用贴壁风技术，在水冷壁高温腐蚀区域形成一层空气保护膜，可以有效地控制高温腐蚀速度。

三、侧边风防止高温腐蚀和结渣研究

所谓侧边风就是在高温腐蚀区域的上游水冷壁或在高温腐蚀区域水冷壁上安装喷口，向炉膛内通入空气。采用侧边风的主要目的是改变水冷壁高温腐蚀区域的还原性气氛，增加局部含氧量。一般情况下可用二次热风作为侧边风的风源。根据侧边风的结构及布置方式又可分为贴壁型和射流型两种，贴壁型侧边风一般采用在水冷壁管鳍片上开孔的方式，开孔位置在高温腐蚀区域内，依据腐蚀的面积大小决定开孔数目的多少。二次风由小孔进入炉膛后，受炉内烟气运动的影响，很快偏转附着于水冷壁上，在高温腐蚀区域水冷壁表面形成一层空气保护膜。贴壁型侧边风的优点是结构简单，不用改动水冷壁管。射流型侧边风是在高温腐蚀区域上游位置安装侧边风喷口。喷口的大小形式、射流的速度及射流的出口角度等决定了射流的刚性及与炉内烟气的混合程度。当射流刚性较强时，其初始流动阶段保持原有方向，与上游高温烟气相遇产生强烈混合扰动，使烟气中还原性气体成分氧化，同时有助于煤粉颗粒的燃烧。随后由于炉内烟气运动的影响，混合气体（侧边风与烟气）的下游偏向水冷壁，但此时已呈弱氧化性或中性状态，不会造成水冷壁高温腐蚀，减轻结渣，原理如图 10 -45 所示。当射流刚性较弱时，在初始阶段即受烟气运动的影响发生偏转，在其下游区域形成一层覆盖水冷壁表面的空气膜，防止高温腐蚀产生，这种作用方式与贴壁型侧边风类似。

作者等人针对某电厂 300MW 锅炉高温腐蚀严重的实际情况，进行了侧边风防止高温腐蚀改造，如图 10-46 所示。改造完成后的热态试验结果表明，侧边风及反切风作用

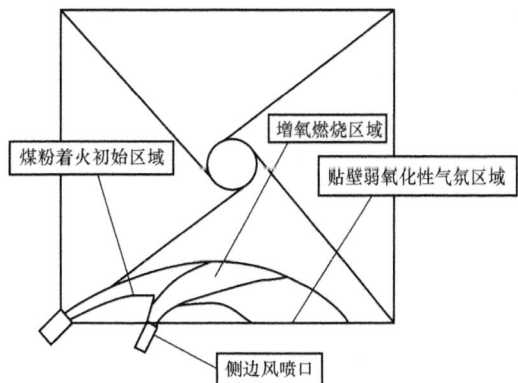

图 10 -45　侧边风原理

明显，水冷壁贴壁气氛中氧含量一般在 1.2% 左右，CO 含量普遍低于 1.5%。锅炉运行一年半后小修检查，燃烧器水冷壁区域没有结焦现象，管壁表面只有一层疏松的浮灰。对管壁进行了测厚检查，结果表明，锅炉改造后运行约一年半期间，原高温腐蚀区域管壁厚度没有明显变化，管壁厚度减薄速度小于 $0.5mm/10^4h$。上述试验结果表明，该电厂锅炉水冷壁高温腐蚀问题得以全面解决。

效率方面，在 270、240、210MW 三个工况下进行了热效率测试，效率分别为 91.08%、90.76%、90.83%，与改造前没有明显变化。改造后一年多的运行实践表明，锅炉各方面运行状况正常，主汽温、主汽压等各项运行参数均达到预期效果。

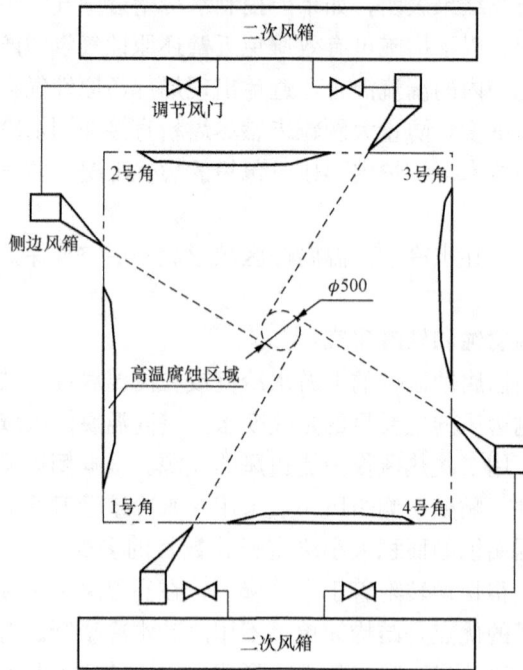

图 10 - 46　300MW 锅炉侧边风防高温腐蚀改造

第十一章　煤粉燃烧污染控制技术

燃烧产生的污染物对环境的危害很大，必须进行严格控制。煤粉燃烧需要严格控制的污染物有 NO_x、SO_2、粉尘，还有需要减排的 CO_2。

第一节　低氮燃烧技术

一、NO_x 控制发展过程

燃煤排放的众多污染物中，NO_x 是唯一可通过改进燃烧方式来降低排放量的气体污染物，选择合理燃烧参数和合理地组织燃烧过程，减少在燃料燃烧阶段 NO_x 的形成量，是比较经济且合理的降低 NO_x 排放的技术措施。因此，低污染燃烧技术指低 NO_x 燃烧技术。

煤燃烧产生的污染已成为主要的大气污染源。氮氧化物（NO、NO_2 等，简称 NO_x）是煤燃烧产生的主要污染物之一，NO_x 与大气中的水和氧气反应生成硝酸，是酸雨的主要制造者；高浓度的 NO_x 对呼吸系统有强烈的刺激性；NO_x 通过光化学反应产生光化学烟雾，影响可见度，刺激人的眼睛和呼吸系统；在城市大气中，NO_x 可以转化形成 PM_{10} 和 $PM_{2.5}$，这些细颗粒物能在空气中漂浮很长距离，并能达到人肺的最敏感部位。NO_x 能够直接或间接地对人、植物、建筑物和环境造成显著的危害。

根据国家统计局公布的数据，2000 年我国 NO_x 排放量约 1561 万 t，2007 年约 2000 万 t，大约 63% 源于煤的燃烧，而燃煤发电的排放量占 35.8%。可见，燃煤发电也是我国大气污染物 NO_x 的主要来源之一。氮氧化物的排放，随着火电机组和发电量的不断增加而增长，若不采取有效控制措施，预计到 2020 年和 2030 年，全国 NO_x 排放量将达到 2363 万～2914 万 t 和 3154 万～4296 万 t，将超过美国成为世界第一大 NO_x 排放国，而火力发电占 NO_x 排放总量将达到 50% 左右。环境污染已经成为我国经济发展的主要制约因素之一，因此治理火电厂 NO_x 排放是迫在眉睫的任务。

世界上以煤为主要一次能源的发达国家和地区（美国、欧洲、日本等）很早就对大气的 NO_x 污染给予了重视，制定了严格的火电厂 NO_x 排放标准。研究开发了多种火电厂 NO_x 污染控制技术。火电厂普遍采用 NO_x 污染控制技术和装置。

早在 1285 年，英国伦敦就开始对煤燃烧所产生的污染物进行控制。美国在 1913 年由奥尔巴尼制定了第一部城市控制煤燃烧污染的法规，在 1952 年由俄勒冈州制定了第一部州立控制燃烧污染的法规。1944 年，美国宾夕法尼亚州燃烧烟雾污染使 20 人丧生，6000 人患病。伦敦 1952 年烟雾事件死亡超过 4000 人。1969 年，Ventura 制定了第一部城市控制 NO_x 的法规。到 1976 年，美国 50 个州全都制定了控制 NO_x 和 SO_2 排放的法规。

与发达国家相比，我国对大气的 NO_x 污染治理开展得较晚，NO_x 污染控制技术处于落后状态，但也在不断提高。根据国家环保总局最新公布的火电厂大气污染物排放标准，从 2004 年开始，对火电厂锅炉 NO_x 排放又有了新的规定。即燃用煤种的 $V_{daf} < 10\%$ 的锅炉，其 NO_x 排放要小于 1100mg/m³（标准状况下）；燃用煤种的 $10\% < V_{daf} < 20\%$ 的锅炉，其

NO_x 排放要小于 $550mg/m^3$（标准状况下）；燃用煤种的 $V_{daf} > 20\%$ 的锅炉，其 NO_x 排放要小于 $450mg/m^3$（标准状况下）。同时，对 NO_x 排放的收费额度也比1996年底颁布的《火力发电厂大气污染物排放标准》中规定的要高，增加到 0.6 元/kg。新的环保政策的制定，更加提高了对火力发电厂 NO_x 排放的要求。只要采用燃煤方式发电，就要负担燃煤过程中造成的 NO_x 排放的收费。燃煤电站锅炉 NO_x 排放量如表 11-1 所示。

表 11-1 　　　　　　　　　　　　　**火电厂燃煤锅炉 NO_x 排放量**

燃　烧　方　式		NO_x 排放量（mg/m^3）
固态排渣煤粉炉	直流燃烧器	600～1000
	旋流燃烧器	850～1200
液态排渣炉	直流燃烧器	900～1300
	旋流燃烧器	1300～1800
循环流化床锅炉		200～700
炉排炉		300～800

挥发分越低，NO_x 生成量越高。这是因为低挥发分煤需要更高的温度才能着火，需要更多的空气才能燃烧完全，这些条件利于 NO_x 的形成。

从表 11-1 可以看出，在不采用任何措施的条件下，煤粉锅炉 NO_x 排放都会超过环保标准，且超过的幅度还很大，一般可达 30%～40%。

火电厂 NO_x 污染控制技术可分为低 NO_x 燃烧和烟气脱硝等两类技术。低 NO_x 燃烧技术（Low NO_x Combustion）是在煤的燃烧过程中抑制 NO_x 生成或者将生成的 NO_x 还原的一类技术，包括低 NO_x 燃烧器、空气分级和燃料分级（也称为再燃）技术等，而低 NO_x 燃烧器是基于分级燃烧的原理。烟气脱硝技术是燃烧后 NO_x 控制技术（Post-Combustion NO_x Control）的总称，它采用化学或物理方法从烟气中将 NO_x 脱除。低 NO_x 燃烧技术对 NO_x 的控制效率中等（30%～60%），但与烟气脱硝技术相比，其初投资和运行费用较低，并且易于工程实施，因此，是火电机组首选的 NO_x 控制技术。当仅采用低 NO_x 燃烧技术不能满足环保要求时，才进一步采用烟气脱硝技术。因此，结合我国以煤电为主的国情，在目前经济发展状况下，开发和采用有效的低 NO_x 燃烧技术，在未来具有非常重要的社会效益和经济效益。

二、低氮燃烧技术

从燃烧原理出发，根据 NO_x 生成机理，控制 NO_x 生成的理论依据是降低火焰温度，降低燃烧区域氧浓度。根据这个原理，各研究机构开发了大量的低 NO_x 燃烧技术，总结起来可以分成三类，即改进燃烧运行参数、空气分级燃烧技术、燃料分级再燃还原技术。

1. 改进燃烧运行参数

在现有锅炉结构的基础上，不进行设备改造，只改变运行参数来控制 NO_x 的生成。此类技术适合已投运的老式机组，锅炉没有采用低 NO_x 燃烧技术。在运行时，根据负荷和煤质特性，在稳定燃烧的前提下，适当调整运行参数，进行燃烧优化。例如采用较低的过量空气系数，减少中二次风量，增大上二次风量，适当降低一次风率等；对于具有多层燃烧器的锅炉，可以调整不同层燃烧器的配风，形成炉内优化的低 NO_x 燃烧环境，也可以调整各层燃烧器的燃料量，或直接切除某层燃烧器，实现炉内的浓淡偏差燃烧。目的是在较大燃烧区域内，空气相对不足，燃烧不强烈，温度较低，可以降低 NO_x 的总生成量。但由于影响 NO_x 排放的因素众多，对不同的煤种需要有不同的优化运行方案。

燃烧优化的方法不需要设备改造费用，方便易行，但降低 NO_x 生成的效果不明显，只能减少 $10\%\sim25\%$ 的生成量。对于一般电厂，这种降低幅度还不能满足环保要求。

2. 空气分级燃烧技术

空气分级燃烧技术是一种基于全面燃烧调整的浓淡燃烧技术。最早由美国在 20 世纪 50 年代首先开发出来，在 60 年代中期开始广泛使用，有些研究机构还进行了改进，如 MACT 技术等。该项技术立足于把初始燃烧区域内的过量空气系数调整至浓淡燃烧技术所要求的合适范围，抑制燃烧初期生成的大量挥发性氮氧化成燃料型 NO_x，在适当的位置将燃尽风（OFA）加入燃烧过程，通过降低燃烧区域氧浓度和温度的方法抑制热力型 NO_x 的大量生成。近年来分级送风、低氧燃烧技术已成为降低燃烧产物中的 NO_x 浓度、减轻环境污染的重要手段，在锅炉改造和新锅炉机组的建设中被普遍采用。该技术可降低 NO_x 幅度约 50%。

空气分级燃烧是将燃料的燃烧过程分阶段完成的，其原理如图 11-1 所示。供给各燃烧器的空气量控制在理论空气量的 90% 左右，使煤粉在缺氧的燃烧条件下燃烧，此时主燃烧区内过量空气系数 α 为 $0.85\sim0.95$，在这一燃烧区域内为还原性气氛，从而抑制 NO_x

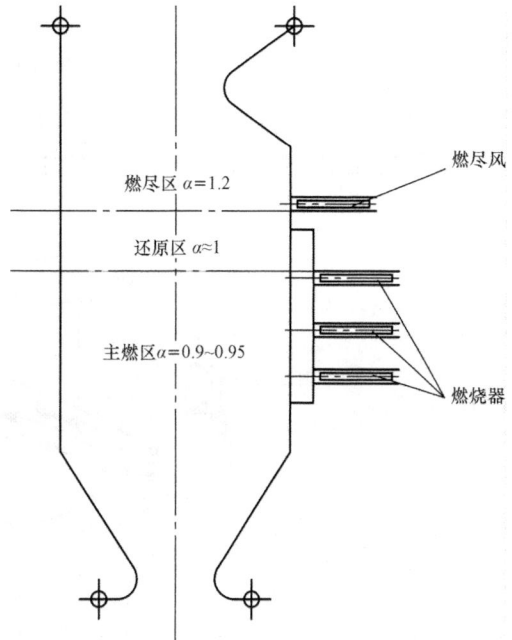

燃尽区 $\alpha=1.2$

还原区 $\alpha\approx1$

主燃区 $\alpha=0.9\sim0.95$

燃尽风

燃烧器

图 11-1　空气分级燃烧原理示意图

的生成。之后烟气进入还原区，主燃区生成的 NO_x 在这一区域内发生火焰内分解和还原。另一方面，由于此处的过量空气系数较主燃区稍高，促进了碳的完全燃烧。为了完成全部燃烧过程，完全燃烧所需的空气从燃烧器的上方喷入，与第一、二阶段的贫氧燃烧条件下的烟气混合，在过量空气系数 $\alpha>1$ 的条件下完成全部燃烧过程。由于整个燃烧过程所需空气是分级供入炉内的，使整个燃烧过程分为两级或两级以上进行，故称为空气分级燃烧。空气分级燃烧方式大多采用专门的空气喷入口，即燃尽风 OFA（Over Fire Air）喷口。

空气分级燃烧技术从总体上可分成两类。一类是低 NO_x 燃烧器，即单只燃烧器的空气分级；另一类是整体空气分级燃烧，即所有燃烧器从总体布置上实现空气分级，下面作简单介绍。

（1）低 NO_x 燃烧器。低 NO_x 燃烧器分为浓淡直流燃烧器和双调风旋流燃烧器两大类。浓淡直流燃烧器主要类型有 WR 燃烧器、PM 型浓淡燃烧器和改进的 A-PM 燃烧器等。WR 和 PM 燃烧器结构如前所述。PM 型燃烧器降低 NO_x 生成的原理如图 11-2 所示。

煤粉经弯头分离成浓淡两股，浓煤粉气流喷入炉膛后，在过量空气系数远小于 1 的条件下燃烧，由于缺氧，产生的 NO_x 很少，这是燃烧的第一区段。在二次风混合进来后，开始第二区段的燃烧。这时的过量空气系数略小于 1，燃烧不太完全，生成的 NO_x 也不多。最后少量的未燃尽燃料和更远的燃尽风混合后继续燃烧，形成第三区段的燃烧，由于燃料量

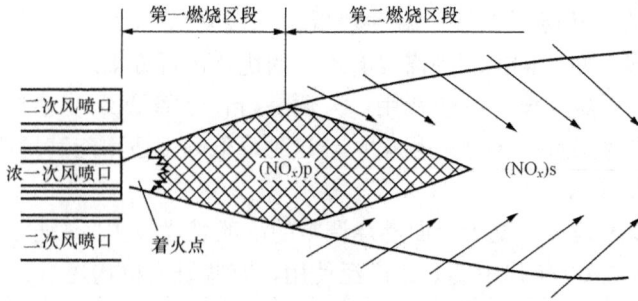

图 11-2 PM 型燃烧器的头两个燃烧区段

$(NO_x)_p$—第一燃烧区段生成的 NO_x；(NO_x) s—第二燃烧区段生成的 NO_x

少，生成的 NO_x 也很少。这样分级燃烧后，总 NO_x 生成量会比常规燃烧减少约 50%。

双调风旋流燃烧器控制 NO_x 生成的原理和直流燃烧器类似，如图 11-3 所示，图中三次风为燃尽风 OFA。

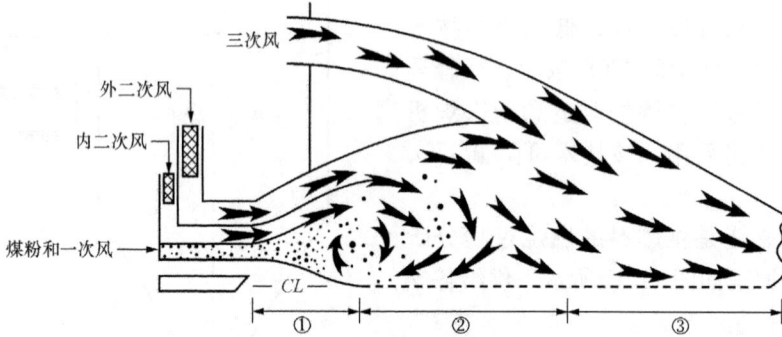

图 11-3 旋流燃烧器的三级混合

①—浓燃料燃烧区，此时 α 约为 0.4；②—二次风混入后的燃烧，α 约为 0.9；
③—燃尽风混合后的燃烧区，α 约为 1.2

（2）整体空气分级燃烧。整体分级指在燃烧器总体布置上，空气和燃料的配合方式。最基本空气分级——两级燃烧技术如前所述，见图 11-1。一些机构在此基础上进行了改进，如 MACT（MitsubishiAdvanced Combustion Technology），以及改进的 A-MACT 技术

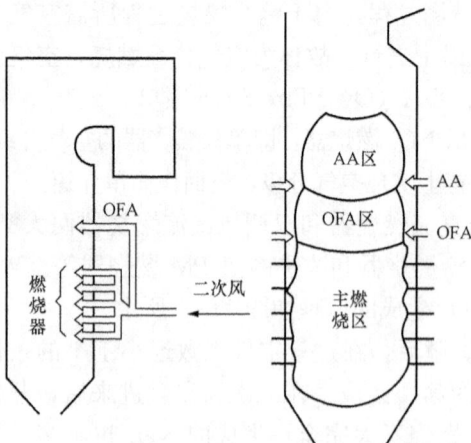

图 11-4 两级燃烧和 MACT 布置示意图

等。MACT 是在两级燃烧的基础上，把燃尽风再分成两部分，一部分从常规的燃尽风喷口 OFA 送入炉膛，另一部分为附加空气 AA，从 OFA 上部的喷口送入，等于在前述三级燃烧区段基础上再加一级，进一步分级成四区段燃烧，更大限度地降低 NO_x 生成。将 AA 空气再分成两层送入，则为改进的 A-MACT 技术，把燃烧分成了五级燃烧。在主燃烧区域和燃尽区域之间为还原区，烟气中未燃尽的燃料，将主燃区生成的 NO_x 还原。两级燃烧和 MACT 布置如图 11-4 所示，其降低 NO_x 原理如图 11-5 所示。

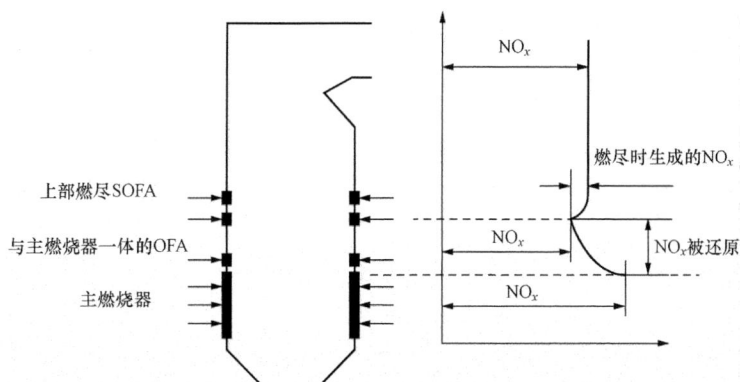

图 11-5　空气分级燃烧降低 NO_x 原理

整体空气分级燃烧可降低 NO_x 排放约 50% 左右。

3. 燃料分级再燃技术

燃料分级指将锅炉所需要的燃料分成两部分，80%～85%的主燃料从常规一次风喷口区域，以正常过量空气系数（$\alpha \geqslant 1$）配置空气喷入炉膛进行充分燃烧，此为一次燃烧区（主燃烧区）。其余 15%～20%的燃料以再燃燃料（二次燃料）的形式从主喷口上方喷入，形成富燃料（$\alpha < 1$）、还原性气氛，燃烧生成碳氢化合物基团，并与一次燃烧区内生成的 NO_x 反应，NO_x 被还原为 N_2，此为再燃还原区域。再燃燃料完全燃烧所需要的空气，即燃尽风，从顶部喷入炉膛，保证所有燃料完全燃烧。

燃料分级燃烧布置及参数关系示意图如图 11-6 所示，降低 NO_x 生成的原理如图 11-7 所示。燃料分级再燃和空气分级燃烧控制 NO_x 的原理不同。燃料分级不是通过控制温度和过量空气系数抑制 NO_x 的生成的。主燃料在 $\alpha \geqslant 1$ 的条件下完全燃烧，生成全部的 NO_x，通过再燃燃料的喷入，形成还原性气氛，在高温下分解还原 NO_x。虽然再燃燃料在燃尽风作用下完全燃烧，生成新的 NO_x，但再燃燃料数量少，总的 NO_x 排放会降低很多，比常规燃烧的减低幅度约为 60%，是所有低 NO_x 燃烧技术中减低幅度最大的。当然，严格地讲，燃料分级是从烟气中还原 NO_x，有烟气处理的成分。

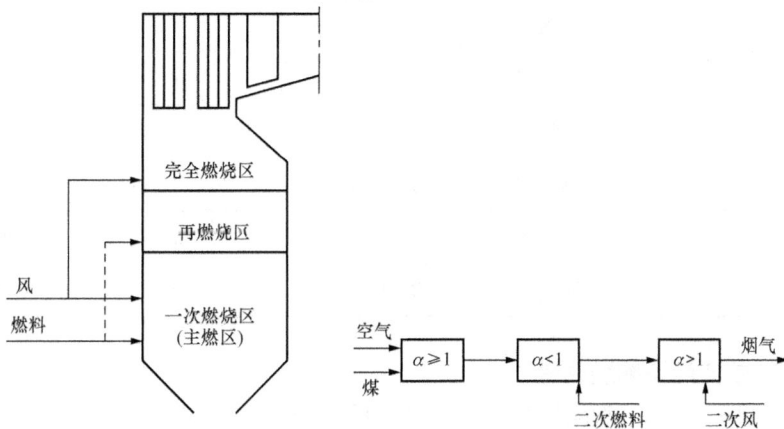

图 11-6　燃料分级再燃布置及参数关系

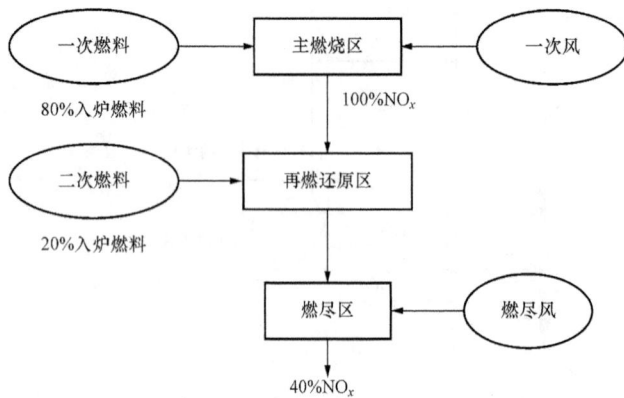

图 11-7　燃料分级再燃降低 NO_x 原理

从还原 NO_x 的角度讲，再燃的燃料种类要求具有两个条件：一是还原性能好，碳氢成分多；二是易于纯燃料输送。如果燃料需要空气送入，则还原性能下降。天然气是最理想的再燃燃料，但是针对我国的情况，天然气资源紧缺，分布不均，对绝大多数电厂，难以利用天然气进行再燃。目前一些研究机构在研究利用生物质气化气作为再燃燃料。生物质为可再生能源，对环境保护非常有利，但需要合适的气化系统。国内一些机构在研究超细煤粉作为再燃燃料，也能有 50% 左右的降低幅度。由于煤粉便于获得而且省去了天然气再燃改造需要铺设管道等大量初期投资，且运行费用低廉，煤粉再燃方法越来越得到重视，但需要单独的超细制粉系统。煤再燃对主燃烧区出口的 NO_x 浓度有一定要求，NO_x 浓度太低会导致煤再燃效果变差，但采用不含氮的天然气再燃就不存在这样的问题。

还有一种高级再燃法，即采用燃料再燃与 SNCR 相结合的方法，再燃区为富燃料区，有利于提高 SNCR 效果，CO 的存在可使 SNCR 窗口温度降低 $100\,^{\circ}\mathrm{C}$。高级再燃可以达到 $70\%\sim90\%$ 的脱硝效果，是一种很有前途的脱硝方法。第二代高级再燃方法也在发展中，如把无机盐如钠盐等加入到氨中，可以提高脱硝效果。

对于 NO_x 的控制，应在可能的条件下，尽可能采用多种技术相结合，最大限度降低污染生成。例如可综合采用低 NO_x 燃烧器的空气分级技术，再进行燃烧调整，降低总的 NO_x 生成。各种控制 NO_x 技术的比较如表 11-2 所示。

表 11-2　　　　　　　　　各种 NO_x 控制措施的改造费用和效果

方　法	改造费用（美元/kW）	NO_x 下降率（%）
燃烧调整	范围：0，平均：0	范围：10～25，平均：22.5
燃尽风	范围：5～15，平均：8.2	范围：10～30，平均：23.0
低 NO_x 燃烧器	范围：6～14，平均：16.1	范围：20～60，平均：51.0
天然气再燃	范围：14～50，平均：32.0	范围：40～60，平均：51.0
SNCR	范围：5～50，平均：19.6	范围：20～70，平均：43.1
SCR	范围：80～180，平均：123.5	范围：60～90，平均：77.5

三、锅炉高效低污染燃烧改造

作者等人对煤的高效低污染燃烧进行了大量的研究工作，并采用可调挡板水平浓淡燃烧器的总体空气分级技术，进行了电站锅炉低 NO_x 改造。

针对某煤粉锅炉，改造方案为：在锅炉各角的最上层燃烧器上方新开燃尽风 OFA 喷口，燃尽风喷口中心线距最上层燃烧器的中心线距离为4m左右。燃尽风喷口布置方式为四角切圆，顺时针旋转，与原炉内切圆反向，直径为$\phi 2700$。燃尽风风源从锅炉两侧墙的水平二次风箱引出，此处二次风压相对锅炉四角的竖直二次风箱内风压要高，有利于燃尽风量的调整。各新增燃尽风管道内都装有流量测量和风量调节装置，同时控制系统作相应改造。改造后锅炉燃烧器布置如图11-8所示。

　　运行结果表明：通过采取分级燃烧的方式，能够降低NO_x。改造前NO_x排放为$872mg/m^3$（标准状况下），改后进行了两个验收试验工况的实验。改后验收试验工况一的NO_x排放较改前降低$494mg/m^3$（标准状况下，烟气中折算含氧量为6%），降低了56.7%。改后验收试验工况二的NO_x排放较改前降低$508mg/m^3$（标准状况下，烟气中折算含氧量为6%），降低了58.3%。

　　改后验收试验工况一锅炉热效率为90.439%，较改造前提高了1.047%。改后验收试验工况二锅炉热效率为90.446%，较改造前提高了1.054%。在采用空气分级燃烧的运行方式后，锅炉效率有所下降。排除大修对锅炉效率的影响（升高1.5%左右），低NO_x排放改造对锅炉热效率影响不超过0.5%。实践表明，对老式锅炉，可以采用低NO_x燃烧技术改造，实现高效低污染燃烧。

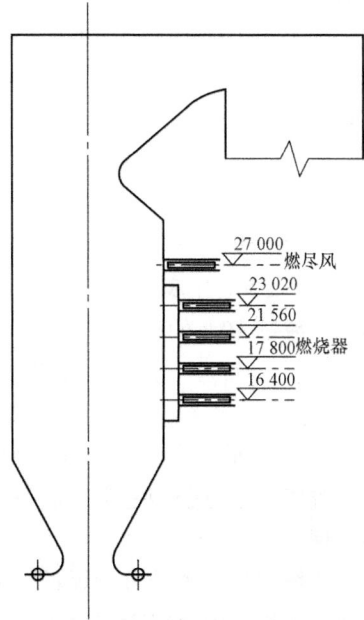

图11-8　改后空气分级布置

第二节　燃烧过程脱硫技术

　　SO_2也是需要控制的主要污染物。自20世纪70年代初美国和日本率先实施控制SO_2排放战略以来，许多国家相继制定了严格的SO_2排放标准和中长期控制战略，加速了控制SO_2的步伐，大大促进了有关控制技术的发展，使SO_2排放在短短的十多年间，得到了大幅度的削减。

　　在国际公约方面，早在1979年，30多个国家以及欧盟各国签署了长距离跨越国界大气污染物公约，并于1983年生效。根据该协议，1985年，21个国家承诺从1980~1993年，至少削减30%的SO_2排放；1994年，26个国家签署协议，达成了第二次硫化物议定书，对每个国家的SO_2排放设定限值；到2000年，欧洲在1980年的水平上，削减45%的SO_2排放量，到2010年，削减51%。1999年，在瑞典歌德堡20个国家签署了缓解酸化、富营养化和地面臭氧议定书，对四种主要污染物制定了2010年国家排放限值，据此，欧洲国家在1990年水平上再削减$63\%SO_2$，$40\%NO_x$及挥发性有机化合物（VOC），以及17%氨（NH_3）。

　　我国排放SO_2的90%来自燃煤，而其中的50%左右来自火电厂。全国SO_2排放总量控制在1200万t情况下，城市空气SO_2浓度才可能都达到国家二级标准。酸沉降临界负荷研究结果表明，要使生态系统不产生有长期危害影响的化学变化的最高酸沉降量，要求全国SO_2排放总量应控制在1620万t以下。

因此，我国也在大力控制 SO_2 的排放。2004 年 1 月 1 日开始执行新标准 GB 13223—2003《火电厂大气污染物排放标准》，规定新建电厂按第三时段 SO_2 排放标准执行：燃煤锅炉排放标准为 $400mg/m^3$；煤矸石电厂排放标准为 $800mg/m^3$；西部非两控区特低硫煤（收到基硫小于 0.5%）排放标准为 $1200mg/m^3$。

虽然我国执行了严格的控制标准，但控制 SO_2 的形势依然很严峻。2006 年，全国 SO_2 排放总量高达 2589 万 t，居世界第一，比 2005 年增加 2.3%。每排放 1t SO_2 造成的经济损失约 2 万元，酸雨区面积约占国土面积的 1/3。

从 2007 年开始，我国 SO_2 排放开始呈下降趋势。2007 年全国 SO_2 排放总量为 2468.1 万 t，同比下降 4.66%。2009 年 1～6 月，全国 SO_2 排放量为 1147.8 万 t，同比下降 5.4%；上半年"上大压小"、关停小火电机组 1989 万千瓦，提前一年半完成"十一五"计划关停任务。截至 2009 年底，SO_2 排放量比 2005 年累计下降 13.14%，已提前完成 SO_2 排放量"十一五"减排 10%的目标。

截至 2009 年 6 月，全国燃煤脱硫机组共 1204 台，装机容量 4.12 亿 kW，脱硫机组装机容量占全部火电机组比重由 2005 年的 12%提高到 66%。截至 2009 年底，脱硫机组容量为 4.6 亿 kW，占燃煤发电机组比例为 70.7%。已累计关停淘汰 6006 万 kW 小机组。

脱硫技术可分为三类：燃烧前对燃烧进行脱硫处理，燃烧过程中脱硫，以及燃烧后的烟气处理。

燃烧过程中脱硫分为煤粉炉的炉内喷钙脱硫和循环流化床脱硫技术。

一、炉内喷钙脱硫技术

20 世纪 60 年代，美国、日本和欧洲一些国家就相继进行了炉内喷钙脱硫技术研究。20 世纪 70 年代中期，随着环保标准的越来越高，而投资又要尽可能低，该项技术得以进行更深入的研究。1981 年，美国环保局制定了炉内喷钙多级燃烧计划。众多学者，包括我国的有关专家，对炉内喷钙的机理作了大量的研究，探讨了吸收剂种类、钙硫比、吸收剂喷入温度、粒径、SO_2 初始浓度、吸收剂停留时间等因素对脱硫率的影响。芬兰的 FORTUM 公司在炉内喷钙技术的基础上，开发了 LIFAC 技术，即炉内喷石灰石和尾部增湿活化技术，其特点是除了炉内喷钙，还在空气预热器与除尘器之间增加一个活化反应器。烟气在活化器内增湿、降温，既提高了脱硫率，又减小了飞灰电阻比。美国、加拿大、芬兰均建有全尺寸工业性试验装置。

在我国，西安热工研究所、哈尔滨发电设备成套研究所，清华大学等对该技术已作了多年的实验研究，积累了大量的数据资料，掌握了该技术的要点。南京下关电厂、绍兴钱清电厂已在 125MW 机组上引进了芬兰的 LIFAC 技术。该技术如图 11 - 9 所示。

该技术的工艺过程可分成两个主要阶段，炉内喷钙和尾部增湿活化。在第一阶段，将石灰石粉磨至 150 目左右，用压缩空气喷射到炉膛上部温度为 900～1100℃的温度区，并使脱硫剂石灰石与烟气有良好的接触和反应时间。石灰石受热分解成氧化钙和 CO_2，再与烟气中 SO_2 反应生成亚硫酸钙和硫酸钙，最终被氧化成硫酸钙。在第二阶段，烟气经过特制的活化器，在活化器内喷水增湿，烟气中未反应的氧化钙，与水反应生成的低温下有很高活性的 $Ca(OH)_2$，这些 $Ca(OH)_2$ 与烟气中剩余的 SO_2 反应，最终也生成硫酸钙等稳定的脱硫产物。

石灰石吸收剂细度在 150 目以下，若有其他含钙化合物，可进行评价后进行因地制宜的利

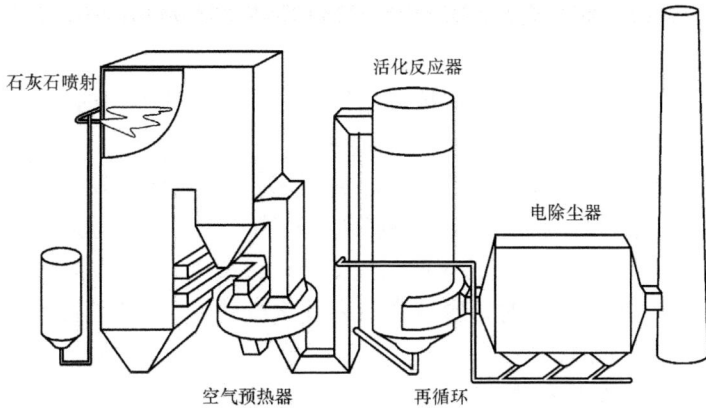

图 11-9 LIFAC 技术示意图

用。石灰石 $CaCO_3$ 含量大于或等于 90%，Ca/S 为 1.5~2.5，系统脱硫效率可达 70%~80%。

1. 影响 LIFAC 脱硫效率的因素

（1）石灰石喷入系统。石灰石喷入炉内，影响其脱硫率的有煤质，石灰石的质量、数量及粒度，石灰石喷入处的温度，氧化钙在过热器区域的停留时间，以及石灰石与烟气的混合程度等。

脱硫效率随着石灰石的增加而提高，但是当 Ca/S 大于 3.0 时，脱硫率提高得很慢，石灰石的最佳利用率为 Ca/S=2.5~3.0。

石灰石喷入处的温度在 900~1100℃较佳，重要的是喷入炉膛形成的石灰石没有烧结，在反应器中具有活性。$CaSO_4$ 开始分解的温度是 1200℃，而 $CaSO_3$ 为 722℃，因此，在温度高于 1200℃时，即使炉膛内同时存在 SO_2 和氧化钙等氧化物，两者之间化合成稳定硫酸盐的可能性也很小。

石灰石在炉内停留时间与脱硫率的关系也有一最佳值，试验表明，在 Ca/S=3.0，石灰石颗粒直径为 8.6μm 和喷入点温度为 1000℃时，停留时间以 0.3~0.5s 为佳。所以选择的石灰石喷入位置距炉顶距离或炉型也很重要，一般氧化钙粒子在炉内停留时间在 0.5~3s，其在流化区停留时间增长，脱硫率提高。

（2）尾部增湿活化系统。影响脱硫效率的尾部增湿活化系统因素主要有进入活化塔飞灰中的活性氧化钙含量、活化塔进口烟温、喷水量大小、水滴大小及在活化塔中停留时间、活化塔出口烟温等。

活化塔进口烟温越高脱硫效率越高。在其他条件不变的情况下，活化塔进口烟温提高，能使增湿水量提高，活化塔脱硫效率提高。试验表明，吸收剂活化的主要原因是吸收剂与水滴的碰撞。增湿水量增加，提高了吸收剂的活化程度，使其与 SO_2 反应机会增加，脱硫率提高。钱清电厂的试验表明，在烟温 100℃以上时，活化塔进口烟温提高 10℃，脱硫效率提高 5%~10%。

水滴大小影响着脱硫率的高低。在小型试验中水滴的最佳粒度是 100μm，全尺寸装置试验中较小水滴对活化反应器运行更为有利，但也并非雾化的水滴越细越好。由空气预热器来的烟气在活化塔顶部分成 9 股进入活化塔，每一股通道中有 1 个喷嘴组，每个喷嘴组头部设有 5 只喷嘴，使得雾化水从喷嘴呈扇状水平喷出，烟气必须穿过水雾层才能进入活化塔。试验时，当全部喷嘴投入运行时，雾化水粒度较强，脱硫效率为 51%。后关掉左边 3 组喷嘴组，水量等其他条件不变，雾化水粒增大，脱硫率反而上升到 57%，可见合适的水滴才能得到更高的脱硫效率。

烟气在活化塔中停留时间是影响脱硫率的因素之一，一般停留时间为 5~15s，这就要求设计时考虑烟气量、活化塔高度直径等相关参数。

活化塔出口烟气温度，也即活化塔运行温度是决定活化塔脱硫效率的重要因素。活化塔出口烟气温度距水露点温度越接近，活化塔脱硫率越高。但因要考虑到湿壁等问题，不能太接近水露点温度。LIFAC 的一般试验表明，当 Ca/S＝2.0 时，脱硫率为 55%~85%；活化塔出口的烟温从 120℃降到 70℃时，脱硫率没有什么变化，出口烟温在 70℃以下时，活化塔才起较大的作用，脱硫率提高。

2. LIFAC 对锅炉设备的影响

（1）结渣和积灰。低硫煤喷射石灰石后，灰的开始软化温度下降较多，而高硫煤下降较少。这就表明喷钙后对低硫煤来说，其结渣性大于高硫煤。另有研究认为，在炉内温度下，石灰石被迅速煅烧，分解的部分氧化钙与飞灰中的铝硅酸盐发生凝硬反应，形成含有水泥成分的改性飞灰，因此灰渣中氧化钙增多时产生的凝硬特性可能会引起排渣困难。LIFAC 是在过热器标高喷入石灰石，基本避免了炉膛结渣。

积灰是指锅炉对流烟道中，烟气温度低于灰熔融温度时，灰以干态形式沉积在受热管子表面上。由于石灰石大部分被带到对流烟道中，灰量会成倍增加，导致在过热器、再热器、省煤器、空气预热器等受热面积灰加重，但用常规的吹灰器较易清除。但钱清电厂的锅炉由于原布置的吹灰器较少，在使用了 LIFAC 后，积灰较严重。加装了吹灰器后，对流受热面的积灰有很大的改善，但空气预热器的积灰有所增加。

（2）影响炉内传热。炉内喷钙后，主蒸汽温度降低约 5℃左右。分析认为主要是受热面结渣积灰引起的。并且喷入石灰石后，降低了烟气温度，灰量增多和粒子尺寸变小，也会影响炉内的辐射传热。

此外，在喷入石灰石后，左右侧蒸汽温差增大，这与石灰石的喷射方式有关。改为石灰石四角喷入，并加装助推风机以增加助推风量，将会改善左右温差和提高脱硫效率。

（3）锅炉效率下降。炉内喷入石灰石脱硫后，大约会使锅炉效率降低 0.7%~1%。主要是喷入石灰石后会降低炉膛温度，增加飞灰中的含碳量，从而增加固体未完全燃烧损失 Q_4；灰负荷增加也会增加灰渣物理热损失 Q_6；还有就是为提高脱硫率而提高排烟温度，使排烟热损失 Q_2 增加等。

（4）对电除尘的影响。喷入石灰石后，使电除尘器的进口粉尘较原来增加近一倍，且飞灰比电阻增加，这对电除尘不利。但由于 LIFAC 有尾部增湿部分，提高了烟气湿度和降低烟温，增加了飞灰的导电率，又促进了除尘效率的提高。两个因素相比较，总体上提高了除尘效率。钱清电厂 LIFAC 脱硫后测得的三电场电除尘器除尘效率为 99.69%。

二、循环流化床脱硫技术

循环流化床锅炉由于其燃料适用范围广、炉内脱硫效率较高、NO_x 排放量小、负荷调节比大等优点，已成为广泛应用的洁净煤发电技术之一。相比较其他的洁净煤发电技术，循环流化床锅炉技术是投资与运行成本相对较低，适合我国资源特点，并能满足日益严格的污染物排放标准要求的洁净煤发电技术，特别是燃用劣质燃料方面，具有不可替代的作用。目前循环流化床锅炉正在向大型化的方向迅速发展，并正在容量和蒸汽参数上追赶煤粉炉。世界上第 1 台 460MW 超临界循环流化床锅炉已经在波兰 Lagisza 电厂成功投运。近年来，在能源与环境的双重压力下，循环流化床锅炉在我国得到了快速发展。截至 2008 年底，我国现有不同容量的循环流化床锅炉已超过 3000 台，总容量达 67 000MW，占全国煤电装机总容量的 11.61%。其中，锅炉容量在 100~200MW 的超过 100 台，已投运的 300MW 循环流化床锅炉 15 台，在建的 300MW 循环流化床锅炉 64 台，世界上第 1 台容量最大的 600MW 超临界循环流化床锅炉也开始在四川白马电厂兴建。因此可以预见，循环流化床锅炉将会在我国得到更大发展。

　　流化床燃烧脱硫就是在流化床内加入石灰石，在炉膛温度下分解成 CaO 和 CO_2，CaO 在燃烧过程中脱除烟气中已经生成的 SO_2。通常，流化床运行温度在 850~900℃，这正是石灰石分解及与硫化物反应的最佳温度，反应生成的 $CaSO_4$ 固态产物可随灰渣一起排出炉外。含有此种成分的干态灰渣是生产水泥等建材的良好原料。

　　加入流化床中的石灰石中只有与烟气接触的外表面或通过孔隙能让气体渗透进来的内表面才与 SO_2 发生反应。因此，既不是给料机送入的 CaO 量，也不是床内存留的 CaO 量来决定脱硫效率，而应该是床内具有脱硫能力的那些 CaO 表层数量来决定脱硫效率。

　　循环流化床锅炉脱硫过程可以分为石灰石煅烧过程和 CaO 固硫过程，如图 11 - 10 所示。

1. 石灰石的煅烧过程

　　天然石灰石的微观结构是一种致密的无规则结构，其孔隙容积 [$(0.006~0.02)\times10^{-3}$ m^3/kg] 和比表面积都很小。为了高效固硫，需首先煅烧生成多孔的 CaO。它一方面有利于储集反应产物，另一方面可以使反应气体穿至颗粒内部进行反应。石灰石进入炉膛后，在超过 800℃ 以上的温度区域进行煅烧反应，生成多孔的 CaO。煅烧反应式为

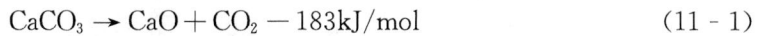

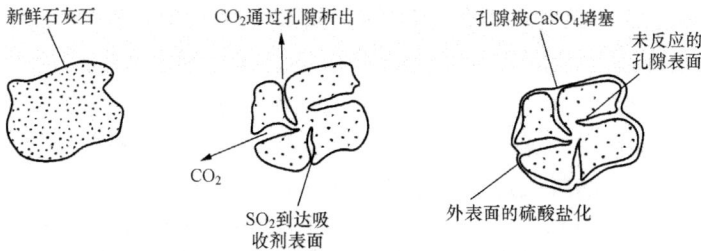

$$CaCO_3 \rightarrow CaO + CO_2 - 183kJ/mol \tag{11 - 1}$$

图 11 - 10　石灰石燃烧固硫过程

　　石灰石煅烧反应需要一定条件，这个条件可以用 CO_2 平衡分压或对应的煅烧平衡温度表示。只有当颗粒温度高于它们所处的环境对应的煅烧平衡温度时，煅烧才能发生。煅烧平衡温度和 CO_2 平衡分压的关系可表示为：

$$p_e = 1.2 \times 10^7 \exp(-1912.4/T) \tag{11 - 2}$$

式中：p_e 为平衡分压，$10^{-5}Pa$；T 为煅烧平衡温度，K。

　　石灰石煅烧反应速率常数可写成阿累尼乌斯定律的形式，即

$$k = k_0 \exp(-E/RT) \tag{11 - 3}$$

　　石灰石煅烧速率常数与石灰石煅烧条件和石灰石自身特性有关。研究表明，石灰石煅烧的活化能 E 主要处于 40~205kJ/mol 范围，频率因子 k_0 在 $(7.14~7.31)\times10^5$ 的范围内。

　　CO_2 分压除了对平衡温度的影响外，对煅烧的影响还表现在反应速度上。试验研究表

明，煅烧速度随 CO_2 分压的升高呈指数下降趋势，这也许是因为 $CaO/CaCO_3/CO_2$ 反应界面处的吸附所致。在内部传质阻力很小，或反应温度很高时，可以认为煅烧速度随 CO_2 分压升高呈线性下降。研究还发现，尽管石灰石母体中的孔隙率很小，但在煅烧的初期这些孔隙却很重要，这些孔隙为最早析出的气体产物提供了储存空间和排出颗粒的通道。

煅烧后生成的 CaO 的孔结构是影响其脱硫效果的关键因素之一，因此对其孔特性的探讨一直是人们极为关注的问题。描述 CaO 孔结构的参数，主要有比表面积、孔隙率、孔径分布等。其中，对孔径分布的描述是最为困难的，目前还主要是依靠实验测定。测定 CaO 孔结构参数的方法主要有 2 种，即压汞法和氮吸附法。

石灰石煅烧过程中，石灰石颗粒内孔体积不断扩大，比表面积也不断增加，孔径分布密度不断发生变化。随着煅烧的不断进行，孔径分布越宽，较大孔径的微孔越多，平均孔径越大。在煅烧初期，比表面积增加较快，而后期增加较慢。原因是煅烧还伴随着烧结过程，因此在煅烧后期，随着平均孔隙的增加，比表面积增加较少。

2. CaO 固硫过程

石灰石煅烧生成 CaO 后，多孔的 CaO 在有富余氧的条件下与 SO_2 进行硫酸盐化反应，即

$$CaO + SO_2 + 1/2O_2 \rightarrow CaSO_4 + 486kJ/mol \tag{11-4}$$

煅烧与固硫过程是稍有重叠的，但将煅烧与硫酸盐化分为两个没有重叠的过程也不会引起较大的误差。这是由于煅烧速度比硫酸盐化反应快得多，而且由于煅烧时 CO_2 析出所形成的斯蒂芬流，要在煅烧基本结束后，硫酸盐化反应才开始。

固硫反应的速率常数也可写为阿累尼乌斯定律的形式，即

$$k = k_0 \exp(-E/RT) \tag{11-5}$$

研究表明，一般 k_0 为 $0.01 \sim 2.0m/s$，活化能 E 一般为 $34 \sim 78kJ/mol$。

3. 影响脱硫的因素

研究表明，影响脱硫的最重要的参数是加入到流化床中的脱硫剂量。Ca/S 越高，脱硫效率越高。然而其他参数，如煤种和脱硫剂种类、脱硫剂尺寸、燃烧温度、过量空气、假想气体速度等也对流化床中的脱硫效率有重要影响。

（1）煤种的影响。影响 SO_2 排放量的最重要的煤质参数是煤中含硫量，为了达到要求的 SO_2 排放水平，使用硫分多的煤需采用高的 Ca/S。对同样的 Ca/S，低硫煤有更高的脱硫效率。低硫煤由于脱硫剂给入速度低而有长的停留时间。

另一个重要的参数是煤中碱性物质的含量。有人总结了加拿大 40 个研究流化床燃烧中 SO_2 的排放的试验项目的试验结果，16 种燃料用作基准试验（不加脱硫剂）。研究表明，不加脱硫剂时 SO_2 的排放不仅取决于硫含量（线性关系），而且取决于煤中钙的含量，因为煤中钙能有效地固硫。煤中钙的含量与灰中 SO_2 有线性关系。另外煤灰中铁氧化物可能对 CaO 与 SO_2 之间的反应起催化作用。挥发分物质对 SO_2 排放的影响不太重要。

（2）脱硫剂种类的影响。不同种类的脱硫剂对脱硫效率有重要的影响。地质年代短的石灰石比地质年代久的石灰石对脱硫更有效，而且石灰石（如隐晶质多孔性 $CaCO_3$）比大理石（晶质的密实 $CaCO_3$）更有效。

天然脱硫剂可划分为 3 类。①地质年代短。有高多孔组织的石灰石，对 SO_2 有高的反应性。②地质年代中等。有中等多孔性组织的石灰石，反应性降低。③地质年代久。有致密

的类晶质组织的石灰石，反应性最低。这给出了一个通用的将脱硫剂分类的方法。

研究发现，同一类别的白云石似乎比石灰石更有效。在增压流化床中，白云石比石灰石的效果更好，这是因为 $MgCO_3$ 在高 CO_2 分压下能分解形成孔隙率更大的颗粒。另外，一些化合物如铁氧化物（脱硫剂内）也可能影响脱硫效率。

（3）脱硫剂尺寸的影响。脱硫剂尺寸增大使脱硫效率下降。可能的主要原因是小颗粒脱硫剂有较高的可达到的转化率和高的初始反应速率，在流化床燃烧中对脱硫效率有一个最佳的颗粒尺寸。

（4）燃烧温度的影响。在各种流化床燃烧装置中都发现了脱硫的最佳燃烧温度，最佳温度范围随不同实验结果有较大的区别。有的结果表明这个范围较窄（小于 20℃ 范围内），有的则表明该范围较宽（甚至大于 100℃）。这可能是由脱硫剂种类和 FBC 装置的不同造成的，同时也可能包含不同的硫化机理。

（5）过量空气系数和分级燃烧的影响。在通常的运行工况下（过量空气系数在 $1.2\sim1.5$ 范围内），空气对脱硫效率没有明显的影响。在分级燃烧中（减少 NO_x 排放的方法），脱硫效率有一定程度的降低。在鼓泡流化床中，二次风由悬浮段送入；在循环流化床中，二次风在上升管的不同点送入。一次风与总风量的比率及二次风送入位置对脱硫效率有重要影响。低的一次风比率及高二次风喷入点可有效减少 NO_x 排放，但使脱硫效率大大降低。分级燃烧对脱硫效率和 NO_x 排放的相反影响使得优化空气分级很重要。在循环流化床中，一次风量和二次风喷入点均可改变，因此，循环流化床对分级燃烧的应用更灵活。

（6）流化风速的影响。一些研究者发现，在无颗粒循环和鼓泡流化床中流化气体速度增加导致脱硫效率降低。这解释为随气体速度增加，床中气体和固体停留时间减小（因为随更高的气体速度细颗粒有更高的扬析率）。然而，其他一些研究结果表明气体速度对脱硫效率的影响很小。有人甚至发现在分级燃烧中对脱硫剂而言存在最佳气体速度。造成这些差别的原因还不清楚，可能是流化床装置的结构和颗粒特性引起了这些差异。

（7）颗粒循环的影响。收集于旋风筒中的细颗粒的循环可大大提高脱硫率。这是由于脱硫剂通过细颗粒循环增加了停留时间，而且悬浮段细颗粒浓度更高，因此可以达到更好的利用率。

（8）燃烧器形式及负荷的影响。循环流化床的脱硫效率比鼓泡流化床更高，这是由于循环流化床气固混合更好且颗粒停留时间更长。在早期研究中，当使用白云石时，常压流化床燃烧与增压流化床燃烧（PFBC）的脱硫效率没有差别；当使用石灰石时，PFBC 中的脱硫效率低于 AFBC。然而最近研究发现，对石灰石，PFBC 中的脱硫率高于 AFBC。在实验室规模实验中发现，在 15bar 压力下比在 1bar 压力下石灰石转化为 $CaSO_4$ 的比率更高。这种差别的原因不明。

在电站锅炉中，随锅炉负荷增大，SO_2 排放增多。

4. 循环流化床锅炉脱硫试验研究

从投产运行成本和是否适合于老厂改造方面考虑，循环流化床技术具有独特的优势。目前，循环流化床存在的问题是：虽然关于循环流化床技术的研究已经进行了多年，从实验台的角度也做了很多的实验，得出了理论的结果。但实际现场的循环流化床锅炉一般都没有运行脱硫系统，大多数企业出于人力、物力、财力和时间等方面考虑没有做系统的脱硫实验，运行人员缺乏投运脱硫系统的运行经验，不但没有发挥循环流化床的优势，还造成了 SO_2 的大量排放，给环境带来污染。目前很多研究者对烟气循环流化床脱硫研究较多，在实验室条件下进行的循环流化床脱硫及模拟研究也较多，但在电站锅炉上进行详细试验研究的还较少。

作者等人结合一台 75t/h 循环流化床电站锅炉进行了石灰石脱硫的试验研究，得出了对现场循环流化床投运脱硫系统具有参考价值的结论。

（1）75t/h 循环流化床锅炉系统介绍。试验锅炉型号为 GG-75/3.82-Mx，四川锅炉厂制造，2001 年 2 月安装。该锅炉主要结构为单气包自然循环，半露天布置，高温回灰全钢架支撑结构，共设有 2 台给煤机和 1 台石灰石给料机，给煤装置与石灰石给料口全部置于炉前，在前墙水冷壁下不收缩段沿宽度方向均匀布置，一次风由炉膛底部的步风板均匀进入炉膛，二次风由炉膛两侧收缩段出口给入。炉膛底部由水冷壁管弯制围成水冷风室，通过膨胀节与点火风道相连，风道点火器共有 2 台，其中各布置 1 个高能点火燃烧器。炉膛密相区水冷壁前后壁分别设置 2 支床上点火油枪，用于锅炉启动点火和低负荷稳燃。炉膛两侧分别设置 2 台多仓式流化床风水冷选择性排灰冷渣器和 1 个飞灰再循环燃烧接口。炉膛与尾部竖井之间布置有 2 台水冷旋风分离器，其下部各布置 1 台"J"型阀回料器。尾部竖井从上到下依次布置高温过热器、低温过热器、螺旋肋片省煤器和空气预热器，过热器系统采用两级喷水减温装置，烟气进入高空烟囱之前，经过 2 台电除尘器进行除尘处理。

该锅炉主要热力参数见表 11-3。

表 11-3   循环流化床锅炉主要参数表

序　　号	参　　数	单　位　数　量
1	蒸发量	75t/h
2	主蒸汽压力	3.82MPa
3	气包工作压力	4.2MPa
4	过热蒸汽气温	450℃
5	给水温度	150℃
6	排烟温度	130℃
7	连续排污率	2%
8	冷风温度	30℃
9	一次风热风温度	150℃
10	二次风热风温度	200℃
11	设计热效率	85.76%
12	Ca/S	2.3
13	燃煤量	5667kg/h
14	燃烧颗粒范围	0～10mm，最大不大于 20mm，且不超过 20%
15	床温	850～900℃

烟气取样试验测点选在电除尘出口至烟囱连接处开了一个小孔，将测量仪器的取样枪伸进小孔进行负压取样，所用测量 SO_2 浓度的仪器为英国产 Kan-may Single Gas Analyzer，型号为 SGA942-SO_2。

（2）试验结果及分析。试验中调节给煤机 A、B 和石灰石给料机的出力来调节给煤和石灰石的量，因此在计算 Ca/S 摩尔比的时候需要先将出力折合成转速，再将转速折合成质量

流量。出力折合成转速用下面的公式计算，即

$$转速 = 出力 \times 1400(r/min) \tag{11-6}$$

对给煤机的质量流量进行校正，校正结果见表 11-4。

表 11-4 校 正 结 果

序号	转速（r/min）	质量流量（t/h）	序号	转速（r/min）	质量流量（t/h）
1	100	0.3	5	500	4.6
2	200	1.104	6	600	6.4
3	300	2.23	7	700	7.2
4	400	4.32			

表中为煤的质量流量，计算石灰石的流量时候还要乘以一个系数，即石灰石和煤的密度比，计算式为

$$k = \rho_{lim}/\rho_{coal} = 1.4984/1.025 = 1.462 \tag{11-7}$$

式中：ρ_{lim} 和 ρ_{coal} 分别为石灰石和煤的密度。

试验时调节给煤机 A、B 和石灰石给料机的出力，折算成转速之后根据表 11-4 用线性插法计算质量流量，接着用质量流量依据式（11-8）来计算实际运行中的 Ca/S 摩尔比，即

$$Ca/S = D_{lim}X_{CaCO_3}X_{Ca}M_S/D_{coal}S_{ar}M_{Ca} \tag{11-8}$$

式中：D_{lim} 和 D_{coal} 分别为石灰石和煤的质量流量；X_{CaCO_3} 为石灰石中 $CaCO_3$ 的质量百分含量；X_{Ca} 为 $CaCO_3$ 中 Ca 的质量百分比；M_S 和 M_{Ca} 分别为 S 和 Ca 的摩尔质量；S_{ar} 为煤中 S 的收到基成分。

脱硫效率采用两次测量之间的差值比上原始值进行计算，即

$$E_{Sar} = (C_{SO_2}^1 - C_{SO_2}^2)/C_{SO_2}^1 \times 100\% \tag{11-9}$$

式中：$C_{SO_2}^1$ 和 $C_{SO_2}^2$ 分别为第一次测量和第二次测量的 SO_2 的浓度。

钙的利用率用式（11-10）计算，即

$$\eta_{Ca} = E_{Sar}/(Ca/S) \tag{11-10}$$

每次实验和每次变换参数之前都测量一次 SO_2 的浓度。

试验过程中从零开始逐步调节石灰石给料机的出力，每次调节的量视脱硫效果而定，稳定 2.5h 左右的时间后测量一次 SO_2 的浓度并记录，然后再调节出力。由于锅炉负荷基本保持不变，因此给煤机的出力一直保持比较稳定，只有小范围的波动。

1）锅炉负荷 63t/h 时试验结果。

①脱硫效率随时间的变化。为了研究不同 Ca/S 摩尔比下脱硫效率随时间的变化，调节了四次石灰石给料机的出力，结果如图 11-11 所示。

石灰石给料机出力的调节是连续的。由图 11-11 可以看出，维持 Ca/S 摩尔比不变的情况下，脱硫效率随时间的增长呈稳定上升的趋势，并且石灰石投入初期脱硫效率增长得较为缓慢。第一次后期和第二、第三次调节呈稳定上升趋势，第四次调节脱硫效率上升又开始减缓了，这是因为石灰石脱硫反应是一个漫长的过程。石灰石投入初期反应时间不够充分，到第二、第三次调节时初期投入的石灰石能够最大限度地发挥其脱硫的作用，因此脱硫效率在这段时间内增长得很明显；到第四次调节时炉膛内部的 SO_2 浓度已经有所下降，脱硫反应开始减缓但仍有反应发生，因此脱硫效率还在增长但速度减缓。

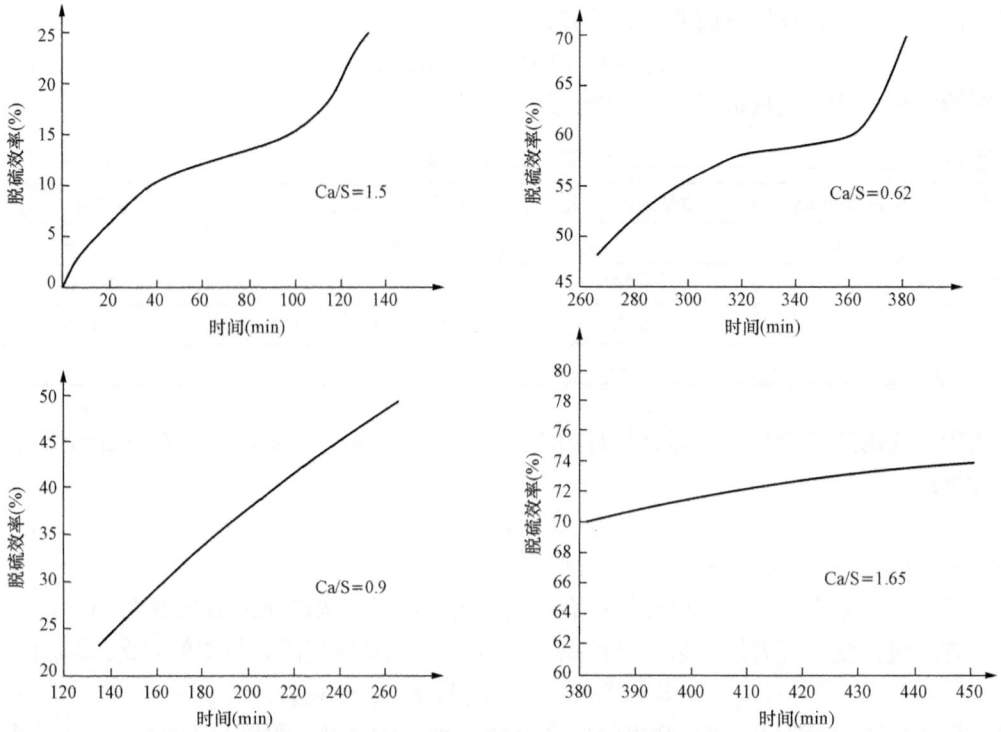

图 11‑11　Ca/S 摩尔比和时间对脱硫效率的影响

　　②脱硫效率随 Ca/S 摩尔比的变化。取不同 Ca/S 摩尔比条件下稳定时的脱硫效率进行比较，如图 11‑12 所示。可以发现脱硫效率随 Ca/S 摩尔比是一直增加的，这说明 Ca/S 摩尔比仍然没有达到最佳的数值，脱硫效率有进一步提高的可能。因此，下一步可以继续增加石灰石的投入量，找到脱硫效率最大的 Ca/S 摩尔比；并且在 Ca/S 摩尔比小于 1 的阶段脱硫效率增长迅速，曲线较陡，大于 1 以后增长减缓。

　　③加石灰石脱硫对锅炉的影响。运行中发现，投入石灰石之后，锅炉的状态产生了一定的变化，其中一、二次风压有微小的波动，排烟温度率有降低，但变化量都不大。炉膛内的温度场则发生了较大的变化，主要有床下、床上和炉膛三个测点，结果如图 11‑13～图 11‑15 所示。

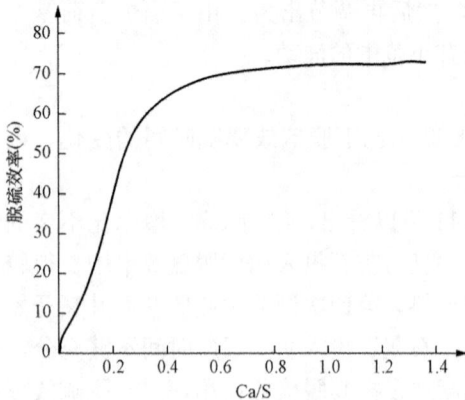

图 11‑12　脱硫效率随 Ca/S 摩尔比的变化

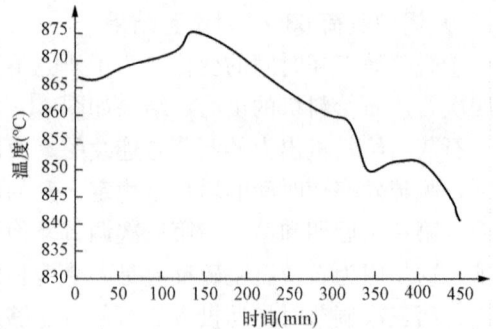

图 11‑13　床下温度随石灰石加入时间的变化

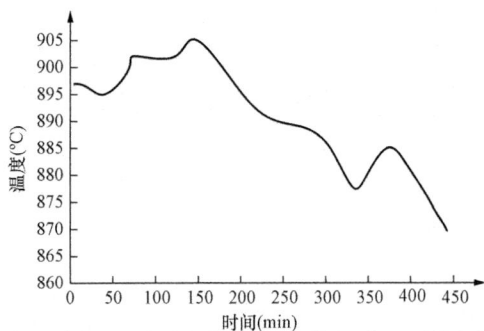

图 11 - 14　床上温度随石灰石加入时间的变化

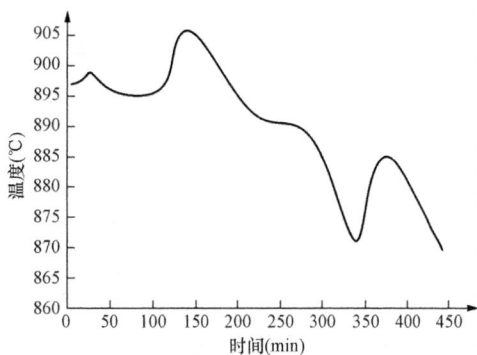

图 11 - 15　炉膛温度随石灰石加入时间的变化

从图中可以看出，3 个温度测点以床上温度为最高，这是因为在该处煤粉燃烧最为充分并且热量被吸收份额最少。我们还发现随着石灰石的投入，3 个温度测点的温度值均有所下降，降幅在 20～30℃不等，而从前面的分析我们发现每摩尔石灰石煅烧加脱硫共放热303kJ，床温应该上升。这就出现了矛盾，分析后发现主要有以下三个方面影响因素：

a. 投入石灰石以后，锅炉的放渣频率和放渣量增加，飞灰量增大，这就增加了锅炉的灰渣物理热损失，Q_6 增大。

b. 床内固体物料浓度升高，放热系数 K 增大，热量被带走的份额升高。

c. 投入石灰石造成燃料不能充分燃尽，炉内放热减少，飞灰含碳量增大。

这三个方面共同影响使炉内总体温度降低。

2）锅炉负荷 68t/h 时试验结果

①不同 Ca/S 摩尔比下脱硫效率的变化。图 11 - 16 所示为不同 Ca/S 摩尔比对脱硫效率的影响。开始时直接将石灰石给料机的出力调到 14%，经过 2h 左右的时间，脱硫效率达到82.52%，已经达标。进一步调整负荷，试验脱硫系统对负荷变化能力的适应能力，在图 11 - 16 中表现为实线处开始升负荷，给煤机 B 出力增加 3%。从图中可以看到脱硫效率稍微有一个回落，降至 79.55%，但很快脱硫效率又开始回升，此时的 Ca/S 摩尔比正好在我们预测的最佳值附近。经过接近 4h 的脱硫，最终脱硫效率为 89.16%，并且运行稳定。

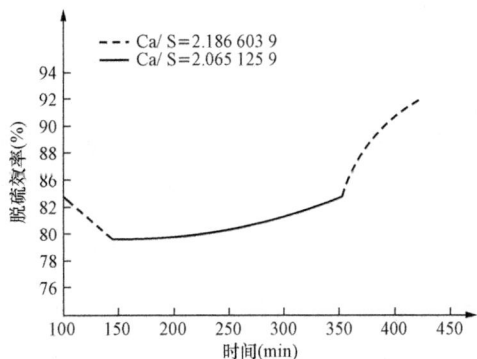

图 11 - 16　不同 Ca/S 摩尔比对脱硫效率的影响

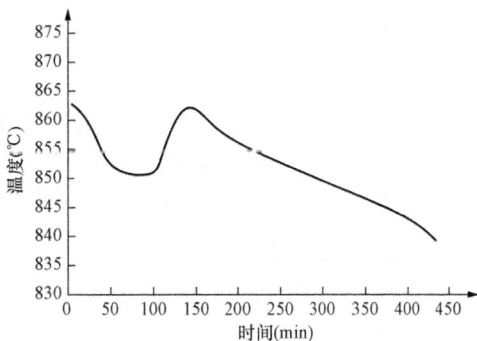

图 11 - 17　床下温度随石灰石加入时间的变化

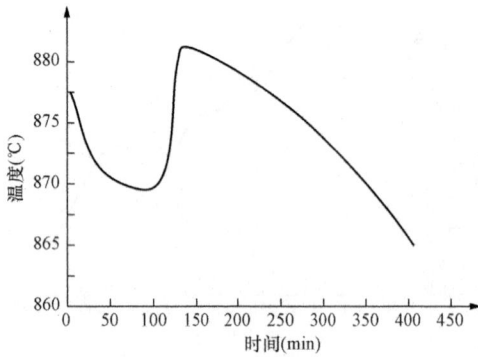

图 11-18　床上温度随石灰石加入时间的变化

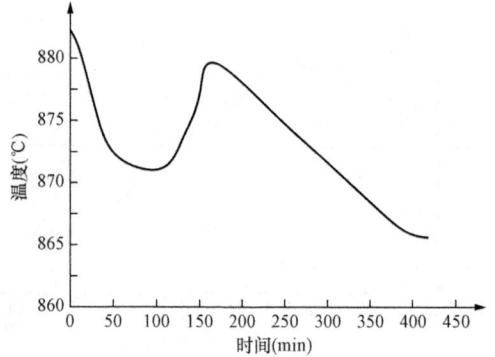

图 11-19　炉膛温度随石灰石加入时间的变化

②加石灰石脱硫对锅炉运行的影响。图 11-17～图 11-19 所示为床下、床上和炉膛温度随石灰石加入时间的变化。其曲线趋势基本相似，在 110min 左右的时候都有一个回升的峰值出现，这是因为在该点锅炉负荷从 63t/h 升到 68t/h，投煤量的增加使炉膛内放热量增加，炉膛整体温度上升，稳定后开始又都下降并且降幅为 20～30℃，最终达到稳定。因此脱硫系统的投运会使炉膛温度下降，锅炉效率降低，运行人员可以根据实际运行需要调节石灰石给料机的出力，协调脱硫和锅炉效率之间的平衡，找到经济性和环保性兼顾的运行方案。

（3）结论。结合一台 75t/h 循环流化床电站锅炉进行了现场脱硫实验，得出了对循环流化床脱硫运行具有参考价值的结论，对实际运行中 SO_2 的排放和脱硫具有预测作用。得到以下几点结论：

1）影响脱硫效率的因素有 Ca/S 摩尔比、床温、停留时间、给料方式、负荷变化等，应根据实际情况选择合适的参数。

2）脱硫系统的投运会使炉膛温度下降，锅炉效率降低。运行人员可以根据实际运行需要调节石灰石给料机的出力，协调脱硫和锅炉效率之间的平衡，找到经济性和环保性兼顾的运行方案。

3）较小的 Ca/S 摩尔比下脱硫效率随时间的增加呈上升趋势。随着 Ca/S 摩尔比增大，脱硫效率上升的趋势减缓，并出现峰值，因此存在一个最佳的 Ca/S 摩尔比。

第三节　烟气处理技术

无论是低氮燃烧技术还是燃烧过程脱硫，脱出污染的效率都不是很高，不能满足今后更加严格的环保要求，而燃烧前的煤处理能力又满足不了电厂燃煤需求量极大的需要，因此烟气处理技术是主要的污染控制技术。

一、烟气脱硫技术（FGD）

根据吸收剂及脱硫产物在脱硫过程中的干湿状态将烟气脱硫技术分为干法、湿法两大类。

所谓干法烟气脱硫，是指无论加入锅炉尾部烟道中的脱硫剂是干态的或湿态的，脱硫的最终反应产物都是干态的。最主要的干法烟气脱硫技术有两类，一类是喷雾干燥法，另一类是用循环流化床为反应器的干法烟气脱硫。也有将在湿态下脱硫，在干态下处理产物的方式称为半干法。

所谓湿法烟气脱硫，其特点是整个脱硫系统位于烟道的末端、除尘器之后，其脱硫剂、脱硫过程、反应副产品及其再生和处理等均在湿态下进行，因而其脱硫过程的反应温度均低于露点，所以脱硫以后的烟气一般需经再加热后从烟囱排出。由于湿法烟气脱硫过程是气液反应，其脱硫反应速度快、脱硫效率高、钙利用率高，在 Ca/S＝1 时，可达到 95％以上的脱硫效率，适合于大型燃煤电站锅炉的烟气脱硫。

湿法脱硫的技术很多，如石灰石法、氧化镁法、双碱法、氨法、氢氧化钠法，以及海水脱硫等，但典型技术是石灰石/石膏法，该法已研究开发出第二代、第三代工艺系统，传统湿法工艺中的堵塞、结垢问题已经得到很大改善。石灰石/石膏法是当前国际上通行的大机组火电厂烟气脱硫的基本工艺，所以，我国重点发展的也是该类湿法脱硫技术。

国外的脱硫技术早在 20 世纪 60～70 年代就已大规模应用，美国、日本和德国是世界上 FGD 技术开发和大规模应用的国家，在火电厂 FGD 领域处于领先地位。美国的 ABB、B&W，德国的 DBA、Noell-KRS 及 Biscoff，日本的千代田、川崎重工及日立等公司都拥有成熟的湿法烟气脱硫技术，其技术在世界各国被大量的采用。日本有 98％、美国有 92％、德国有 90％的脱硫项目均采用湿法烟气脱硫技术，据国际能源机构煤炭研究所组织的统计，湿法脱硫占世界安装烟气脱硫的机组总容量的 85％，其中石灰石法占 36.8％，其他湿法脱硫技术约占 48.3％。

我国电力工业从 20 世纪 70 年代中期就开始进行了多种烟气脱硫（FGD）技术的试验研究工作，主要进行了一些小规模的石灰石/石膏法、亚钠循环法、活性炭法、磷铵肥法；20 世纪 80 年代中期加大了试验研究力度，扩大了试验规模，在四川白马电厂建立了处理烟气量为 $7 \times 10^4 \mathrm{m}^3/\mathrm{h}$（标准状况下）的旋转喷雾干燥法脱硫工业性试验装置，试验虽获得成功，但未能继续推广。"八五"期间，国家电力公司组织引进了 6 个不同工艺的脱硫示范项目，此后陆续引进了一大批烟气脱硫装置，主要选择了技术成熟的湿式石灰石/石膏工艺。国家已把烟气脱硫列为重点环境治理项目，在加大立法、执法力度的同时，大力鼓励扶持脱硫技术的研发和脱硫装备的生产，环保产业也因受到了中国政府的高度重视而成为朝阳产业。

环发〔2002〕26 号文件提出的脱硫路线为：对于燃用中高硫煤（含硫量大于或等于 2％）机组、或大容量机组（大于或等于 200MW）的电站锅炉，应安装技术成熟可靠、脱硫效率在 95％以上的烟气脱硫技术，如湿式石灰石/石膏法工艺；燃用中低硫煤（含硫量小于 2％）的中小机组（小于 200MW）的电站锅炉建设烟气脱硫设施时，可采用半干法、干法或其他经济性较好且较为可靠的技术，脱硫率也应保证在 75％以上。

以某 2×600MW 机组川崎重工的湿法石灰石/石膏技术为例介绍湿法烟气脱硫系统。湿法脱硫系统一般包括烟气系统、吸收塔系统、石膏脱水系统、石灰石制备系统、公用系统等子系统。总系统如图 11 - 20 所示。

1. 烟气系统

锅炉出来的烟气增压后流入烟气加热器。烟气管线上烟气加热器前装有一台增压风机。在吸收塔系统中除去 SO_2 的烟气经烟气加热器加热后，通过烟囱排放。烟气在整个流程中经过烟道、挡板、增压风机、烟气加热器等。

烟道设有旁路系统。进出口挡板门为双百叶类型，在吸收塔系统运行时打开。旁路挡板

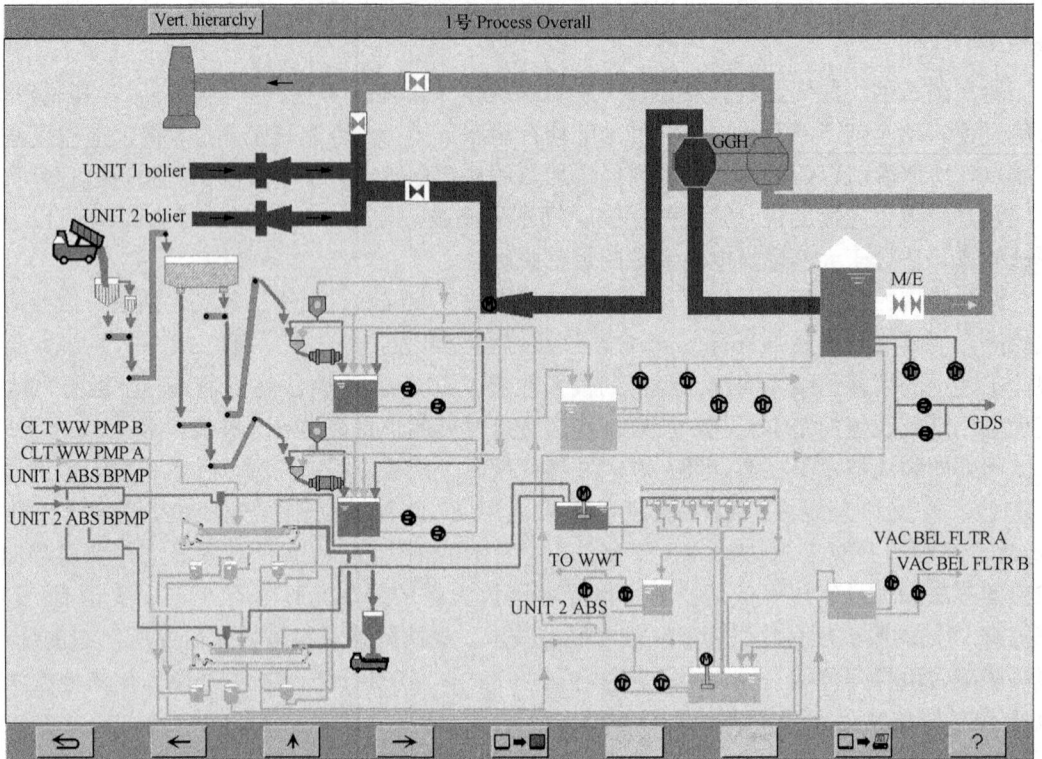

图 11 - 20　脱硫总系统

为单百叶类型，在吸收塔系统运行时关闭。当吸收塔系统停运、事故或维修时，入口挡板和出口挡板关闭，旁路挡板全开，烟气通过旁路烟道经烟囱排放。

增压风机（BUF）布置在烟气加热器上游、运行在干工况下。其类型为轴流式，带液压动叶可调控制器。增压风机包括电动机、控制油系统、润滑油系统和密封空气装置。可变的叶片间距控制其流量及压力。从主烟道引入的 FGD 系统入口烟道压力为 200Pa，FGD 系统停运时仍为 200Pa，在 FGD 系统运行时其入口烟道压力为 700Pa，因此增压风机的压头考虑了 FGD 系统烟道的压降和运行时进出口 500Pa 的压差的要求。

每台机组配置一台单立轴、回转再生式烟气加热器（GGH）。在 MCR 工况下，GGH 能够将净烟气加热至 80℃以上（烟囱入口处），而不需要补充其他热源。在 MCR 工况下，GGH 最大泄漏量少于 1％烟气量。为了清洁和保证 GGH 的烟气压降满足要求，系统配备了压缩空气吹扫系统。GGH 的在线冲洗水泵在 GGH 压降高于正常值投运，GGH 的离线冲洗水泵在 FGD 定期检修时投运。原烟气经烟气加热器降温后就进入吸收塔系统。

2. 吸收塔系统

吸收塔采用川崎公司先进的逆流喷雾塔，该塔配置有 3 台浆液循环泵，分别对应上流区的 3 组喷淋层，原烟气由侧面进气口进入吸收塔，并在上升区与喷嘴喷出的再循环浆液逆流接触，三重螺旋型的喷嘴，使气液高效接触，并达到较高的 SO_2 吸收性能。处理后的烟气在吸收塔顶部翻转向下，流向装在吸收塔出口处的除雾器。除雾器由阻燃聚丙烯材料制作，类型为 z 型，除去雾滴后从与吸收塔烟气入口同一水平位置的烟气出口排至烟气再热系统，升温后由烟囱排入大气。

吸收塔入口烟道侧板和底板处装有工艺水冲洗系统,冲洗自动定期进行。冲洗的目的是避免喷嘴喷出的石膏浆液带入入口烟道后干燥黏结。在吸收塔入口烟道装有事故冷却系统,事故冷却水由工艺水泵提供。当吸收塔入口烟道由于吸收塔上游设备意外事故而温升过高或所有的吸收塔循环泵切除时该系统启动。

吸收了 SO_2 的再循环浆液落入吸收塔反应池。吸收塔反应池装有 6 台搅拌机。氧化风机用于将氧化空气送入反应池中与浆液反应。氧化系统采用喷管式系统,氧化空气被注入到搅拌机桨叶的压力侧。中和后的浆液在吸收塔内循环,吸收塔排放泵连续地把吸收剂浆液从吸收塔打到石膏脱水系统。

3. 石膏脱水系统

石膏浆液由吸收塔排放泵从吸收塔输送到石膏脱水系统,石膏浆液浓度大约为 25%。石膏脱水系统为两炉($2 \times 600MW$)公用,包括石膏旋流站、带冲洗系统的真空皮带机、滤水回收箱、真空泵、滤布冲洗水箱、滤布冲洗水泵、带搅拌器的滤水箱、滤水泵、石膏饼冲洗水箱、石膏饼冲洗水泵、带搅拌器的缓冲箱、废水旋流站、废水箱、废水泵、石膏仓、石膏仓卸料装置等设备。

石膏浆液输送到安装在石膏脱水车间顶部的石膏旋流站。浓缩到浓度大约为 55% 的底流浆液自流到真空皮带脱水机,上溢浆液经缓冲箱自流到废水旋流站。废水旋流站的溢流通过废水泵送至废水处理系统,底流至过滤水箱。

真空皮带脱水机和真空系统为并列系统,每套系统的容量为 2 台机组 MCR 工况下 75% 的容量。石膏旋流站底流浆液自流输送到真空皮带脱水机,由真空系统脱水到大于含 90% 固形物和小于 10% 水分。当脱水时,石膏经冲洗降低其中的 Cl^- 浓度,滤液经滤水回收箱进入滤水箱。通过皮带脱水机的翻卸,脱水石膏落入石膏仓,然后由石膏卸料装置卸至汽车运输。

工业水作为密封水供给真空泵,然后收集到滤布冲洗水箱,用于冲洗滤布。另外还供至石膏饼冲洗水箱,滤布冲洗后的水也收集在石膏饼冲洗水箱用于石膏饼的冲洗。来自缓冲箱和滤布冲洗水箱的溢流,以及废水旋流站的底流自流到过滤水箱,然后由过滤水泵输送到湿式球磨机系统和吸收塔。

4. 石灰石制备系统

石灰石制备系统为 2 台炉($2 \times 600MW$)共用,由石灰石接收存储系统、石灰石研磨系统、石灰石浆液供给系统等子系统组成。

石灰石接收存储系统由石灰石接收料斗、石灰石卸料振动给料机、石灰石卸料皮带输送机、石灰石斗式提升机、石灰石布袋除尘器、石灰石仓、石灰石仓布袋除尘器、石灰石称重式皮带给料机、金属分离器等设备组成。石灰石块用卡车运输,然后卸进石灰石接收料斗。石灰石块的粒径不大于 20mm。石灰石卸料斗中的石灰石由石灰石卸料振动给料机给送至 1 号石灰石卸料皮带输送机。石灰石块经 1 号石灰石卸料皮带输送机、石灰石斗式提升机及 2 号石灰石卸料皮带输送机送至石灰石仓。石灰石仓的容积相当于 2 台炉($2 \times 600MW$)BM-CR 工况下运行 4 天的石灰石供给量。石灰石仓有 2 个出口供料给 2 台石灰石称重式皮带给料机,每台称重式皮带给料机的容量为 2 台机组 BMCR 工况的 75% 容量。称重式给料机根据要求将石灰石供给湿式球磨机进行研磨。

石灰石研磨系统由湿式球磨机、磨机浆液箱、磨机浆液箱搅拌器、磨机浆液泵、石灰石浆液旋流站等设备组成。该厂配置 2 套并列的石灰石研磨制浆系统，每套的容量相当于 2 台锅炉（2×600MW）在 BMCR 运行工况时满负荷石灰石耗量的 75%。磨制后的石灰石粒度为 90%通过 250 目筛。石灰石在湿式球磨机内磨碎后自流到磨机浆液箱，然后由磨机浆液泵输送到石灰石浆液旋流站。含有大颗粒物料的石灰石浆液从旋流站底流浆液再循环回到湿式球磨机入口，上溢浆液排到石灰石浆液箱，制成的浆液浓度约为 30%。

石灰石浆液供给系统由 1 只石灰石浆液箱和 4 台石灰石浆液泵组成。每只吸收塔配有 1 条石灰石浆液输送管，石灰石浆液通过管道输送到吸收塔。每条输送管上分支出 1 条再循环管回到石灰石浆液箱，以防止浆液在管道内沉淀。

5. 公用系统

公用系统包括工艺水系统、工业水系统、冷却水系统和压缩空气系统。

工艺水由工艺水泵从工艺水箱输送到各用水点，例如吸收塔、吸收塔入口烟道冲洗水等。除雾器也用工艺水冲洗，冲洗水由每台机组的除雾器冲洗水泵自动、定时地输送到除雾器。储存在工业水箱的工业水由工业水泵输送到真空泵作为其密封水。GGH 的在线冲洗也由工业水完成，冲洗水由 GGH 在线冲洗水泵供应到 GGH 冲洗系统，该水泵 2 台机组共用。冷却水被输送到增压风机、氧化风机、湿式球磨机和空气压缩机处以带走产生的热量，最后返回至 FGD 岛分界处。压缩空气系统包括 3 台空气压缩机和 1 只储气罐。压缩空气用于 GGH 吹灰用气。

此外，还有排放系统和废水处理系统。

脱硫系统的主要性能指标为脱硫效率，脱硫效率指脱除的质量流量占进口的质量流量的百分数。其他指标包括石灰石消耗量与钙硫摩尔比（湿法的钙硫摩尔比定义为加入的脱硫剂摩尔数比上进口的 SO_2 摩尔数），脱硫系统能量平衡，水的消耗，以及石膏产量等。还包括烟气再热器的泄漏率、烟气温度、成分、环保指标等。

由于脱硫系统十分复杂，所以也会出现运行问题，如腐蚀与结垢。防腐设备主要是衬胶管道、阀门、净烟道、烟气再热器、吸收塔等。需要监视浆液的 Cl^- 浓度、pH 值、氧化皮等，定期检查。

该系统在 555MW 负荷时运行参数如表 11-5 所示。

表 11-5　　　　　　　脱硫系统运行参数（液气比为 10.8，钙硫比为 1.05）

参数	烟气量 (t/h)	入口 SO_2 浓度(10^{-6})	烟气温度 (℃)	石灰石浆液量(t/h)	石灰石浆液浓度(%)	吸收塔 pH 值	脱硫效率	排烟 SO_2 浓度(10^{-6})	脱硫塔入口烟温(℃)	脱硫塔出口烟温(℃)
运行值	1946.2	366.9	136	10.26	23.5	5.4	94.8	19.1	99.6	50.9

据德国火力发电厂的统计，热交换器占总投资费用的 7.0%；珞璜电厂 3、4 号 FGD 在主要设备进口的情况下，2 台国产光管和螺旋肋片管烟气加热器（GGH）占总设备费用的 3.5%左右。若取消 GGH，降低 FGD 总压损、FGD 增压风机容量和电耗，可大大减少运行和检修费用。就我们的经验，燃用高硫煤的 GGH 检修、改造费用相当高，同时，GGH 还是造成 FGD 事故停机的主要设备。在大多数情况下，一套精心设计的湿烟囱 FGD 的总投资和运行、维护费用较装有 GGH 的 FGD 要低得多。

目前，许多 FGD 系统（特别是德国、日本生产）都装有 GGH，但自 20 世纪 80 年代中期以来，美国设计的大多数 FGD 已选择湿烟囱运行。近年，我国也提出了采用湿烟囱工艺的要求。

GGH 的功能包括：①增强污染物的扩散；②降低烟羽的可见度；③避免烟囱降落液滴；④避免洗涤器下游侧设备腐蚀。

就目前的 FGD 工艺技术水平而言，加热烟气对于减少洗涤器下游侧的冷凝物是有效的，但对去除透过除雾器被烟气夹带过来的液滴和汇集在烟道壁上的流体重新被烟气夹带形成的较大液滴作用不大。因此，加热器对于降低其下游侧设备腐蚀的作用有限。实际上，无论是洗涤器上游侧的降温换热器还是下游侧的加热器，其本身的腐蚀就较难处理。随着烟道、烟囱设计的改进和结构材料的发展，从技术和经济的角度来说，省却 GGH 是可行的。

湿烟囱衬里材料的可靠性至关重要，如果湿烟气中腐蚀性液体和颗粒物对烟囱造成损坏以至衬里失效，将造成严重后果。对于结构材料不适合湿态运行的现有烟囱，必须用合适的材料重新衬覆，或另建湿烟囱。在工艺过程确定后，要根据预测的腐蚀环境并兼顾最大限度地减少烟囱排水来选择材料。

在美国，出于费用考虑，耐酸砖成为燃煤电厂砌内烟囱的主要用材。目前流行在混凝土烟囱内表面做钢套，钢套内表面喷涂 1.5mm 乙烯基酯玻璃鳞片树脂，但这种结构仍受运行温度限制。

我国应用的其他烟气脱硫技术有：

（1）旋转喷雾半干烟气脱硫技术。其脱硫效率可达 80% 左右，国内在白马电厂进行过半工业性试验，日本在我国黄岛电厂 210MW 机组抽炉烟进行半工业性试验。

（2）炉内喷钙尾部增湿脱硫技术。脱硫效率达 70%，南京下关电厂机组采用该技术。

（3）电子束照射法，该方法是一种同时脱硫脱硝的方法，脱硫效率可达 90%，脱硝效率可达 80%，日本荏原公司提供技术装备，现正在成都热电厂进行半工业性试验。

（4）磷铵肥法。脱硫效率可达 95%，副产品为氮磷复合肥料，我国在四川豆坝电厂进行过半工业性试验，生产出磷铵肥。

（5）海水脱硫法。脱硫效率可达 90%。深圳西部电厂和秦皇岛热电厂应用了海水脱硫技术。

二、烟气脱硝技术

烟气脱硝比烟气脱硫困难，原因是 NO_x 的浓度比 SO_2 低，化学稳定性高，且 NO_x 的溶解性差。仅从烟气中脱硝的方法有干式流程的选择性催化还原法（SCR）和选择性非催化还原法（SNR），湿式流程的氧化吸收法。目前使用较多的是选择性催化还原干式流程法。该法是使用 NH_3 和催化剂将 NO_x 还原成 N_2，脱硝反应器布置于省煤器后的烟道中，其反应的温度可控制在 $300\sim450℃$，该反应对催化剂的要求是活性高、寿命长、经济上合算、不产生二次污染、能经受起脏烟气污染、不易受影响。通常采用以二氧化钛为基体的碱金属如铁、铬、铜、钴等作为催化剂。脱硝反应为

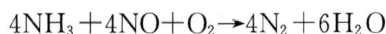

$$4NH_3+4NO+O_2\rightarrow4N_2+6H_2O$$

$$6NO_2+8NH_3\rightarrow7N_2+12H_2O$$

$$2NO_2+4NH_3+O_2\rightarrow3N_2+6H_2O$$

上述化学反应不使用催化剂时，可在 $900\sim1100℃$ 的条件下反应，在有催化剂的 SCR 系统中，反应可在 $300\sim450℃$ 条件下进行。

SCR 脱硝过程如图 11‑21 所示，脱硝反应器与催化剂表面结构如图 11‑22 所示，脱硝系统在锅炉中的布置如图 11‑23 所示。

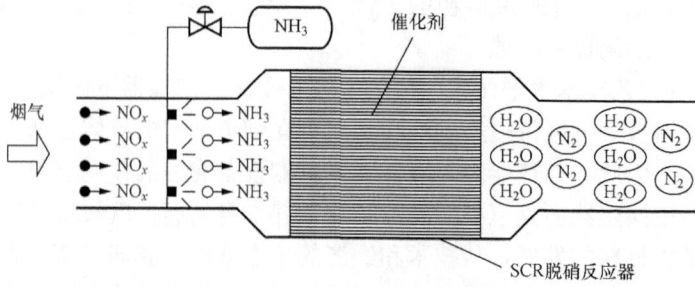

图 11‑21　烟气脱硝过程

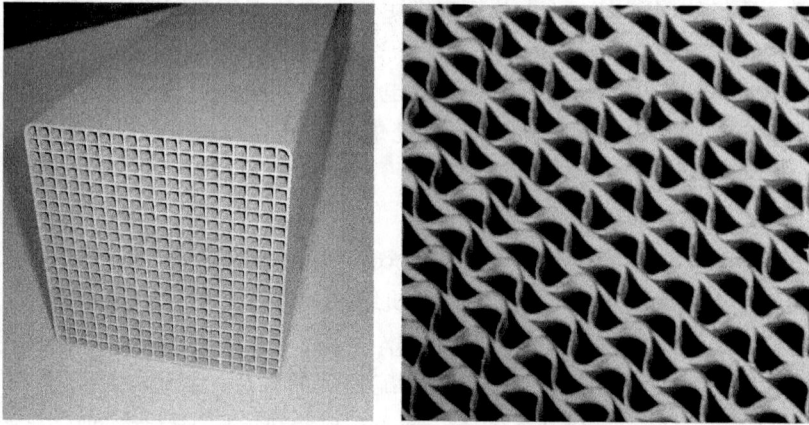

图 11‑22　脱硝反应器与催化剂表面结构

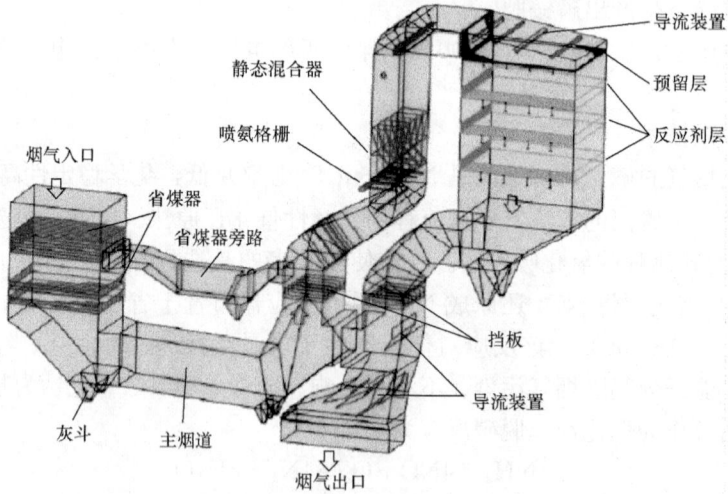

图 11‑23　脱硝系统布置

某 600MW 机组 SCR 脱硝系统（还原剂为 NH）包括 SCR 反应器、氨的存储和处理系统、氨注入系统和脱硝系统吹灰器，工艺流程如图 11‑24 所示。

氨的存储和处理系统用于卸载并存储无水氨（纯度为 99.6％ 或更高）。此系统由储氨罐、液氨卸料压缩机、废氨稀释槽、氮气吹扫系统、氨气泄漏检测器等组成。无水液氨在高压下储存，通过卸料压缩机从槽车输送到储氨罐中，然后靠自身压力输送到蒸发槽中。各排放处所排出的氨气由管线汇集后从

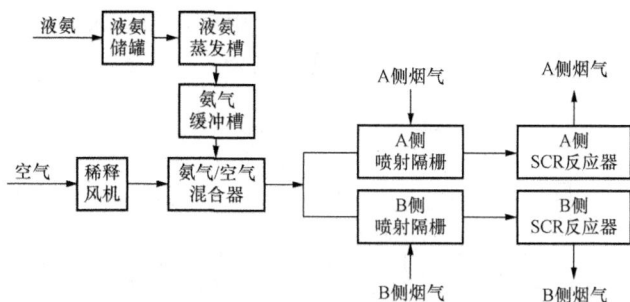

图 11 - 24　SCR 脱硝系统工艺流程

稀释槽底部进入，通过分散管进入稀释槽水中，利用大量水来吸收安全阀排放的氨气。卸料压缩机、储氨罐、氨气蒸发槽、氨气缓冲槽等设置氮气吹扫管线。液氨储存及供应系统周边设置 4 套氨气检测器，以显示大气中氨的浓度。

氨注入系统是蒸发、稀释和注入无水液氨。此系统包括液氨蒸发槽、缓冲槽、稀释风机、氨气空气混合器、注氨格栅等。液氨在蒸发槽中被辅助蒸汽加热蒸发。蒸发的氨流进入氨气缓冲槽，通过调压阀减压成一定压力。稀释风机为氨气提供稀释所需的空气，保证进入 SCR 反应器的是含有 5％ 左右氨气的混合气体。混合气体通过安装在 SCR 反应器入口烟道的注氨格栅注入。

经过稀释的氨通过固定在氨喷射格栅上的喷嘴均匀地喷入烟气中，与烟气混合后一起进入填充有催化剂的 SCR 反应器。NO_x 与 NH_3 在催化剂的作用下发生还原反应。氨喷射格栅安装位置在 SCR 反应器的上游足够远处，以保证喷入的氨与烟气充分混合。SCR 反应器设有旁路挡板，在锅炉启停、低负荷投油运行，以及烟气温度高或发生爆管时，都可以启动旁路系统，以减少对催化剂的损害，规避风险。

催化剂采用丹麦托普索公司生产的波纹板式（DNX-464），适用于烟尘含量高的环境。每个反应器有 2 个初始催化剂层，1 个预留催化剂层。催化剂的正常运行温度为 317～425℃，化学成分含量为：V_2O_5 3％～4％；WO_3 6％～7％；TiO_2 89％～91％。

脱硝系统吹灰器有两种：一种是除去沉积在反应器入口导向板灰尘的压缩空气吹灰器；另一种是防止和除掉 SCR 反应器的粉尘等异物的耙式蒸汽吹灰器。吹灰器蒸汽的最低条件为：吹灰母管压力≥0.6MPa，温度≥300℃，共设计有 16 支蒸汽吹灰枪。

SCR 脱硝系统的脱硝效率能够达到 70％～80％，氨气逃逸量低于 3×10^{-6}，压降维持在 600～800Pa，基本能达到设计出力。

三、高效除尘技术

目前，燃煤电站普遍采用电除尘器来控制粉尘的排放。但一些因素如烟气性质、粉尘特性、结构因素和运行因素等，影响了除尘效率。布袋除尘器除尘效率高，含有碱性成分的灰颗粒也有脱硫等污染控制作用，但布袋的寿命较短。现在一些电站采用了电袋复合除尘器，以提高除尘效率。

电袋复合式除尘器实现了电除尘—粉尘预荷电—布袋过滤为一体的除尘机制。该装置利用多种除尘机理，对不同粒径粉尘捕集效率达到 99.9％ 以上，使烟尘排放浓度低于 50mg/m³，甚至可达到 30mg/m³。

电袋复合除尘的工作原理如下：

电袋复合式除尘器由两个单元组成，即电除尘单元和袋除尘单元。一般情况下，电除尘单元布置一个或两个电场。这种电袋复合式除尘器是前电后袋，理论上结合了电除尘器和袋式除尘器各自的优点，利用一级电场荷电捕集大颗粒粉尘，进而大幅度降低烟气进入到滤袋仓室内的粉尘浓度，有效避免了大颗粒粉尘在惯性力作用下对滤袋的冲刷，有利于滤袋使用寿命的延长。由于粉尘在电场作用下带有同种电荷，滤袋外表面附着的粉尘层相对松散，过滤的透气性非常好，同时清灰更为容易，因而可以有效降低设备运行阻力，节省设备的运行费用。布袋除尘器的过滤原理如图 11-25 所示。

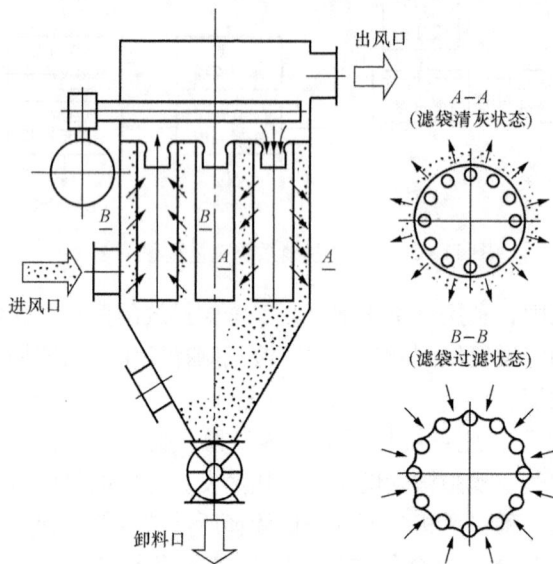

图 11-25　布袋除尘器过滤原理

袋式除尘器的过滤系统主要由滤袋和笼骨组成，对于整台锅炉袋式除尘器而言，滤袋是其核心部件。滤料质量直接影响除尘器的除尘效率，滤袋寿命又直接影响除尘器的运行费用。

燃煤电厂除尘器通常采用的滤料有 PPS、P84、PTFE 等，最常用的是 PPS。在燃煤电厂所采用的袋式除尘器中，PPS 滤料由于性价比较高，通常作为首选，但其抗氧化性能较差，因此最好在温度 160℃以下、含氧量 9% 以下运行，运行寿命可超过 3 万 h。同时对 NO_2、SO_2、SO_3 也应进行控制，特别是 NO_2 的氧化作用往往易被忽视，这些参数与温度有关，都是损坏滤袋的重要原因，已经在试验室及应用中得到了验证。各种滤料的性能如表 11-6 所示。

表 11-6　　　　　　　　　　　　常 见 滤 料 性 能

纤维种类			工作温度	极限温度	耐水解	耐酸	耐碱	耐磨	抗张	主要
中文名	英文名	产品名	(℃)	(℃)	性能	性能	性能	性能	强度	缺陷
聚苯硫醚	PPS	RYTON	160	190	优	优	优	优	中	抗氧化性差
聚酰亚胺	P84	P84	220	260	中	良	中	良	良	易水解
聚四氟乙烯	PTFE	TEFLON	260	280	优	优	优	中	优	价格高

第四节　CO_2 控 制 技 术

统计资料表明，地球的地表温度在不断升高，导致全球变暖。近 100 多年来，全球平均气温经历了冷—暖—冷—暖两次波动，总体看为上升趋势。进入 20 世纪 80 年代后，全球气温明显上升。1981～1990 年全球平均气温比 100 年前上升了 0.48℃。导致全球变暖的主要原因是人类在近一个世纪以来大量使用矿物燃料（如煤、石油等），排放出大量的 CO_2 等多种温室气体。由于这些温室气体对来自太阳辐射的短波具有高度的透过性，而对地球反射出

来的长波辐射具有高度的吸收性，也就是
常说的"温室效应"，导致全球气候变暖。
全球变暖的后果，会使全球降水量重新分
配，冰川和冻土消融，海平面上升等，既
危害自然生态系统的平衡，更威胁人类的
食物供应和居住环境。全球地表温度变化
趋势如图 11 - 26 所示。

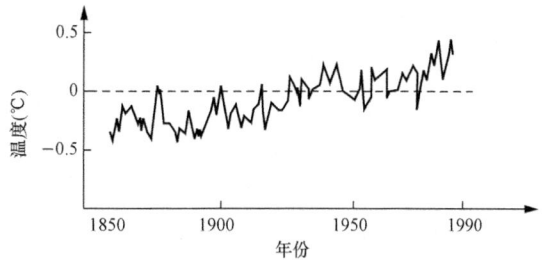

图 11 - 26　全球地表温度变化趋势

　　据推算，到 2050 年，排放到大气中的
CO_2 将比现在增加 $35\%\sim50\%$，大气中 CO_2 浓度将由目前的 365×10^{-6} 左右上升为 560×10^{-6} 左右。预计到公元 2100 年，全球地表温度将比现在升高 $1.4\sim5.8$℃。

　　因此，控制 CO_2 的排放已成为应对气候变暖的最重要的技术路线之一。人类活动产生的 CO_2 排放量最大的一部分来自于燃煤发电，在我国，燃煤发电产生的 CO_2 占到了 CO_2 总排放量的 50% 左右。因此想要大规模减少 CO_2 排放量，必须着力于从燃煤电站中捕获 CO_2。

　　通常，CO_2 捕获的技术路线可以分为燃烧前脱碳、燃烧后脱碳和富氧燃烧技术，如图 11 - 27 所示。

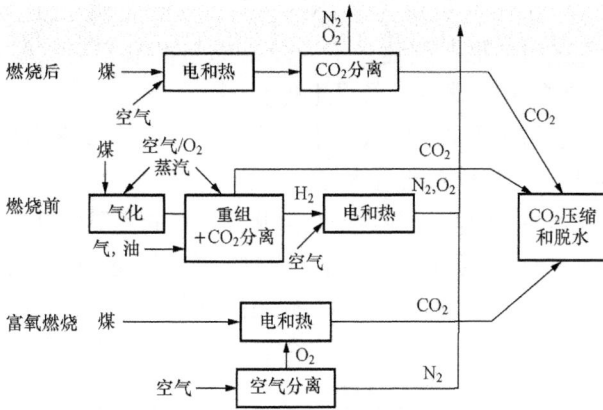

图 11 - 27　CO_2 捕获技术路线

　　燃烧前脱碳技术是将煤首先进行气化得到合成气，在合成气净化后进行变换，最终变为 CO_2 和 H_2 的混合物，再对 CO_2 和 H_2 进行分离。IGCC 是典型的可以进行燃烧前脱碳的发电系统。

　　燃烧后的烟气中分离和捕集 CO_2 技术有化学吸收法、物理吸收法、吸附法、膜分离法和低温分离法等。

　　富氧燃烧技术首先要制取富氧或纯氧，然后用氧气代替空气燃烧，生成的烟气主要成分是 CO_2 和水蒸气，很容易得到高浓度的 CO_2。这可能需要重新设计锅炉，同时会带来燃烧、传热方面的新的问题。目前大型富氧燃烧技术正处于研究阶段。

一、以 IGCC 为基础的燃烧前捕碳

　　2003 年，IGCC 技术在经过美国和欧洲近 10 年的示范运行后，美国首先提出了建立基于 IGCC 的燃烧前捕碳的近零排放电站的"未来发电"计划。项目计划用 10 年时间，设计、建设并运行一套机容量 275MW、以煤为燃料、采用 CO_2 存储技术、达到接近零排放的制氢和发电的示范电站。我国政府以及中国华能集团公司也参与了项目的投资。"未来发电"项目已确定伊利诺斯州为最终厂址。该项目计划于 2009 年开始建设，2012 年投产运行。2008 年 1 月 29日，美国能源部忽然宣布由于过高的投资增加，决定退出对"未来发电"计划的资金支持。欧盟提出了相似的计划，项目计划建立一套 400MW 的 IGCC 电站，利用变换将气化的合成气变换成 H_2 和 CO_2，分离后的 CO_2 进行封存，而 H_2 则进行燃料电池和燃气轮机循环发电。

　　日本进行的相似计划是新阳光计划中的"鹰"（煤的气液电多联产）项目。该项目也是基于 IGCC，加上燃料电池与氢气燃气轮机，形成煤气化—燃料电池—燃气轮机—汽轮机的整体联合循环。在此基础上，再进行 CCS，通过提高发电效率和捕集 CO_2 来降低碳的排放。项目首先建成了一个 IGCC 系统。现在该项目已建成了中间试验系统，其采用深度冷却空气分离生产 $4600m^3/h$（标准状况下）的浓度为 95％ 的 O_2，气化炉为 150t/年夹带流两段式气化炉，气化压力为 2.5MPa；净化部分采用两级水洗加上 MDEA 与石灰石湿法吸收脱除 $14\,800m^3/h$（标准状况下）的合成气中的颗粒物和硫。发电部分，项目只配备了 1 台 8000kW 的燃机。在 2009 年以前，该项目除了进一步对系统进行实验以外，还将从进燃机前的合成气中抽出 10％ 的合成气，建设和测试 CO_2 的捕集系统。

另外，国外相似的计划还有澳大利亚的零排放发电（ZeroGen）；德国 RWE 公司的 450MW IGCC 及 CCS 项目；荷兰 Nuon 电厂的二期计划（1200MW，抽取 25％ 进行 CCS）；另外，还有力拓公司和 BP 公司联合进行的项目（500MW）等。

二、富氧燃烧技术

富氧燃烧技术首先是由 Horne 和 Steinburg 于 1981 年提出的。美国、加拿大、日本、英国、荷兰、德国、法国、瑞典、挪威、芬兰、意大利、俄罗斯、乌克兰，以及我国等许多国家都开展了富氧燃烧技术的试验或技术经济性研究。

在 CO_2 商业利用的吸引下，美国 Argonne 国家实验室（ANL）早在 1982 年就开始对烟气再循环的煤粉燃烧技术进行研究，并在加利福尼亚州建立了一个 2.94MW 规模的试验系统，研究证明只需将常规燃煤锅炉进行适当的改造就可以采用此技术。

美国能源部资助 ANL 进行富氧燃烧技术的研究。该项技术主要由三个基本步骤组成，分别为空气分离、O_2/CO_2 燃烧和电力生产、烟气压缩与脱水等。

国际能源署（EIA）已将富氧燃烧技术列为控制 CO_2 排放研究与开发计划的主要项目。从 1994 年开始，其主要试验研究工作在加拿大政府的能源技术研究中心开展，煤粉燃烧试验炉的最大功率为 0.29MW，用以评价煤粉在 O_2/CO_2 气氛中燃烧的火焰、传热与污染物的形成等特性。

日本从 1990 年开始进行富氧燃烧技术的可行性研究，较为系统地研究了富氧燃烧技术的点火特性、燃烧性能、火焰传播速度等。日本的石川岛播磨公司（IHI）将 O_2/CO_2 燃烧技术应用于一个 100MW 的示范电站。该系统与传统的空气燃烧方式的最大区别在于制氧装置和排烟热交换器，在不采用任何其他措施时脱硝效率可达 70％，喷钙脱硫效率可达 90％ 以上。该电站系统如图 11-28 所示。

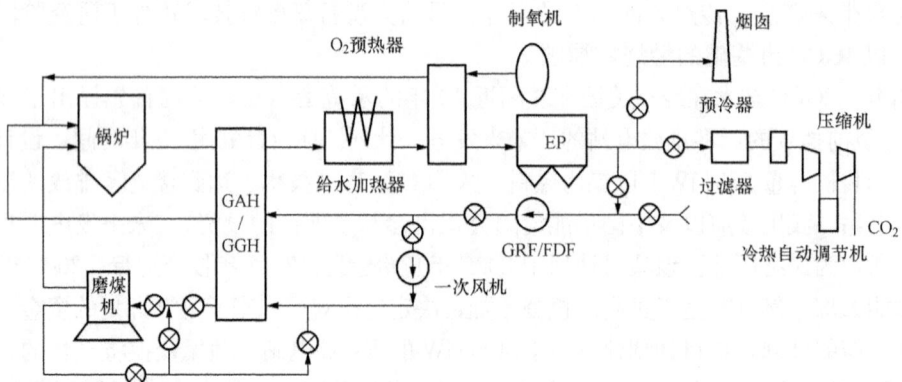

图 11-28　O_2/CO_2 燃烧技术

富氧燃烧技术发展的方向主要是降低制氧的成本和能耗，以及对系统的运行优化。该技术已经在美国、加拿大、欧洲、日本、澳大利亚和韩国等国家进行了中试示范研究，示范研究的项目中很多都是利用现有的小型机组进行改造的。美国正在 JameStone 电站示范 50MW 循环流化床的富氧燃烧系统，并计划于 2013 年放大到 400～600MW。德国从 2006 年 5 月开始动工建造一个 30MW 的富氧燃烧电站，据报道该项目已经开始运行。澳大利亚正在开展 Callide 项目，该项目与日本等国家进行合作，对一个 20 世纪 60 年代建造的 4 台 30MW 的电站进行改造，利用 2 台空分系统提供氧气（98%），每天回收 75t CO_2。项目计划 4 年内完成，现在正处于项目前期。

三、燃烧后烟气脱碳技术

燃烧后捕集，即在燃烧排放的烟气中进行捕碳。理论上来说，该技术路线适合于任何一种火力发电。但是，通过燃烧系统产生的烟气通常压力接近于大气压，而且 CO_2 的浓度低（13%～16%），含有大量的 N_2，产生的气体流量巨大，捕集系统庞大，需耗费大量的能源。

1. 捕碳技术

从烟气中捕集 CO_2 的技术如下（也可用于燃前捕碳）。

（1）化学吸收法。化学吸收法是利用 CO_2 的酸性特点，采用碱性溶液进行酸碱化学反应吸收，然后借助逆反应实现溶剂的再生。强碱如 K_2CO_3 等，虽然也能作为溶剂且可以进行加热再生，但这种溶剂存在的最大问题是对系统腐蚀严重。现在关注最多的还是醇胺法，该技术利用带有羟基和胺基的碱性水溶液作为溶剂，利用吸收塔和再生塔组成系统对 CO_2 进行捕集。工业中常用的几种醇胺的碱性为：一乙醇胺 MEA＞二乙醇胺 DEA＞二苯胺 DPA＞甲基二乙醇胺 MDEA＞三乙醇胺 TEA。

其中，MEA 的分子量小，吸收酸性气体能力强，所以对捕集燃烧后烟气中的低浓度 CO_2 最具优势，这也是目前研究和运用的最主要技术。用醇胺法捕碳的主要问题是溶液中的 CO_2 和溶剂降解产物对系统的腐蚀，以及由于氧化、热降解、发生不可逆反应和蒸发等原因，造成溶剂的损失和溶液性能的改变。一般每吨 CO_2 需消耗吸收剂为 0.2～1.6kg。现有的商业化溶剂开发都是基于 MEA 溶液进行的。不管是哪种化学吸收法，再生都是耗能最大的部分。所以，开发再生能耗低、吸收容量大、对设备腐蚀小的溶剂是研究开发的重点。另外，提高 MEA 溶剂的浓度，优化吸收系统，从而减少系统体积也是发展的重要方向。

（2）物理吸收法。物理吸收法不像化学吸收法那样依靠强化学键对 CO_2 进行捕集，这样避免了再生时需要投入巨大的能耗。但也由于这个原因，这种技术更适合于具有高压和高 CO_2 浓度的 IGCC 电站。

分离 CO_2 的典型物理吸收法是聚乙二醇二甲醚法（Selexol 法）和低温甲醇法（Rectisol 法）。这两种方法都属于低温吸收过程。Selexol 法的吸收温度一般为 -10～15℃；Rectisol 法的吸收温度一般为 -75～0℃。另外，这两种技术能够同时脱除 CO_2 和 H_2S，且净化度较高，可以在系统中减去脱硫单元，但相应需要采用耐硫技术。低温甲醇法在化工行业已得到了多年的应用，其主要缺点是工艺流程庞大，而且吸收过程中甲醇蒸汽压较高，致使其溶剂损失较大。前几年提出的基于 IGCC 进行碳捕捉及封存技术（CCS）的研究计划大多数选择 Selexol 法进行物理吸收。

（3）物理吸附法。吸收法捕碳大多都属于湿法技术。湿法脱碳运用于电厂 CCS 有几个方面的问题：①系统依靠液体作为捕碳介质，大规模的溶剂循环消耗大量能量。②系统运行惯性大，对电厂快速负荷调整的响应速度不够。③捕集的 CO_2 中含有大量的水，为了进行压缩和输运，可能需要增加专门的脱水系统。据介绍，欧洲 IGCC 电站近年就 Selexol 法脱碳的实验研究发现，对于电厂负荷的快速变化，该技术难以稳定运行。在这种情况下，物理吸附法显示出其竞争力。而且随着吸附剂的发展，物理吸附法不仅能使用于高浓度的 IGC 变换气，也同样适用于电站的烟气捕碳。

物理吸附法有变压吸附法（简称 PSA）、变温吸附法（简称 TSA）及变电吸附法（简称 VSA），以及它们之间相互耦合的技术等。相对来说，由于 TSA 热惯性较大，所以系统庞大。PSA 是更适合于电站捕碳的物理吸附技术，原理是利用气体组分在固体材料上吸附特性的差异，以及吸附量随压力变化而变化的特性，通过周期性的压力变换过程实现气体的分离或提纯。PSA 技术的能耗主要在压缩过程，工艺条件容易调节，适合于电厂快速的负荷变化；吸附剂使用周期长，一般可以使用 10 年以上；不存在溶剂损失、溶剂回收和腐蚀问题。现有的 PSA 脱碳技术，已能将每吨 CO_2 的能耗降到 $560kW \cdot h$ 以下。

PSA 运用在电厂 CCS 中存在最大的两个问题是：①大型化后，占地面积太大，电站无法接受。②对于非产品的 CO_2 气体，捕集的能耗和成本使电站难以接受。

因此，提高吸附剂的性能，开发紧凑有效的吸附系统是解决以上问题的主要途径。与化学吸收法受到化学当量比的理论限制不同，PSA 吸附分离技术是借助多孔材料大的表面积和适宜的表面极性对吸附质进行选择性吸附来达到吸附分离的目的的。所以，可通过提高吸附剂的孔隙率和相应的比表面积，以及调节表面性质的手段，来提高对 CO_2 的吸附容量和选择性；通过调控孔道结构和表面性质促进吸附速度和脱附能力。另外，吸附是放热过程，若能将吸附热应用到脱附过程，利用热促进的 PSA 进行 CO_2 的脱附，不仅可降低能耗、提高效率，还能压缩系统的体积；同时 PSA 的床层结构，使得其容易与脱除其他杂质气体的吸附床复合，省去多余的系统，减少系统占地和能耗。此外，改变化工系统布置方式为电站布置模式，也具有提高系统紧凑性的巨大潜力。因此 PSA 脱碳技术降低能耗与占地的潜力较大。

（4）膜分离法。膜分离法技术还处于发展阶段，但却是公认的在能耗降低和设备紧凑方面具有相当潜力的技术。膜分离法按材料主要分为无机膜和有机膜。根据 IGCC 处理气体具有高压的特点，无机膜技术将更具优势，而有机膜也是可能进行烟气捕碳的技术。目前各种用于气体分离的无机膜都正在被开发，其中无机膜以钯基膜产品的开发得到最迅速的发展，我国大连化学物理研究所已开发出具有非常可观分离参数的钯基膜，该产品已得到了电力行业的关注，现正与西安热工研究院针对电站情况进行进一步考察研究。钯基膜一个比较大的问题是其分离的气体是 H_2 而非 CO_2，尾气中除富集 CO_2 外，还有 N_2 和 H_2 等气体，这将对下一步气体的处理带来一定的困难；另外就是近期内仍有一些工程化过程中的问题没有解决，很难达到工业级规模；有利的一方面是 CO_2 产品气仍保持高压，这减少了下游气体的压缩耗功。对于无机膜技术，据报道国内开发的技术近期在海南省进行天然气捕集的规模试验，得到了浓度 80% 以上的 CO_2 气，这给膜技术在燃烧后的烟气进行捕集增添了新的选择。

2. 技术应用

西安热工院和华能北京热电厂合作，建设了我国首套电站 CO_2 捕集工业示范系统，年捕集 CO_2 3000t。系统已于 2008 年投运，截至 2009 年 1 月底，已生产纯度为 99.7% 的 CO_2

约 900t。捕集系统如图 11-29 所示。

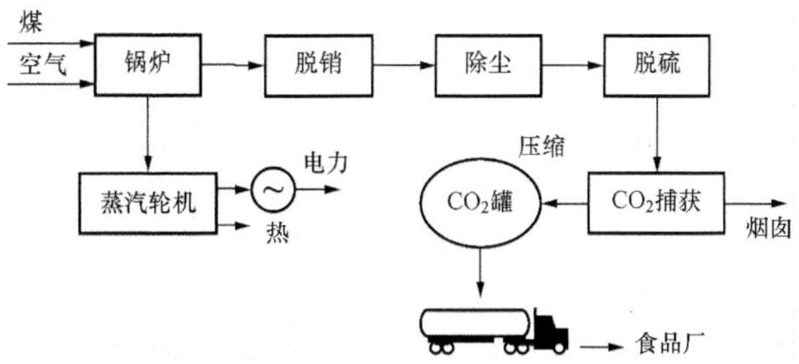

烟气从电站 1 号和 2 号机组共用脱硫系统的烟道引出。系统采用化学吸收 MEA 法捕集 CO_2，吸收系统如图 11-30 所示。该系统还设有精制系统，将脱碳系统后的 CO_2 气体精制为食品级气体，储存于 CO_2 储罐。CO_2 槽车定期从储罐中取走液态的 CO_2 产

图 11-29　CO_2 捕集系统

品。系统设计正常处理 2372m³/h 的烟道气量（湿基），回收 0.5t/h 的 CO_2。系统在额定生产能力的 60%～120% 范围内平稳运行，装置连续年操作时间 6000h。

电厂脱硫后的烟气，在风机作用下通过旁路管道和脱水系统，由吸收塔储液槽液面之上进入吸收塔。吸收塔的内径为 1.2m，高 30m。吸收塔主要分为 3 个部分。

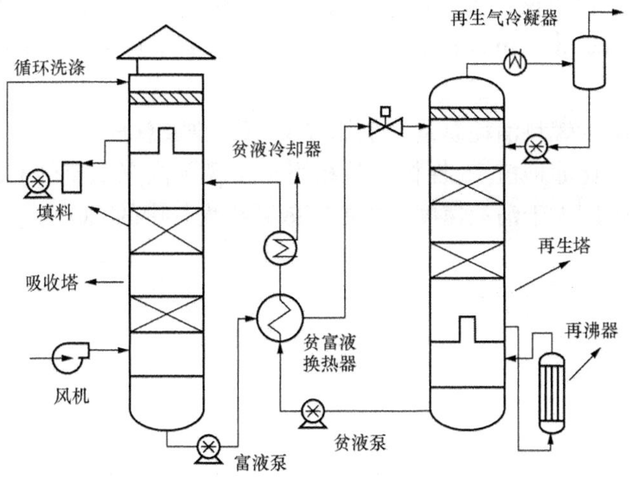

图 11-30　吸收系统

（1）塔底为溶液储槽，吸收了 CO_2 的富液被储存在该区域，并通过富液泵抽至再生塔。

（2）塔中部为气液接触部分。该部分主要通过填料来强化气液接触，加强溶液对 CO_2 的吸收。该系统采用 2 段 7.5m 高的孔板波纹规整填料，塔内布置了 2 个槽盘气液分布器，以使溶液能够均匀地进入填料。

（3）由于胺溶液成本高，且进入到大气中会造成污染，为防止烟气将溶液带出，塔顶部设置了循环洗涤和除雾装置。循环洗涤系统为独立水循环系统，由 1 个洗涤液储槽、洗涤泵、溶液冷却器及塔内部分构成。

再生出来的胺溶液从槽盘气液分布器之上喷淋下来，分布到填料系统中，并沿填料流下。烟气在上升的过程中，与溶液进行充分接触反应。90% 左右的 CO_2 被溶液"吸收"，剩下的气体通过洗涤系统和除雾系统，最终从塔顶排到大气中，这些气体主要为 N_2 和 O_2。

吸收了 CO_2 的溶液（即富液），在富液泵作用下从吸收塔储液槽，通过贫富液换热器，被高温的贫液加热到 95℃ 左右，然后从再生塔上部进入再生系统。

再生系统由再生塔、溶液再沸器、再生器冷却回流系统，以及胺回收加热器组成。再生塔类似于吸收塔，分为贫液储槽、由填料组成的气液接触区，以及顶部的丝网除沫器。另外，为促进再生塔内的溶液充分再生，在再生塔下半部增设一升气帽，使从再生塔顶部流下的溶液被阻隔，溶液首先全部进入再沸器再生。这样既可降低再生温度，又缩短了溶液在再沸器内的停留时间，降低胺溶液降解的可能性。

溶液再沸器为一管壳式换热器，管程为溶液，壳程为水蒸气。系统利用电站低压蒸汽，通过减压降温后获得表压为 $3×10^5Pa$、温度为 144℃ 的蒸汽，进入到再沸器中。落下的溶液

经过升气帽引流，靠重力自然流入再沸器。溶液经过再沸器，温度被加热到 110℃ 左右，从贫液槽上部返回再生塔。这些气体包括了水蒸气、部分胺气体和再生出的 CO_2。在上升过程中，特别是在填料中，它们与下落的温度较低的溶液接触，一方面使得大部分水蒸气和胺气体冷凝下落，另一方面加热了溶液，使解析出的 CO_2 发生可逆反应。这种方式不但加强了换热效果，还防止了局部过热导致的降解。从再沸器回再生塔的液相部分流到贫液槽，通过贫液泵在贫富液换热器处将部分热能传递给富液，进一步经过贫液冷却器，将温度降低到 50℃ 左右，进入到吸收塔。

经过除沫器后的气体中大部分是 CO_2 气体，还有少部分的水蒸气和胺蒸汽。为了回收这些胺蒸汽，并维持系统的水平衡，在气体出塔后设置了一个由再生气冷凝器和除沫器组成的再生气冷却回流系统。再生器冷却器将 90℃ 以上的气体冷却到 30℃ 左右，大部分水蒸气和胺溶液都被冷凝出来。经过除沫器后，大部分液滴也将进入到溶液中，这些溶液将返回到系统中，以维持系统水和胺的平衡。

系统已成功调试和稳定持续运行，说明该技术适用于燃煤电站的烟气 CO_2 捕集，系统的设计和示范获得成功；示范运行中捕集效率稳定在 80%～85%，捕集每吨 CO_2 需消耗蒸汽 3.3～3.4GJ，电耗约 100kW·h。

此外，提高发电机组效率，可以减少燃料消耗总量，也能减少 CO_2 排放总量。

大气回收也是重要的碳捕集手段。比如种植 16 棵树，就相当于 1 辆小汽车 1 年的 CO_2 排放量。减少森林砍伐，使树木生长速度大于消耗速度，也能有效减少大气中的 CO_2。

第十二章　燃烧诊断技术

　　大型电站锅炉炉膛内的煤粉燃烧过程非常复杂，如果燃烧控制不好，会引起燃烧故障，危及人身及设备安全。要对燃烧过程进行诊断，需要进行燃烧参数监测。而燃烧参数的监测不能采用常规的测量技术，需要采取特殊的非接触式测量方法。目前对燃烧参数的测量，可采用光学、声学等方法。本章将光学方法中的基于 CCD 的三基色测量技术作为数字图像处理技术进行介绍。

第一节　光　学　方　法

　　光波具有干涉、衍射和偏振特性，外界作用可改变其特性参量，由此可设计出各种测试方法。20 世纪 70 年代以后，激光在精密测试中的大量应用，大幅度地提高了测量的灵敏度和精度，并使整个测试系统的稳定性得以加强，使传统光学测试的领域得以扩展；更由于计算机技术的广泛应用，使动态测量、实时测量及相关比较测量等技术得以迅速发展。

　　光学测量方法具有非接触、实时、无损等无可比拟的优点，在国防、军事、工业生产中具有极其重要的作用。

　　常见的光学测量技术有激光测量技术、全息干涉测量技术、红外辐射及颜色定量测量技术，以及基于 CCD 的三基色测量技术。

一、激光测量技术

　　激光测量技术是一种新型的非接触式测量方法，测量精度高，在燃烧过程中参数（如温度场、速度场、两相浓度场等）的测量上具有很大的优势，获得的数据能够较准确地反映燃烧过程的真实工况，因而引起越来越多的重视。随着计算机技术的发展，自动控制、数据采集与处理及实时显示等功能推动了激光技术的发展，使该技术日趋完善，在工程上得到了广泛应用。

　　激光是光的受激辐射，普通光源是光的自发辐射。激光测量的特点如下：

　　（1）激光的单色亮度极高，输出功率可达 1000W。

　　（2）激光的方向性极好，发散角很小，在 10^{-6} 球面度量级的立体角内基本成直线传播，可进行多维测量。

　　（3）激光是纯正的单色光。

　　（4）激光是目前最理想的相干光源，有固定的相位差。

　　（5）激光测量属于非接触测量，激光束的焦点就是测量探头，它不影响燃烧参数的分布，可测量远距离或狭窄通道中的参数。

　　（6）测量精度高，一般误差为 0.5%～1.0%。

　　（7）空间分辨率高，可测量很小区域内的参数，如燃烧设备中近壁区域的参数分布。

　　（8）测量范围广，动态响应快，是研究紊流的有效方法。

　　激光测量技术可分为三种方法，即激光诱导荧光法（LIF）、自发（线性）拉曼散射法

（SRS）和相干反斯托克斯拉曼散射光谱法（CARS）。

　　1. 激光诱导荧光法

　　激光诱导荧光法（laser induced fluorescence，LIF）可用来测量燃烧温度和组分浓度参数。LIF 法的基本原理是通过单一和多级相互作用图的逐步演变，提供在激光区域所要研究的组分浓度和荧光信号之间的关系。这种非干扰的技术提供了具有很高空间和时间分辨率的图像，有效地获得某一瞬间的燃烧状态。当激光波长调谐到分子的某两个特定能级时，分子就发生共振并吸收光子能量而激发到高能态，在从高能态返回基态时，分子就会发出荧光。荧光用光电倍增管接收，其信号为

$$P_f = h_v \times (K/4\pi)\Omega_c V_c N_2 \qquad\qquad (12-1)$$

式中：h_v 为荧光光子能量；K 为荧光上能级自发辐射系数；Ω_c、V_c 分别为光学收集系统的立体角和有效的荧光体积；N_2 为荧光上能级粒子数。

　　在利用 LIF 法作定量分析时，为了得到参数的绝对值，必须对荧光信号进行校正，也就是考虑荧光体积 V_c、荧光收集立体角 Ω_c、光学系统的荧光传递效率，以及荧光的吸收、俘获、极化和碰撞等因素对荧光信号的影响，还要考虑荧光的猝熄效应。猝熄效应是指分子吸收了光子能量而跃迁到激发状态时，能量不是以荧光而是通过碰撞弛豫到达其他能级。特别是在高温高气压下，粒子浓度大，平均自由程短，这种效应更加明显，严重时可能会收不到荧光光谱。

　　LIF 法除了高灵敏度以外，还可以用平面二维图形显示燃烧参数的分布。在一个激光脉冲内，就可以得到一张二维的瞬态燃烧参数分布图，实现了实时处理。因此，在燃烧测量中，LIF 法及改进的平面激光诱导荧光法（PLIF）成为近年来国际上广泛采用的方法之一。

　　LIF 法的硬件系统有：

　　（1）激励源。由激光器和光屏（通常为一组球面或柱面透镜）组成。

　　（2）检测系统。包括像差修正成像透镜和数码成像微光摄影机。

　　（3）高速分析系统。即图像分析处理机，可事后、实时处理图像。

　　图 12-1 所示为典型的单点 LIF 法实验装置。激光束聚焦到燃烧产物，采集光路接收荧光并与激光束一起决定了空间分辨率。所接收的荧光通过色散器件（通常为滤光镜、小型单色仪或多色仪），然后荧光被检测器转换为电信号。

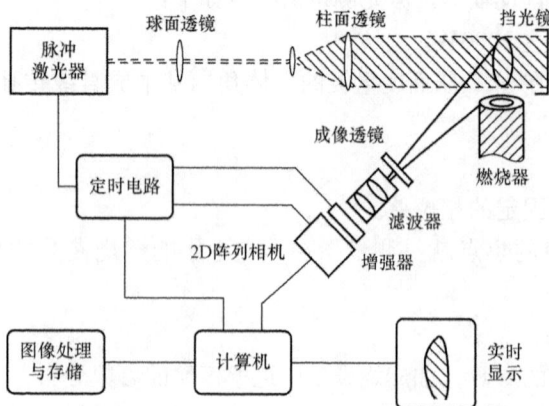

图 12-1　典型 LIF 法实验装置

　　LIF 法通过高能量的脉冲激光器激发标志分子的荧光，应用强度开启 CCD 相机，通过适当选择标志分子，可以获得流体定量参数的二维图形。根据图形得到有关标志分子浓度的定性测量和随时间变化的扰动，来研究燃烧过程。目前已将 NO_2 和丙酮作为标志分子应用于实际测量中。对于燃烧过程中温度分布及 OH、CH、O_2 分布的荧光图像已经可以获取，但对 NO 和其他主要污染物的荧光图像还比较缺乏。

　　LIF 技术的关键是选择合适的物质

与特定波长的激光相匹配，以产生足够强度的荧光信号为探测器所接收。在研究燃烧过程中，常采用 OH 根离子作为示踪粒子，因为在碳氢化合物燃烧过程中，存在大量的 OH 根离子，它们可以很好地指明火焰前沿位置，同时还可以显示火焰结构等参数。

在实际测量时，LIF 图像所能感受的燃烧参数包括温度、组分浓度、速度、压力和密度。一旦获得这种 2D 场测量参数，即可计算其他量。例如可由温度计算热流，由组分浓度计算梯度和耗散因子等。LIF 图像可以定量显示燃烧参数信息，用来详细研究燃烧流场结构、火焰与紊流射流等，也能得到浓度、温度等方面的定量信息。

在国外，LIF 技术目前处于迅速发展之中，近几年相继报道了若干基于荧光特征衰减期的测温系统，在燃烧测量中得到了应用。

美国 Los. Alams 国家试验室和 Oak Ridge 国家试验室已研究出一项用温度自动记录荧光体技术，来遥测涡轮叶片的表面温度。荧光测温技术不受电、磁、射频和微波的干扰，可以避免其他技术测量中出现的问题。

荧光测温技术具有测温范围宽、测量精度高、重复性好等特点。已有在 1600℃ 的实验条件和 1100℃ 的燃气轮机条件下进行荧光测温的报道，测温精度可达 ±1℃。但是要在高温条件下应用荧光测温技术，必须解决材料和耦合问题。同时，采用 CCD 数字相机拍摄燃烧火焰图像并采用图像处理技术对燃烧火焰进行研究，目前还多用于定性分析，用于定量分析还显不足。采用 LIF 技术是获取被激激光照射的粒子的诱发荧光，对实验条件要求较高，实验系统较复杂。

2. 自发（线性）拉曼散射法（SRS）

自发（线性）拉曼散射法（spontaneous Raman scattering，SRS）也属于一阶非弹性散射过程。当具有单色辐射频率的光线照射到一透明物质（气体、液体或晶体）上时，光线的大部分以不变的频率透射过去，但同时有少量的光线会发生光的散射现象，即光线偏离其传播方向而向各个方向产生偏折的现象。

在散射光中的大部分光线，其频率不发生变化，这种频率不发生变化的散射称为弹性散射。如果这样的弹性散射是由于很小的散射粒子（如分子，它的直径远小于入射光的波长）引起的，则称为瑞利散射。如果这样的弹性散射是由于大的散射粒子（如尘埃，它的直径一般大于入射光的波长）引起的，则称为米氏散射。分子散射光中的一小部分，其频率要发生变化，这种频率发生变化的散射称为拉曼散射，也译为喇曼散射。拉曼散射是与瑞利散射相对应的非弹性散射，它的散射强度与散射方向无关。在多数情况下，采用与入射光轴成 90° 角接收，目的是使光源的强光对微弱的散射光的干扰减至最小限度。拉曼散射光的接收原理如图 12 - 2 所示。

与 CARS 法和 LIF 法相比，SRS 法的优点是可用单波长激光器同时测量温度和组分浓度，且对碰撞猝熄不敏感。这种同时测量的能力提供了一种内部基准，以修正与激光功率脉动、接收光学及电子系统有关的不确定性。

当激光通过气体分子时，部分光

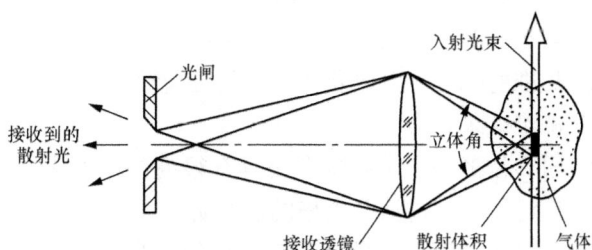

图 12 - 2 拉曼散射接收原理

会被分子散射，并且发生频移，其散射光强为

$$I_1 = I_0 \frac{d\sigma_1(V_0)}{d\Omega} n_1 \delta_\Omega \delta_s \eta \tag{12-2}$$

式中：I_0 为入射光强；$d\sigma_1(V_0)/d\Omega$ 为频率为 V_0 的光的微分散射截面；δ_Ω、δ_s、η 分别为光学系统收集立体角、由光学系统决定的散射强度和光学系统的传输效率；n_1 为分子下能级的粒子数。

由于分子振动能级不均匀及与转动能级间相互作用，所以每个振动能级的拉曼频移都不相同；又由于各能级粒子数随温度而变化，拉曼信号也随温度而变化。通过对拉曼谱线两个强度峰值的测量比较，然后进行拟合，就可求得温度。

SRS 法是采用能量较强的脉冲激光束照射被测点，载有温度、浓度信息的散射光经过窄带滤波器滤波，再由光电倍增管转换为电脉冲信息，然后送到拉曼散射信号处理装置进行数据处理，可测出燃烧参数。

图 12-3 所示为一个用来测量高压火焰多种组分浓度和温度的高性能自发拉曼散射系统。

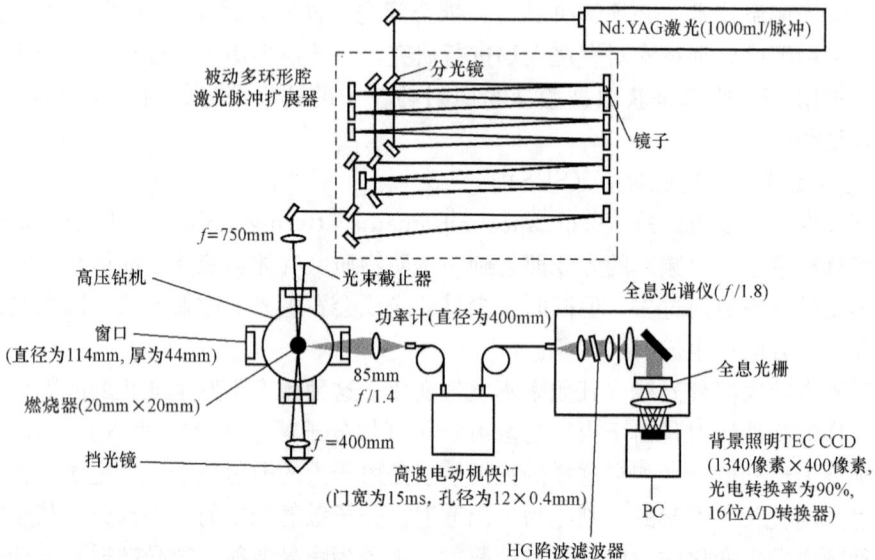

图 12-3 高性能自发拉曼散射系统

拉曼散射被证明有可能是唯一一种可以同时测量燃烧系统气体种类（N_2、O_2、CO_2、H_2O、CO、H_2、CH_4）和温度的光学诊断技术。在 20atm（1atm＝101 325Pa）条件下得到的氢氧火焰的初步数据表明，该系统具有极好的光谱覆盖率、高分辨率和信噪比，完全可以达到校准的标准，可以获得全面的拉曼散射光校准数据库标准，为燃烧计算提供标准火焰的实际测量结果。

SRS 法的一个重要特点是具有很高的空间和时间分辨率。因此，自发拉曼散射技术目前已广泛用于"清洁"火焰的燃烧研究中。由于其散射截面非常小，散射光很弱，火焰中收集到的拉曼散射光与激光能量之比的典型值约为 10^{-14} 量级。因此，在实际的燃烧系统中，可得到的信噪比就显得太低。为了解决这个问题，出现了各种受激拉曼散射的形式，如共振

拉曼散射、反转拉曼散射、相干反斯托克斯拉曼散射（CARS）等。其中，相干反斯托克斯拉曼散射可能是燃烧测量中最有前途的一种诊断技术。

3. 相干反斯托克斯拉曼散射光谱法（CARS）

相干反斯托克斯拉曼散射光谱法（coherent anti-Stokes Raman scattering，CARS）是一种比较成熟的测试方法，以其高强度、高的抗干扰能力和相干特性而适用于较为恶劣燃烧环境如高含尘的煤粉燃烧条件下的温度及组分浓度测量。CARS 法属于三阶非弹性散射过程，是通过测量组分的反斯托克斯拉曼光谱，利用光谱轮廓同温度的依赖关系获得温度值。

CARS 技术诞生在 20 世纪 70 年代，在原理上与自发拉曼光谱法相同，但由于自发拉曼散射信号微弱和非相干性，一般仅限用于相当"干净"的火焰研究。而在实际燃烧过程中，火焰中含有大量烟灰、炽热微粒产生的杂散光将掩盖拉曼信号，而 CARS 法具有高转换效率，且信号具有激光一样的相干特性。在激光技术中，CARS 法是唯一可用于实际含尘燃烧系统中的检测燃烧温度与组分浓度分布的非接触式激光诊断技术。

CARS 探测区是通过叠加两束或更多不同频率光束产生相干的 CARS 信号。对 CARS 信号的频率进行分析，可以获得和检测分子（通常是 N_2）的拉曼波谱相干的 CARS 波谱，从波谱的形状就可以归纳出温度。实际的 CARS 系统通常用双倍的 Nd：YAG 激光器（以掺有一定量钕离子 Nd^{3+} 的钇铝石榴石 YAG 晶体为工作物质的激光器，称为掺钕钇铝石榴石激光器 Nd：YAG），以 10Hz 的脉冲重复运行。CARS 技术特别适用于检测具有光亮背景的燃烧过程温度分布，可为燃烧设备设计、改造，提高燃烧效率、降低污染提供有价值的依据。

CARS 法测量原理为：当两束频率为 ω_p 和 ω_s 的高能激光束（泵浦 Pump 和斯托克斯 Stokes 激光束）聚焦在一点，入射到被测介质中时，通过分子中的非线性过程互相作用产生第 3 束类似于 CARS 光束的偏振光，其频率为 ω_R。如果 $\omega_R = 2\omega_p - \omega_s$ 正好是分子的某一共振谱线，且满足非线性光学中的相位匹配条件，那么 ω_R 频率的光会极大地增强。用这一信号就可以对燃烧组分成分进行鉴别。最后，通过对检测光谱与已知其温度的理论光谱的比较，就可以得到燃烧温度。通过与配置的标准浓度光谱的比较，可得气体组分的浓度。要执行这些反复迭代的最小二乘法计算程序，还需要具备相当的计算能力，这就是 CARS 法。

一般 ω_p 固定，ω_s 可通过调谐激光器改变频率，所以 ω_R 总可以与某一分子能级实现共振。另外，由于温度对光谱的影响完全可以确定，因此通过光谱线型拟合分析就可以确定燃烧温度。CARS 法是一种利用非线性光学的方法，具有高的信号强度，能产生比拉曼信号大 $10^5 \sim 10^{10}$ 倍的信号。同时，CARS 法信号是一束频率为 $\omega_R = 2\omega_p - \omega_s$ 的高于泵浦光频率的相干光，所以信噪比高，而且不受火焰中各种成分荧光的影响，可用于燃烧参数的测量。

CARS 也有它的缺点。

（1）CARS 作为一种分析手段，严重的问题是三阶非线性极化率非共振部分的影响，限制了 CARS 的检测灵敏度。

（2）此方法不能用于不透明、吸收性大的介质。

（3）整套实验装置价格较昂贵。

（4）近共振、非共振本底、双光子共振吸收等干涉效应会使得 CARS 线型变得复杂。

（5）CARS 的效率随激光功率增大而迅速增加，但大功率的入射激光对光学元件和样品有破坏的危险。

美国 NASA 兰利研究中心建造有一台先进的 CARS 试验装置，如图 12-4 所示。

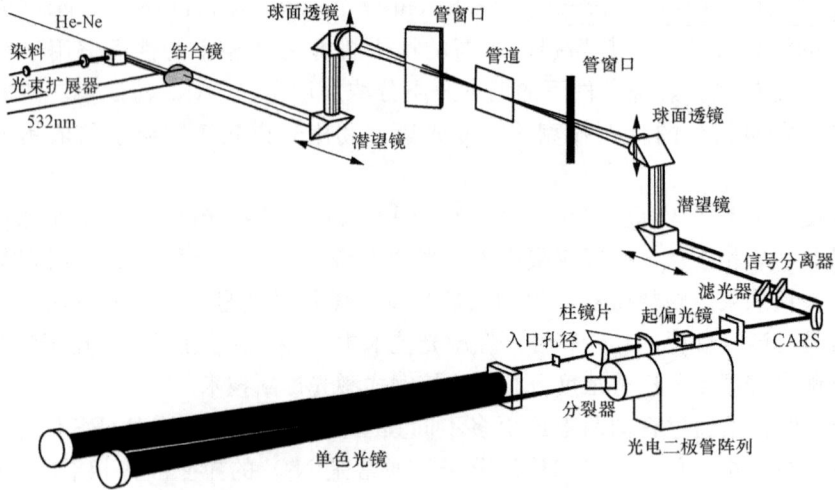

图 12-4　NASA 兰利研究中心 CARS 测试系统

与 SRS 不同，同一时间 CARS 通常只能测量一种组分（除了 N_2、CO、CO_2 与 O_2 以外）。为了克服此局限性，同时测量多组分，可用多色 CARS 技术。这时 CARS 信号位于反斯托克斯区，要产生波混合的各种组合，每一种需要单独的相位匹配。

一般来说，CARS 法测温精度可在 $\pm 50K$ 以内（$T=2000K$ 左右时），理论上可以提供 ns 级的时间分辨率和 μm 级的空间分辨率及很高的精度，适用于含尘燃烧环境。但这种方法光路复杂，设备昂贵，技术也较复杂，仍处于实验室研究阶段。

二、全息干涉测量技术

全息干涉测量技术的原理是"干涉记录、衍射重现"，其最成功、最广泛的应用之一是在干涉计量方面。全息干涉测温的原理为：当物体未变形前，拍摄一张全息图，并将其置于原来记录时的位置，保持记录光路中所有的元件位置不变，并用原来的参考光照明全息图，就会在原来物体处再现出物体的虚像。若同时照射物体且物体因受热而产生形变的话，那么再现物光波和实际物光波就会因形变引起的相位差叠加产生干涉条纹。

由干涉条纹可以确定出物体的形变大小，再依据形变确定出温度，从而实现对温度的测量。

全息技术是一种记录并再现光波的技术。被记录的光波称为物光波。要再现光波就必须同时记录下物波的实振幅和相位的信息。然而，照相底片或任何其他的探测器仅仅对光强起反应。而物波光强度是实量，故胶片曝光只可记录下实振幅的分布，但相位分布却丢失了。为解决上述问题，可以用干涉技术将相位分布转换成光的强度图样信息记录在照相底片上。这就是 D. 加博尔在 1948 年发明全息术的基础。即可将相干参考光波叠加到物光波上来形成干涉图样，并记录在底片上。对底片显影并适当照明，则光波经衍射后就好像原物波在底片平面上再现。全息按物光的形成方式可分为投射全息与漫射全息；按所记录的物光波性质可分为菲涅尔全息（或近场全息）、夫琅和费全息（或远场全息）和傅里叶变换全息；按物光与参考光的相互关系有同轴全息与离轴全息。

全息本身是一个干涉技术，若将其再一次与干涉技术结合，便形成全息干涉测量技术。全息干涉一个最显著的特点是从时间上进行振幅分割。普通光学干涉法都是将来自同一光源的光束分成两束相干光束，即对光束进行空间分割，在时间上这两束相干光仍是同时存在的。全息干涉的研究时间上相分离的两束相干光的干涉。该技术采用空间相同的光在不同的时间将物体变化的信息记录在同一张全息干板上，然后让这些物波同时再现，相干形成干涉图。时间分割的优点是相干光束由同一光线系统产生，因而可以消除系统误差，降低光学系统对光学器件的精度要求，并方便系统的安装、调试。全息干涉测量技术按记录方式不同，可分为双曝光全息干涉法、实时全息干涉法、时间平均全息干涉法（连续曝光法）、双波长全息干涉法、多次曝光全息干涉法、波前错位全息干涉法及多通道全息干涉法等。最为常用的是双曝光法和实时法。

（1）双曝光全息干涉法。将来自激光器的光束分成两路光束，分别进行扩束和准直后重新汇聚在全息干板上。其中一束穿过被测物场，为物光束；另一束为参考光束。参考光束与物光束相干，在全息干板上记录下物光全息信息。全息干板经两次曝光，每一次曝光记录一个物光波。第一次曝光时物场是均匀的，即没有待测物场；第二次曝光时物光穿过待测物场。或者两次曝光次序相反。对全息干板处理之后重新用原参考光照射，这时所记录的两束物光同时再现，并相干形成干涉条纹，即全息干涉图。通过对干涉条纹的判读与计数，可以分析出波面的变化情况，从而确定被测物理量的变化。

（2）实时全息干涉法。首先记录一张位相物体未变化时物光波标准波面的全息图。经显影、定影处理后，将该全息图准确复位于光路中的初始位置。之后用位相物体变化后的被测试物光与参考光同时照射全息图，使直接透过全息图的测试物光波与全息图所再现的原始物光波相互干涉，从而获得实时全息干涉图，依据该干涉图上条纹的变化情况确定被测物理量。在这一过程中，仅需一次曝光记录位相物体未变化时的波面，就可以实时地观察位相物体变化时波面的变化情况。实时全息干涉法适用于测量由于密度、温度、湿度或压力变化所引起的流体折射率的缓慢变化。实时法的另一特点是它容许对全息图片进行细微的调节，使全息干涉条纹的显示达到最佳值。这对条纹的定位和定量计算是十分有利的。

当获得清晰的全息干涉条纹后，可利用图像获取设备（普通或数字照相机、摄像机、CCD 等）记录下该干涉条纹图像。透过对干涉条纹图像的判读，可以获得一些确定位置上的测量光线的位相变化。经过计算，即可获取被测场的折射率分布，然后计算得到温度场。

从全息干涉获得的折射率计算温度时，一般必须知道当地所有组分的浓度。当全息干涉用于火焰研究时，由于复杂的化学反应产生各种各样的化学组分，整个场的组分分布是非常复杂的，并且有时会出现上百个甚至几百个组分。要知道他们的浓度是困难的，通常采用对火焰中各测点气体进行采样，然后通过气相色谱分析来获得已知组分的浓度。这种方法繁琐而费时，采样时也会对原场产生扰动，所获得的只是分离的各点的数据。而且对于少数组分和未知组分有时也无法测量。

在火焰研究中，通常假设当地的组分和环境空气的组分完全一样，这种假设对部分预混火焰及预混火焰是合理的，但对非预混火焰会带来巨大误差。研究发现，对甲烷—空气非预混火焰假设当地组分是空气组分时，误差最大可达到 34％。有研究者利用温度计算混合分数，最后计算出组分浓度，以解决这一难题。

计算机　　　　　CCD

激光

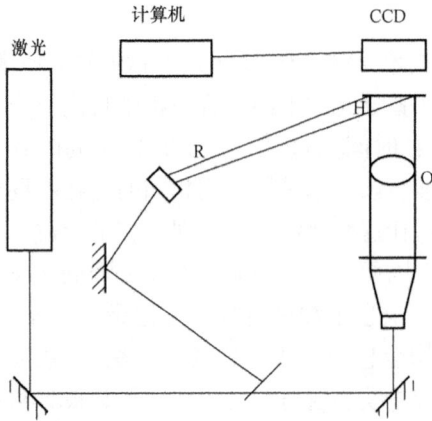

图 12 - 5　全息干涉测温光路

全息干涉测温光路如图 12 - 5 所示。从激光器发出的相干单色光用分光板分为两束。一束光经扩束后用来照明被摄物体，称为物体光（O 光）；另一束光经扩束直接照射到高分辨率的全息底片上，称为参考光（R 光）。当来自物体的散射光即物体光在全息底片上与参考光相遇时就会进行位相比较，其结果是产生干涉条纹。干涉条纹经曝光记录在底片上，这就完整地记录了被摄物体形状和位相，存储了物体景物的三维信息系。通过干涉条纹则可确定温度。

三、红外辐射及颜色定量测量技术

热辐射是物体因本身的温度而以电磁波形式向外发射能量的物理现象。只要物体的温度高于绝对零度，它的表面就会向外界发射出热辐射，而且其辐射能取决于物体的温度，因此可以通过测量物体的辐射量来反推温度，这就是辐射测温技术的基本原理。在实际应用中，通常采用光学系统成像并接收辐射通量，然后用光电探测器将光信号转换为电信号，将该信号传送给处理电路，经计算便可得到物体表面的温度分布情况。

最早的辐射测温计是人的眼睛，人们根据被加热物体颜色或亮度的变化来粗略估计物体的温度。1828 年，M. Sweeny 用凹面镜和水银制成了第一个温度计。19 世纪末、20 世纪初，在开尔文（Kelvin）、基尔霍夫（Kirchhoff）、维恩（Wein）和普朗克（Planck）等人得出正确的热辐射规律的基础上，出现了消隐灯丝光学高温计和在此基础上改进而得到的光电高温计。根据斯蒂芬—玻尔兹曼（Stefan-Boltzman）定律，1931 年，第一批商用全辐射测温仪问世。在 20 世纪 60 年代以后，随着红外探测器件、光学技术、集成电路、微电子计算机等迅速发展，出现了双色测温仪、光纤测温仪、扫描测温仪、成像测温仪等。红外辐射温度计已应用于工农业生产的各个部门。

辐射测温仪按工作原理可分为"亮度测温仪"和"辐射比测温仪"两大类。辐射比测温仪分类如下。

（1）全辐射测温仪。这类测温仪是根据被测目标在全部波长范围的辐射亮度的大小确定其温度，这就要求测温仪的光学系统和红外探测器在所有波长有相同的透过率和影响，这实际上做不到。这类测温仪的电信号与温度的四次方成正比，易受外界干扰，测温范围窄，因此其发展缓慢，现在已经很少采用。

（2）光谱带通辐射测温仪（即单色测温仪）。这类测温仪是根据被测目标在一定波长范围内的（确定的中心波长 λ 和波长间隔 Δλ）黑体辐射亮度的大小确定其温度的，可分为窄带通和宽带通两类。窄带通用于测量高温或某些有选择辐射的目标，宽带通用于测量低温目标。这类测温仪由于带通窄，减少了背景辐射的影响，还可根据应用要求选择波长范围，是目前测温仪应用的主流。

（3）双色测温仪。双色测温仪的工作原理是依据在选定的两个波长和一定的带宽下物体辐射能量之比 R 随温度 T 变化的规律，根据普朗克定律计算出温度。一般而言，双色测温仪可以较好地消除由于确定被测目标发射率时的人为误差，包括被测目标尺度细小、处于运动和振动状态或因测量通道受阻而不能充满现场，以及光路上尘埃颗粒等造成能量衰减等原因引起的测量误差。

工业中应用较广的亮度测温仪是光学高温计，原理如图 12-6 所示。图中物镜将被测物体成像于高温计内参比灯的灯丝所在平面上。灯丝通电后发出一定的亮度，测温者通过目镜和红色滤光片观察灯丝与被测物体的单色辐射亮度，如亮度不同（图 12-6 中 a、c），即调节滑线电阻改变灯丝亮度，使灯丝与背景亮度相等（图 12-6 中 b）。这时的灯丝电流即代表被测温度。光学高温计的测量范围为 700～3200℃，误差为±1%。实验室用的光学高温计误差可达±0.05%。

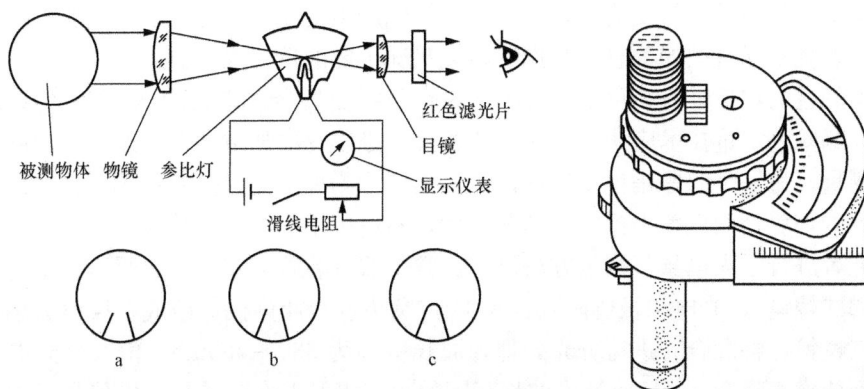

图 12-6 光学高温计原理

隐丝式光学高温计的特点是结构简单，使用方便，量程较宽，有较高的精度。但因靠人眼来进行比较和判断仍容易产生观测误差，而且仪表只有指示功能而不能自动记录。为了克服隐丝式光学高温计的缺点，又在该仪器的基础上发展了光电式高温计。它用光电敏感元件代替人眼判断辐射源和灯丝亮度的变化，并自动平衡亮度，可自动进行连续测量。

火焰辐射频谱分析方法也属于红外辐射测温范围。火焰频谱分析试验装置由光探头、光电转换器、放大滤波电路、A/D 转换和计算机组成，其中光电转换（光电管）和放大滤波电路均安装在光探头内，在滤波电路中滤除了信号的高频噪声。火焰信号频谱估计采用通用的周期图窗函数快速 FFT 法。稳定及非稳定燃烧工况的火焰频谱分析结果如图 12-7 所示。

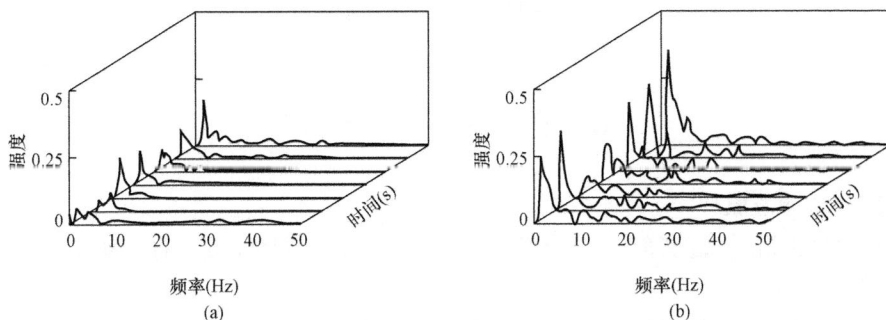

图 12-7 稳定及非稳定工况的火焰频谱分析

（a）稳定工况；（b）非稳定工况

人眼所能看见的光谱，只是太阳辐射波段的一小部分。太阳辐射通过大气层吸收后射到地球表面，大部分都在波长 380～780nm 范围内，人的视觉也是对这一光谱段的辐射最敏感。色度学是研究颜色规律、颜色测量理论与技术的科学。以此为基础，人们可以对颜色作定量的描述和控制。彩色电视、彩色摄影和彩色印刷、交通信号、照明技术等都涉及颜色测量问题。

火焰颜色，由可见光波长段的火焰发光所决定。碳氢化合物火焰的发光光谱，由燃烧中间产物如 CH、C_2 中间基的非连续光谱，CO 分子与 O 原子再结合反应所产生的连续光谱，作为固体的炭黑粒子所发射的连续光谱等组成。其光谱强度随燃料、燃料与氧化剂的混合状态、燃烧反应过程的延迟等变化，并引起火焰颜色产生变化。因此，从火焰所发出的光的颜色，含有与燃烧状况有关的信息，是把握燃烧状况重要的情报来源。

对火焰颜色的定量计量，可采用 CIE（国际照明委员会）定义的 XYZ 表色系统的表色方法。将火焰颜色定量技术应用于工业生产实际，必须解决如下两个问题：一个问题是火焰光谱分布测量；另一个问题是色度坐标计算。因为检测火焰光谱分布的单色仪太昂贵，也不适用于现场的环境；而色度坐标的计算量太大，不适用于实时在线检测。

有研究者进行了火焰颜色测量方法研究。整个监测装置如图 12 - 8 所示，由光纤、光色散装置（如二棱镜）、光电二极管阵列、A/D 转换装置、计算机等组成。煤粉火焰由光纤从炉膛引至三棱镜，将混合光进行分光处理，波长范围为 380～780nm。由 8 个光电管组成的光电管阵列依次每隔 50nm 接收这一波长范围的火焰辐射强度，转化为电信号，形成计算色度坐标所用的参数。计算机根据存于其中的参数来计算色度坐标，再根据色度坐标值与煤粉浓度的关系对燃烧工况进行实时诊断。

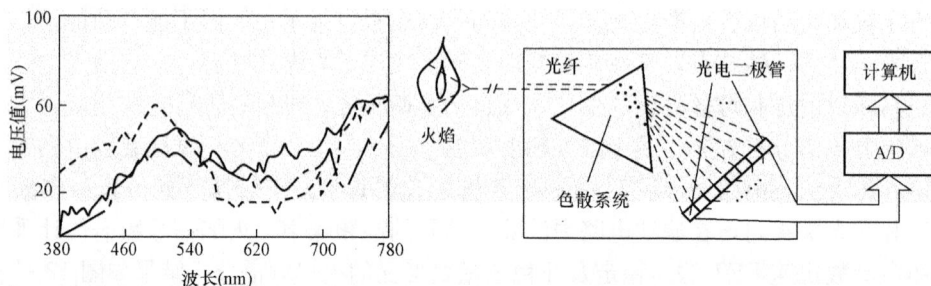

图 12 - 8　火焰颜色测量装置及试验结果

第二节　声　学　方　法

一、声波法测温原理

声波传播时间和传播路径上的气体温度（假设为均匀温度分布）的关系式为

$$\tau = \frac{L}{20.05} \frac{1}{\sqrt{T}} \tag{12 - 3}$$

式中：τ 为声波在气体中的传播时间，s；L 为声波在气体中传播的路径长度，m；T 为气体温度，K。

当气体温度分布不均匀时，可沿声波传播路径分为 n 段，认为每一段气体温度是均匀的，因此有

$$\tau = \sum_{i=1}^{n} \tau_i = \sum_{i=1}^{n} \left(\frac{L_i}{20.05} \frac{1}{\sqrt{T_i}} \right) \tag{12-4}$$

式中：τ_i 为声波在第 i 段气体中的传播时间，s；L_i 为声波在第 i 段气体中传播的路径长度，m；T_i 为第 i 段气体温度，K。

如果气体温度呈二维分布，将 i 方向分为 n 段，将 j 方向分为 m 段，可得以下关系式。

当 $j=1,2,3,\cdots,m$ 时，声波沿 i 方向路径总传播时间 τ_j 为

$$\tau_j = \sum_{i=1}^{n} \tau_{ji} = \sum_{i=1}^{n} \left(\frac{L_{ji}}{20.05} \frac{1}{\sqrt{T_{ji}}} \right) \tag{12-5}$$

式中：τ_{ji} 为声波在第 j 条传播路径穿过第 i 段气体中的传播时间，s；L_{ji} 为声波在第 j 条传播路径穿过第 i 段气体中传播的路径长度，m（如果第 j 条传播路径不穿过第 i 段气体，则 $L_{ji}=0$）；T_{ji} 为第 j 条传播路径上第 i 段气体温度，K。

同样，当 $i=1,2,3,\cdots,n$ 时，声波沿 j 方向路径总传播时间 τ_i 为

$$\tau_i = \sum_{j=1}^{m} \tau_{ij} = \sum_{j=1}^{m} \left(\frac{L_{ij}}{20.05} \frac{1}{\sqrt{T_{ij}}} \right) \tag{12-6}$$

在实际测量中测得 $j=1,2,3,\cdots,m$ 时的不同 τ_j 数据，同时测得 $i=1,2,3,\cdots,n$ 时的不同 τ_i 数据，代入式（12-5）和式（12-6）后可联立求解代数方程，得到各个单元的温度值。

在燃用液化石油气（简称 LPG）和重油的试验中，证实了上述声波传播时间与温度的关系。试验装置为一卧式炉，直径 2.5m，长 10m，燃用 LPG 和重油。试验采用的声波频率范围为 5～40kHz。10kHz 条件下试验结果如图 12-9 所示。

在煤粉火焰中含有大量的 CO_2 和水蒸气，对声波在烟气中传播的衰减影响很大。有研究者进行了声波衰减特性模拟试验。在模拟试验装置中，将一定数量的 CO_2 和水蒸气掺入空气中，在不同的温度和频率下测量声波的衰减，试验装置如图 12-10 所示。

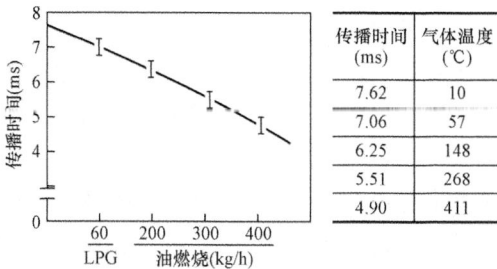

传播时间 (ms)	气体温度 (℃)
7.62	10
7.06	57
6.25	148
5.51	268
4.90	411

图 12-9 传播时间与温度的关系

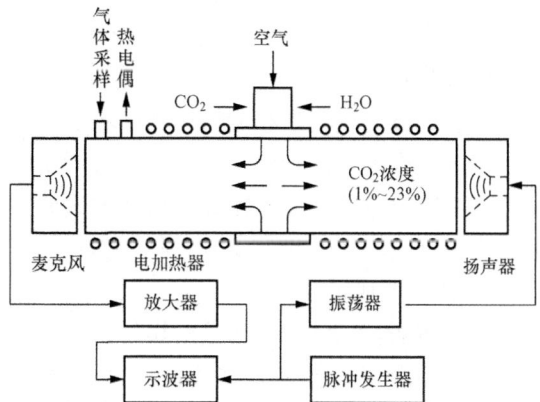

图 12-10 声波衰减特性试验装置

通过脉冲发生器和振荡器将激励信号送到扬声器，麦克风接收的信号经过放大后送入示波器，在示波器中同时显示脉冲发生器的信号，且进行对比，在保持扬声器激励信号幅值不变时测试不同频率的激励信号下声波接收信号的幅值（声压，表现为电压 V）。

通过式（12-7）计算声波的衰减率为

$$\varphi = 10\lg \frac{V_h}{V_q} \tag{12-7}$$

式中：φ 为声波的衰减率，dB；V_h 为 CO_2 和水蒸气注入后接收的声压值，V；V_q 为 CO_2 和水蒸气注入前接收的声压值，V。

试验结果如图 12-11 和图 12-12 所示。

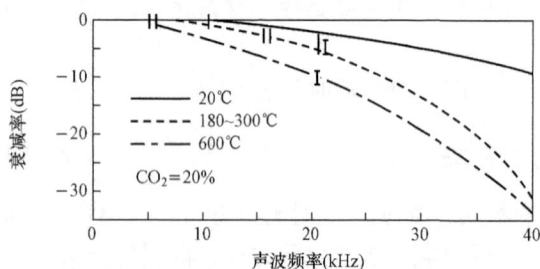

图 12-11 声波衰减率与声波频率之间的关系

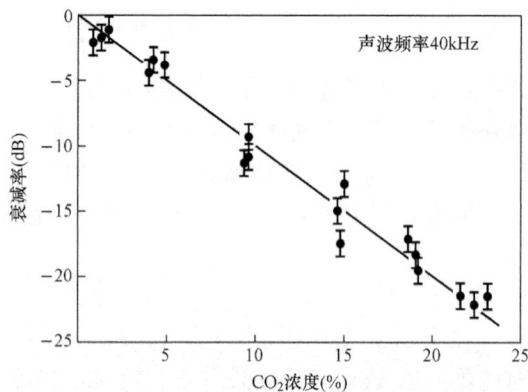

图 12-12 声波衰减率与 CO_2 浓度的关系

图 12-11 是在 CO_2 浓度为 20％时的实验结果。由图可知，随着声波频率的增加，声波衰减越激烈；气体温度越高，声波衰减越激烈。

图 12-12 是在常温 293K，声波频率为 40kHz 条件下的实验结果。由图可知，随着 CO_2 浓度增加，声波衰减越激烈。

对于现代大型锅炉，炉内温度很高，CO_2 浓度也比较高，声波衰减较快。为了保证能接收到足够强的声波信号，必须选择较低声波频率。声波频率一般的推荐值为 12kHz。在以上的实验中，当声波频率超过 40kHz 时，麦克风根本接收不到信号；当声波频率为 10kHz 时，所接收到的信号比较稳定。

二、声波温度测量在燃烧诊断中的应用

声波温度测量已开始在炉膛燃烧诊断中获得应用，可进一步判断燃烧稳定性或监测燃烧状况。二维声波温度监测在燃烧重油的试验炉上进行应用，检测信号经过 CT 重建，得到的温度测量结果与抽气热电偶测量结果进行对比，误差在 10％以内。声波传播路径及试验结果如图 12-13 所示。

试验表明，二维声波测量对煤粉炉内结渣监视也是有效的。试验在一台 400MW 锅炉上进行，该炉燃用具有轻微结渣倾向的低硫烟煤。声波高温传感器布置及声波传播路径如图 12-14 所示。每个孔仅能布置一个传感器，或者是扬声器，或者是麦克风。

不同负荷下的试验结果与抽气热电偶测量结果对比如图 12-15 所示。由此看出，声波测量结果与抽气热电偶的测量结果是相近的。

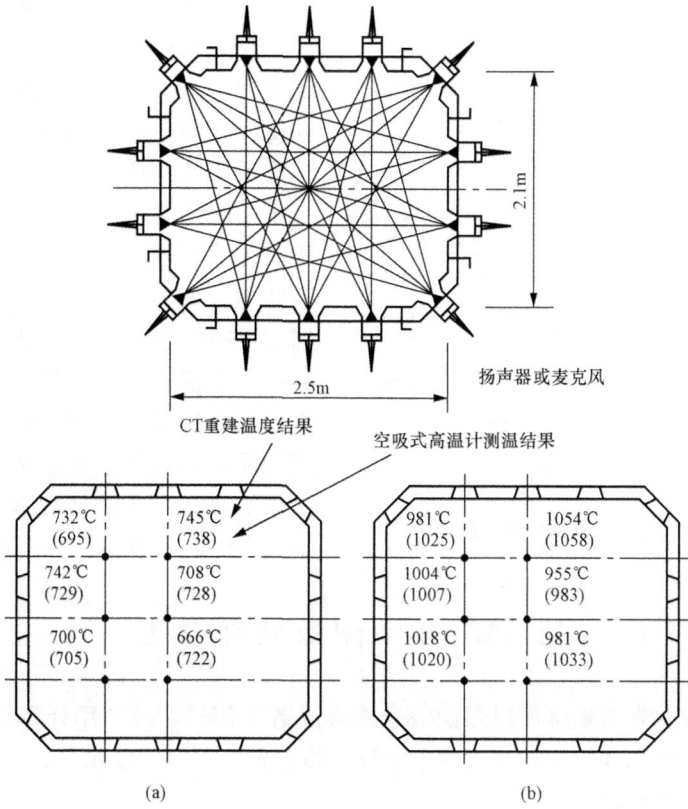

扬声器或麦克风

CT重建温度结果   空吸式高温计测温结果

732℃ (695)	745℃ (738)
742℃ (729)	708℃ (728)
700℃ (705)	666℃ (722)

981℃ (1025)	1054℃ (1058)
1004℃ (1007)	955℃ (983)
1018℃ (1020)	981℃ (1033)

(a)   (b)

图 12-13   二维声波温度测量在重油锅炉上的试验结果
(a) 低负荷；(b) 高负荷

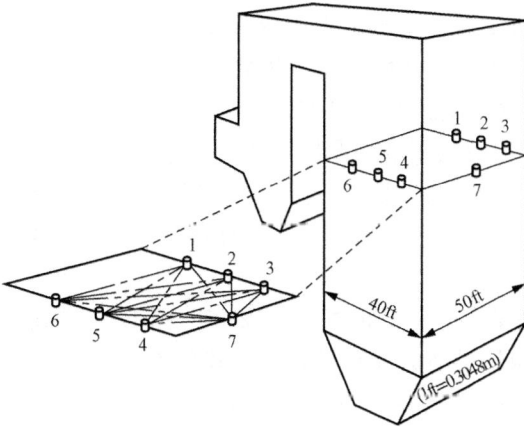

图 12-14   传感器位置及声波传播路径

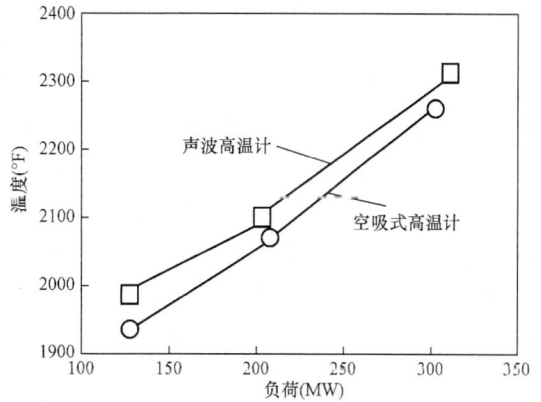

图 12-15   不同负荷试验结果

不同时间、不同声波传播路径的试验结果如图 12-16 所示。

由于该炉前墙的结渣已经塌落，所以路径 3-4 温度最低；后墙仍有结渣，路径 1-6 温度最高。因此由温度测量结果可以判别炉内的结渣状态，同时还可以观察吹灰效果。在 1h 前，由于短时间吹灰，温度有所下降；在 9h 之后，由于较长时间吹灰，温度有明显下降。

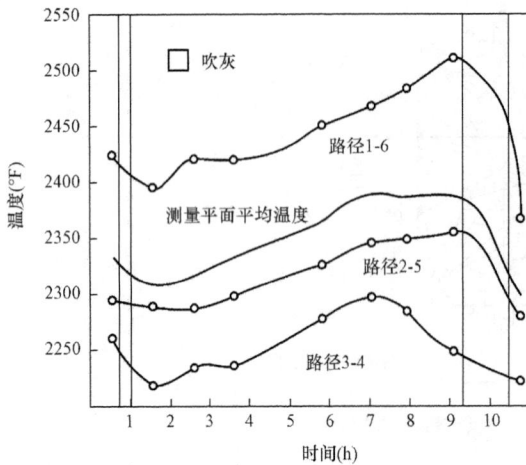

图 12 - 16　不同时间和路径的试验结果

声波法作为一种非接触式高温测量方法，在煤粉炉燃烧诊断中已受到越来越大的重视。但由于每个传播路径上的传播时间受声波传播速度的限制，断面平均温度的测量要受到燃烧脉动的强烈影响。对于二维温度重建，当所需空间分辨率越高时，所需传感器越多，采集全部测量数据所花时间越长，燃烧脉动影响越大。由于三维温度分布信息的重建需要更多数量的测量数据，对于剧烈脉动的燃烧过程几乎不可能实现。从根本上讲，声波高温燃烧温度测量受到声波传播速度和一条测量路径一次只能获得一个测量数据的限制，在提高空间和时间分辨率两方面存在严重障碍。

第三节　数字图像处理方法

数字图像处理首先实现将模拟图像信号转换成数字信号，并利用计算机对其进行处理。它最早出现于 20 世纪 50 年代，当时的电子计算机已经发展到一定水平，人们开始利用计算机来处理图形和图像信息。

数字图像处理作为一门学科大约形成于 20 世纪 60 年代初期。早期的图像处理的目的是改善图像的质量，它以人为对象，以改善人的视觉效果为目的。图像处理中，输入的是质量低的图像，输出的是改善质量后的图像，常用的图像处理方法有图像增强、复原、编码、压缩等。首次获得实际成功应用的是美国喷气推进实验室。他们对航天探测器徘徊者 7 号在 1964 年发回的几千张月球照片使用了图像处理技术，如几何校正、灰度变换、去除噪声等，并考虑了太阳位置和月球环境的影响，由计算机成功地绘制出月球表面地图，获得了巨大的成功。随后又对探测飞船发回的近十万张照片进行更为复杂的图像处理，获得了月球的地形图、彩色图及全景镶嵌图，为人类登月创举奠定了坚实的基础，也推动了数字图像处理这门学科的诞生。在以后的宇航空间技术中，如对火星、土星等星球的探测研究中，数字图像处理技术都发挥了巨大的作用。

数字图像处理取得的另一个巨大成就是在医学上获得的成果。1972 年英国 EMI 公司工程师发明了用于头颅诊断的 X 射线计算机断层摄影装置，也就是通常所说的 CT。CT 的基本方法是根据人的头部截面的投影，经计算机处理来重建截面图像，称为图像重建。这个时期，数字图像处理技术已经发展成为一门独立、成熟的学科。

与此同时，数字图像处理技术在许多应用领域受到广泛重视并取得了重大的开拓性成就，属于这些领域的有航空航天、生物医学工程、工业检测、机器人视觉、公安司法、军事制导、文化艺术等，使图像处理成为一门引人瞩目、前景远大的新兴学科。目前已发展至第三代多种功能集成化的多媒体系统，主要研究图像变换、图像编码压缩、图像增强和复原、图像分割、图像描述、图像识别等。

数字图像测量火焰温度主要的依据是热辐射理论和三色法测量温度理论，包括普朗克黑体辐射定律、维恩公式、斯蒂芬—波尔兹曼定律和三色法测温公式等，利用 BP 神经网络算法、最小二乘法和改进输入的神经网络算法进行运算。该技术属于光学测温技术范畴。

基于数字图像处理技术的温度测量系统主要有火焰图像获取系统和图像采集处理系统两部分组成。其中图像获取系统包括彩色 CCD 摄像机；图像采集处理系统主要是由一台包括图像采集卡和专用图像测温软件的多媒体计算机构成。系统硬件由彩色摄像机、图像采集卡、多媒体计算机、显示器、图像输出设备等组成，这些硬件设备在配置了编制的温度测量软件后就能正常工作。图 12-17 所示为基于数字图像处理的火焰温度测量系统构成。

电耦合器件 CCD（Charge Coupled Devices）属于一种集成电路，它具有多种独特的功能。通过 CCD 可以实现光电转换、信号存储、转移传输、输出、处理，以及电子快门等一系列功能。基于它的这些功能，CCD 器件在许多方面都得到了广泛的应用，尤其是在图像传感和非接触测量领域中的应用。

彩色 CCD 摄像机是可见光 CCD（包括黑白和彩色）中的一种，它的光谱响应与人的视觉的光谱响应一致，彩色 CCD 的任务就是把来自景物的入射光分解为不同比例的 R、G、B 三基色图案，以形成人眼所能感受到的彩色视觉效果。

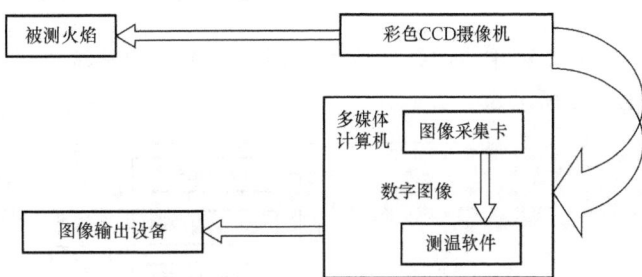

图 12-17　数字图像处理测温系统

彩色 CCD 获取的信息中包含了三个颜色的色度信息，通过图像卡采集和计算机处理，可将 R、G、B 信号分离出来，为探索利用不同波长的光信号测量温度场提供了可能。彩色 CCD 摄像机如图 12-18 所示。

很多研究者进行了基于图像处理技术的煤粉燃烧诊断试验。某试验装置如图 12-19 所示。

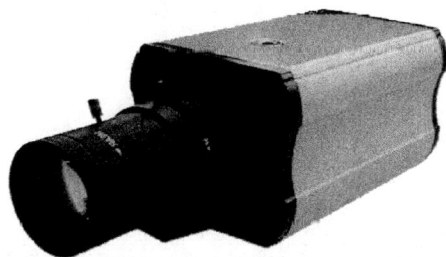

图 12-18　彩色 CCD 摄像机

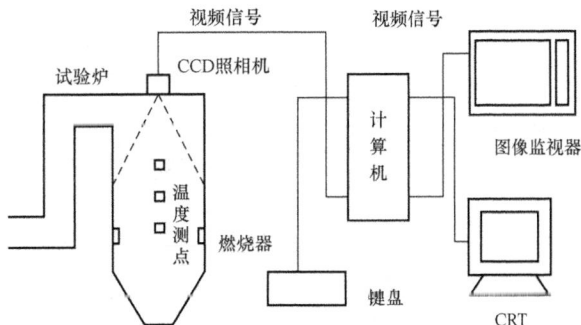

图 12-19　煤粉炉图像处理装置

试验炉炉膛截面尺寸为 800mm×800mm，高 4m，沿炉墙高度方向布置了 3 个热电偶测点。炉顶中心位置有观察孔，CCD 摄像机从此处摄取全炉膛火焰，视频信号进入计算机的图像采集卡，经计算机处理后，输出至显示器显示，同时记录炉内燃烧温度的热电偶测量值。经过计算软件，将图像信号转变为温度值，结果如图 12-20 所示。

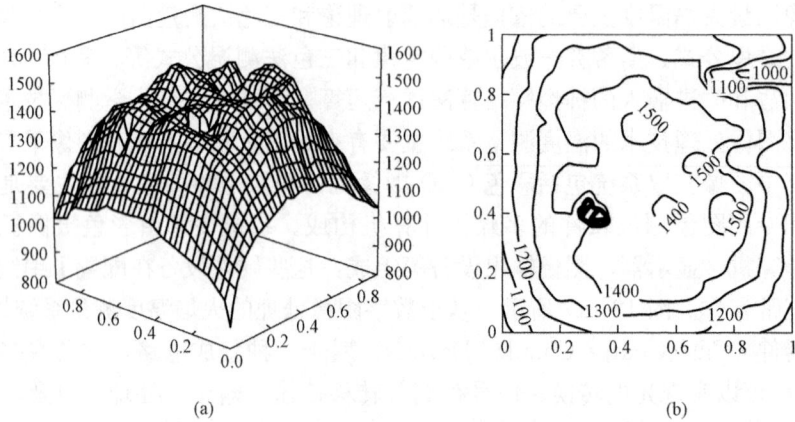

图 12-20 煤粉火焰温度分布

(a) 立体图；(b) 等值线图

此外，利用图像处理技术，还可以进行组分浓度的测量，进行燃烧诊断。系统结构如图 12-21 所示。

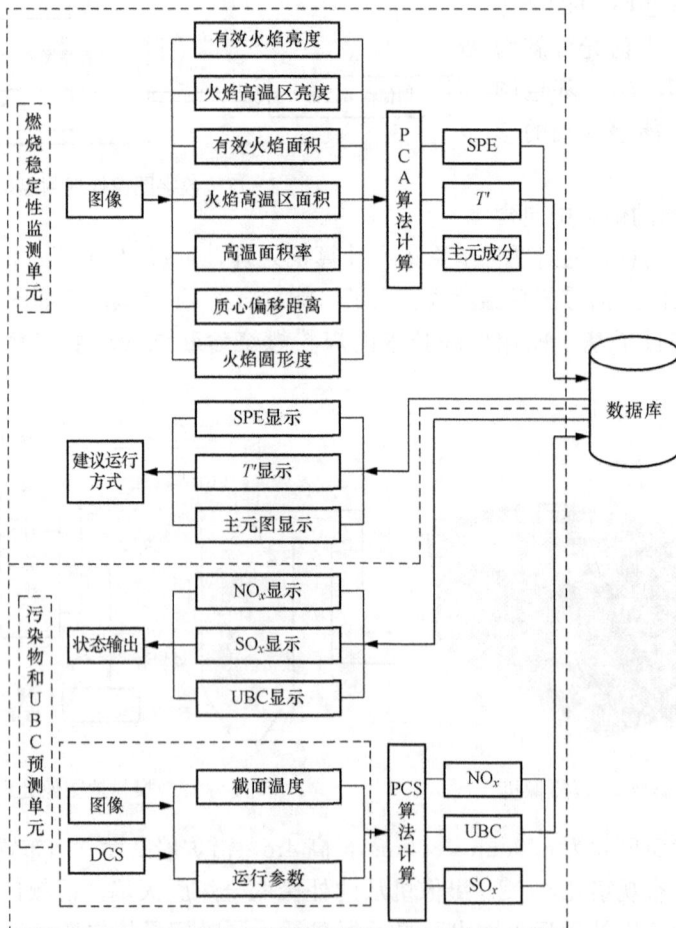

图 12-21 燃烧诊断系统功能结构

第十三章　电站锅炉燃烧优化研究

随着社会的发展，能源问题日益突出。提高火电机组的运行效率，实现节能减排的目标，越来越受到各国的重视。电站优化运行的目的，就是以现有设备为基础，采用现代化的信息技术手段，尽可能提高机组效率，节能降耗。燃烧优化是锅炉运行优化的主要内容。

锅炉燃烧优化是通过对锅炉燃料供给和配风参数的调整，以及对其控制方式的改变等，保证送入锅炉炉膛内的燃料及时、完全、稳定和连续地燃烧，并在满足机组负荷变动需要的前提下，获得最佳燃烧工况的工作。

进行燃烧优化调节的目的是在满足外界电负荷需要的蒸汽数量和合格的蒸汽品质的基础上，保证锅炉的安全性和经济性。具体可归纳为：①保证正常稳定的汽压、汽温和蒸发量；②着火稳定、燃烧安全，火焰均匀充满炉膛，不结渣，不烧损燃烧器和水冷壁，过热器不超温；③使机组运行保持最高的经济性；④减少燃烧污染物排放。

第一节　燃烧优化的发展过程

自 20 世纪 70 年代石油危机之后，燃煤机组得以迅速发展，但锅炉运行的自动化水平还比较低，燃烧的优化仍然是以传统的锅炉燃烧调整试验为主要途径。这一时期测量技术的改进有助于优化组织燃烧。例如，我国开发的氧化锆氧量计提高了烟气含氧量检测的准确性和速度，具有重要的应用价值，已普遍用于各电站。还有一次风速监测系统等也是早期的燃烧优化技术产品。

20 世纪 80 年代初，我国火力发电企业机组煤耗高。锅炉燃烧方面的原因，主要是我国的煤质普遍较差，辅机、附件、仪器仪表等的质量差，燃烧设备、生产管理落后等。80 年代上半期，火力发电全国平均煤耗由 1980 年的 448g/kW·h 降到 1985 年的 431g/kW·h，燃烧优化技术研究的开展是原因之一。这一时期燃烧优化技术的发展主要体现在炉膛和燃烧器的设计改造上。研究人员还对燃烧器的运行如摆动式直流燃烧器的运行、燃烧器射流的偏转问题、煤粉炉燃尽区速度场分布等炉内工况作了一定的试验分析，有助于优化燃烧组织。

从 1981 年开始，随着引进技术消化吸收的逐步深入，我国电站锅炉的设计、应用水平得到了迅速的提高。同时，在低污染燃烧方面，我国电力单位开展了有关控制 NO_x 和 SO_x 排放的研究工作，并积极研发循环流化床燃烧技术。对于低 NO_x 排放燃烧技术的研究，采用分级燃烧技术和低 NO_x 燃烧优化的调整方法等初步实现了降低污染、减轻结渣等功效。

20 世纪 90 年代，由各类浓淡燃烧器引发了各式煤粉浓淡分离型稳燃燃烧器，实现了高效低污染燃烧。这一时期投运的大机组绝大部分都采用了低 NO_x 燃烧器，如带顶部燃尽风（OFA）或偏转二次风的直流燃烧器、双调风旋流燃烧器、PM 型燃烧器等。同时在煤燃烧特性的试验研究方法、测试技术与装备，以及评判指标应用等方面也都取得了长足的进展。

20 世纪 90 年代中期和末期，随着检测技术、电子信息技术和人工智能技术的发展，锅炉燃烧优化技术进入了新的快速发展时期。主要表现在烟气在线检测装置、煤粉浓度细度在线检测装置、煤质成分在线检测装置、炉膛火焰监测系统等的出现，以及相关控制逻辑的优化上。

当前，随着社会对环境的越加关注，电站锅炉燃烧优化已由最初的以安全性、经济性为目标发展到经济、安全、环保三者并举的时期。

国外对燃烧优化研究较早，目前的燃烧优化技术与先进的自动控制系统结合，实现了电站锅炉优化系统的闭环控制。如美国 Ultramax 公司的 Ultramax 燃烧优化技术，Pegasus 公司的 Power Pefecter 燃烧优化技术、NeuSIGHT 燃烧优化技术，艾默生公司的 Smart Process 燃烧优化技术，Neuco 公司的 Combustionopt 燃烧优化技术，以及英国 Powergen 公司的 GNOCIS PLUS（Generic Neural Optimization Control Intelligent System）燃烧优化技术术都已经比较成熟。

目前，国内西安热工研究院研究出了锅炉燃烧优化指导系统，清华大学开发了 OCP3 系统，东南大学开发了 BCOS-2000/2.0 系统，浙江大学开发了基于 Internet/Intranet 的燃烧优化指导系统等。

清华大学 OCP3 系统采用神经网络模型和非线性寻优技术，指导锅炉燃烧调整，并且采用了模型自修正技术，以实现锅炉燃烧优化的闭环控制。采用系统后可以提高锅炉燃烧效率 $0.5\% \sim 1.0\%$，减少 NO_x 排放 $10\% \sim 20\%$。

燃烧优化研究包括以下五个方面的内容：

（1）基于燃烧优化调整试验的研究。

（2）基于控制技术和人工智能技术发展的锅炉燃烧优化技术。

（3）基于检测技术的燃烧优化研究。

（4）基于燃烧设备层面的设计与改造研究。

（5）基于燃烧理论建模技术的研究—数值模拟。

第二节　燃烧优化调整试验研究

燃烧优化调整试验指新机组投产或大修后的锅炉，以及燃料、燃烧设备、炉膛结构等有较大变动时，为了解和掌握设备性能，确定最经济、最合理的运行方式和参数而进行的一系列测量、试验、计算和分析工作。试验基本内容包括锅炉负荷特性试验、一次风粉均匀性调整、最佳过量空气系数调整、配风方式调整、煤粉经济细度调整、燃烧器运行方式试验以及混配煤试验等。

一、燃烧优化调整试验内容

1. 锅炉负荷特性试验

（1）锅炉最大负荷试验。最大负荷（BMCR）试验是为了检验机组可能达到的最大负荷，并预计在事故情况下锅炉的适应能力。

以不大于规定的加负荷速率逐渐升负荷至所需要的最高值，稳定运行 2h，记录各参数及性能数据；注意辅机、热力系统及调节装置的适应能力；注意汽水系统安全性、温度等各参数是否越限。

（2）锅炉最低不投油稳燃负荷试验。先进行燃烧调整和制粉系统调整，保持最佳工况。按 5%～10% 的负荷段逐级降负荷，每级保持 15～30min，直至最低限，并保持 2h 以上。密切监视炉内着火、负压及氧量变化情况，记录数据。不投油最低稳燃负荷应按燃烧器不同投入方式进行，每种组合方式持续时间大于 2h。

（3）锅炉经济负荷试验。通常结合以上两种试验进行。通过对各级负荷下参数的测量、记录和计算，得到锅炉效率最高时的负荷范围，即为该炉的经济负荷。

2. 一次风粉均匀性调整

各一次风管由于长度、弯头数目、上升高度等的不同造成阻力差异。在相同压差下工作时会造成各一次风管的风粉分配不均匀，给锅炉造成危害

先进行冷态调整。利用阻力平衡元件（缩孔或小风门）补足阻力的差异，使各管压差相等。对直吹式系统，由于煤粉在离开分离器后无调节手段，热态时也只能达到风量平衡。煤粉的均匀，需要由性能良好的分配器来决定。各燃烧器间风量均匀性较好，但煤粉量偏差较大，一般为 5%～10%。

3. 最佳过量空气系数调整

在选定负荷范围和稳定运行煤种下进行，并确保漏风系数在允许的范围。在设计值附近，或在 1.1～1.3 之间选取 4～5 个值，试验时保持一次风量不变，只改变二次风量调节过量空气系数。每个值记录相关数据，确定最佳值。同时注意燃烧稳定性、汽温等参数的变化。

如煤种改变，应重复以上试验；负荷变化大，也应按几个负荷段进行试验。

一般情况，最佳过量空气系数随煤质下降而增大，随锅炉负荷降低而增大。过量空气系数在最佳值附近变化不大时，对效率影响不显著。因此运行时可控制氧量在一个最佳范围即可。

4. 配风方式调整

配风方式对燃烧的影响很大。在选定负荷范围和稳定运行煤种下进行，试验时保持总风量和二次风量不变，只改变二次风的配风方式。记录相关数据，确定最佳的配风方式。

如果煤种改变，也要重复以上试验。

5. 煤粉经济细度调整

一般在额定负荷 80%～100% 下进行，每一工况测量相应数据。由于考虑制粉电耗较复杂，一般只测量飞灰含碳与细度的关系，将曲线的转折点作为经济细度。因煤粉很细时，飞灰可燃物含量变化缓慢，但制粉消耗却增加很多。将损失迅速增大时的参数定为经济点。对于燃用高挥发分煤的大型锅炉，可在适当范围内取适当高的 R_{90} 以降低制粉电耗。

经济细度与煤质、可磨性系数、均匀性指数、燃烧性能、锅炉负荷等有关。挥发分高的煤，经济细度可粗些；可磨性系数低的煤，经济细度可粗些；均匀性好的制粉系统，经济细度可粗些；低负荷时经济细度应细些。试验后应给出细度与分离器挡板开度的关系，即分离器挡板特性，以便运行时控制。

6. 燃烧器运行方式调整

目的是找出不同负荷下燃烧器的运行方式。分负荷段对预定的各种方式进行试验，验证

对锅炉安全及经济性的影响。判断措施是否合理的依据是锅炉燃烧的稳定性、炉膛出口烟温、炉内温度分布、汽温特性、水动力稳定性等。

7. 混配煤试验

目前我国电站的实际情况是燃用多种煤种，需要进行多煤种混烧。混煤是非线性特性，其燃烧特性和混配方式关系很大，混煤方式要进行专门的研究，确定合适的掺混方案，以保证锅炉的安全经济运行。

通过以上主要的优化试验，再辅助以制粉系统优化试验，可以确定锅炉的经济运行方式，为不同工况下锅炉的安全经济运行提供最佳运行模式，作为运行人员调节的依据。

二、锅炉燃烧优化调整试验研究

作者等人针对某 300MW 锅炉进行了燃烧优化调整试验研究。设备为 HG1025/18.2-PM2 型亚临界自然循环锅炉，四角切圆燃烧，中储式热风送粉制粉系统。设计煤种为晋中贫煤。优化燃烧调整试验及性能考核试验均根据《电站锅炉性能试验规程》按反平衡计算锅炉热效率。

（一）测试方法

（1）温度测量。空气预热器出口烟道烟温按代表点法用特制的 K 型热电偶测量，10～15min 测一次，其代表点根据辅助试验测量面的温度场确定，每一代表点孔上纵深方向按网格法装有 4 个铠装热电偶，以提高测量精度。送风温度用玻璃管温度计测量。

（2）烟气成分测量。空气预热器进出口烟气中氧量采用南京分析仪器厂生产的热效率仪测量，出口截面直接用网格法测量，入口截面用代表点法测量，每 10～15min 测量一次。入口截面的代表点根据辅助试验中该截面氧量分布结果确定。

（3）原煤取样。根据负荷及粉仓情况，于试验开始前在给煤机处取样，装入磨口瓶内密封，每一试验工况取样两次，混合后进行分析。

（4）煤粉取样。煤粉取样在给粉机下粉管上采取，装入塑料袋内，进行工业分析。

（5）飞灰取样。性能考核的热效率测定项目采用等速取样法采集飞灰，其他项目取样均采用撞击式取样器采集，并用等速取样进行标定。甲、乙两侧烟道的标定系数分别为 0.75 和 0.79。

（6）大渣取样。大渣取样在炉底排渣口采取。由于 1 号炉是定期排渣，渣样采集根据试验情况及排渣情况具体安排。

（7）炉膛出口烟气温度测量。用特设的装在炉膛出口水平烟道末级再热器后烟道截面上的 16 根铠装热电偶测量该烟道截面两个标高（51.9 和 55.55m）烟道宽度方向的烟气温度分布。每一试验工况测量 2 次。

（8）水冷壁近壁气氛测量。用特设的测点及德国 PMA10 型氧量仪及 CO 测定仪测量水冷壁近壁气氛中的 O_2 和 CO。每一试验工况测定一次。

（9）运行参数记录。采用 1 号机组配套的数据采集系统打印与试验有关的运行参数，每 15min 打印一次。

（二）试验结果分析

1. 过量空气系数的影响

在维持其他运行参数不变的条件下，以省煤器出口氧量为变化参数，通过改变送风机入口门来控制该参数。试验结果如表 13-1 所示。

表 13 - 1　　　　　　　　　　　　氧量对锅炉热效率的影响

负荷	210MW				260MW				300MW			
工况	2	4	1	3	10	9	12	11	16	14	13	15
O_2（%）	3.3	4.6	5.3	7.8	3.7	5.3	6.2	6.9	3.6	4.8	5.3	6.1
q_2（%）	5.83	6.39	6.77	7.65	6.40	7.31	7.91	8.15	6.41	7.11	7.60	7.91
q_4（%）	5.73	4.93	3.92	3.59	7.76	4.13	3.97	3.44	7.51	4.86	4.48	4.77
η（%）	87.62	87.87	88.51	87.79	85.13	87.85	87.43	87.70	85.43	87.45	87.33	86.72

从表中可以看出，在各种试验负荷下，随着氧量的增加，固体不完全燃烧热损失 q_4 下降，但排烟热损失 q_2 却随之增加。在氧量小于 5.3% 时，q_4 的下降值大于 q_2 的增加值，锅炉热效率随着氧量的增加而升高；当氧量大于 5.3% 时，q_4 的下降值小于 q_2 的增加值，锅炉热效率随着氧量的增加而下降；在氧量为 5.3% 时，三种负荷的效率都达到最高值。因此，针对该炉的情况，省煤器后氧量控制在 5.3% 时为最佳。其对应的过量空气系数为 1.338。

2. 负荷对热效率的影响

从表 13 - 1 中还可以看出，在相同的运行参数下，在省煤器出口氧量都为 5.3% 时，不同负荷下锅炉效率不同。随着负荷的升高，效率下降。额定负荷的效率比低负荷时低。

造成该炉低负荷效率高的原因之一是随着负荷的降低，虽然此时炉温降低，但煤粉气流在炉内的停留时间增加；其二是该炉采用滑压运行方式，随着负荷的降低，在相同运行氧量下，仍可保证汽温参数，因而使排烟损失下降；其三，该炉燃烧器改造后，低负荷稳燃性能好，炉内温度水平变化不大。

高负荷时热效率低，说明炉膛高度与燃用煤种的燃尽特性不匹配，使固体不完全燃烧热损失 q_4 难以达到设计值 1.5%。试验时 q_4 最小为 3.44%，正常运行时 q_4 一般为 4%～6%。这是造成高负荷低效率的主要原因。

3. 煤粉细度的影响

在维持其他运行参数不变的情况下，不同煤粉细度对锅炉效率的影响如表 13 - 2 所示。

表 13 - 2　　　　　　　　　　　　煤粉细度对效率的影响

负荷（MW）	R_{90}（%）	O_2（%）	q_2（%）	q_4（%）	η（%）
298.8	12.5	4.3	6.73	5.32	87.23
299.9	8.6	4.4	6.64	5.02	87.62

从表中看出，一方面当煤粉细度 R_{90} 由 12.5% 下降到 8.6% 时，固体不完全燃烧热损失 q_4 下降了 0.3%，锅炉热效率提高了 0.39%。另一方面，煤粉细度降低，会使制粉系统的电耗升高。对于具体情况，存在一个经济煤粉细度。对该炉及燃用煤种，其经济细度 R_{90} 为 8%～10%。

4. 三次风对锅炉热效率的影响

在其他运行参数不变的情况下，磨煤机的投运方式和再循环风门的开度对锅炉效率的影响如表 13 - 3 所示。

从表中可以看出，4 台磨全停时，即没有三次风的效率比有三次风时高 1.19%；在循环风对比试验中，再循环风量大，即三次风量小，效率要高于三次风量大的工况。由此可见，三次风会降低锅炉效率。原因是三次风温度低，含有较多水分，进入炉膛后会影响燃烧。因此，在制粉系统允许的前提下，为提高锅炉效率，应减小三次风量。

表 13-3　　　　　　　　　　　　磨煤机投运方式及循环风变化试验结果

项　　目	磨煤机投运方式		再循环风门开度	
	4 台磨煤机运行	磨煤机全停	40%	15%
负荷（MW）	298.8	299.3	301.5	302.1
O_2（%）	4.1	3.9	4.1	4.2
q_2（%）	6.73	5.87	6.64	6.60
q_4（%）	5.32	4.99	5.62	5.67
η（%）	87.23	88.42	87.38	87.01

5. 一次风压对锅炉热效率的影响

在控制省煤器出口氧量及其他运行参数不变的条件下，通过调节一次风机挡板开度，调节一次风总风压，从而改变一次风的份额及一次风出口速度。结果如表 13-4 所示。

表 13-4　　　　　　　　　　　　一次风压对锅炉热效率的影响

负荷（MW）	210		260			300		
工况	1	2	3	4	5	6	7	8
O_2（%）	4.7	4.6	4.1	4.3	4.2	4.4	4.2	4.2
一次风压（Pa）	2800	3100	2800	3000	3300	2800	3000	3300
q_4（%）	4.67	4.93	5.74	5.71	5.91	4.19	4.21	4.27
q_2（%）	6.37	6.39	6.02	5.99	6.03	6.41	6.34	6.41
η（%）	88.15	87.87	87.53	87.59	87.35	88.76	88.82	88.68

从表中看出，一次风压在 2800～3300Pa 时，三种负荷下锅炉热效率均随着一次风压的降低略有增加，但增加幅度很小，最大仅为 0.25%。原因是运行中的一次风压变化较小，对各风管的风速影响不大，因而对燃烧工况影响较小。

6. 配风方式的影响

在维持其他运行参数不变的条件下，改变二次风的配风方式，在三种负荷、四种配风方式下，测量其对效率的影响。结果如表 13-5 所示。

表 13-5　　　　　　　　　　　　配风方式对效率的影响

配风方式	×	▽	△	□	×	▽	△	□	×	▽	△	□
负荷（MW）	209.8	210.3	209.4	210.6	259.6	261.0	258.9	259.4	300.8	301.8	301.4	302.1
O_2（%）	4.2	4.1	4.2	4.3	5.4	5.5	4.9	5.5	4.1	4.0	3.8	4.2
q_2（%）	6.41	6.32	6.51	6.39	6.73	7.12	7.00	6.95	6.67	6.44	6.05	6.40
q_4（%）	4.12	4.24	4.22	4.21	4.81	4.29	6.16	4.42	5.57	5.24	6.09	5.50
η（%）	88.62	88.59	88.42	88.55	87.68	87.81	86.08	87.85	87.10	87.66	87.23	87.44

注　×表示缩腰型配风；▽表示倒宝塔型配风；△表示宝塔型配风；□表示均等配风。

从表中看出，在 210MW 负荷下，配风方式对锅炉效率影响很小，锅炉热效率相差最大为 0.2%。这可能与 210MW 负荷下煤粉气流在炉内的停留时间相对较长的因素有关。在 260MW 负荷下，在四种配风方式中，"△"型配风方式效果最差，比其他方式的效率低 1.6% 以上，显然不宜采用。其他三种方式差别不大。在 300MW 负荷下，结果与 260MW 类似，其中"▽"方式效率最高。因此，在该炉的运行中，宜采用"▽"和"□"两种配风方式，以增强燃烧后期混合，达到较高效率的目的。

7. 水冷壁近壁面气氛测量

壁面气氛测量共布置 24 个测点，分三层布置在水冷壁面上。由于 A、B 两侧受大风箱的限制，12 个测点分别布置在燃烧器区第一层和第二层的前后墙上，另 12 个测点布置在燃烧器上方大约 1.5m 处第三层的四面墙上。第一、二、三层测点标高分别为 20.85、23.659 和 28m。每层测点布置及编号如图 13-1 所示。

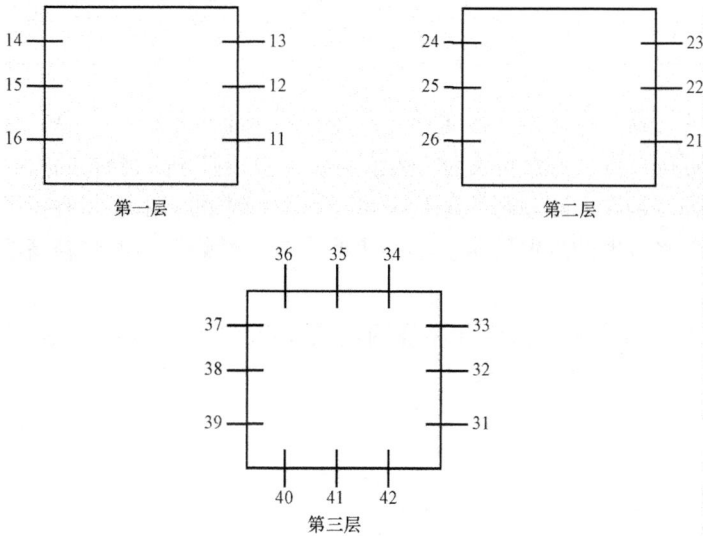

图 13-1 气氛测点示意图

三种负荷下气氛测量结果如表 13-6 所示。从表中看出，第一、二层测点处，近壁气氛中 CO 含量明显高于第三层，而 O_2 却明显低于第三层，第三层测量处近壁区域 O_2 含量均大于 4%。这说明燃烧器区域的还原性气氛明显高于燃烧器上方，1 号炉的高温腐蚀主要发生在燃烧器区域。

在燃烧器区域，除编号 13 的测孔不能用外，编号 16、23 和 26 测点处的 CO 含量均大于 6%，O_2 含量大都小于 1%，编号 11、14、21 和 24 测点处的 CO 含量大部分小于 1%，O_2 含量都大于 4%。而编号 12、15、22 和 25 测点处的 CO、O_2 含量波动较大，这说明该测点区域处于高温腐蚀边缘。结合测点图和一次风粉气流流向可知，燃烧器区域高温腐蚀主要发生在一次风粉气流流向下游邻角处水冷壁壁面上，这和大修期间炉内观察到的现象十分吻合，并且有一定的挂渣。这说明 1 号炉燃烧器区域水冷壁处还原性气氛是引起高温腐蚀及结渣的主要原因。

表 13 - 6   **气 氛 测 量 结 果**

测点编号		11	12	13	14	15	16	21	22	23	24	25	26
210MW	O_2(%)	7.1	4.5	—	10.2	7.3	0.8	8.9	8.4	4.5	6.8	7.7	8.4
	CO(%)	0.5	3.6	—	0.8	5.8	6.4	0.1	0.1	7.0	0.2	0.5	6.2
260MW	O_2(%)	1.2	0.3	—	10.5	7.0	0.7	4.1	0.7	0.4	1.4	2.6	0.5
	CO(%)	7.1	7.1	—	0.60	0.7	6.9	0.2	5.0	7.1	1.4	0.2	7.1
300MW	O_2(%)	4.7	3.0	—	8.7	3.7	1.0	4.4	1.5	1.4	14.4	4.1	0.9
	CO(%)	0.3	1.0	—	0.6	0.9	6.3	0.3	6.3	6.4	0.7	3.1	6.3
测点编号		31	32	33	34	35	36	37	38	39	40	41	42
210MW	O_2(%)	4.0	—	4.8	6.5	6.5	6.1	7.5	6.7	7.3	7.1	—	9.3
	CO(%)	1.2	—	0.1	0.1	0.3	1.4	0.2	0.2	0.2	0.3		0.1
300MW	O_2(%)	13.1	12.7	15.1	14.7	15.1	14.4	13.9	8.3	13.9	12.5	15.5	14.4
	CO(%)	1.0	0.9	0.9	0.7	1.4	2.2	0.7	0.7	0.5	1.0	0.2	0.4

针对高温腐蚀问题，应该采取改善壁面气氛的措施加以解决。主要方法是保证壁面附近的氧化性气氛，可按照有关文献的方法解决问题。或采用改进燃烧器的方法，如双通道煤粉燃烧器，该型燃烧器是在大速差射流原理基础上发展而来的。由于其改善了煤粉气流对壁面的冲刷，能够改善水冷壁的近壁气氛。实践表明，该型燃烧器能够减轻高温腐蚀问题。

8. 额定负荷的考核试验

额定负荷下的热效率考核试验在燃烧调整试验得到的最佳运行工况下进行，即省煤器后氧量为 5.3%，煤粉细度 R_{90} 为 8%～10% 和采用 "▽" 型配风方式。主要测量结果见表 13 - 7。

表 13 - 7   **试 验 结 果**

工况	负荷 (MW)	V_{daf} (%)	$Q_{ar,net}$ (MJ/kg)	η(%) 实测值	过热蒸汽导电率 (μS/cm)	过热蒸汽 SiO_2 (μg/L)	过热蒸汽 Na^+ (μg/L)
1	301.2	16.05	19.848	88.77	0.15～0.19	13.2～19.6	1.4～2.1
2	300.6	14.55	20.803	88.71			

从表中看出，两工况的煤质差别 $Q_{ar,net}$ 小于 2093kJ/kg，热效率之差为 0.006%，在《电站锅炉性能试验规程》的许可范围内。

（三）结论

（1）运行参数对锅炉效率影响较大。针对电厂 1 号炉，保持省煤器后氧量为 5.3%，煤粉细度 R_{90} 为 8%～10%，减小三次风量和采用 "▽" 和 "□" 两种配风方式，能达到较高效率。

（2）燃烧器区域水冷壁近壁存在还原性气氛，导致高温腐蚀及结渣，可采取改善炉内氧量分布的措施解决高温腐蚀问题

根据燃烧优化调整试验研究，可以为锅炉投运后提供合适的优化运行工况，保证机组的安全经济运行。

第三节　锅炉燃烧优化控制研究

一、燃烧优化控制的意义

燃烧优化控制是基于先进控制技术的燃烧优化。虽然燃烧优化调整试验可以为电站提供优化运行工况，保证机组的安全经济运行，但是由于下列一些原因，使我国电站锅炉运行普遍存在效率低，NO_x 排放偏高的问题。

（1）锅炉设计参数和锅炉机组本身的整体特性之间存在部分偏差，完全按照锅炉机组设计参数控制运行不一定是最佳效果，存在优化运行控制的必要。

（2）国内大型火力发电机组一般都配有集散控制系统（DCS），DCS 虽提高了锅炉运行的自动化水平，但缺少对锅炉燃烧运行配风、配煤方式的优化。

（3）锅炉机组燃烧调整优化试验时间间隔较长，进行得不及时，或者没有进行过整体优化调整试验工作。目前国内电站锅炉燃烧运行主要依据锅炉大修后的燃烧调整试验，由运行人员根据自己的运行经验进行配风、配煤。由于受试验时间及条件的限制，燃烧调整试验一般只能做有限的几个负荷及煤种工况点。因此锅炉实际运行工况一般与试验工况有较大差异，特别是受煤炭市场的影响，锅炉燃烧的煤质往往变化较大，使调整配风、配煤更加困难。如果完全以燃烧调整试验结果为依据进行配风、配煤，不能使锅炉运行于最佳状态。

（4）锅炉机组由于设备改造使其最佳特性提升或者发生改变，运行同样需要再优化。

（5）入炉煤质变化频繁，常规燃烧优化工作跟不上。

（6）运行中的积灰、结渣、漏风等问题同样会使锅炉运行特性发生变化，也需要采取相应对策。

（7）燃烧调整优化试验的结果和措施不一定能够及时完全落实到运行中去。

（8）运行人员的运行水平客观上存在差异，即使是同一司炉，受主观因素的影响，在不同的时间，其运行水平也可能存在差异。因此凭运行经验进行的锅炉燃烧调整操作具有一定的随意性，难以保证锅炉处于最佳的运行状态。在集控方式下，需要解决和弥补运行人员的专业性问题。

随着技术及管理的进步，目前投运锅炉燃烧优化控制系统是必须，而且可能的。目前我国火力发电机组普遍进行了 DCS 控制改造，机组的可控性大大得到提高。锅炉燃烧优化控制系统作为机组运行控制的优化决策层，而 DCS 作为机组运行控制的执行层，DCS 能够很好地完成优化决策层下达的控制任务。目前很多在线分析仪表进入实用阶段，如飞灰含碳在线测量、烟气连续 NO_x 测量等，为锅炉运行性能的在线建模提供了精确的反馈量。自动化领域的人工神经网络建模、多变量预测控制等的理论与实践进入了实用阶段，为锅炉燃烧优化提供了建模和控制手段。

二、燃烧优化控制系统原理

锅炉燃烧优化控制系统建立在现有电站的 DCS 控制系统的基础上，通过与 DCS 通信，获取锅炉机组的所有状态与参数，以这些数据为基础，进行建模、优化与控制，得到影响锅炉运行效率的各个控制量的最优值，并以偏置值的形式反馈到 DCS，实现锅炉运行的闭环控制。

燃烧优化控制的工作原理如下：

（1）根据机组运行历史数据和试验数据，建立机组在不同的干扰量（负荷、环境温度）下，锅炉各可调量，如一次风压、二次风压及不同的二次风门开度组合，燃烧器倾角，烟气含氧量、给粉偏置等，与锅炉运行性能（NO_x 和效率）之间的非线性动态模型。

（2）通过稳态模型，寻优机组当前可以达到的最佳性能。

（3）采用动态控制，控制机组达到最佳状态，从而实现性能最佳。

燃烧优化控制系统的结构如图 13-2 所示。

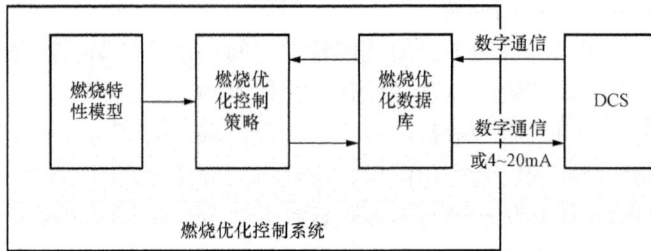

图 13-2　燃烧优化控制系统结构

燃烧优化控制系统是基于锅炉燃烧特性模型的，因此要求建立锅炉运行操作参数与优化目标之间的模型。对于锅炉机组，很难通过机理建模来实现复杂的动态非线性模型，只能通过大量的实验数据和运行数据进行经验建模。为了收集用于优化系统模型建模所需历史数据，找到操作变量 MV 与控制目标量 CV 之间的可确定关系，需要在锅炉上进行若干组稳态试验和动态试验，并根据电站试验结果建立燃烧优化系统神经网络模型。目前一般采用人工神经网络进行建模，因为人工神经网络具有良好的非线性建模、拟合能力和良好的自学习能力，基于人工神经网络的锅炉机组运行特性建模已经有着很多成功的案例。锅炉燃烧特性模型示意图如图 13-3 所示。

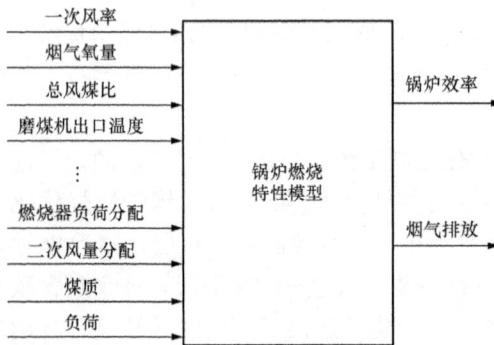

图 13-3　燃烧特性模型

根据锅炉燃烧特性模型进行操作参数优化，实际上是在可以优化的操作参数变化的范围空间，找出最佳的组合，使得优化目标最佳。

锅炉燃烧优化控制系统给出运行可调参数的最佳值，如最佳的烟气含氧量，最佳的一次风压、二次风压等，并将这些值传送给 DCS，由 DCS 完成具体的控制任务。

具体控制时，燃烧优化控制系统仅仅给出原 DCS 控制参数设定值的一个偏差补偿值。如目前 DCS 控制氧量设定值为 4%，而燃烧优化系统需要将其调整到 3.5%，则优化系统将给出一个 −0.5% 的偏差，加在 DCS 的原设定值上，由 DCS 完成具体的控制任务，从而实现优化控制目的。图 13-4 所示为 DCS 中燃烧优化控制辅助逻辑示意。

在某电站锅炉的应用情况表明，该控制系统可以提高锅炉效率 0.5%～1%，降低煤耗 2g/kW·h 左右，降低 NO_x 排放 10% 左右。其控制系统界面如图 13-5 所示。

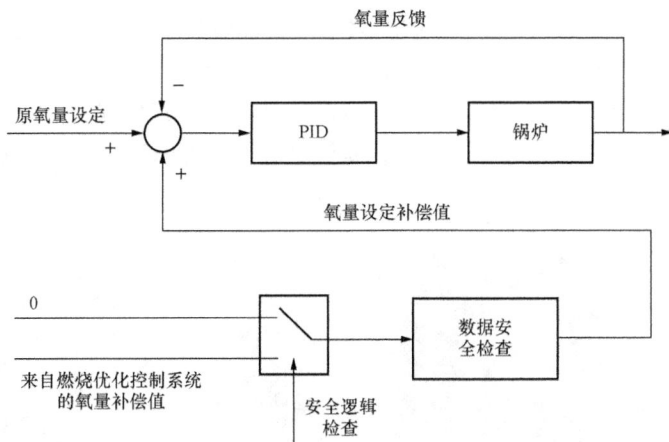

图 13-4　燃烧优化控制逻辑图

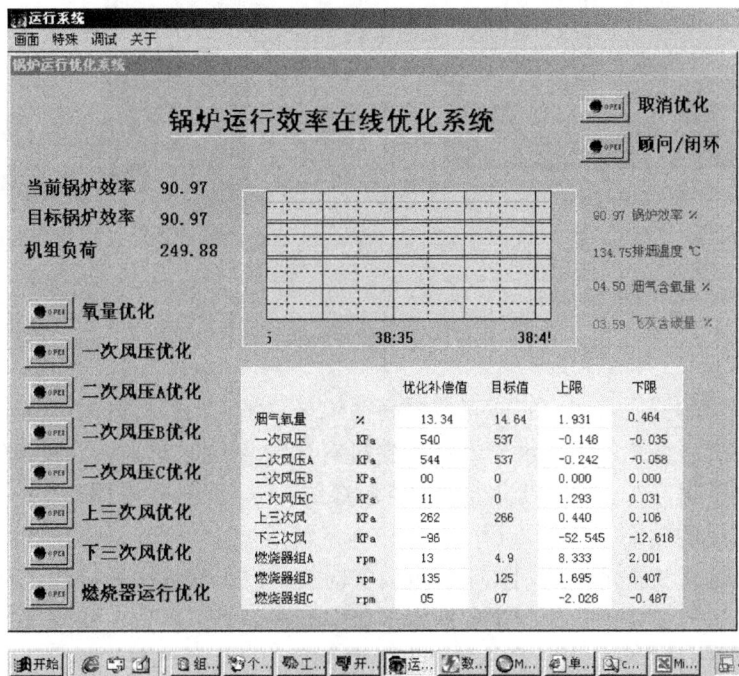

图 13-5　锅炉燃烧优化控制系统

第四节　基于检测技术的燃烧优化

利用炉膛火焰检测技术、锅炉排放物检测技术、风煤在线测量技术，以及煤质在线分析技术等对影响锅炉燃烧的重要参数进行检测分析来实现锅炉的燃烧优化。运行人员通过实时监测一次风量、烟气含氧量、煤粉浓度细度、煤质分析、飞灰含碳量、火焰图像等参数来调节锅炉燃烧，实现锅炉高效、经济燃烧，这类燃烧优化技术现在已经占据了主导地位。但是目前电站安装的燃烧参数测量仪表运行不可靠、不稳定，测量不准确，抑制了锅炉燃烧优化产品功能的发挥。

图 13-6 所示为某公司开发的基于炉膛火焰激光测量技术的燃烧优化技术。利用激光测量技术，实时测量炉膛内部燃烧过程的参数，包括温度分布、组分浓度分布等，实时测得的 O_2、CO、CO_2 浓度与温度场数据通过 OPC 以及其他通信协议传输至 DCS 与燃烧优化系统，参与实时燃烧优化计算与控制，为运行人员提供燃烧调整的依据，提高燃烧效率，降低污染物的排放。

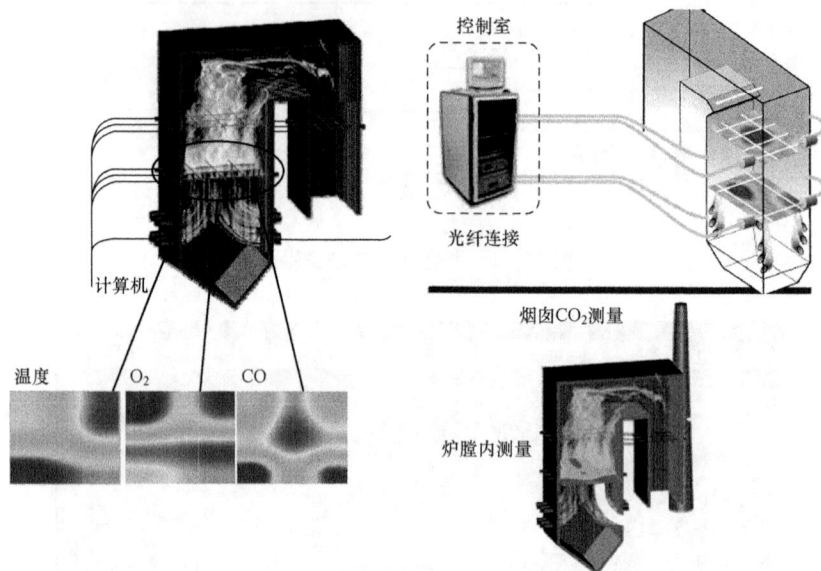

图 13-6 基于激光测量技术的燃烧优化系统

该技术在电站的应用表明，它能有效提高锅炉热效率，大幅提升锅炉安全、可靠运行时间，提高锅炉对燃料变化的适应性，大幅减少氮氧化物及 CO_2 排放，帮助 DCS 取得最佳配风量，使锅炉效率提高约 1%，机组全年节省燃煤约 1%，延长检修周期 12 个月以上，能很好地达到节能减排的效果。

该技术和其他优化技术的区别在于，可以实时提供燃烧过程中的参数，有利于从原理上了解燃烧过程，进行燃烧优化。但是要获得炉膛空间内的燃烧参数，需要布置很多测点，导致系统价格昂贵。

此外，还有检测局部参数的燃烧优化，包括较早期的氧量测量、污染物排放测量、飞灰含碳量测量等，也可以为燃烧优化提供依据。

第五节 基于设备改造的燃烧优化

对于一些建设比较早的电站锅炉，由于没有采用高效低污染的燃烧新技术，效率不高，污染物排放量较多。因此，采用国内外的燃烧新技术，如浓淡燃烧器等，对老式锅炉进行高效低污染改造，可以达到燃烧优化的目的。

作者等人在燃烧技术应用方面进行了大量的工作，在某电站 2 台 200MW 褐煤六角切圆燃烧锅炉上进行了自动可调浓淡燃烧器改造，提高了燃烧效率。

自动可调浓淡燃烧器结构如图 13-7 所示。它由两部分构成：①煤粉浓缩装置，图 13-7 中标号为 9；②自动可调叶栅煤粉分配器本体，图 13-7 中标号为 3。其中煤粉浓缩装置安装于各只燃烧器入口的一次风水平管道，利用煤粉气流在弯头处的离心效应，使煤粉气流实现垂直方向的浓淡分离，以降低煤粉气流的着火热和氮氧化物的生成量，使锅炉机组有较宽的煤种适应性和较理想的调峰能力。而自动可调叶栅煤粉分配器本体安装于风扇式磨煤机的煤粉分离器出口，装有可改变角度的叶栅，通过自动检测发电机功率、给煤机转数、汽轮机调节级压力和磨煤机的开关状态等参数，改变自动可调叶栅煤粉分配器的叶栅角度，使运行磨煤机所提供的上、中、下三个一次风喷口的煤粉量发生变化，进而调整沿炉膛高度方向的热负荷分配，改变火焰中心高度，达到了低负荷不投油稳定燃烧的目的。控制系统采用工业级单片机构成六套控制器，既可协调控制又可独立操作，通过计算机功能完成对阀门开度的闭环控制，取代了常规的伺服放大器及手操器单元，使系统运行更可靠，维护更方便。系统具有自动和手动两种运行方式：手动方式和常规手操器一样，运行人员按动"手开"或"手关"按钮，在系统的限位内控制分配器阀门的开启度；自动操作是在按下"自动"按钮状态下，计算机根据采集的当前信号，经过运算处理后，自动调节分配器阀门到最佳开度。在系统出现故障时，控制系统进行报警，同时还把阀门控制在安全开启度，不造成运行事故。

对风扇式磨煤机直吹制粉系统进行了改造：加装了自动可调叶栅式煤粉分配器，为使该装置具有更广泛的通用性，将其叶栅设计成既可正向转动（顺时针方向），又可负向转动（逆时针方向），并将叶栅置于垂直于地面的位置定义为 0°。叶栅正向转动的作用是促使煤粉较多地向下层一次风管流动，叶栅负向转动的作用是加大煤粉向上层一次风管流动的分配比。以期达到调整煤粉浓度，提高锅炉效率，实现低污染稳燃的目的。

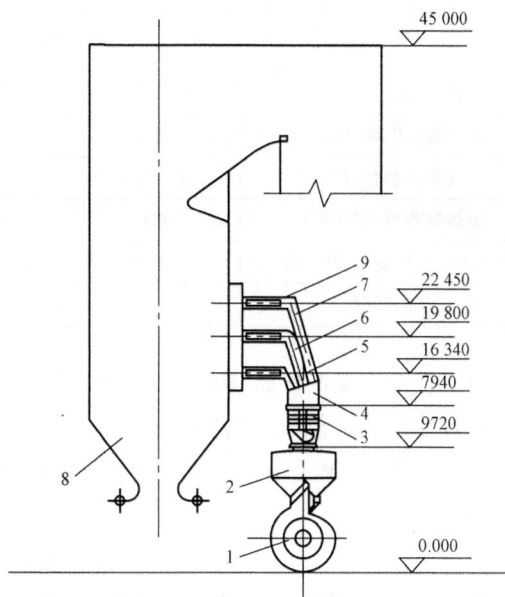

图 13-7 燃烧制粉系统示意图（尺寸单位为 mm）
1—风扇磨煤机；2—粗粉分离器；3—煤粉分配器；4—分配器出口；5—下一次风管；6—中一次风管；7—上一次风管；8—锅炉炉膛；9—水平孔板浓缩器

在 3 号炉 205MW 的试验工况，单台磨煤机的风量、粉量基本稳定的条件下，将自动可调叶栅式煤粉分配器的叶栅角度分别置于 0°的位置，然后分别对各个一次风管中的浓煤粉气流和淡煤粉气流进行测量。测试结果表明：各一次风管中的浓淡比均大于 2.0，最大浓淡比可达 6.83，平均浓淡比为 3.65，浓煤粉气流绝对浓度的平均值大于 0.47kg/kg，浓煤粉气流绝对浓度的最大值为 0.88kg/kg。1 号炉燃烧褐煤时，在 200MW 和 120MW 工况下，煤粉平均浓度分别为 0.43kg/kg 和 0.28kg/kg；燃烧烟煤时煤粉平均浓度则分别为 0.37kg/kg 和 0.28kg/kg。

随着锅炉负荷的降低，自动可调叶栅式煤粉分配器的叶栅角度开始正向转动，将煤粉向下层一次风管调整，延长了煤粉颗粒在锅炉炉膛内的停留时间，使得飞灰可燃物降低。3 号炉三种工况固体不完全燃烧热损失详见表 13-8。1 号炉在安装煤粉分配器前后全烧烟煤时的固体不完全燃烧热损失变化如表 13-9 所示（q_4 表示固体不完全燃烧热损失）。

表 13-8　　　　　　　　　　　　3 号炉损失及排放物表

工　况	205MW	140MW	100MW
固体不完全燃烧热损失(%)	1.077	1.017	1.109
NO_x(mg/m³)	442	321	420
SO_2(mg/m³)	887	915	821
CO(mg/m³)	22.5	22.5	8.75
O_2(%)	7.3	6.2	8.8
排烟温度(℃)	174	165	154

表 13-9　　　　　　　　　　　　1 号炉全烧烟煤可燃物损失

工　况　数　值 项　目	改　前		改　后		
	200MW	137MW	200MW	138MW	122MW
炉渣可燃物(%)	5.250	7.142	2.700	4.750	3.850
飞灰可燃物(%)	2.991	3.110	1.605	1.635	1.710
省煤器灰可燃物(%)	3.600	2.580	2.220	1.836	3.896
固体不完全燃烧热损失(%)	2.369	2.565	1.513	1.831	1.888
q_4 平均值(%)	2.467		1.744		

由于自动可调叶栅式煤粉分配器包括煤粉浓缩器，所以能实现煤粉气流的浓淡分离燃烧，有效地降低了氮氧化物的生成量。3 号炉排放物详见表 13-8，由于 O_2 增大，所以 NO_x 的排放值在 100MW 时升高。1 号炉安装煤粉分配器后，在全烧烟煤时降低 NO_x 排放较明显，结果见表 13-10。

表 13-10　　　　　　　　　　　　1 号炉全烧烟煤排放物表

工　况　数　值 项　目	改　前		改　后		
	197MW	137MW	200MW	138MW	122MW
O_2(%)	8.525	10.175	9.15	11.1	11.45
CO_2(%)	10.975	9.475	10.4	8.7	8.4
NO_x(mg/m³)	434.6	472.33	372.34	304.13	284.82
排烟温度(℃)	164.5	160.00	143	138	134

（1）工业试验及运行实践证明，自动煤粉分配器能够有效调整沿炉膛高度方向的煤粉量，改变炉膛内火焰中心高度，调整炉膛出口烟气温度。

（2）自动煤粉分配器能够实现煤粉气流的浓淡燃烧，浓淡比平均值为 3.65，使煤粉气流着火时间提前，减少固体不完全燃烧热损失，提高锅炉燃烧效率，保证了低负荷着火和燃烧的稳定性。

（3）自动煤粉分配器可根据磨煤机工作状态、炉膛出口烟温、发电功率等因素，对叶栅角度进行自动调节，既可实现远程自动控制，又可实现手动操作。

（4）烧烟煤时能有效降低氮氧化物排放值，对改善大气环境具有一定的作用。

第六节　基于燃烧数值模拟的燃烧优化

燃烧过程非常复杂，如果根据燃烧机理，深入研究燃烧过程，掌握燃烧过程的参数变化，就可以对燃烧过程进行很好的控制。目前，常用的燃烧机理研究包括理论研究和实验研究。燃烧数值模拟是一种成熟的理论研究方法，利用燃烧数值模拟的优化结果，可以指导燃烧优化运行。

作者等人针对某 600MW 超超临界墙式切圆燃烧锅炉，进行了不同燃烧器摆动角度的优化研究。

一、某电站 600MW 超超临界锅炉四墙切圆燃烧系统

1. 四墙切圆燃烧方式的特点

（1）将整个炉膛作为一个大燃烧器组织燃烧，因此对每只燃烧器的控制要求不严格。

（2）炉内气流旋转强烈，风粉气流混合性好，有利于煤粉的燃尽。

（3）燃烧器能够按层切换，从而使炉膛各水平截面的热负荷分布一致。

（4）对煤种的适应性强，比较容易适应煤种的变化。

（5）火焰充满度比较好，温度分配均匀，火焰稳定。

2. 四墙切圆燃烧系统简介

燃烧器采用墙式切圆燃烧大风箱结构，全摆动燃烧器。共设 6 层浓淡一次风口，3 层油风室，10 层辅助风室，1 层燃尽风室；整个燃烧器与水冷壁固定连接，并随水冷壁一起向下膨胀。燃烧器共 24 组，布置于 4 面墙上，形成 1 个大切圆。在主燃燃烧器的上方为 OFA 喷嘴，在距上层煤粉喷嘴上约 5.0m 处有 4 层附加燃尽风 A-A 喷嘴，角式布置。此 A-A 燃尽风与 OFA 风一起构成 MACT（Mitsubishi Advanced Combustion Technology）低 NO_x 燃烧系统。主燃烧器的布置见图 13-8，A-A 风燃烧器的布置见图 13-9。

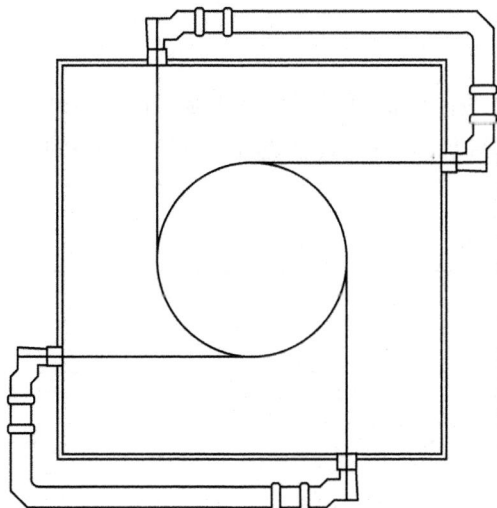

图 13-8　主燃烧器布置

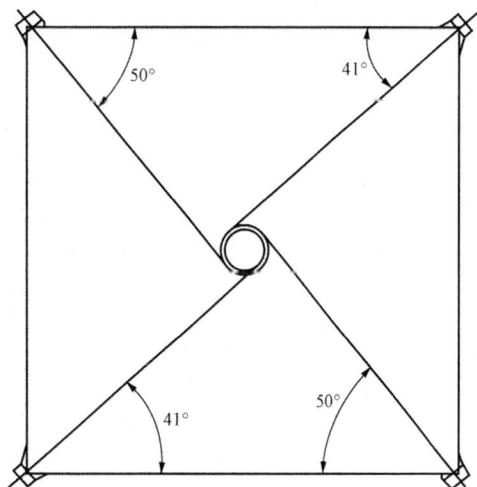

图 13-9　A-A 风燃烧器布置

3. 四墙切圆燃烧系统结构尺寸

计算建立的四墙燃烧系统模型是以某电站 600MW 超超临界燃煤锅炉为工程原型,其建立模型的炉膛具体数据见表 13 - 11。在模拟计算的时候,沿炉膛高度从下往上将整个炉膛分为六部分,即冷灰斗区、下炉膛区、主燃烧器区、上炉膛区、A-A 风区和折焰角区。四墙切圆燃烧系统模型共划分约 52 万个网格。

表 13 - 11   炉 膛 尺 寸

项　　目	单 位	数 值	项　　目	单 位	数 值
炉膛宽	mm	17 666	上层煤粉燃烧器中心至屏底距离	mm	19 453
炉膛深	mm	17 628	上下一次风距离	mm	11 560
炉膛高	mm	50 350	燃烧器切圆直径	mm	8500
主燃烧器高度	mm	16 000	炉内停留时间	s	2.2

4. 数学模型

煤粉燃烧过程是一个包含很多物理和化学现象的过程,它涉及煤粉颗粒和燃料气体的两相流动,而且对炉内的燃烧过程也有很大的影响。为了正确预测燃烧过程,必须采用合理的数学模型才能达到模拟的效果。

通过各数学模型的比较,结合模拟对象的特点,选用以下模型进行数值模拟:

(1) 气相湍流输运采用 Realizable 模型。

(2) 煤粉颗粒的跟踪采用随机轨道模型。

(3) 气相湍流燃烧采用混合分数—概率密度函数模型。

(4) 挥发分的释放采用双步竞相反应速率模型。

(5) 焦炭的燃烧采用动力学/扩散控制反应速率模型。

(6) 辐射传热采用 P-1 辐射模型。

(7) NO_x 生成采用污染物排放模型。

二、模拟结果及分析

(一) 初始条件及煤质分析

(1) 模拟工况为设计工况 100% 负荷工况。在数值模拟中,其燃烧器喷口边界条件定义为速度入口,方向为垂直喷口截面。在进行数值模拟计算时,其燃烧器喷口初始条件的具体参数见表 13 - 12。

表 13 - 12   初 始 条 件

名　　称	单 位	数 值	名　　称	单 位	数 值
一次风速	m/s	26	一次风率	%	24.3
二次风速	m/s	46	二次风率	%	75.7
一次风温	℃	75	PM 浓喷口给煤量	kg/s	3.25
二次风温	℃	331	PM 淡喷口给煤量	kg/s	1.625

（2）该工程中燃用的煤种为铁法次烟煤。其煤质数据分析见表 13-13。

表 13-13　　　　　　　　　　　　　　煤 质 分 析

名　称	单 位	数 值	名　称	单 位	数 值
收到基碳分 C_{ar}	%	39.54	干燥无灰基挥发份 V_{daf}	%	40.51
收到基氢分 H_{ar}	%	2.67	收到基低位发热量 $Q_{net,ar}$	kJ/kg	14863
收到基氧分 O_{ar}	%	8.48	可磨型系数 HGI	—	65.8
收到基氮分 N_{ar}	%	0.53	灰变形温度 DT	℃	1280
收到基硫分 S_{ar}	%	0.39	灰软化温度 FT	℃	1300
收到基灰分 A_{ar}	%	33.97	灰流动温度 ST	℃	1320
收到基水分 M_{ar}	%	14.42			

（二）模拟结果

直流摆动式燃烧器的各喷口一般可以同步上、下摆动 20°～30°，用来改变火焰中心位置的高度，调节再热蒸汽温度，控制炉膛出口烟温，避免炉内受热面的超温或者结渣。在数值模拟中，以 5°为单位，共模拟了 7 个工况，即 0°、5°、10°、15°、20°、25°和 30° 7 个工况。

1. 流动特性分析

炉内的气流混合状态是决定煤粉锅炉燃烧优劣的一个重要因素，对于四墙切圆燃烧锅炉，炉内燃烧一个比较显著的特征就是切圆的流动特性与燃烧特性。比较理想的炉内气流流动状况是在炉膛中心形成不偏斜不贴墙的旋转火焰，而且火焰的充满度好，热负荷在壁面处的分布也比较均匀。切圆直径的大小会影响到气流的贴墙、结渣情况，以及燃烧的稳定性等。较大的切圆直径会使邻角气流火焰的高温烟气更容易到达下游的射流根部，煤粉气流更容易着火，而且炉内的气流旋转强烈，气流的扰动比较大，后期燃烧阶段煤粉的燃尽性更好；但是切圆直径过大，也会使燃烧火焰更容易贴墙，引起水冷壁的结渣，而且高温火焰在到达炉膛出口处还会存在较大的残余旋转，引起较大的热偏差，导致过热器结渣或者超温。而实际的实验和运行结果证实，切向燃烧炉膛中的实际切圆直径要大于假想切圆直径。因此，燃烧状态下切圆直径是燃烧流动特性的一个重要特征。

图 13-10 所示为 7 种摆动角度下中间浓一次风喷口的横截面流场，其中 α 表示燃烧器的出口气流以垂直于燃烧器出口截面的直线为法线向上摆动的角度。即 α 越大，表明炉膛内的燃烧中心越靠上。

图中横截面流场的颜色与左边的速度范围是相互对应的，速度单位为 m/s；流场中箭头的长短表示对应范围内速度的大小，即颜色相同条件下，箭头越长表示速度越大。

由上面 7 个流场图可以看出，炉内气流是一个强烈旋转的气流，进口气流很快与炉膛内的气流相混合，在炉膛的中心形成了比较完整的速度切圆，在炉膛中心存在一个明显的低速区，速度在切圆上达到最大值。尤其是 0°角度下的流场，切圆完整，气流的流动性好，而且切圆位于炉膛的正中心，切圆直径合适，充满度好。同时可以看到在炉膛的 4 个角上形成了回流区，这样就不存在死角，气流的刚性比较好，速度衰减很慢，在切圆上的速度接近一致。而在贴近 4 个壁面处，速度梯度很大，有可能会造成轻微的气流刷墙现象。虽然其他 6

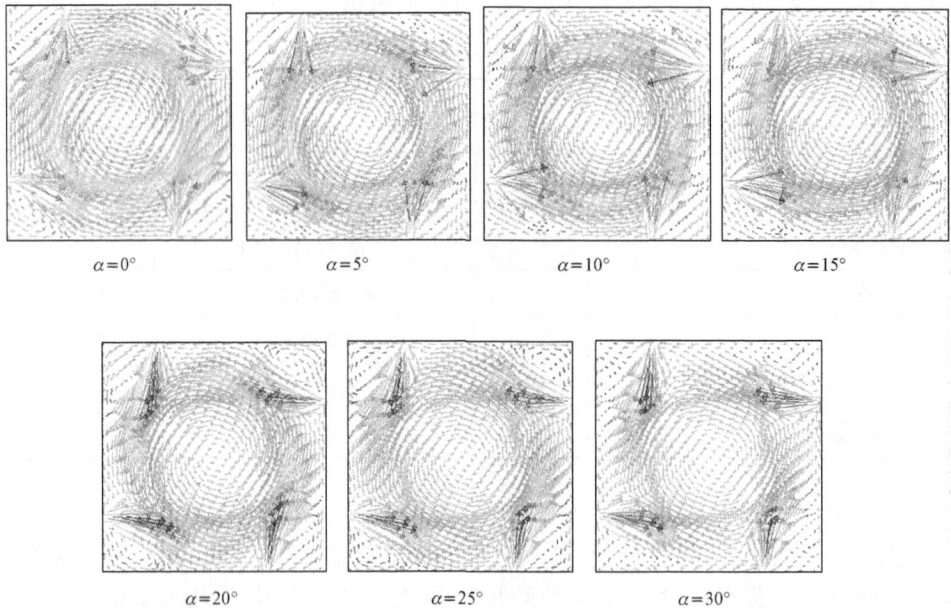

$$\alpha=0° \qquad \alpha=5° \qquad \alpha=10° \qquad \alpha=15°$$

$$\alpha=20° \qquad \alpha=25° \qquad \alpha=30°$$

图 13 - 10　横截面流场

种角度下，切圆也比较明显，流动性不错，但是从气流的旋转强度、气流刚性、切圆直径大小，以及切圆组织状态上分析，最佳的流动状态就是 0°角度下的状态。从 7 种角度下的流场可以看出，随着摆动角度 α 的增大，切圆直径逐渐减小，在靠近壁面处速度梯度逐渐减小；而且随着摆动角度 α 的增大，切圆的组织状态逐渐变差，切圆逐渐变得不明显。尤其是在后三种摆动角度下，速度切圆逐渐消失，而且炉膛中心的气流几乎无旋转，而且气流的刚性也逐渐变差。因此，当四墙切圆燃煤锅炉在 100% 负荷下，气流垂直燃烧器截面进入炉膛，即 $\alpha=0°$ 时，速度切圆组织状态良好，切圆直径大小最合适，流动性也最好。

2. 燃烧特性分析

通过上述分析得知，风粉气流垂直进入炉膛是最佳的组织方式，故在下面的燃烧特性分析中只给出了 0°角度下的中心纵截面的温度场，如图 13 - 11 所示，通过中心纵截面的温度场来重点分析四墙切圆燃烧系统的燃烧特性。温度场中的曲线为等温线，数值表示温度的大小，单位是 K。

由 0°角度下的中心纵截面温度场可以得出温度场的分布趋势：沿着炉膛高度的方向，温度的分布由低到高，再由高到低，在炉膛冷灰斗区域温度最低；在炉膛的主燃烧器区域温度达到最高值，随着 OFA 风的喷入，温度开始下降，并且在 OFA 风横截面区域，形成了中间温度高，两侧温度低的趋势，这是因为喷入的 OFA 风温度降低，使得烟气的温度降低，但同时 OFA 风的喷入使得烟气中未燃烧的焦炭和剩余挥发分迅速燃烧，放出大量热量；出折焰角区域后，温度逐渐降低，并在炉膛出口处温度达到合适的水平；主燃烧器的中心区域存在一个等温区域，而且在等温区火焰充满度好，不存在局部高温区；同时可以看到在炉膛主燃烧器的中心区域火焰的形状饱满，充满度较好，温度在 1400K 以上的温度区域占到了整个炉膛高度的 3/5，说明火焰在炉内的高温区停留时间足够长，煤粉能够充分燃烧。

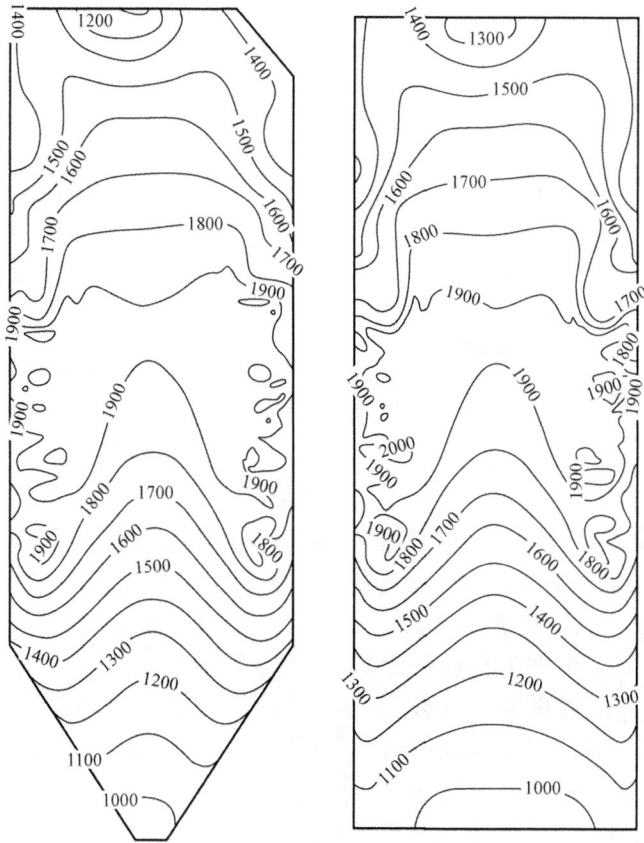

图 13-11　纵截面温度场

　　图 13-12 所示为不同的上下摆动角度下沿着炉膛高度方向横截面平均温度值的对比。所建立模型的高度为 50.35m，以米为单位，共截取了 51 个面的平均温度。

　　由图中可以看出 7 种角度下截面平均温度的分布趋势大体是一致的：沿着炉膛高度的方向，温度越来越高，在主燃烧器区，温度达到最大，之后温度有逐渐降低。在主燃烧器区

（17~33m）温度分布呈现先降低后升高的分布。这是因为二次风的喷入吸收热量，使得煤粉气流的温度降低，但是煤粉中的挥发分析出，剧烈燃烧放出大量的热量，温度又开始上升，因此在主燃烧器区域，温度随着一、二次风的交替喷入而交替降低和升高。在 OFA 风区域，燃尽风的喷入吸收了烟气的一部分热量，导致烟气温度降低，但是烟气中未燃烧的焦炭在充足氧气环境里，开始

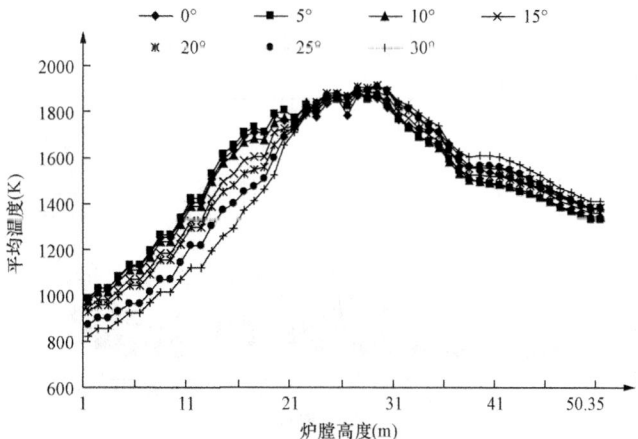

图 13-12　炉膛温度分布

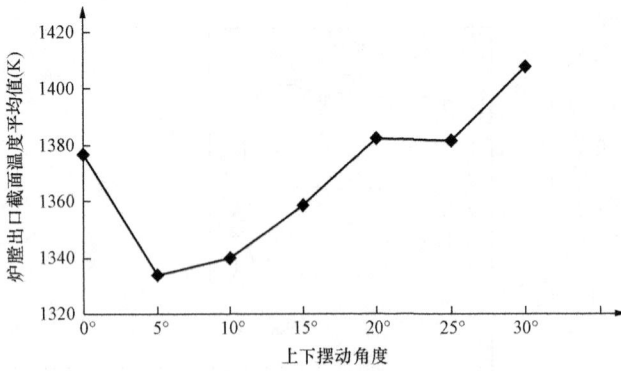

图 13-13　炉膛出口截面平均温度

剧烈燃烧，放出热量，所以温度在略微降低之后又立即回升。在燃尽区域（38～50.35m），温度在 7 种角度下均有了小幅度的下降。

图 13-13 所示为炉膛出口截面的平均温度值。

从图中可以看出，7 种摆动角度下的炉膛出口截面的平均温度相差可达到 70K，5°角度下的温度为 1333K，而 30°角度下的温度为 1402K。造成温差比较大的原因是随着摆动角度的增加，燃烧中心逐渐上移，炉膛出口的温度也随之增加。这从图中也可以得出这样的规律，除了 0°角度外，其他 6 种角度下，随着摆动角度的逐渐增加，炉膛出口截面上的平均温度也是逐渐增加的。

从炉膛出口处的氧气浓度大小可以判断炉内的燃烧状况，图 13-14 所示为 7 种摆动角度下的炉膛出口截面上的平均氧气浓度。过量空气系数为 1.15，根据完全燃烧方程式可知炉膛出口处的过量空气系数和氧量是一一对应的。从图中可以看出，随着摆动角度的增加，炉膛出口截面上的氧气浓度先增加后减小。而且从图中 7 种摆动角度下，炉膛出口处的过量空气系数均小于本文给定工况下的过量空气系数，说明摆动角度会造成炉膛内的缺氧状态，有可能会造成炉内燃烧不完全，增大不完全燃烧热损失，应该相对地增大给风量。

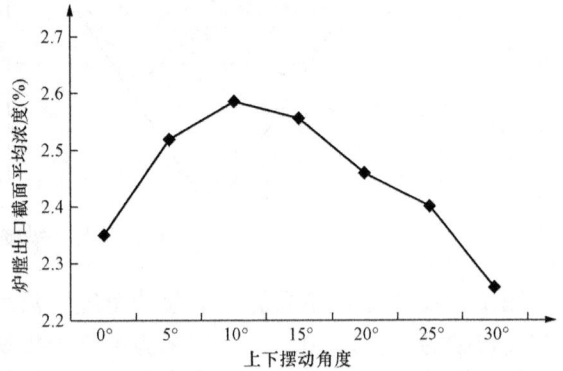

图 13-14　炉膛出口平均烟气浓度

3. NO_x 浓度特性分析

图 13-15 所示为 7 种摆动角度下沿着炉膛高度方向炉膛横截面上的 NO_x 的平均浓度含量。

从图中可以看出，7 种角度下的 NO_x 生成量分布趋势大致相同，在冷灰斗区域，NO_x 基本是在 80×10^{-6} 左右。随着下二次风的喷入，煤粉中的 N 与 O_2 发生反应，生成了燃料型 NO_x，而煤粉燃烧放出大量的热量，温度升高，空气中的 N_2 发生氧化反应生成热力型 NO_x，

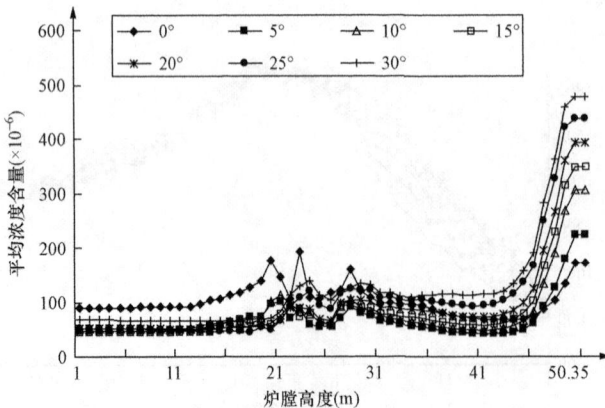

图 13-15　炉膛 NO_x 浓度分布

在温度和 O_2 浓度的共同作用下，NO_x 的分布如图 13-15 所示。因为采用的是 MACT 分级燃烧技术，所以在主燃烧器区域形成了还原性气氛，NO_x 的生成量很小，在燃尽区以后就基本上维持不变。从 7 种角度下的 NO_x 浓度分布中可以看出，在炉膛出口 NO_x 的浓度含量有了较大的差别。最小的浓度为 172×10^{-6}，最大的为 477×10^{-6}。

图 13-16 所示为 7 种摆动角度下炉膛出口截面上的 NO_x 平均浓度含量。

从图中可以看出，在炉膛出口截面上，NO_x 的生成量和角度之间存在一定的规律，即摆动角度越大，NO_x 的生成量也越大。而且 7 种摆动角度下，NO_x 的生成量均不高，符合煤粉的洁净燃烧，有利于环保。

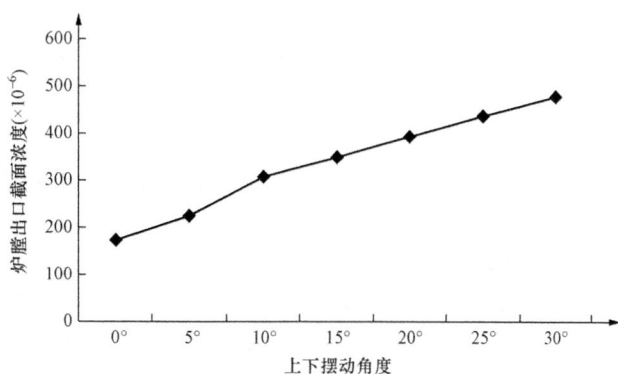

图 13-16 炉膛出口截面 NO_x 平均浓度

三、结论

主要模拟了四墙切圆燃烧器在不同的摆动角度下的温度场和流场，并结合炉膛出口处的 O_2 含量分析了炉内的燃烧状况，以及根据 NO_x 的生成量分析了四墙切圆燃烧系统的低 NO_x 排放特性，为燃烧优化提供依据。

（1）7 种摆动角度下，四墙切圆燃烧系统的流场有较大差别。根据模拟结果可以得出：在 100% 负荷下，风粉气流在 0° 摆动角度下（即风粉气流垂直进入炉膛）所得到的速度切圆很完整，速度大小和直径大小均合适，是最好的组织方式。

（2）7 种摆动角度下，四墙切圆燃烧系统的温度水平相差不多，趋势也大致相同，在炉膛出口截面上平均温度均在 1300K 以上，温度水平适中，可以防止水冷壁的结渣及过热器超温现象。其中，风粉气流在 0° 角度下所得到的炉膛出口温度为 1376K，温度水平合适。

（3）7 种摆动角度下，四墙切圆燃烧系统的 NO_x 的生成量大致相同，在炉膛出口截面上 NO_x 的生成量有了较大的差距，0° 角度下的生成量最小，并且随着摆动角度的增加，NO_x 的生成量也是逐渐增加的。所以 0° 角度下可以有效地降低 NO_x 的排放量，达到环保的要求。

第十四章　燃烧技术的新发展

随着科学技术的发展，燃烧科学也在不断发展，以适应社会的需要。不同条件下的高效低污染，仍然是燃烧科学的发展方向。

第一节　脉　动　燃　烧

一、脉动燃烧发展过程

脉动燃烧是一种在声振条件下发生的周期性燃烧过程。早在 1777 年拜伦·希金斯（Byron Higgns）博士就发现了"会唱歌的火焰"现象。他使用的实验装置由一个竖直的玻璃管和一个气体燃烧器组成。当把燃烧器和火焰从下面伸入玻璃管时，玻璃管内便激发出很大的声音。在玻璃管上方套上一个可以滑动的套筒，以改变管子的长度，这时声音的频率就会发生变化，就像唱歌一样。研究表明，这一现象的发生是由于燃烧火焰系统与玻璃管内声学振动的一种正向相互激励造成的。19 世纪中叶，李·康特（Le Conte）教授发现"对音乐敏感的火焰"。每当音乐一响，烛光火焰便准确地随着音乐节拍振动"跳舞"。"唱歌的火焰"和"对音乐敏感的火焰"反映了脉动燃烧过程中两个基本的激励过程：燃烧可以在某种条件下激发燃烧器中的声学脉动；反过来，声学脉动可以改变燃烧的特性。脉动燃烧正是在特定的条件下，这两种激励过程相互作用的燃烧过程。人们对脉动燃烧进行了探索和研究，研制出了不同类型的燃烧器。

1900 年 Gobble 申请了第一个脉动燃烧装置德国专利，由于气流循环控制机构过于复杂，未能实际应用。1906 年，Esnault-Pelterie 申请了机械膜片阀式自发振荡脉动燃烧器法国专利；1908 年，Lorin 设计了脉动燃烧喷气发动机；1909 年，法国人 Marconnet 研制了气动阀式脉动燃烧器；1931 年，德国人 Schmidt 研制出了产生推力的脉动燃烧装置；1933 年，F. H. Reynst 申请了"Combustion Pot"脉动燃烧炉的专利。

脉动燃烧技术早期的应用是在喷气推进系统和燃气涡轮领域。第二次世界大战期间，德国轰炸伦敦使用的 V-1 导弹就是以脉动燃烧发动机为推动力的。二次大战后，美国 NASA 对脉动喷气发动机进行了研究，由于效率不高，以及随着火箭发动机和原子能的发展，研究终止。20 世纪五六十年代，人们开始将脉动燃烧技术应用在加热采暖等方面。Lucax-Rotax 脉动燃烧热水锅炉在加拿大面市，由于噪声大，加上当时燃料价格很低，未能推广。70 年代末以来发生的能源危机，促使人们对脉动燃烧技术重新产生极大兴趣，进行了系统的研究。80 年代进入了实用开发阶段。欧洲、美国、日本等国家和地区都致力于开发工业、商业及家用脉动燃烧装置，尤其以美国的脉动燃烧专利为多。由美国的 AGA 公司和 Lennox 公司共同研究开发的 LENNOX 民用暖风机，在商业上大获成功，使人们对该技术的发展前景更加乐观。

国内较早开展这项研究的有北京航空航天大学和同济大学。北京航空航天大学于 1985 年开始研究，在开发燃煤脉动燃烧器方面进行了探索；同济大学从 1987 年开始研究，并进行了燃气脉动燃烧热水器和暖风机的开发。

二、脉动燃烧的特点

1. 燃烧强度和燃烧效率高

由于气流的脉动强化了燃烧器中气流与颗粒之间的混合，同时气流的扰动除去了煤在燃烧中产生并包覆在煤颗粒表面的燃烧产物，增加氧原子扩散到固体表面上的速率，加快了化学反应速度，燃烧充分，使得脉动燃烧器具有很高的燃烧强度。在燃用气体燃料的各种脉动燃烧器中，当过量空气系数略大于 1.0 时，便可达到近似 100% 的燃烧效率。比如在以重油为燃料，过量空气系数为 1.05 的条件下，其燃烧效率就可以达到 99% 以上。再如，在里克 (Rijke) 管型脉动燃烧器中燃烧无烟煤块，在过量空气只有 5% 和 10% 的条件下，其燃烧效率分别可以达到 95.0% 和 97.5%。只需极低的过量空气这一优点对于功率较大、燃用重油及煤的燃烧装置尤为重要，可节省大量的送风耗能及设备投资。

2. 传热效率高

脉动燃烧室中的声共振引起了较大的流体振动，附加在这些振动上的是紊流速度振动，紊流的作用增强了传热。同时由于气流的脉动削弱了管壁边界层的阻力作用，使热量传递加快。有研究者观察到了比相应的稳态流动时增加 240% 的传热率。

3. 排烟污染小

充分的燃烧使得排气中的 C、H_2、CO 及 HC 的含量都降低，且由于脉动燃烧的过量空气系数一般较低。使得 NO_x 的排放较低。与常规锅炉的 NO_x 排放量相比，脉动燃烧器的排放量只为常规的 $1/2 \sim 1/3$，为 $20 \times 10^{-6} \sim 50 \times 10^{-6}$，有利于环境保护。

4. 具有自吸功能

脉动燃烧大都具有自吸功能，也就是不需要送风机，能自行吸入燃料及供燃烧用的空气。脉动燃烧器的工作原理决定了在其工作过程中在燃烧器内会形成一段暂时的部分真空状态，因此它可以自行吸入所需的空气及燃料，减少为其提供燃烧所需的空气送风机压头，或不需要外加送风机。

5. 结构紧凑、节省投资

脉动燃烧技术良好的传热、传质特性使得在一定的传热量前提下，燃烧室的体积和换热面积都可相对地减少，从而节省投资。

6. 不足之处

(1) 噪声问题。在燃烧器中会有一定的声能从尾管出口辐射出来，通过空气和燃料各自的入口也会向外辐射声能，对周围环境造成噪声污染。其高达 $110 \sim 130dB$ 的噪声成为一个燃烧器设计中必须考虑的问题。近年来的最新设计已成功地把噪声水平降到 45dB 以下。

(2) 振动问题。由于脉动燃烧器内的压力脉动会诱发燃烧装置组件的振动，对系统构件的强度、工作可靠性可能会造成一定的影响。目前这一振动对系统组件的影响机理尚未完全了解，仍需进一步研究。

另外，只有在一定的热负荷内，才能保证良好的运行稳定性。在结构设计中必须严格保证一定的声学条件和某些部件的强度。这就使脉动燃烧器设计和应用的难度比普通燃烧器大。

三、脉动燃烧装置

脉动燃烧是介于正常燃烧与爆燃之间的一种燃烧方式。Lord Rayleigh 于 1945 年提出了一个用来判断脉动燃烧控制机理的重要准则，称为瑞利准则。其含义是：若热量被周期性地加入振荡着的空气或从其中取出，所产生的效果取决于传热与空气振动之间的相位关系。若热量在空气压力最高的瞬间加入或在压力最低时取出则振动将被激励和加强；反之，则振动减弱。根据瑞利准则，能够实现这种效果的脉动燃烧装置有以下三种基本形式：

（1）施密特（Schmidt）型（又称 1/4 波长型）。是一端闭口一端开口的圆柱或锥度很小的锥形管结构，基于声学上的 1/4 波长谐振管的原理工作。德国在二战期间使用的 V-1 型飞弹采用的即是施密特型管的原理。

（2）赫姆霍兹（Helmholtz）型。其结构与施密特管相似，区别在于它有一个共振腔，尾管直径小于燃烧室直径，是基于声学上的赫姆霍兹谐振器原理工作的，是目前应用最广的脉动燃烧器。

（3）里克（Rijke）型。是一个两端开口的直立长管，当热源在进口端 $L/4$ 处时，或冷源在出口端 $L/4$ 处时，便可产生声—热耦合的脉动。

进气阀是脉动燃烧器的主要部件，它分为机械阀和气动阀两种。机械阀又分为簧片阀、膜片阀和旋转阀三种。

（1）簧片阀。是最早使用的阀门，V-1 飞弹脉冲喷气发动机上使用的单向阀就是一种典型的簧片阀。其主要缺点是簧片在高温、高频条件下工作，极易疲劳破坏，寿命短。

（2）膜片阀。由带通气孔的圆盘阀座、膜片和止动盘组成。当阀左侧的气体压力小于右侧时，压差产生的作用力把膜片压向止动盘，阀门通气孔打开，空气或燃料经通气孔进入燃烧室；当阀门右侧的气体压力大于左侧时，膜片压向阀座圆盘，关闭通气孔，阻止燃烧室内高压气体倒流。止动盘还有防止火焰对阀片侵蚀的作用。膜片阀是目前应用较多的一种阀。

（3）旋转阀。在燃烧室头部预混合室的圆柱壁面上，开有沿圆周均布的数个径向通孔，形成阀座，外面套有一个同轴的与其相配合的阀门转筒，转筒壁上开有与阀座相对应的孔。电动机带动阀筒旋转，当两孔相对时，空气通过孔进入燃烧室；当两孔错开时，空气通道被堵住，燃烧室内的高压气体不能倒流。因脉动燃烧器的工作频率仅取决于其声振条件——几何尺寸及温度分布，不取决于阀门开启或关闭所造成的空气流间断的频率，若旋转阀的开关频率与燃烧器声振频率不匹配，则自吸无法进行，会熄火停止工作。这就要求有一个精密的误差应在 1% 以内的同步装置来控制旋转阀的转速，因而增加了系统的复杂性，故较少应用。

气动阀又称无阀，其设计思想是在进气时流动阻力小，从燃烧室反向流出时阻力大。气动阀可以采用简单的钻孔或装设喷嘴的方式构成，也可以采用复杂结构。气动阀通气量大，没有运动部件，但由于常使一部分燃烧产物倒流至进口气流中，抑制了燃烧器的自吸能力。因此，气动阀设计时应有较大的漏气比（回流时的动压力损失/进气时的动压力损失），一般在 4～20 之间。

赫姆霍兹型脉动燃烧器结构示意图如图 14-1 所示。

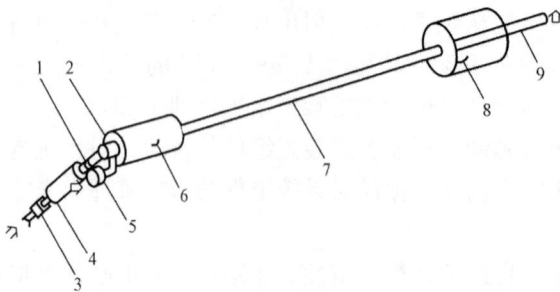

图 14-1　赫姆霍兹型脉动燃烧器结构

1—燃料膜片阀；2—混合室；3—电磁阀；4—燃料去耦合室；5—空气膜片阀；6—燃烧室；

7—尾管；8—排气去耦室；9—排气管

四、脉动燃烧器的工作原理

脉动燃烧器可以燃烧气体、液体和固体燃料。燃气和空气可通过上述各种类型的阀门进入燃烧室；液体或固体燃烧可直接喷入燃烧室，也可随空气进入燃烧室。脉动燃烧器的工作循环由以下四个基本过程组成，如图 14-2 所示。

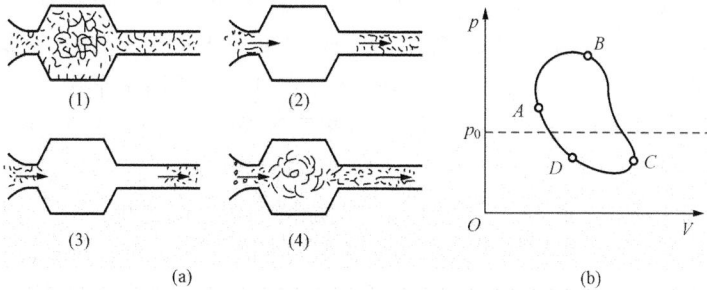

图 14-2　脉动燃烧器工作循环示意图
(a) 工作过程；(b) 热循环过程

（1）点火燃烧。进入燃烧室的可燃物由电火花点火，燃烧室内的温度和压力开始升高，燃烧区膨胀，燃烧产物向两端排出，工作点由 A 到达 B。

（2）气体膨胀。该过程中气体膨胀向外流出，燃烧室压力由点 B 开始下降。由于气流的惯性，使得燃烧室压力降到大气压以下 C 点，燃烧室内形成负压。

（3）吸入可燃物。在燃烧室负压作用下，燃料和空气由进气阀自动吸入，与此同时，尾管中的燃烧产物也返回燃烧室，使燃烧室内的压力由点 C 升到 D。

（4）压缩重新点火。回流气体的惯性使燃烧室内的气体压缩，压力由点 D 升到 A，空气和燃料急速混合，被回流的高温气流点燃，开始下一循环。燃烧过程自动重复，不再需要外加点火。

五、脉动燃烧技术的应用

1. 产生推动力

利用脉动燃烧器产生的高速热气流推动飞行器，如早期的 V-1 导弹，还用作小型模型飞机的动力。有人曾试验将脉动燃烧器装在直升机桨片的两端，推动桨片转动。而利用脉动燃烧器推动涡轮机则一直是一个比较活跃的应用领域，研究方向是设法提高脉动燃烧器内的工作压力和推动效率。此外，还可把所产生的高速热气流用来清除表面积炭和积垢等。

2. 锅炉与采暖

出于节能、环保和小巧灵便的考虑，脉动燃烧技术被用于锅炉和采暖领域。在西方国家，该方面的研究主要集中在小型热水器上。如美国 Lennox 公司生产的系列脉动燃烧热水器，其热功率为 12～38kW；日本东芝公司生产的系列脉动燃烧热水器的功率为 6～18kW。美国 Hydotherm 公司推出的额定功率为 23kW 的家用热水器，其外形尺寸为 $0.85m \times 0.5m \times 0.35m$，质量 60kg，由于采取了隔音措施，1m 以外处的噪声小于 50dB，排气污染很小（$CO < 300 \times 10^{-6}$，$NO_x < 40 \times 10^{-6}$），燃烧效率可达 92%～99%，比普通热水器节省燃料 10%～30%，且使用操作方便。美国 Forbes 公司于 20 世纪 80 年代末推出了 146.5kW 的中小型蒸汽锅炉，蒸发量为 200kg/h，总热效率提高到 86%，整个装置的体积只有 $0.914m \times 1.270m \times 1.180m$，可用于旅店、饭店、洗衣房等。脉动燃烧器还用于车辆、住宅

和工业建筑采暖等领域。

3. 物料干燥与食品烘烤

脉动燃烧器可用于粮食、沙石、木材、药物、褐煤、废料等物品的干燥。美国矿产局研制出 7.3kW 的褐煤干燥设备；南非的 Muller 公司设计出脉动燃烧玉米干燥设备；美国爱德华州的 Sonic 公司成功地将脉动燃烧器用于酒曲的快速干燥，产量和质量都有所提高。Moriah-Israel 研制的脉动燃烧干燥设备用于干燥水果，比常规干燥设备提高产量 3.5 倍。1989 年，美国的 Food Processing 报道了美国燃气公司开发的用来干燥浆状和液状物料的脉动燃烧干燥机，由于脉动燃烧产生的高温、高速尾气及声波能的作用，使得物料被打散雾化，从而提高了传热和传质速率，可在 0.01s 内将物料干燥，而且物料温度不超过 60℃，特别适合干燥热敏性物料。此外，还可用脉动燃烧器制成食品烤箱。

4. 其他应用

脉动燃烧可应用的范围很广，有关的技术专利层出不穷。例如利用脉动燃烧产生的高温脉冲射流打井、钻孔等；制成冰雪融化器、辐射管加热器、化学反应器、土壤杀菌器、军用烟雾发生器、杀虫烟雾发生器、机械设备加热装置和化工石油工艺设备等。

国内外的应用实践证明，脉动燃烧技术较常规燃烧技术，有其独特的、无可比拟的优越性，即高效节能、降低污染。它是缓解目前我国能源问题和环境问题的有效途径之一。但由于我国在脉动燃烧方面的研究起步较晚，人们对其燃烧机理还缺乏足够的认识，大量的研究工作采用的是试差法，而不是基于对系统的充分理解而进行合理设计。因此脉动燃烧技术还有许多问题需要解决，并应着重在以下方面进行研究：

（1）脉动燃烧机理的研究。结合流体力学、化学反应动力学及燃烧理论，建立脉动燃烧的精确的数学模型，使脉动燃烧的产品开发走出反复摸索的时代，进入有理论指导的新阶段。

（2）掌握脉动燃烧的声学特性。对声波—燃烧的耦合机理作深入的研究，以期减少噪声污染，并利用声波能。

（3）脉动燃烧器关键部件（如进口阀门）的研制开发。解决脉动燃烧器寿命太短的问题。

脉动燃烧技术与现有的燃烧技术结合，将有广阔的应用前景。

第二节　超声速燃烧

为了适应未来军用、民用航空航天技术的需要，国内外都在发展推进技术，超声速燃烧是一项核心技术。

自 20 世纪 50 年代提出超声速燃烧概念和 60 年代提出高超声速飞行器概念以来，世界各国竞相发展高超声速技术，其重点放在超声速燃烧冲压发动机及其组合推进技术方面。近十多年来，超声速燃烧冲压发动机技术取得重大突破，已由概念和原理探索阶段进入以高超声速巡航导弹、高超声速飞机、跨大气层飞行器等为应用目标的技术开发阶段。

所谓超声速燃烧就是一种在超声速气流中进行的燃烧。它主要用于飞行马赫数大于 6 的冲压发动机中。冲压发动机一般分为亚声速燃烧冲压发动机和超声速燃烧冲压发动机。现简单介绍一下为什么要研究超声速燃烧。冲压发动机示意图如图 14-3 所示。

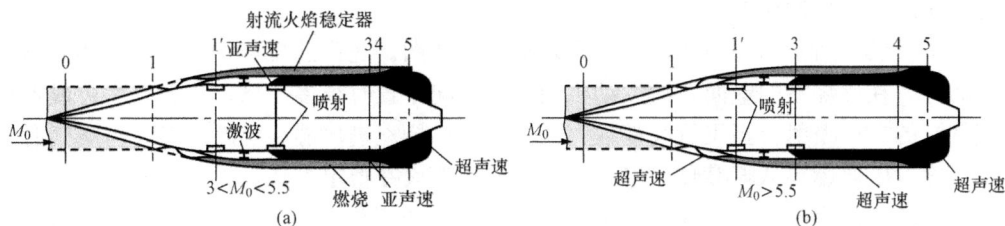

图 14-3 冲压发动机示意图
(a) 亚声速燃烧发动机；(b) 超声速燃烧发动机

图 14-3 (a) 所示为亚声速冲压发动机示意图。它是一种气动热力通道，没有任何主要的旋转部件。它由进气道、燃烧室和尾喷管组成。超声速空气流经过进气道产生激波并扩压，使进入燃烧室的气流加速为亚声速气流，在亚声速气流中组织燃烧。燃油经喷嘴喷入燃烧室，经点火器点火燃烧，用火焰稳定器（机械的或气动的）稳定火焰。燃烧释放热量，增大流体的动能，经尾喷管使气流进一步加速，使发动机产生推力。冲压发动机主要靠飞行时产生的速度冲压来提高进入燃烧室的压力。它在地面不能自由启动，需要助推器，如火箭发动机。它的工作马赫数范围在 3～5。

亚声速燃烧冲压发动机在飞行马赫数 3～5 范围内具有良好的性能。当马赫数进一步提高时，其性能就会迅速下降。当飞行马赫数接近 6 时，为使来流空气仍以亚声速的流动状态进入燃烧室，需要使进气道内的激波更强烈地压缩来流空气，这就造成很大的熵增，引起严重的总压损失。经过激波压缩的来流空气，空气温度变得非常高，甚至高于燃料的热分解温度，燃料的化学能得不到充分释放和利用，发动机性能迅速下降。此外，当飞行马赫数接近 6 时，进入燃烧室的空气静温超过钢的熔化温度；飞行马赫数接近 7 时，燃烧室进口空气温度超过氧化铝的熔化温度。当飞行马赫数超过 10 时，以煤油为燃料的亚声速燃烧冲压发动机已不可能产生推力。

为了解决以上问题，提出了一种降低燃烧室进口空气静温的设想。燃烧室进口静温 T_2 可以用以下气体动力学公式计算，即

$$T_2 = T_H \frac{1 + \frac{(\gamma-1)}{2}M_H^2}{1 + \frac{(\gamma-1)}{2}M_2^2} \tag{14-1}$$

式中：M_H 为飞行马赫数；M_2 为燃烧室进口马赫数；T_H 为大气静温，K；γ 为空气比热比。

由式 (14-1) 可以看出，如果提高燃烧室进口马赫数，就能降低燃烧室进口静温。例如，设飞行高度为 20km，飞行马赫数为 6，此时大气静温为 216K，总温度为 1770K。如果燃烧室进口马赫数为 0.2，则燃烧室进口静温达 1757K；如果燃烧室进口马赫数提高到 2.0，则燃烧室进口静温将降低到 984K。由此可见，如果使燃烧室进口气流为超声速，在超声速气流中组织燃烧，就有可能使发动机热力循环在较低的静温和静压状态下进行。尽管在超声速气流中加热会引起较大的总压损失，但进气道内没有正激波，只需要一组斜冲波系压缩空气，从而使整个发动机总压损失下降。燃烧室静温下降，还可减少热分解损失，提高发动机总效率。发动机整个通道都是超声速气流，可燃混合物在超声速气流中进行剧烈的化学反

应，在燃烧波前后都保持超声速的燃烧方式称为超声速燃烧。采用超声速燃烧方式的冲压发动机称为超声速燃烧冲压发动机。

图 14-3（b）所示为超声速燃烧冲压发动机示意图。超声速燃烧冲压发动机燃烧室是一个自由通道，在燃烧室的壁面，沿发动机轴向和横向布置有很多喷嘴，燃料以平行或垂直于超声速气流的方向喷射。当飞行马赫数大于 6 时，燃烧室进口静温已超过燃料与空气混合物的着火温度，因此燃料从喷嘴喷射出后，就会自动着火并稳定燃烧，不需要专门的火焰稳定器。燃烧室通道做成扩张型，在燃烧过程中不会产生正激波。燃烧室出口气流仍为超声速，因此喷管不需要喉道。

在实际高超声速冲压发动机中常采用双模式：低马赫数下的亚声速燃烧模式和高马赫数下的超声速燃烧模式。

由于冲压发动机飞行器不能在地面自由起飞，需要采用以超声速燃烧冲压发动机为主的组合推进系统。常用的组合动力方案有火箭基组合循环推进系统和涡轮基组合循环推进系统。

飞行器机体与推进系统一体化技术是高超声速飞行器动力装置的重要设计思想。其特点是将飞行器机体下表面作为发动机进气道和喷管的一部分，使飞行器的前体作为进气道的预压缩面，后体作为发动机喷管膨胀面的组成部分，从而减小发动机的迎风面积，降低外阻力和重量。与飞行器一体化的超声速燃烧冲压发动机由前体/进气道、隔离段、燃烧室、喷管/后体组成。超声速燃烧冲压发动机与飞机一体化示意图如图 14-4 所示。

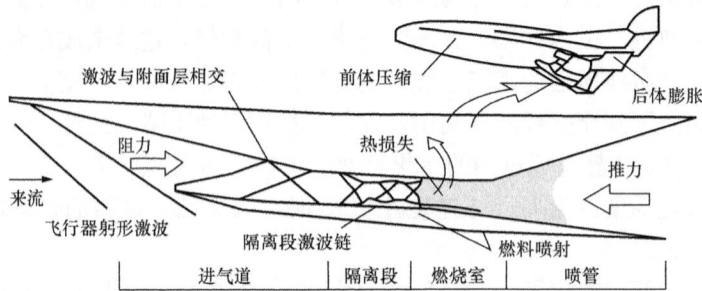

图 14-4　超声速燃烧冲压发动机与飞机一体化示意图

也有研究者认为，超声速燃烧有另外的定义。字面上超声速燃烧可以理解为超声速流动中的燃烧或燃烧速度为超声速的燃烧。按照前者，不管燃烧过程是超声速还是亚声速的，只要流动是超声速就是超声速燃烧。那么与此种理解相对应，亚声速燃烧应是指亚声速流动乃至静止介质中的燃烧。显然这种理解没有突出燃烧过程的物理实质。因为运动的相对性，流动速度可以因参照物的不同而不同。然而对于同一物理化学过程来说，不应由于坐标系选取的不同而变化。后种理解考虑了速度的相对性，突出了燃烧过程的物理实质。前种理解重点在流动和燃烧室，是指一种特定对象中的燃烧现象，有其特定的研究内容。

从燃烧学的角度理解，超声速燃烧应当是后者：未燃物相对燃烧区以超声速流入燃烧区的燃烧过程是超声速燃烧，或者超声速燃烧是指燃烧区相对未燃物的速度超过未燃物声速（指法向速度）。于是，亚声速和超声速燃烧也就与爆燃和爆炸相对应。所不同的是，爆燃和爆炸概念是针对波燃烧的，而亚声速燃烧和超声速燃烧不仅包含波燃烧，而且包含区域燃烧。按照此种理解，在爆炸研究中积累的一些知识可以借鉴在超声速燃烧研究中。

为了区分对超声速燃烧的两种不同理解，对前者专门称"超声速流动中燃烧"，后者称超声速燃烧，简称超燃。

超燃冲压发动机作为一个工程问题，为了获得正确的设计思想和解释实验中可能出现的现象，以及优化超燃烧发动机的性能，需要了解超燃的物理机理，掌握超声速燃烧的一些基本概念和规律。

超燃与亚燃之间差别很大，不能轻易将亚燃概念用于超燃。由于实验条件的限制，人们对于高超声速流动条件下燃烧的一些物理和化学现象认识还很不够，需要获得感性和理性认识，有的还需要概念更新或深化，甚至建立新的概念。因此，超燃不仅是技术问题，也是学科中缺少研究的一类特殊的高超声速流动和燃烧问题，有很多未知的东西。超燃研究难度很大，面临挑战。应当从简单的模式和基本的超燃现象着手，开展有关超燃的实验和理论研究工作，以便认识和掌握超燃的规律。

第三节　爆　震　燃　烧

一、爆震燃烧发展过程

18 世纪末，人们在研究管道中的火焰传播时，发现了爆震现象。爆震现象表明爆震过程是一种强激波沿反应物逐层传播的过程。在此过程中伴随着大量化学反应热的释放，这种有化学反应的激波称为爆震波。人们还发现每种可爆震反应物在一定条件下都有特定的、稳定传播的爆震速度。Chapman 和 Jouguet 分别于 1889 年和 1905 年分别独立地对爆震波提出了一个简单的理论模型，即所谓的 C-J 理论。他们假设爆震波是一个带化学反应的一维强间断面。在强间断面上化学反应是瞬时完成的，不考虑黏性和热传导效应。应用 C-J 理论可以计算爆震波特性，而不必考虑详细的化学反应和爆震波结构。在 C-J 理论问世半个世纪后，Zeldovich（1940 年）、Von Neumann（1942 年）和 Doring（1943 年）分别独立地提出爆震波结构模型，即所谓的 ZND 模型。他们假设爆震波是由激波及一个紧跟其后的化学反应区组成的。激波用来压缩、加温可燃混合物，经过一段点火延迟，在化学反应区进行化学反应，化学反应释放的能量支撑爆震波传播。C-J 理论是 ZND 模型中不计反应区厚度和反应时间的极限情况。

对于爆震波，从未燃气体到已燃气体，压力、密度、速度都是增加的，爆震使已燃气体跟着燃烧波运动；对于缓燃波，从未燃气体到已燃气体，压力、密度、速度都是减小的，缓燃使已燃气体背着燃烧波运动。爆震波最显著的特点是能增压，传播速度快，接近等容燃烧，热循环效率高，使它在对推进系统的改进方面有巨大潜力。因此，在过去的大约 70 年里，许多研究致力于把爆震燃烧的潜力用于推进系统。主要类型有斜爆震发动机、脉冲爆震发动机、冲压加速器，以及螺旋爆震发动机等。

早在 1940 年，Zeldovich 就开始考虑爆震在吸气式高超声速推进领域中的应用。他最初的设想是采用定常的正爆震形式组织燃烧。这种方式需要先把高超声速气流压缩到 C-J 爆震速度，这样将产生很大的熵增与总压损失，得到的推力性能甚至不如等压的扩散燃烧模式。但是随着驻定斜爆震研究的开展，出现了斜爆震发动机概念。这种发动机允许更高速度气流进入燃烧室，可保持斜爆震波面法向来流速度为 C-J 爆震速度，而波后气流速度仍然为高超声速，这样就大大降低了来流气流的损失，从而使爆震燃烧在吸气式高超声速推进中的应用前景更为广阔。

但在吸气式高超声速飞行器推进系统中使用斜爆震燃烧，首要问题是确保进入到燃烧室的气流为混合较好的可燃混合物，并防止混合物在进气道内发生预着火。其次要在燃烧室内进行点火起爆并保证稳定，同时要尽可能减少熵增与总压损失。由于早期难以解决高超声速气流中混合与预着火问题，而且没有有效的实验设备进行斜爆震机理研究，所以这类发动机的研制出现一定的停滞。

但该类发动机的优点非常明显，比如可用于比常规的扩散控制超燃冲压发动机更高的飞行马赫数，发动机设计短小紧凑，结构重量轻，通过 C-J 斜爆震的方式来组织燃烧，熵增与总压损失小，发动机效率高等。所以斜爆震发动机相关技术的研究一直以来都未停止，至今已取得了一定的进展。

冲压加速器是 Herzberg 在 20 世纪 80 年代提出的一种利用爆震燃烧产生推力的飞行器。首先飞行体通过外界发射器加速到一定速度，然后进入一个充满预混可燃气体的燃烧室中，再利用在飞行体靠后位置斜激波诱导爆震燃烧产生的高温高压气体来推动飞行体，使其加速到很高速度。其优点是加速器本身不需要携带燃料与氧化剂，推进效率非常高。另外理论分析表明冲压加速器的最终速度可以达到可燃混合气 C-J 爆震速度的 2 倍，但是目前远远没有达到此性能水平。

从 20 世纪 90 年代起，世界各国关于脉冲爆震发动机的研究进入了全面发展时期，完成了概念验证，开始进行原型机的发展和试验。脉冲爆震发动机基本理论、概念设计和研究工作在 90 年代初被 Bussing 和 Pappas 探讨后，研究人员进行大量基于脉冲爆震的燃烧和推进系统的研究，在 PDE（直管脉冲爆震燃烧室）关键技术研究方面取得了不少进展，脉冲爆震燃烧系统的科学技术逐渐成熟起来。

爆震波可以通过直接起爆或由缓燃向爆震转变（DDT）的方式产生。前一方式是依赖一个点火源驱动一股足够强劲的爆炸波，使点火器直接起爆爆震。后一方式则是以某个相对低能量的点火源引起缓燃开始，该缓燃波通过与周围环境的相互作用加速，从而形成一个紧密耦合的激波—反应区结构，这就是爆震波的特征结构。前者需要巨大的点火能量，对于一般碳氢燃料，约需 $10^5 \sim 10^6$ J 的能量。后者通过用较小的点火能量点燃缓燃波，在可燃混合物内不断加速转变为爆震波。这是比较常用的爆震波形成方法。

DDT 是一个亚声速燃烧波（缓燃或火焰）变为超声速燃烧波，即爆震波的过程。在缓燃发生后，它可能加速或减速到某一稳定的速度或加速之后突然转变为爆震。由缓燃向爆震转变的过程包括以下几个分过程：①起始缓燃，即用低的点火能量起始缓燃；②形成激波，缓燃释放出来的能量增加燃烧产物的体积，并产生一系列的压缩波，传入火焰前面的反应物，最终形成激波；③在爆炸物中起爆，激波加热、压缩火焰前的反应物，在火焰面内产生紊流反应区，在激波后面形成一个或多个爆炸中心；④形成过驱动爆震，由爆炸产生强激波，并与反应区耦合形成过驱动爆震；⑤建立稳定的爆震波，过驱动爆震降速到稳定的速度即所谓的 C-J 爆震波速。

缓燃波通常以相对低的速度向未燃混合物传播，大多数碳氢燃料与空气的混合物的火焰传播速度约为每秒几米至每秒几十米，它主要受层流或紊流的质量与热量扩散控制。缓燃波使流体比体积增加，压力略有下降，可以近似认为是等压过程。目前所有燃气轮机的燃烧过程均按等压过程处理。而爆震波则以每秒几千米的速度向未燃混合物传播。爆震波能产生极高的燃气压力（大于 $1.5\sim5.5$MPa）和燃气温度（大于 2800K）。爆震波可以描述成具有化学反应的强激波，激波压缩反应物，就像反应物与产物之间的活塞。由于没有足够时间使压力平衡，因此爆震燃烧过程接近等容燃烧过程。基于等容燃烧过程的发动机比基于等压燃烧过程的发动机具有更高的热效率。利用驻定爆震波的发动机在稳定爆震波方面仍存在问题，目前脉冲爆震发动机是更为实际的选择。

二、脉冲爆震燃烧的特点

脉冲爆震发动机（pulse detonation engine，简称 PDE）是一种利用脉冲式爆震波产生推力的新概念发动机。图 14-5 所示为一个典型的 PDE 示意图。

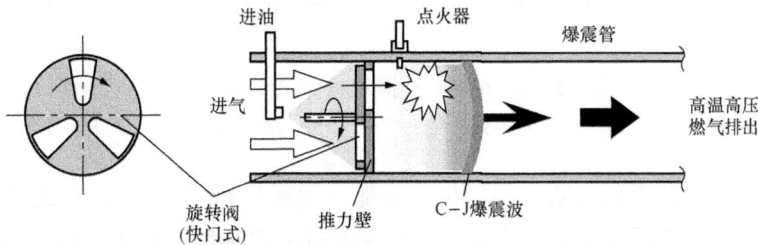

图 14-5 PDE 示意图

PDE 由进气道、阀门、点火器、爆震室、喷管组成。一个工作循环包括进气、喷油、点火、燃烧（含爆震波的生成及传播）及排气等过程。爆震波类似于活塞式发动机中的活塞，整个工作过程是间隙性、周期性的。当爆震频率很高时，例如大于 100Hz，可以近似认为工作过程是连续的。由于爆震波能产生高的压比，所以无需使用笨重、昂贵的高压供给系统，从而降低推进系统的重量、复杂性、成本等。使用自由来流或载机氧化剂，能分别以吸气式发动机或火箭发动机方式工作。此外，脉冲爆震发动机还可以在范围较广的飞行马赫数下工作。因此，脉冲爆震燃烧装置的特点如下：

（1）热循环效率高（等压热循环效率为 27%，等容热循环效率为 47%，爆震热循环效率为 49%），单位燃料消耗率低。

（2）由于没有压气机、涡轮等转动部件，其结构简单、重量轻、推重比大（大于 20），比冲大（大于 2100s）。

（3）工作范围广，可在马赫数 $0\sim10$，飞行高度 $0\sim50$km 飞行。推力可调，推力范围为 $0.5\sim50\,000$kgf（$4.9\sim490\,000$N）。与冲压发动机不同，它可在地面启动。

（4）使用自由来流或机载氧化剂，能分别以吸气式发动机或火箭发动机方式工作。

（5）不同于脉动式发动机。脉动式发动机中火焰以亚声速传播，燃烧室压力低，比冲小，单位燃料消耗率高。而脉冲爆震发动机中爆震波以超声速传播，燃气压力高，比冲大，单位燃料消耗率较低。

（6）工作可靠，相对于涡轮喷气发动机噪声不大。

（7）由于无高速旋转部件，加工相对简单，投资不大，实现相对容易。

三、脉冲爆震发动机的工作过程

典型的脉冲爆震发动机循环包括以下几个基本过程：爆震波的起始、爆震波的传播、燃烧产物的排出或排气过程、新鲜反应物的充填过程，如图 14-6 所示。

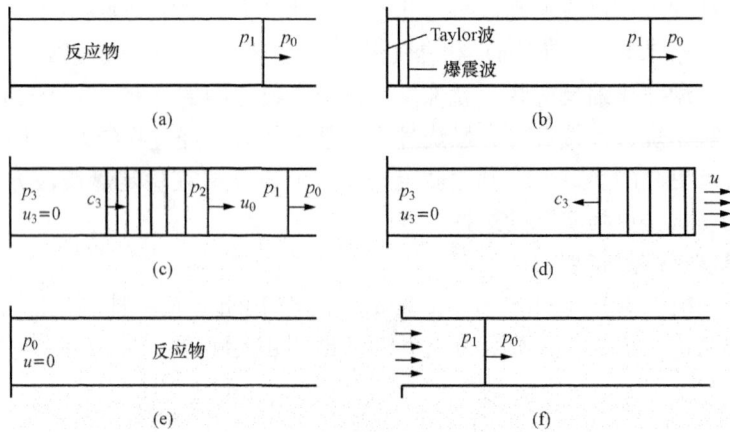

图 14 - 6　脉冲爆震发动机循环过程

(a) 阀门关闭；(b) 起爆；(c) 爆震波传播；(d) 排气；(e) 完成排气；(f) 充填可燃混合物

　　发动机为一个等截面积直管，阀门位于头部。循环从充填压力为 p_1 的反应物开始，然后关闭阀门，用位于封闭端附近的点火源直接起爆或通过由缓燃向爆震转变起爆。爆震波以 2000m/s 左右的爆震波速度向开口端传去。在爆震波后是从封闭端发出的 Taylor 膨胀波扇，以满足封闭端速度为零的条件。Taylor 膨胀波波尾以当地声速 c_3（约 1000m/s）向开口端传去。在封闭端与 Taylor 膨胀波波尾之间是均匀区，Taylor 膨胀波将爆震波 C-J 压力 p_2 降低到均匀区中相对较低的水平 p_3。这个压力通常称为平台压力，它仍比环境压力 p_0 大得多。因此在封闭端产生推力。

　　当爆震波传出爆震室出口，由于该处压力远大于环境压力，因此产生一组膨胀波反向传进爆震室进一步降低爆震室的压力，使排气过程得以开始。膨胀波到达封闭端反射为另一组膨胀波向下游开口端传去。非定常排气过程由在开口端和封闭端交替产生的一系列压缩波和膨胀波组成，当爆震室中压力降低到环境压力水平时，排气过程结束。

　　当排气过程结束时，阀门打开，让新鲜反应物充填入爆震室。阀门的分时控制应保证新鲜的反应物不排出爆震室，避免浪费。这要求下一循环的爆震波在爆震室某个地方，通常在爆震室出口能赶上反应物。在充填过程完成后，阀门关闭，开始下一循环。

　　在更实际的循环中，是在封闭端的压力降低到某一水平，而不是环境压力时，充填过程开始，从而避免在排气后期在封闭端产生很低的压力，造成负推力。此外，靠近封闭端的燃烧产物温度仍很高，当新鲜反应物与其接触时立即燃烧，也就是过早点火。这种过早点火可能使发动机停止工作。因此，需要一种隔离过程，即在填充新鲜反应物前，充填少量惰性气体或冷空气以防止过早点火。

四、脉冲爆震燃烧的关键技术

1. 爆震波的起爆

　　脉冲爆震燃烧要求能以低的点火能量在极短的距离内形成频率可调的充分发展的爆震波，这是爆震燃烧的最关键技术之一。迄今为止，许多研究者都一直致力于寻找一种可靠的能重复使用的低能起爆方法。对于碳氢燃料和空气的混合物而言，直接起爆所需点火能量之大，释放能量的速度之快，在实际应用中不可能实现。当点火能量低于直接起爆能量时混合物被点燃，此时发生的燃烧属于缓燃，而不是爆震。在适当条件下缓燃能够转变为爆震，这通常称为缓燃向爆震转变。至今，大多数 PDE 的起爆都是基于DDT 的。

对于比较难以起爆的燃料与空气混合物，常采用两级起爆法，即先用一种容易起爆的燃料与空气混合物在预爆震管进行起爆，然后利用其产生的爆震波引爆主爆震室中的燃料与空气混合物。但它的缺点是在飞行条件下，PDE 系统必须自备额外的燃料和氧化剂。为了减小 PDE 系统的体积和重量，必须尽可能减少氧气的使用量。一般要求预爆震管的体积不能超过主爆震管的 1%。

其他起爆的方法还有激波局部聚焦起爆、多个突扩腔加速 DDT 起爆方法等。

2. 液体燃料的雾化混合

对于采用液体燃料的脉冲爆震燃烧来说，燃料的喷射、掺混和点火是最困难的问题之一，要求液体燃料喷射和空气供给系统能向爆震燃烧室提供接近均匀的可燃混合物。因此，具有快速反应时间、大质量流率和有高度可控性的喷射系统对满足 PDE 的高频运行十分重要。需要研究与液体燃料喷射、掺混有关的物理、化学和热力学特性。

3. 爆震过程的精确控制

实际应用过程要求对脉冲爆震过程进行自适应、主动控制，以确保在所有工况下爆震燃烧室性能优越，工作稳定可靠。对于旋转阀门来说，要求采用先进的同步系统以保证阀门可在精确的时间打开和关闭；燃料空气混合物的充填和起爆，时间过早或过晚都将失败。对于无阀门的装置，要求所产生的激波同步以对气流进行精确控制。

4. 爆震室壁面的冷却

能迅速地从爆震室壁面移去热量，确保爆震室稳定工作和不发生过早点火，避免不能形成爆震。为此需要采用合适的材料和有效的冷却方法。

5. 爆震室的优化设计

爆震室的几何形状和尺寸应有利于形成爆震和以较低的压力损失实现爆震波以高的频率传播。

6. 爆震室与排气系统的匹配及多个爆震管之间的耦合

进气系统对减少推力损失非常重要，也是最困难的研究领域之一。进气系统的研究重点是由爆震室进口传出的反压产生的振荡及其对进气系统工作的影响。如果多个爆震室共用一个进气系统，需要了解气流从一个关闭的爆震管泄漏到邻近的爆震管所带来的影响，同时要研究进气系统与爆震过程的干涉现象。

脉冲爆震燃烧室排气系统内的流动是周期性的、非定常的，存在复杂的激波、膨胀波、接触面相互作用，即使在同一过程的不同时刻，喷管经历的流态也可能存在较大的差别。由此可见，脉冲爆震燃烧室排气系统的流场与常规发动机的稳态流场完全不同，要设计出对于每个工作过程都适合的喷管显然是不可能的，这给排气系统的分析与设计带来了很大的挑战。由于脉冲爆震燃烧过程固有的非稳态特性，排气系统的设计与集成是 PDE 研究的一大难题。

7. 噪声、热疲劳、功率提取问题

脉冲爆震燃烧室在工作时产生巨大的非线性噪声（150dB 以上），需要研究降噪技术。由于脉冲爆震燃烧室壁面承受周期性的热负荷，需要解决和脉冲疲劳有关的问题。另外脉冲爆震燃烧室没有用于发出功率的旋转部件，功率的提取问题有待研究。

五、脉冲爆震燃烧的应用

脉冲爆震燃烧是一种高速度、高强度、高效率、低污染的燃烧方式。这种新型的燃烧方式在国防、能源、动力、化工等领域有广阔的应用前景。当脉冲爆震燃烧用于动力装置时，就称为脉冲爆震发动机，即 PDE。基于非稳态爆震燃烧的动力装置通过利用动力学非定常性和波现象来提高动力装置的性能。

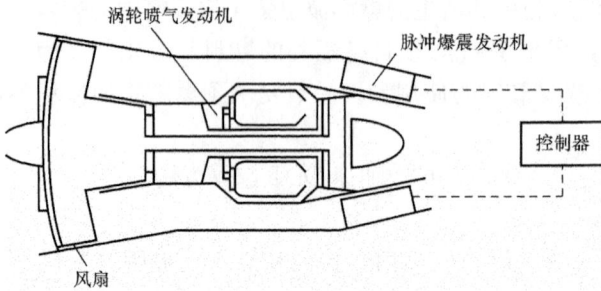

PDE 可以采用纯脉冲爆震燃烧方式，如图 14-5 所示；也可以和其他类型的发动机组合成为一体式的发动机，如图 14-7 所示；也可用于燃煤发电，如图 14-8 所示。

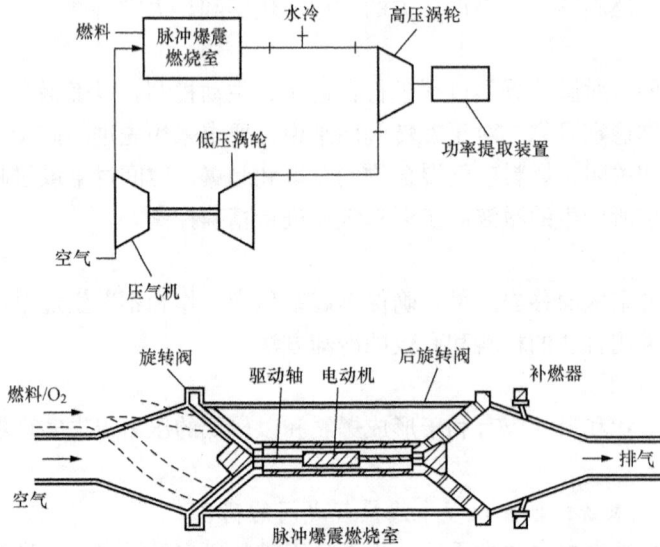

图 14-7　脉冲爆震发动机与涡轮喷气发动机组合

图 14-8　脉冲爆震煤燃烧器

第四节　电 磁 场 与 燃 烧

火焰本身就是一种弱电离的等离子体。火焰燃烧和电磁现象之间的联系早已在几个世纪之前就受到了人们的注意，这几乎是和对电磁现象的最初观察同时发生。著名科学家 Boyle、Franklin 等人都注意到火焰是导电性气体，而且带电体能使火焰弯曲。1889 年，Challock 发现了"离子风"（"电风"）现象，即电场作用下火焰中的离子加速带动中性粒子所形成的气体流动，可以认为是对火焰与电磁场相互作用研究的开端。

火焰中有放电时，即使只有几毫安的弱电流，也对燃烧有强化作用。当电压为几千伏，电流为 1～10A 的数量级时，火焰受到非自激放电或扩散放电的作用，焦耳热已很显著，但相比燃烧热仍居于次要地位。这称为"放电强化燃烧"。当电压为几百伏，电流为几百安或几千安时，焦耳热的作用已超过了燃烧热，这时火焰中电弧放电或称为有燃烧的混合气电弧，可应用于高温加热装置，如等离子点火装置。

1924 年 Southgale 首先把交流放电加到燃料—空气火焰上，使焓值增加 15%～20%。1961 年 Karlovitz 把高压小电流的交流电加到有 KCl 添加剂的甲烷—空气火焰中，并进行了一系列应用尝试，此后分别把高电压小电流的直流电或交流电加到燃烧上进行研究。1962年，Lawton 首先建议把可燃的混合气通入到常规电弧等离子体喷枪中产生有燃烧的混合气电弧，以后又研究了有燃烧的磁旋电弧和有燃烧混合气的高频放电，尝试用烃类燃料形成永久性电极，使用有燃烧的混合气电弧加热器功率可达 300kW 左右，并已初步用于化工和冶金过程。

研究发现，当可燃混合气流量和成分不变时，电流超过一定数值后，弧电压与电流无关。相同的质量流量和弧长条件下，有燃烧混合气的弧电压比纯空气高出 60～70V。当流量不变，混合比由 0.6 变至 1 时，弧电压由 210V 升至 270V 左右。

用交流电强化燃烧的实验中发现，在化学当量比的混合气中，随着流量的增大，有放电和无放电情况相比，燃烧完全程度的提高更加显著，燃烧损失越来越小。至于放电对燃烧的影响究竟是改变了反应动力学还是改变了流动，尚无定论。有人认为放电的加入导致温度升高而使燃烧强化。有的研究者认为放电通过电磁场对气体动力学的作用而影响燃烧。有人把 300～3000V 的直流电及 60Hz 交流电加到液氢—液氧火箭发动机燃烧室头部及尾喷管之间，同时施加轴向磁场，发现燃烧有显著的强化。

有研究者曾经用量热仪测量了电强率（电能、燃烧放热）为 0.5 的放电强化火焰对固体壁面传热的热流，结论是与普通火焰相比，传热增大 2.6 倍。由纳线法测量火焰温度及铜电极冷却水温升，整理出传热公式，估算出电强火焰的 Nu 为普通火焰的 3 倍左右。对强化传热的解释，或者归结为改变了流场和温度分布，或者认为是电磁场改变了气体输运性质。有的实验在空气等离子体喷枪出口的等离子体射流中有意加入甲烷，造成高温的反应性混合气（但不是反应性电弧），发现反应性等离子体射流与无反应的空气等离子体射流相比，在相同条件下前者的传热为后者的 3 倍左右。该研究者认为，还原性的等离子体射流在固体壁面附近形成了带 CO 燃烧的边界层，使边界层中出现温度峰值，从而导致传热强化。

将等离子体射流点火用于内燃机中，在一定程度上可以降低 NO_x 污染物排放和提高燃烧效率。可将放电强化燃烧用于高温化工冶金中，将有燃烧的电弧用于煤粉点火，稳定劣质煤的燃烧。苏联曾建议将等离子体电弧用于煤的地下高温气化，是一种有前景的技术。

第五节　催　化　燃　烧

我国古代以发酵的方法酿酒和制醋，是人类利用生物催化剂的开始。直到 18 世纪，才出现了有关非生物催化的应用与研究。1740 年，英国医生 Ward. J 用硫磺和硝石（硝酸钾）一起燃烧制硫酸；1746 年，Roebuck. J 用铅室代替玻璃容器，对 Ward 的方法进行了改进，这是工业上采用 CO 催化剂的开始；1806 年，法国的 Clement. N 和 Desormes. C.B 阐明了在氧化氮作用下，SO_2 转化成 SO_3 的机理；1816 年，英国著名化学家 Davy. H 发现铂能促进甲烷和醇蒸汽在空气中的氧化。1836 年，贝采尼乌斯（J. J. Berzelius）首次提出了"催化"和"催化剂"的概念，人们对催化现象的观察和系统研究也于 19 世纪开始。1895 年，奥斯特瓦尔德（W. Ostwald）从理论上推断出了"在可逆反应中，催化剂仅能加速化学反应，而不能改变化学平衡"，并因而获得了 1909 年度的诺贝尔化学奖。20 世纪初，催化合成氨技术的工业化，使催化原理的研究出现了一个高峰，也可以说是催化化学中的里程碑。1913 年，哈伯（F. Haber）等人利用天然磁铁矿，发明了双促进熔铁氨合成催化剂，利用原料气循环使用的流程，实现了合成氨的大规模工业化生产。在此后的半个多世纪，多相催化工业技术经历了 40 年代末～50 年代初的石油炼制技术的大发展（如催化裂化、加氢裂解、催化重整和异构化等）；70～80 年代，是石油化工的大发展阶段（如新型择形 ZSM-5 分子筛催化剂用于异构化、歧化和芳烃烷基化过程等）；特别是进入 90 年代以后，出现了环境催化技术的大发展，例如催化消除氮氧化物（NO_x）、硫氧化物（SO_x）、可挥发性有机组分（VOCs）的催化氧化，汽油车排气催化净化性能的提高和柴油车排气及黑烟微粒的催化消除，氯氟烃类（CFCs）的催化分解和催化合成代用品，CO_2 的催化合成利用，催化传感器、燃料电池，以及臭氧在低层大气中的催化消除等。因此我们可以看到，催化技术在解决当前国际上普遍关心的地球环境问题方面将发挥重要的作用，并且催化研究也将从最初的"以获取有用物质为目的的石油化工催化"的时期，而逐渐转向"以消除有害物质为目的的新的能源环保催化"时期。

催化燃烧是典型的气—固相催化反应，它借助催化剂降低了反应的活化能，使其在较低的起燃温度 200～300℃ 下进行无焰燃烧，有机物质氧化发生在固体催化剂表面，同时产生 CO_2 和 H_2O，并放出大量热量。因其氧化反应温度低，所以大大地抑制了空气中的 N_2 形成热力型 NO_x。而且由于催化剂的选择性催化作用，有可能限制燃料中含氮化合物（RNH）的氧化过程，使其多数形成分子氮（N_2）。催化燃烧的实质是，空气中的 O_2 被催化剂中的活性组分所活化，当活性氧与反应物分子接触时发生了能量的传递，反应物分子随之被活化，从而加快了氧化反应的反应速率。

与传统的火焰燃烧相比，催化燃烧有着很大的优势。首先，它的起燃温度低（转化 10% 时的温度），能耗少，燃烧易达稳定，甚至到起燃温度后无需外界传热就能完成氧化反应；其次，其净化效率高，污染物如 NO_x 及不完全燃烧产物等的排放水平较低；第三，适应氧浓度范围大，无二次污染，噪声小，且燃烧缓和，运行费用低，操作管理也很方便。在传统的火焰燃烧条件下，散发出来的热量得不到充分的利用，燃料又不可能充分燃烧，造成了能源的巨大浪费，且燃烧的温度高，极易导致燃料型、热力型 NO_x 的生成。

目前国内外主要研究的催化剂基本上有两大类：一类为贵金属催化剂，这类催化剂的活性和稳定性好，技术较为成熟，但由于贵金属价格高，资源短缺，所以未能将其产业化；另一类为非金属催化剂，主要集中在过渡金属氧化物催化剂、复氧化物催化剂（钙钛型复氧化物和尖晶石型复氧化物）的研究方面。目前，寻找来源丰富、价格低廉、性能相当的非贵金属催化剂以替代传统的贵金属催化剂用于催化燃烧过程，已成为研究的一个重要方向。

催化燃烧对催化剂的基本要求是：既能抑制烧结、保持活性物质具有较大的比表面积及良好的热稳定性，又要具有一定的活性，可起到催化剂活性组分或助催化剂的作用。这在某种程度上是互相矛盾的，因为研究已经证明氧化物的活性和热稳定性成反比。同时，需有高的机械强度，以及对燃料中所含毒素有高的耐腐蚀性。

催化燃烧可用于天然气、汽油机、燃气轮机等燃烧过程，还可用于煤燃烧过程，用于有机废气的净化处理。煤的催化燃烧可分成挥发分和焦炭催化燃烧两部分，其中焦炭催化燃烧占有重要地位。

　　煤的催化燃烧是指在煤中加入适当的催化剂，如碱金属和碱土金属盐（K_2CO_3、Na_2CO_3、$CaCO_3$）、过渡金属化合物（CuO、$ZnCl_2$、$CuSO_4$、ZnO）等，使煤的燃烧状况改变，火焰稳定，并提高效率。国内外都对此进行了系统的研究，认为煤催化燃烧的机理是：碱金属盐催化剂在煤的燃烧过程中，使煤的活化能降低，将有利于煤的热解，可以加速挥发分的析出，提高挥发分产量，改变挥发分组分，使 H_2 的含量提高；缩短了挥发分着火所需的时间，降低其着火温度，促进燃烧，缩短其燃烧时间；增加碳的活性，有利于煤的燃烧。同时催化剂还充当了氧的活化载体，促进氧的扩散，使固定碳着火温度降低，促进煤的燃烧。

　　由此可见，采用催化燃烧技术，可以促进劣质煤代替优质煤的进程，可为高耗能行业（如水泥行业）带来显著的经济效益。在煤燃烧过程中采用催化燃烧，由于热效率大幅度提高，节约了燃料；同时为低过量空气系数燃烧创造了有利条件，使烟气量减少，大大降低CO 和 NO 的排放量，具有显著的节能环保效益。常用的催化反应器如图 14-9 所示。

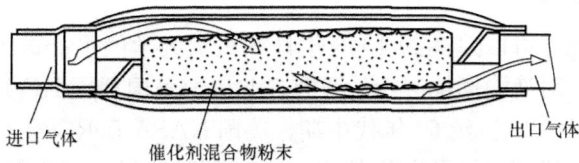

进口气体　　　　催化剂混合物粉末　　　　出口气体

图 14-9　常用催化反应器示意图

第六节　微　重　力　燃　烧

　　人们很早就认识到重力对燃烧过程的影响，但由于数学上的复杂性，经典燃烧理论往往忽略其作用。尽管很多燃烧系统受重力的影响确实并不明显，但对于某些过程，忽略重力效应的理论无法给出满意解释。浮力效应的大小可以通过两个无量纲参数来估计，即表征浮力与黏性力之比的格拉晓夫数 $Gr=(\Delta\rho/\rho)gL^3/\nu^2$，和表征浮力与惯性力之比的 Richardson 数 $Ri=(\Delta\rho/\rho)gL/U^2$，其中，$\Delta\rho$ 和 ρ 是密度变化和密度，g 为重力加速度，L 为特征尺寸，ν 为运动黏性系数，U 为特征速度。可见，为了减小浮力影响可以采取三种方法：减小特征尺寸 L；减小密度差，增大运动黏性系数；减小重力加速度 g，达到微重力条件。其中，第一种方法既受最小尺寸极限的制约，又受观测手段的影响，很难取得理想结果；第二种方法会影响化学反应；第三种方法则没有这些缺陷。

　　微重力条件下的燃烧具有以下特点：自然对流几乎消除，可以研究静止和低速流动的燃烧；被浮力及其诱导效应掩盖的次级力和现象如静电力、热泳力、热毛细力和扩散等，可以表现出来；重力沉降几乎消除，可以研究稳定的自由悬浮液滴、颗粒、液雾和粉尘的燃烧；浮力的消除，可使燃烧的时间和长度增大，这方便了实验观察。利用这些特点，可以扩展实验参数范围，简化对燃烧过程的研究，准确验证已经被接受但尚未得到证实的理论，并通过模型化研究为发展地面燃烧中存在的基本现象提供新的认识。从中获得的研究成果，可以应用于常重力条件下改进燃烧设施、预防火灾和爆炸事故；也可以应用于微重力条件下的载人航天技术中，降低火灾风险、提高不同加速度水平下的燃烧效率。实际上，加深对地面燃烧过程的认识和增强对载人航天器火灾安全问题的理解一直是推动微重力燃烧研究的两个目标。可以说，微重力条件为认识燃烧的内在机理提供了新的机会，而载人航天器的安全、高效运行也对燃烧的研究提出了新的挑战。

获得微重力的手段主要有落塔或落井（$1\sim10s$ 的微重力时间，$10^{-4}\sim10^{-6}g$ 的微重力水平），抛物线飞行的飞机（$20s$ 左右的微重力时间，$10^{-2}g$ 左右的微重力水平），探空火箭（$5\sim10min$ 的微重力时间，$10^{-4}g$ 的微重力水平），以及各种空间飞行器（数天～数年的微重力时间，$10^{-4}g$ 的微重力水平）。经常进行燃烧实验的落塔主要有美国 NASA GRC 的 $2.2s$ 落塔和 $5.18s$ 落井，德国 ZARM 的 $4.74s$ 落塔，日本 JAMIC 的 $10s$ 落井和 MGLAB 的 $4.5s$ 落塔，中国科学院工程热物理所的 $2s$ 落塔，中国科学院力学研究所国家微重力实验室的 $3.5s$ 落塔；实验飞机主要有美国的 KC-135，法国的 A-300，日本的 MU-300 等；探空火箭主要有美国的 Black Brant，德国的 TEXUS，日本的 TR-IA 等；空间飞行器主要有美国的航天飞机和空间实验室，俄罗斯已坠毁的和平号空间站（Mir）和正在建设的国际空间站。至于具体选用哪种类型的设施，则需要综合考虑实验费用、周期，以及实验对微重力时间、水平和减速载荷等的要求。

微重力燃烧的研究，可以追溯到 1956 年日本东京大学的 Kumagai 等用 $1s$ 微重力时间的简易自由落体设施，对液滴燃烧进行的研究。此后，美国利用 KC-135 飞机研究了蜡烛火焰和固体材料的可燃性。20 世纪 60 年代中期，美国 NASA LeRC 的 $2.2s$ 和 $5.18s$ 落塔投入使用，为微重力燃烧的研究提供了实验条件。1967 年阿波罗 1 号飞船地面试验起火和 1970 年阿波罗 13 号飞船液氧储箱爆炸起火后，飞船的火灾安全问题受到重视，气体扩散火焰、沿薄燃料表面的火焰传播和绝缘电线的燃烧等研究相继开展。与此同时，苏联也开展了这方面的研究。1973 年，NASA 组织科学家全面评估了在空间进行燃烧实验的物理基础和科学价值。次年美国第 1 次把燃烧实验搬上了太空，在太空实验室中研究了微重力条件下材料的可燃性及灭火问题。此后，由于航天领域的激烈竞争和迅速发展，人们过分估计了空间实验的前景，地面研究没有受到应有的重视。20 世纪 70 年代末，NASA 组织科学家对液滴燃烧、标准管内的可燃性极限、粉尘燃烧、多孔燃料燃烧和液池燃烧 5 个专题进行了深入的空间实验背景调查、可行性论证和概念设计，以便未来条件允许时安排空间实验，这些研究成果形成了微重力燃烧领域的第一部专著。

1986 年，美国挑战者号航天飞机失事，人们开始进行反思，并重新把目光投向地面研究，新的落塔相继建成，欧洲也开始了有组织的微重力燃烧研究。1989 年起，国际微重力燃烧讨论会开始定期举办；1990 年起，国际燃烧会议也增加了微重力燃烧专题。随着地面微重力燃烧研究的不断积累，固体表面燃烧实验于 1990 年成为太空实验室后的第一个空间燃烧实验。此后，应用地面和空间设施的研究成果之间的互动，推动了微重力燃烧研究的发展，研究成果几乎呈指数增长。2001 年，一部系统总结微重力燃烧领域实验、理论和数值模拟等方面研究成果的专著出版（Microgravity combustion：fire in free fall）。为了包含对未来空间探索中非燃烧化学反应问题的研究，国际微重力燃烧讨论会也更名为国际微重力燃烧与化学反应系统讨论会。

我国微重力科学及相关学科的研究开展较早，但微重力燃烧的研究直到 20 世纪 90 年代才开始起步，由于缺乏必要的实验设施，首先开展的是火灾的数值模拟。中国科学院工程热物理研究所 $2s$ 落塔投入使用后，逐步开展了实验工作。此后建成的中国科学院力学研究所国家微重力实验室及其 110m 落塔，进一步促进了微重力燃烧与载人航天器火灾安全的研究。我国成功发射并安全返回了神舟五号载人飞船，这一方面对载人航天器火灾安全的研究提出了全新的挑战，另一方面也将与地面设施一起为微重力燃烧的研究提供良好的机遇。

微重力条件下燃烧和常重力下燃烧差别很大，重力对燃烧稳定性、燃烧过程及机理方面影响很大，很多研究者对微重力条件下气体、液体及固体燃料的燃烧及载人航天防火等进行了研究。

煤颗粒微重力燃烧的早期研究表明：对于 0.3～1.2mm 的煤颗粒，挥发分含量为 2%～5% 时，只有当 O_2 浓度在 60% 左右时，颗粒之间的最大点燃距离才随氧气浓度的增大而迅速增大，这表明 CO_2 生成过程的作用增强；而挥发分含量为 5%～24% 的煤，点燃和燃烧过程之间均存在较大的差别，应该分别处理。另外，微重力下颗粒之间的火焰传播速度总是介于向上和水平传播速度之间，微重力下颗粒的燃烧时间和火焰形状与常重力下的差别不大，其燃尽时间与粒径平方成正比，但会随挥发分和 O_2 浓度的增加而减小。但对粒径为 0.8～1.2mm、挥发分为 26.6%～40.2% 的煤的研究，给出的结果表明微重力下的燃烧速度显著小于常重力下，而且不管粒径大小，燃烧总是从均相燃烧开始并在挥发分燃尽后开始异相燃烧。实际上，煤粒可能呈现其他几何形状，其影响一般通过形状因子来考虑，但并无详细分析。对球状、柱状和片状煤颗粒的微重力点燃实验发现，挥发分释放时间和均相点燃时间都随比表面积的减小而增大，但两者之间有一定差别。二维数值模拟给出与实验一致的结果，而非均相点燃时间与均相点燃时间的变化趋势正好相反。可见，用形状因子来描述颗粒点燃是不够的。孔隙率是煤颗粒燃烧中的一个重要问题，对石墨燃烧的数值模拟表明，无孔颗粒将在某个临界直径下熄灭，而有孔颗粒的熄灭直径则强烈地依赖于孔隙率，实验和更详细的数值模拟正在进行之中。

Law 曾经将 20 世纪 90 年代以前的燃烧研究发展分为 4 个阶段，并认为在微重力研究的持续推动下，燃烧和火灾安全问题的研究可能进入可以严格解决的第 5 阶段。微重力条件下几乎消除了浮力对燃烧的影响，实现了球对称液滴燃烧、不受沉降影响的粉尘燃烧、静止或低速对流环境中的燃烧，观察到了火球、自熄灭火焰等现象，阐明了炭黑形成中的热泳力效应、可燃极限与火焰稳定性机理。近半个世纪特别是近十几年来的微重力研究，拓宽了对燃烧的理解，特别是对辐射效应的理解。在预混气体、气体扩散、液滴等多种火焰中都观察到了双极限熄灭模式，即高应变或弯曲时停留时间引起的熄灭极限和低应变或弯曲时辐射热损失引起的熄灭极限，其中后者只能在微重力下观测到。火焰在微重力下不同于常重力下的行为，对载人航天器火灾安全具有重要意义。

在微重力燃烧研究中，液滴和气体燃烧受到高度重视，这与开展这些研究的国家的能源结构中石油占相当大的比例有关。目前，美国开始强调火星探测中有关燃烧问题研究，NASA 资助 30 个地面研究和 20 个空间研究，范围涉及燃烧的各个领域，火灾安全被置于最优先位置，在基本研究方面则提出重视炭黑和辐射、紊流燃烧、化学动力学和纳米材料合成。

根据我国的实际情况，在微重力燃烧研究中，还应重视煤炭颗粒和粉尘燃烧，在微重力下可以实现几何形状简单的一维球形煤炭颗粒的燃烧，这既具有理论意义，又可以成为理解粉尘燃烧的基础。对微重力燃烧的研究对加深煤炭燃烧机理的理解、提高煤炭利用效率、降低污染物排放、减少煤炭开采时的火灾和爆炸事故发生等具有重要意义。

第七节　微尺度燃烧

一、微尺度燃烧概述

近年来随着微型制造技术的进步，小型化设备和微型机电设备得到了长足发展。微电子、生物芯片、生物力学、分子生物学等如雨后春笋般蓬勃发展，形成了新的产业，开辟了新的学科领域。微电子制造技术（以下简称MEMS）就是这样一个以传感器和机械系统小型化为目标的新兴研究领域。采用MEMS后，虽然电子、机械系统做到了小型化，但动力系统（如电池）却成了整个系统中最笨重的单元。因此，整个微型机电系统的体积和重量，取决于电池的体积和重量。由此可见，能源动力单元严重地制约着MEMS系统的发展。不管是微型飞机、微型传感器，还是微型机器人，其重量和体积都受到动力系统重量和体积的制约。因此，MEMS系统的发展，迫切要求研制轻型、长寿、价廉、小尺度。高比能的微型能源动力系统。这为燃烧学的发展提供了新的机遇，因为需要研制廉价、轻型、小尺度、高比能的微动力系统首先需要研制出采用液体或气体碳氢燃料燃烧的微型燃烧器。对微尺度燃烧现象的认识和理解，是研发微型燃烧器的前提和基础。

所谓微尺度燃烧是指微型燃烧器中的微尺度的火焰现象，与常规动力系统中的火焰现象相比，其物理实质定性不同。这表现为：微尺度设备中的雷诺数太小，流动不可能出现紊流；同时，火焰尺度太小，小于常规燃烧设备中的火焰猝熄距离。因此，为了稳定燃烧，必须采取特殊的措施（如热量再循环、催化燃烧，以及反应物预热等）。

因此，微型燃烧器及其相应的微动力系统是指能产生几十毫瓦到几瓦功率的微型系统，它与目前因分布式能源系统兴起而越来越受关注的微型燃气轮机是有区别的。所谓微型燃气轮机是指单机功率为 $25\sim300kW$ 的小型热力发动机，其微型是相对于重型燃气轮机而言的。

与化学电池相比，采用基于燃烧的液体或气体碳氢燃料发电有许多优点。首先，液体或气体碳氢燃料能量密度高，典型液体碳氢燃料的能量密度是常见的最先进的可充电电池能量密度的100倍左右。因此，即使采用液体燃料燃烧的微动力装置动力系统效率只有3％，该设备也比最好的可充电电池有竞争力。此外，液体燃料价格便宜、储存安全、运输方便、易于更换，污染少；而废旧电池处理不好会给环境带来危害。正是由于这些优点，自从20世纪90年代，Epstein提出微动力系统的思路，研制成功基于燃气轮机微型化的微电系统后，微型动力系统得到了长足的发展，已经成为美国国防和能源高科技领域研究的重点投资课题之一。在美国的影响和带动下，世界其他国家如英国、法国、德国等都开始了对微型动力系统的研发工作。日本也把动力MEMS的研究列入新能源开发机构（NEDO）的研究计划之中。

二、微型燃烧器的用途及研究难点

如果微型燃烧器研发成功，它将影响人类生活的方方面面，将为MEMS系统提供可以取代化学电池的尺寸小、能量大的最有前途的微型动力系统，成为MEMS系统发展的关键技术之一。微型燃烧器的研究成果将迎来便携式电源的革命，将带来笔记本电脑、移动电话、MEMS系统、微型机器人、微型飞行器、微型火箭等高科技产品中的电源革新，同时对于减轻士兵负重，研发局部微型气候控制系统具有重要意义。

微尺度燃烧技术的进步将带动微化学推进技术的进步，微推进技术不仅可以用于主推器，也可以用作在轨控制、姿态调节等。微推进技术的进步，使得研制 10kg 以下级别的微型太空飞船成为可能。

微型燃料电池是直接把燃料的化学能转化为电能的装置，尽管与这里的微型燃烧器有本质的区别，但由于氢的储存和运输比较困难，因此，要想使微型燃料电池相比化学电池更具有竞争力，它就必须能够利用液体碳氢燃料。这就需要有可靠的微型燃料置换设备。而一体化的微型燃烧、蒸发器就是一种理想的燃料处理器，因此研究微尺度燃烧也能为燃料电池所需的燃料转换技术提供依据。

尽管微型燃烧器用途广泛，会给社会带来新的技术革命，也为微尺度燃烧的研究带来了前所未有的机遇，但是如何在微尺度环境下维持燃烧的稳定性是微尺度燃烧研究的难点。燃烧器中燃料的放热速率与燃烧器体积有关，而热量损失速率则与燃烧器的表面积有关。随着燃烧器尺度的减小，燃烧器的表面积与体积比增大。如果燃烧器尺度太小，燃料的放热速率终将低于热量损失速率，从而导致火焰猝熄。燃烧器的长宽比对于燃烧器小型化的程度有直接影响。

微通道中燃料/空气的充分混合是燃料完全燃烧的先决条件。在微尺度燃烧器中，流动几乎不可能出现紊流，组分间的混合只能依靠分子扩散实现。为增强混合效果，有时候需要采取特殊措施如超声波等，这将使微型燃烧器的加工复杂化，同时可能使系统的总体尺寸、压降增大，净能量输出减小。

三、微尺度燃烧研究的现状与发展

火焰猝熄距离并不是一个常数，它与反应速率有关，也即猝熄距离与温度、组分浓度有关，猝熄距离几乎与温度的平方根成反比。因此，提高燃烧器壁面温度，通过建立绝热壁面可以有效预防火焰的猝熄。通过余焰燃烧技术，循环利用产物的余热提高新鲜燃料的初始温度，不仅可以有效预防火焰猝熄，也可以通过减少化学反应时间来弥补微尺度燃烧所固有的停留时间的不足，从而达到完全燃烧。通过采用高温陶瓷材料（如 SiO_2、SiC 等）作为燃烧器壁面，可以减少壁面热损失。在温度不高的情况下，通过在燃烧器壁面喷涂不活泼材料，可以减少壁面根离子的重组，从而降低化学猝熄发生的可能性。

在微尺度情况下，比表面积的增大不利于气相燃烧，却有利于催化燃烧。气相燃烧的放热速率与特征尺度的三次方有关。而对于催化燃烧，在扩散控制区，放热速率与特征尺度的二次方有关；在反应控制区，放热速率与特征尺度的一次方有关。因此，在微尺度情况下，催化燃烧比气相燃烧要快。另外，从热量损失方面看，气相燃烧的热损失与特征尺度的二次方成反比。而对于催化燃烧，在扩散控制区，热损失与特征尺度的一次方成反比；在反应控制区，热损失与特征尺度的零次方成反比。因此，在微尺度情况下，催化燃烧有利于避免热损失引起的火焰猝熄。总之，在微尺度情况下，采用催化燃烧更有利。

微尺度燃烧器的实现途径有两种：一是现有设备的微型化；二是采取特殊措施的一体化微型燃烧器或微型反应器。按用途分为两类：一类是微型推进系统；另一类是能量转换系统。微型推进系统的目的是产生推力而不是电能，采用基于微型燃烧器的催化燃烧或有焰燃烧技术，典型的微型推进系统包括固体推进剂微型推进系统和双元推进剂微型推进系统，其目的是维持微型卫星和微型飞船的在轨运行和姿态控制。

能量转换系统可分为直接能量转换技术和间接能量转换技术。间接能量转换技术就是目前常用的燃气轮机、内燃机等技术的小型化或微型化，其基本思想是热能首先转换为机械能，通过采用适当的热力循环，再将机械能转换为电能。间接能量转换装置中一般存在旋转部件，对于制造工艺、密封等要求很高，这方面的例子有：①MIT 的微型燃气轮机，它由压气机/涡轮单元、燃烧室、发电机组成。直径 12mm，厚度 3mm，设计转速 1.3×10^6 r/min，发电功率 $10 \sim 20$W，以氢为燃料。目前也在开发基于催化燃烧的碳氢燃料微型燃烧器。②Berkeley 大学的 Wankel 发动机，采用放电加工技术，中尺度发动机能提供 30W 左右的功率，微尺度发动机能提供几毫瓦的功率。由于存在旋转部件，密封困难，压比较低，效率低。③美国佐治亚大学自由活塞发动机，这是内燃机的一种。④微加热发动机，属于外燃机，采用改进的热力循环将热能转换为机械能，利用薄膜压电式渗透膜产生电能。

直接能量转换系统中不存在旋转机械，而是直接将热能转换成电能。目前，直接能量转换技术有两种形式。一种是采用 MEMS 加工技术，利用热电材料，将热能直接转换为电能，形成一体化微尺度动力系统。例如 USC 的三维蛋卷形微型燃烧器，采用余焰燃烧，通过热电材料将热能转换为电能，功率 100mW，质量 500mg。另一种直接能量转换方式是微型热光电系统，采用光电池，将燃料燃烧的辐射能转换为电能。

微尺度燃烧器是微型动力系统的关键部件，微动力系统的发展方向是尽量减少系统的活动部件，采用 MEMS 加工技术形成一体化微尺度动力系统。需要攻克的关键技术包括：微尺度燃烧器或微通道反应器的研发、微尺度高效热交换器的研制，以及高效微尺度热电转换材料的研制。

参 考 文 献

[1] 岑可法，姚强，等. 燃烧理论与污染控制. 北京：机械工业出版社，2004.

[2] 岑可法，姚强，等. 高等燃烧学. 杭州：浙江大学出版社，2002.

[3] 岑可法，樊建人. 燃烧流体力学. 北京：水利电力出版社，1991.

[4] 徐旭常，周力行. 燃烧技术手册. 北京：化学工业出版社，2008.

[5] 徐旭常，毛健雄，等. 燃烧理论与燃烧设备. 北京：机械工业出版社，1990.

[6] 韩才元，徐明厚，等. 煤粉燃烧. 北京：科学出版社，2001.

[7] 许晋源，徐通模. 燃烧学. 北京：机械工业出版社，1990.

[8] 傅维标，卫景彬. 燃烧物理学基础. 北京：机械工业出版社，1984.

[9] 傅维标，张永廉，等. 燃烧学. 北京：高等教育出版社，1989.

[10] ［美］Williams. F. A. 燃烧理论：化学反应流动系统的基础理论. 2 版. 庄逢辰，杨本濂译. 北京：
科学出版社，1990.

[11] ［美］Kenneth K. Kuo. 燃烧原理. 陈义良，张孝春，等编译. 北京：航空工业出版社，1992.

[12] 姚文达. 锅炉燃烧设备. 北京：中国电力出版社，2000.

[13] 姚文达，姜凡. 火电厂锅炉运行及事故处理. 北京：中国电力出版社，2007.

[14] ［英］M. A. Field, D. W. Gill. 煤粉燃烧. 章明川，等译. 北京：水利电力出版社，1989.

[15] 范维澄，陈义良，等. 计算燃烧学. 合肥：安徽科学技术出版社，1987.

[16] 曾汉才，韩才元，等. 燃烧技术. 武汉：华中理工大学出版社，1990.

[17] 路春美，王永征. 煤燃烧理论与技术. 北京：地震出版社，2001.

[18] 霍然. 工程燃烧概论. 合肥：中国科学技术大学出版社，2001.

[19] 毛健雄，毛健全，等. 煤的清洁燃烧. 北京：科学出版社，1998.

[20] 容銮恩. 工业锅炉燃烧. 北京：水利电力出版社，1993.

[21] 郑琼姣. 燃烧工程. 北京：煤炭工业出版社，1988.

[22] 徐通模，金安定，等. 锅炉燃烧设备. 西安：西安交通大学出版社，1990.

[23] 还博文. 锅炉燃烧理论与应用. 上海：上海交通大学出版社，1999.

[24] ［波］J. Zelkowski. 煤的燃烧理论与技术. 袁钧卢，张佩芳译. 上海：华东化工学院出版社，1990.

[25] ［美］L. D. Smoot, P. J. Smith. 煤的燃烧与气化. 傅维标，卫景彬，等译. 北京：科学出版社，1992.

[26] 谢兴华，李寒旭. 燃烧理论. 徐州：中国矿业大学出版社，2002.

[27] 刘联胜，王恩宇，等. 燃烧理论与技术. 北京：化学工业出版社，2008.

[28] ［日］森康夫，等. 燃烧污染与环境保护. 蔡锐彬，卢振雄译. 广州：华南理工大学出版社，1988.

[29] 曾汉才. 燃烧与污染. 武汉：华中理工大学出版社，1992.

[30] 庄永茂，施惠邦. 燃烧与污染控制. 上海：同济大学出版社，1998.

[31] ［美］N. Chiger. 能源、燃烧与环境. 韩昭沧，郭伯伟译. 北京：冶金工业出版社，1991.

[32] ［美］R. R. Reiche. 燃烧技术手册. 贾映萱译. 北京：石油工业出版社，1982.

[33] ［英］Spalding, D. B. 燃烧理论基础. 曾求凡译. 北京：国防工业出版社，1964.

[34] ［美］I. Glassman. 燃烧学. 赵惠富，张宝诚译. 北京：科学出版社，1983.

[35] 杨肖曦. 工程燃烧原理. 北京：中国石油大学出版社，2008.

[36] 黄新元. 电站锅炉运行与燃烧调整. 北京：中国电力出版社，2007.

[37] 严传俊，范玮. 燃烧学. 西安：西北工业大学出版社，2005.